德州扑克
高阶策略实战笔记

——殿堂级职业教练经验大公开——

宋志威 著

中国铁道出版社有限公司
CHINA RAILWAY PUBLISHING HOUSE CO., LTD.

内 容 简 介

本书为德州扑克高阶教程，从德州扑克博弈论、德州扑克的本质、概率常识、翻牌前再加注等方面彻底破解德州扑克的理论密码，另外又从实战方面阐述了高额桌技巧、非常规玩法、读牌读人、中小筹码和深筹码策略、德州扑克锦标赛等战术内容。本书涉及的数学计算很多，如果您是新手，建议先阅读初级教程《德州扑克从新手到高手》之后再阅读本书。

图书在版编目（CIP）数据

德州扑克高阶策略实战笔记 ：殿堂级职业教练经验大公开 / 宋志威著. —北京：中国铁道出版社，2018.4（2025.11重印）

ISBN 978-7-113-23467-6

Ⅰ.①德… Ⅱ.①宋… Ⅲ.①扑克－基本知识 Ⅳ.①G892.1

中国版本图书馆CIP数据核字（2017）第184065号

书　　名：德州扑克高阶策略实战笔记——殿堂级职业教练经验大公开
作　　者：宋志威

策　　划：王　佩　　**编辑部电话：**（010）51873022　　**邮箱：**505733396@qq.com
责任编辑：张亚慧
封面设计：仙　境
责任印制：赵星辰

出版发行：中国铁道出版社有限公司（100054，北京市西城区右安门西街8号）
印　　刷：中煤（北京）印务有限公司
版　　次：2018年4月第1版　　2025年11月第10次印刷
开　　本：710mm×1000mm　1/16　**印张：**26.5　**字数：**565千
书　　号：ISBN 978-7-113-23467-6
定　　价：88.00元

自序

你所了解的德州扑克世界

德州扑克作为一种博弈游戏，在国内越来越受到欢迎，关于德州扑克的娱乐视频和资料很多，但是系统化解析这个游戏的书籍几乎是空白的。鉴于我多年的高级别游戏经历，以及对这个游戏理论的理解，精心编写了这本高阶教程。

曾经作为中等水平的我也到处寻找高阶资料，琢磨高手的文章及视频，但这些资料大多是具体的牌例或者零碎理论，很少见到类似于数学建模，或者德州扑克的“阿尔法狗”策略这样完全解决德州扑克理论的资料。

在本书中我会像构建一个“阿尔法狗”策略一样，从数学、心理、逻辑以及高额桌技巧等方面完全解剖德州扑克，系统讲解了高额桌的技巧，告诉你高额桌玩家的想法以及反制他们的办法；其次讲解了牌型之间的胜率、击中牌面的概率以及诈唬频率等德州扑克中有关数字的一切；然后试图从博弈论的角度去解释德州扑克的本质；最后还讲到翻牌前的再加注理论、下注量的艺术、非常规打法、读人和读牌技巧以及德州扑克锦标赛的秘密。

不少德州扑克爱好者可能看过多本德州扑克方面的书籍，也玩过很多手牌，但是高手眼中的德州扑克可能离你很远。本书就是从高手的第一视角去看德州扑克里的一切，我相信你一定会看到不一样的扑克世界。

为方便读者学习，本书在重点章节增加了视频讲解，扫描书中二维码即扫即看。

本书在写作过程中得到了很多朋友和业内同人的支持和帮助。在此，要特别感谢常玉灵，他为本书的结构以及写法提出了很多宝贵的意见与建议，没有他的鼓励与支持，本书不可能这么快问世。

宋志威

2017年12月

目录

Chapter 1

即扫即看

高额桌技巧——原来扑克可以这么玩!

KEY POINT

德州扑克不仅仅是玩自己的两张底牌，更是玩自己能合理扮演的手牌范围，以及对手的某种倾向和心理。高额桌里充满着睿智而无惧的玩家，他们善于发现对手的细微倾向，也敢于无所畏惧地用所有筹码发动诈唬。本章将介绍高额桌里高深技巧背后的逻辑和思考。

1.1 最完美的诈唬来自“天时地利人和”

在德州扑克游戏中，当我们拿到第二好的牌时，最好的情况是诈唬走最好牌的玩家，同时又让拿着第三好牌的玩家跟注。通常来说，需要“天时、地利、人和”才能做到这一点，“天时”是我们的手牌范围确实能合理组合很多超强牌，“地利”是我们拥有最好的相对位置，“人和”是第三好牌的玩家是“跟注站”类型的玩家。

下面看看两个例子。

【例1-1】300/600盲注，9人桌，有效筹码量200 000。

枪口位置玩家加注2 000，一个很好的职业玩家在中间位置用QcKc跟注。

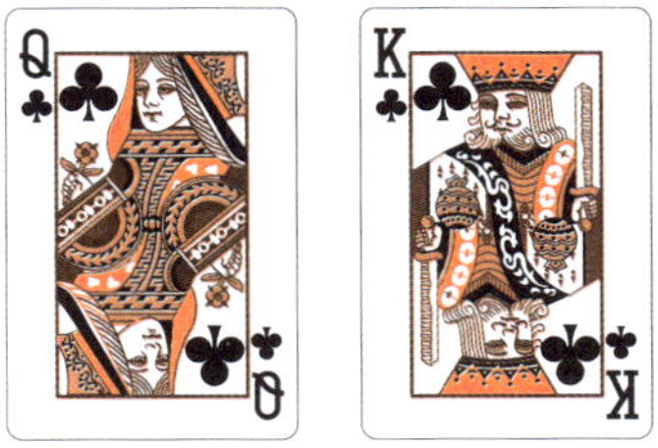

小周在按钮位置用TdJd跟注。

小盲位置是一条“鱼”，用JcQd跟注。

翻牌（彩池8 600）：

小盲位置的“鱼”过牌，枪口位置玩家过牌，中间位置的职业玩家下注6 000，小周在按钮位置用TdJd两对跟注，小盲位置的“鱼”过牌加注到20 000，中间位置职业玩家跟注，小周在按钮位置也跟注。

转牌（彩池68 000）：

小盲位置的“鱼”还有88 000的筹码，但是选择了过牌，中间位置的职业玩家向68 000的彩池下注36 500，小周在按钮位置跟注，小盲位置的“鱼”跟注。

河牌（彩池177 500）：

小盲位置的“鱼”过牌，中间位置的职业玩家过牌，小周全压，小盲位置的“鱼”选择跟注，中间位置的职业玩家想了很久丢掉了QK的顺子。

在这手牌中，小周利用小盲位置玩家河牌跟注倾向高这一点，找到了突破口。因为中间位置职业玩家和小周都知道小盲位置玩家河牌跟注倾向高，使得中间位置职业玩家觉得小周在河牌圈不可能是诈唬，最后丢掉了顺子。

实际上小盲位置玩家范围（Range）偏弱，转牌圈的过牌和河牌圈的过牌已经表明小盲位置玩家很可能只是KJ、QJ、AJ之类的顶对，所以河牌圈小周的牌强于小盲位置玩家的顶对，但是落后于中间位置职业玩家的顺子。但是从整手牌来讲，小周在“翻牌圈跟注小盲位置玩家的过牌加注，在转牌圈过牌，在河牌圈全压”能合理代表有三条而形成葫芦，而且最重要的一点是，小周手上的TJ阻挡了大部分三条T、三条J的可能，也就是说，小盲位置玩家和中间位置职业玩家手上有葫芦的可能性非常低，所以这个河牌圈满足了天时、地利、人和，自己的手牌范围能合理代表葫芦，同时也阻挡了对手有葫芦的可能性，小盲位置玩家跟注倾向高，中间位置职业玩家很谨慎。河牌圈的TJ两对全压诈唬走了中间位置职业玩家的顺子，同时又赢了小盲位置玩家的顶对JQ，完美!

【例1-2】400/800盲注，9人桌，有效筹码量200 000。

加拿大职业玩家Daniel Negreanu在中间位置用9sTs加注3 000。

传奇玩家Doyle Brunson在中间位置用QhQc跟注。

法国职业玩家David Benyamine在小盲位置用5s7s跟注。

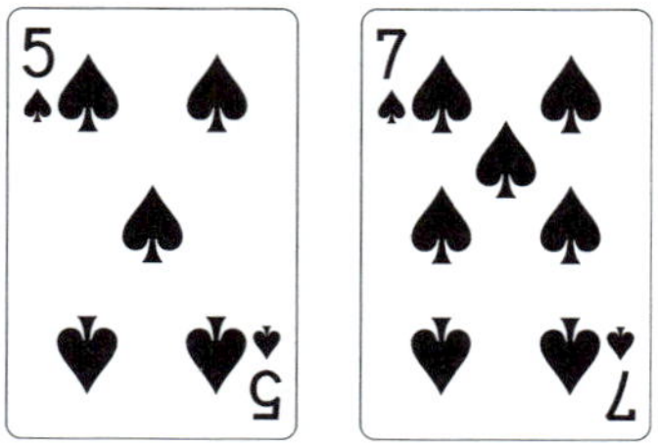

翻牌（彩池11 400）：

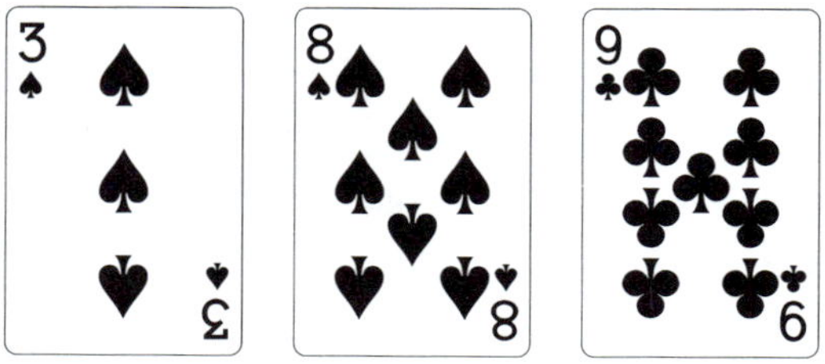

David Benyamine过牌。

Daniel Negreanu向11 400的彩池下注8 500。

Doyle Brunson跟注。

David Benyamine跟注。

转牌（彩池68 000）：

三个人都过牌。

河牌（彩池36 900）：

David Benyamine持有5s7s小同花过牌。Daniel Negreanu持有9sTs中等同花，向36 900的彩池下注26 200。Doyle Brunson用三条Q跟注。David Benyamine过牌加注到101 200。Daniel Negreanu考虑很久之后丢掉了9sTs同花。Doyle Brunson跟注。

这手牌在转牌圈的时候，大家都过牌，没有特别的地方，David估计是想在转牌圈过牌跟注或者过牌加注，Daniel可能是觉得转牌圈下注表现有同花的概率太高，所以过牌，希望河牌圈能价值下注被跟注。而Doyle在转牌圈过牌也合情合理，毕竟David和Daniel其中一人很可能有同花，而筹码都比较深，如果用三条Q下注转牌圈，被加注的话，会非常麻烦。

河牌圈的时候，David利用了Doyle跟注倾向很高，同时Daniel喜欢玩中等同花连牌这一点，发动了不可思议的诈唬，完美地扮演了大同花而诈唬走Daniel的9sTs同花，同时又得到Doyle三条的跟注，获得价值。

1.2 心理偏差让人跌入深渊

心理战是高手之间对抗常用的手段，击溃一个玩家的心理或者让一个玩家产生严重的偏执，就会让玩家表现出极其明显的决策偏好，能轻而易举地战胜对手。

【例1-3】NL1000（NL是无限德州扑克No Limited Holdem的简写，1000是级别，代表盲注是5/10），6人桌，1 000筹码量。

所有人弃牌，我们在关煞位置用9h9d加注30。

按钮（庄家）位置是松凶高手（松凶的意思是翻牌前玩很多牌，起手牌比正常玩家要松，但是打法很凶，下注和加注特别多），再加注到90。

这已经是按钮位置玩家在十几手牌中连续三次3bet（3bet指第三次下注，也称为再加注）我们了，前两次我们都谨慎地选择弃牌。这次我们拿着9h9d这样的中强牌，是否要再加注（4bet）然后全压呢？或者谨慎地弃牌？或者跟注打翻牌后？

大多数玩家这里都会选择再加注，而且准备用9h9d打到全压（100个大盲注的筹码深度）。原因是觉得对手不太可能连续三次都有牌，这么高频率的再加注，对手的再加注范围可能很广，至少应该超过10%的牌，而且我们不愿意被对手一直压迫，所以选择反击让对手老实点。下图是10%的起手牌范围。

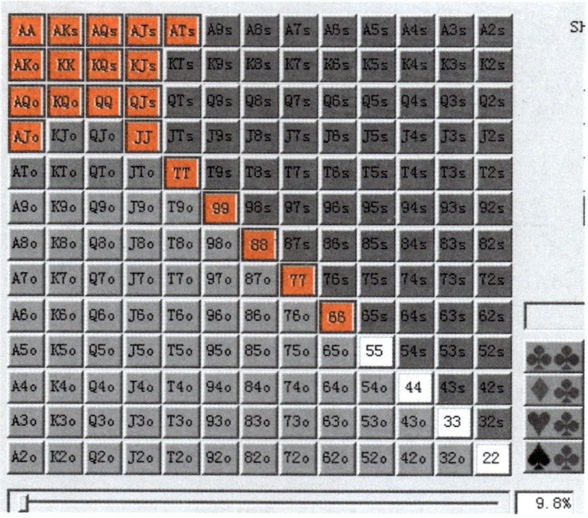

我们觉得9h9d与这个10%的范围胜率是五五开，所以选择4bet，对手要是全压，就全压，谁怕谁？

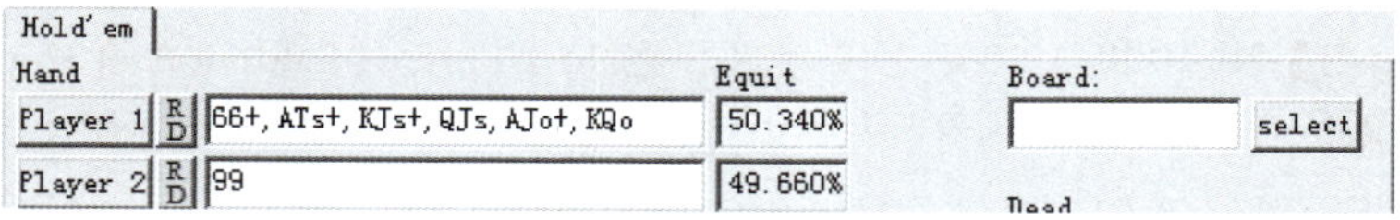

如果我们的对手确实是“疯鱼”，也就是不知道调整自己的打法和起手牌范围而一味地凶，那么我们的9h9d和“疯鱼”全压是正确的，而且胜率超过50%，因为“疯鱼”的再加注起手牌范围超过10%。

但是如果对手是顶级高手，这里的4bet然后全压的策略就是完全错误的。大多数情况下，我们会碰到JJ、QQ、KK、AA以及AK。

出错的地方是心理影响了对概率的判断。对手连续三次3bet，所以我们觉得对手的3bet范围很广，超过10%。事实上对手每次3bet都是独立决策（独立事件而非相关事件），三次3bet的手牌范围很可能都是不一样的。比如第一次3bet用15%的牌，第二次3bet用10%的牌，第三次3bet用3.5%的牌，或者是3.5%、10%、3.5%，但是可以肯定不会是10%、10%、10%这样完全一样的三次3bet范围分布。

初级玩家可能会用固定的范围3bet（比如10%），每次3bet都是这个范围。但是高级玩家会考虑牌桌动态以及对手的心理来调整自己的3bet范围，所以每次3bet的范围都是不一样的。不要认为对手连续3bet三次，就一定是没有强牌，这个逻辑是不对的。

比如：两个人玩抛硬币的游戏，不存在作弊的情况下，硬币出现正面和反面的概率都是50%。可是奇怪的事情发生了，硬币连续出现了10次正面。连续出现10次正面的概率是万分之9.7。经过分析，连续出现11次正面的概率是万分之5左右，这个概率实在太低，不太可能继续出正面。所以在第11次即将抛出之前，其中一人选择了反面，而且下重注，因为他觉得出反面的概率很高，毕竟如果出正面那么就是连续11次出正面了，万分之5的概率实在太低了。实际上第11次出现正面和反面的概率依然是50%，是他的心理影响了概率判断。

什么让他失去了起码的理智？心理是也！

最终的结果是他提高了注码，其实概率依然是50%，仅此而已。如果起始资金是100，前面10次他全部压反面，输了10次，第11次选择全压90博硬币抛出反面。也就是有50%的概率破产（硬币出现正面），50%的概率资金翻倍（硬币出现反面）。但是从决策上来说，全压是绝对错误的，因为不能下超过资金管理的注。

从上面抛硬币的例子可以看到人往往是不理性的，心理会影响一个人对概率的判断。回到连续被3bet三次的例子，第三次3bet的范围是弱牌的概率高吗？不要被前两次3bet之后的心理波动影响，就像不要被前面连续出现10次正面而影响判断。

回到9h9d的决策，考虑到牌桌动态，这里跟注投机三条或者弃牌要比4bet好。不过最好的应对方式就是换个桌子。如果我们的下家是一个很厉害的松凶高手，即使我们也是很厉害的玩家，也建议换个桌子，除非桌子上有超级“大鱼”，因为有位置的松凶高手会利用位置不断从我们这里赢取筹码。我们比起对手的技术优势并不足以弥补每一手牌都没有位置的巨大劣势。

TIPS

在和高手对决的时候，心理战是很重要的一部分。很多高手会故意在小盲和按钮位置很高频率偷盲，试图让盲注区玩家情绪化，也会根据玩家心理采取3bet压迫打法，以及翻牌后的过牌加注、缠打等方式促使对手情绪化。一旦玩家情绪化了，就会特别容易被预测。

1.3 两张底牌能告诉我们更多信息

即扫即看

底牌不止能让我们知道牌力如何，同时也能告诉我们对手不可能有哪些牌，或者阻挡了对手拥有某些牌的可能性。当底牌阻挡了对手拥有超强牌的可能性时，我们可以考虑发动全压诈唬，当底牌阻挡了对手拥有诈唬的可能性时我们可以考虑放弃抓诈唬。

底牌可以告诉我们更多！

【例1-4】NL1000，9人桌，有效筹码量2 000。

枪口位置玩家加注30，我们在大盲位置用QsQh跟注，进入单挑彩池（两人彩池）。

翻牌（彩池70）：

我们过牌，枪口位置玩家下注60，我们跟注。

转牌（彩池190）：

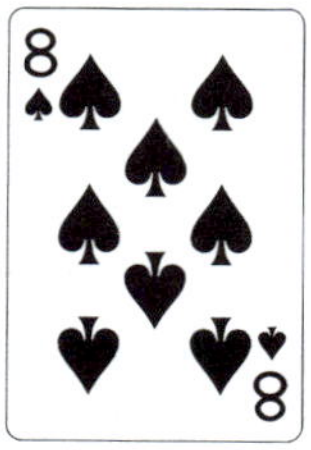

我们过牌，枪口位置玩家下注150，我们跟注。

河牌（彩池490）：

我们过牌，枪口位置玩家下注480，我们全压1 760，枪口位置玩家考虑很久后弃牌。

这手牌河牌圈对手下注的范围不大，推断可能是顺子，首先，在9人桌里这个枪口位置玩家很紧，枪口位置玩家不会加注非同花的QJo，只可能加注同花的QJs，同时我们手上持有两张Q，这样就阻挡了对手4个同花QJs组合中的QsJs和QhJh两个，只剩下QcJc和QdJd两个组合。

此外，枪口位置玩家在河牌圈看到我们过牌之后认为我们多半没有顺子，其价值下注范围很广，包括两对AK（9个组合）、三条K（3个组合）、三条T（3个组合）、三条8（3个组合）、三条3（3个组合）、顺子QJ（2个组合）。

所以，河牌圈我们能用QsQh的阻挡牌发动全压诈唬，毕竟对手范围里面只有两个QJ的组合，但是有很多三条两对的组合，从期望值EV的角度来看是有利可图的。

下面计算EV。我们全压，对手只会用QJ跟注，而QJ的2个组合占对手整个价值下注范围23个组合的8.7%，也就是说，对手有8.7%的概率跟注，导致我们输掉全压的1760筹码。同时，对手有91.3%的概率弃牌，使得我们赢下彩池中的490+480=970筹码。

$$EV=0.913\times970-0.087\times1760=+732.49$$

【例1-5】NL1000，6人桌，2 000筹码量。

所有人弃牌到我们，我们拿着AhTc在按钮位置加注30，大盲位置玩家跟注。

翻牌（彩池65）：

大盲位置玩家过牌跟注我们在翻牌圈的50下注。

转牌（彩池165）：

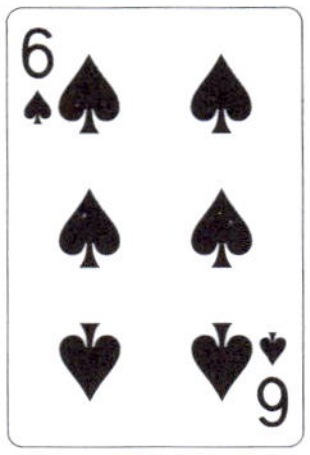

大盲位置玩家主动下注160，我们跟注。

河牌（彩池485）：

大盲位置玩家下注500，剩下1 260筹码。此时我们在按钮位置持有AT两对，还剩下1 760筹码，我们该如何办?

在中低级别游戏里，此时在河牌圈是一个很简单的弃牌，在高级别游戏里AT两对在河牌圈是简单的加注全压诈唬。原因在于，大盲位置玩家的范围里面存在很多同花成牌，在河牌圈大盲位置玩家下注500，几乎是一个满彩池，表现的牌力是同花、葫芦或是诈唬，绝对不是顶对这样的中等牌力。其中诈唬也是比较少的，偶尔会有带一张黑桃的KQ、QJ、KJ的“卡顺听牌+转牌同花听牌”的诈唬。我们仔细分析大盲位置玩家的范围，极大可能是同花成牌，毕竟翻牌圈过牌跟注，转牌圈来了同花而主动打，河牌圈下注一个满彩池。

在中低级别游戏里，玩家很难丢掉同花，特别是“鱼”，很可能跟注，所以只能老老实实弃牌。

但是在高级别游戏里，我们分析对手很难用同花跟注我们在河牌圈的全压，特别是小同花，对手不光要担心我们持有葫芦，还担心我们持有大同花。而且我们转牌圈跟注，很像是拿着两对或者三条这样的牌。对手在河牌圈如果跟注我们，那么所持有的牌大部分为葫芦以及少量K高同花和Q高同花。而当我们持有AT两对的时候，阻挡了555AA、555TT、TTT55、AAA55这样的葫芦，对手手上葫芦牌力只有55、TT、AA组成四条5、TTT55、AAA55三个手牌组合（combo）。所以我们河牌圈全压是非常有利可图的，对手能跟注的可能很小，而且我们能合理代表葫芦的范围。毕竟转牌圈的跟注显示有A5两对或三条存在。

这手牌可以利用扑克里面的阻挡效应，AT两对阻挡了对手三条A、三条T，同时降低了对手有A5的可能性，由于我们占用了Ah，所以对手A5中的A只能是Ad或Ac，减少了1/3的A5组合。我们的AT阻挡了对手很多葫芦的可能性，也就是说，当我们手上持有AT两对的时候，就可以知道对手持有葫芦的概率很低，所以河牌圈才能发动全压诈唬。

【例1-6】NL1000，6人桌，2 000筹码量。

所有人弃牌到我们，我们在按钮位置加注25，大盲位置玩家跟注。我们的底牌未知。

翻牌（彩池55）：

大盲位置玩家过牌跟注我们在翻牌圈的50下注。

转牌（彩池155）：

大盲位置玩家过牌，我们继续下注100，大盲位置玩家跟注。

河牌（彩池355）：

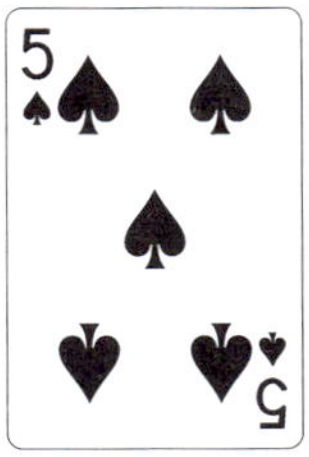

大盲位置玩家过牌，我们继续下注250，大盲位置玩家加注到650，还剩下1 175筹码。我们手上还剩下1 575筹码，我们该怎么办？弃牌、跟注还是全压？

先分析对手河牌的加注范围（Check Raising Range on the River）。

我们认为对手如果是小同花更可能会在河牌跟注，而非过牌加注，特别是在筹码很深的时候。所以对手河牌的价值加注范围更趋向于葫芦、四条以及A同花。对手有30个价值范围，分别是KK（3个组合）、QQ（3个组合）、6c6s（1个组合）、Q6（6个组合）、K6（6个组合）、6c5c（1个组合）、Ah2h～AhJh（10个组合）。

我们认为大盲位置玩家翻牌前只会跟注65s，不会跟注65o，所以66655的葫芦有1个组合，就是6c5c。其他的6s5s被排除的原因是：河牌是5s，因此大盲位置玩家不可能有6s5s，翻牌是6h和6d，所以大盲位置玩家不可能有6h5h、6d5d。

❶ 如果我们的底牌是Ah6c，河牌圈该如何决策？

我们持有Ah6c，那么会阻挡对手河牌圈价值加注范围里面多少个组合？

因为我们手上有Ah，因此阻挡了Ah2h～AhJh（10个组合），还阻挡了6c5c（1个组合）、Qx6c（3个组合）、Kx6c（3个组合）、6c6s（1个组合）。

可以看到我们的Ah6c阻挡了大盲位置玩家价值加注范围里18个组合，还剩下12个组合。既然Ah6c阻挡了大部分对手的强牌范围，那么在河牌圈我们应该再加注全压诈唬吗？

答案是否定的。

更好的打法是跟注。原因在于，我们阻挡的范围大多数是A同花，而对手河牌圈加注的大部分价值范围也是A同花，所以这里跟注抓诈唬会更好。我们阻挡的更多是对手价值加注范围的底端（A同花），而不是葫芦。如果我们阻挡的组合里面更多是对手的葫芦，那么就应该全压诈唬。

❷ 如果我们的底牌是QsKs，河牌圈该如何决策？

我们持有QsKs，那么会阻挡对手河牌圈价值加注范围里多少个组合呢？

我们阻挡了KK（2个组合）、QQ（2个组合）、Q6（3个组合）、K6（3个组合），阻挡的全部都是葫芦（阻挡了对手60%的葫芦组合）。

另外，考虑到对手翻牌前KK和QQ有很大概率会再加注，所以剩下的1个KcKd、1个QcQd也会大打折扣，如果我们认为对手翻牌前QQ和KK会有50%概率再加注我们，那么这里剩下的2个KK和QQ的葫芦组合，乘以50%之后只剩下1个组合。

我们没有阻挡对手任何A同花组合，而阻挡更多的是对手用来跟注全压的葫芦组合。所以在这里我们全压诈唬会更好。

TIPS

一定要非常清晰地知道自己的底牌阻挡了对手哪些组合。有时候阻挡了对手的诈唬组合，有时候阻挡了对手价值下注的中低端组合，有时候阻挡了对手的跟注全压组合。当阻挡了对手的诈唬组合，对手的下注多半是有牌而非诈唬，此时应放弃抓诈唬，弃牌是明智选择。当阻挡了价值下注的中低端组合，此时抓诈唬是更好的选择，毕竟对手有牌的概率下降了。当阻挡了对手的跟注全压组合，加注全压诈唬又是最佳选择。

【例1-7】NL1000，6人桌，1 000筹码量。

所有人弃牌到我们，我们拿着9cAs在按钮位置加注30，大盲位置玩家跟注。

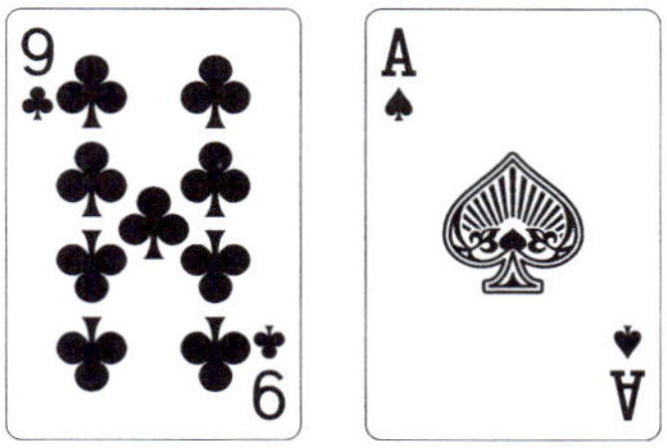

翻牌（彩池65）：

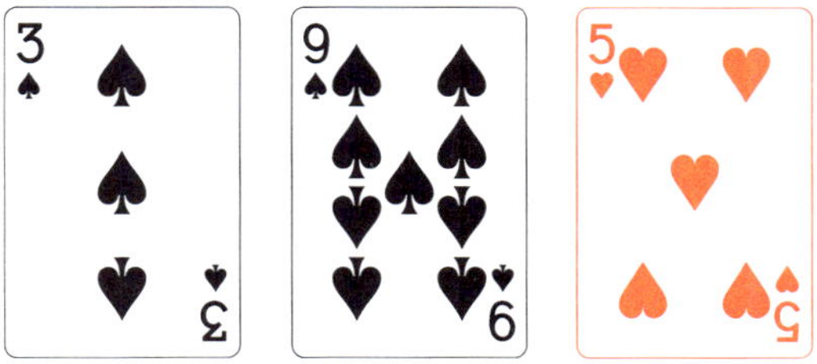

大盲位置玩家过牌跟注我们在翻牌圈的50下注。

转牌（彩池165）：

大盲位置玩家主动下注120，我们用顶对跟注。

河牌（彩池405）：

大盲位置玩家下注到360，剩下440筹码。此时我们在按钮位置持有A9顶对顶踢脚，还剩下800筹码，我们该如何办？先分析一下对手河牌圈下注的范围。

❶ 诈唬：破产同花听牌。可能的组合有As2s、As4s～AsQs、6s5s、7s6s、8s7s、9s7s、8sTs～8sKs、KsQs、QsJs、KsJs、TsJs～TsKs，总共23个组合（翻牌有3s和9s，因此排除了As3s和As9s）。

AA	AKs	**AQs**	**AJs**	**ATs**	A9s	**A8s**	**A7s**	**A6s**	**A5s**	**A4s**	A3s	**A2s**
AKo	KK	**KQs**	**KJs**	**KTs**	K9s	**K8s**	K7s	K6s	K5s	K4s	K3s	K2s
AQo	KQo	QQ	**QJs**	**QTs**	Q9s	**Q8s**	Q7s	Q6s	Q5s	Q4s	Q3s	Q2s
AJo	KJo	QJo	JJ	**JTs**	J9s	**J8s**	J7s	J6s	J5s	J4s	J3s	J2s
ATo	KTo	QTo	JTo	TT	T9s	**T8s**	T7s	T6s	T5s	T4s	T3s	T2s
A9o	K9o	Q9o	J9o	T9o	99	98s	**97s**	96s	95s	94s	93s	92s
A8o	K8o	Q8o	J8o	T8o	98o	88	**87s**	86s	85s	84s	83s	82s
A7o	K7o	Q7o	J7o	T7o	97o	87o	77	**76s**	75s	74s	73s	72s
A6o	K6o	Q6o	J6o	T6o	96o	86o	76o	66	**65s**	64s	63s	62s

注意：我们特别剔除了AsKs，因为大盲位置玩家比较激进，翻牌前会再加注AsKs而不是跟注，另外8s6s、7s5s、6s4s、5s4s这类比较弱的同花连牌翻牌前要么弃牌了，要么再加注诈唬，不会跟注，所以也可以排除。

❷ 价值组合：33（3个）、99（1个）、55（3个）、66（3个）。顺子组合：78同花（4个）。

当我们持有As9c的时候阻挡了对手诈唬范围里面Ac2c～AcQc共9个组合（占诈唬总组合的39%），这里对手诈唬的可能性比正常情况低39%。所以河牌是个弃牌，顶对顶踢脚在河牌圈充其量只是一个抓诈唬的牌，而且我们的Ac阻挡了对手39%的诈唬组合，那么我们应该放弃抓诈唬，即弃牌。

1.4 起手牌范围和牌面的匹配

即扫即看

我们只要知道对手起手牌的大概范围，翻牌圈的三张牌发出来之后，我们就知道对手的起手牌范围和翻牌的匹配情况，当对手的范围击中翻牌的概率高时，我们放弃诈唬，当对手的范围击中翻牌的概率低时，我们可以用弱牌发动诈唬或者用强牌引诱诈唬。

【例1-8】NL1000，6人桌，1 000筹码量。

其他人弃牌，按钮位置玩家加注30，我们在大盲位置用5sAs加注到100，按钮位置玩家跟注。

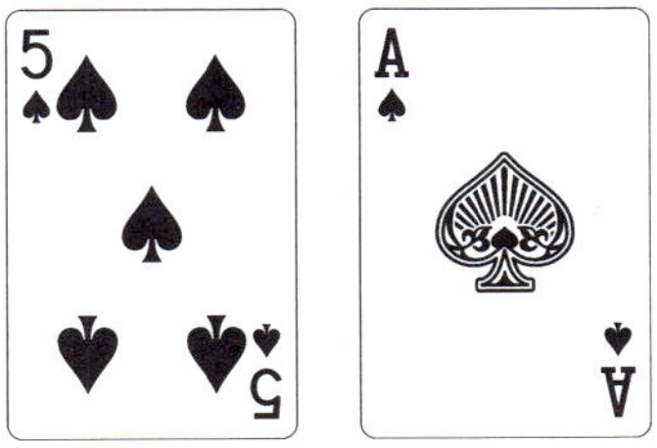

翻牌（彩池205）：

这样一个Q高牌的翻牌，我们的As5s应该持续下注诈唬吗？

按钮位置玩家是一个紧凶风格玩家（紧凶风格是指翻牌前起手牌比较紧，玩很少的牌，但是打法很凶，下注和加注很多），跟注3bet的范围为66~JJ、KQ、AJ、AQ、AK、QJs、KJs（8.1%的范围）。

在2hTdQc的牌面，按钮位置玩家击中牌面的牌力分布为：

翻牌的牌力	击中概率	翻牌的牌力	击中概率
三条	3.1%	两端顺子听牌	4.2%
顶对	28.1%	中等对子或第三大对子	31.3%

注：目前很多软件都能做到计算击中牌面各种牌的概率，比如flopzilla、propokertools等。

从上面的表格可以看出按钮位置玩家跟注3bet的范围击中这个翻牌的概率太高，仅仅“三条+顶对+两端顺子听牌”的概率都有35.4%，而我们的5sAs在这个牌面牌力太弱，甚至连后门同花听牌也没有，所以这个翻牌圈直接过牌或弃牌比较好，不要持续下注。

从上面的例子我们可以得到一个有用的思考方向：把对手和我们的起手牌范围与翻牌结合，分别计算两者和这个翻牌的匹配率，就能很容易找到诈唬时机或者放弃诈唬时机。

我们在大盲位置3bet范围为9.7%。

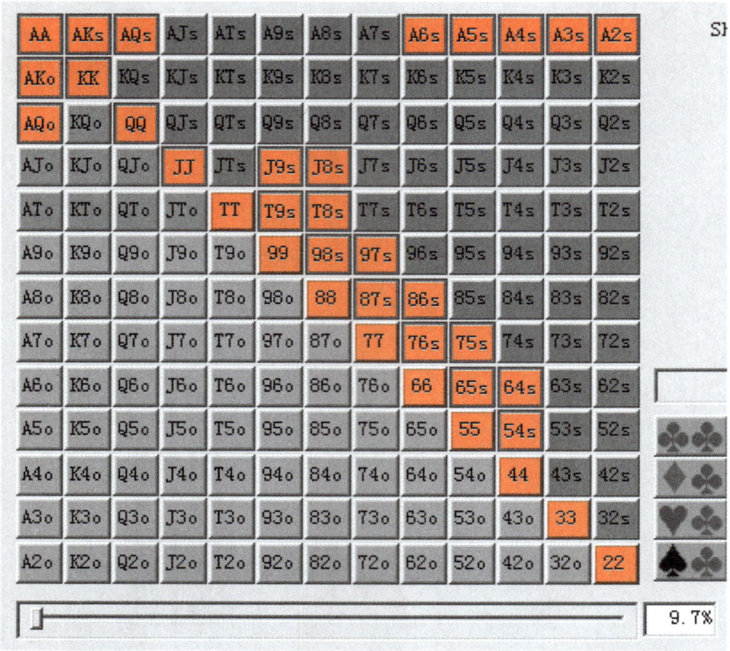

假如翻牌为3s6hQd。

这个8.1%的跟注3bet范围（66～JJ、KQ、AJ、AQ、AK、QJs、KJs）比我们翻牌前3bet范围击中翻牌的概率更高，顶对以上概率为31.2%。

翻牌的牌力	击中概率	翻牌的牌力	击中概率
三条	3.1%	两端顺子听牌	0%
顶对	28.1%		

而9.7%的大盲位置玩家3bet范围击中这个翻牌牌力为三条、顶对、两端顺子听牌和超对的概率为26.9%。

翻牌的牌力	击中概率	翻牌的牌力	击中概率
三条	2.6%	两端顺子听牌	3.5%
顶对	10.4%	超对	10.4%

可以看到Q高的翻牌击中按钮位置玩家的防守范围更多。

我们再看看A高牌的翻牌，如3s6hAd。

8.1%的跟注3bet玩家击中翻牌的牌力为小对子以上牌力以及4outs以上听牌的概率为74%。

翻牌的牌力	击中概率	翻牌的牌力	击中概率
三条	3.2%	后门顺子听牌	32.3%
顶对	38.7%	后门同花听牌	16.1%
两端顺子听牌	0%	什么也没中	25.8%
击中小对子	32.3%		

9.7%的大盲3bet玩家击中这个翻牌牌力为小对子以上牌力以及4outs以上听牌的概率为72%。

翻牌的牌力	击中概率	翻牌的牌力	击中概率
三条	2.8%	击中小对子	11.3%
两对	3.8%	卡顺听牌	7.5%
顶对	31.1%	后门顺子听牌	35.8%
两端顺子听牌	3.8%	后面同花听牌	44.3%
第二大对子	17.0%	什么也没中	34%

在A高牌的牌面，两个范围击中翻牌的概率不相伯仲，但是可以看出，大盲3bet玩家范围击中超强牌的概率明显占优，击中翻牌两对以上牌力为6.6%，而且还有3.8%的两端顺子听牌可以混合到翻牌强玩的范围中。而按钮位置玩家的抵抗3bet范围击中超强牌概率仅为3.2%。如果在翻牌圈加注全压的话，大盲位置玩家的范围是明显占优的。如果大盲位置玩家聪明一点的话，利用击中翻牌超强牌概率更高的优势，在翻牌可以把两端顺子听牌下注加注半诈唬强玩，真要打全压，按钮位置的范围还是很难跟注的。

还有很多例子，比如抵抗3bet玩家在JTx、QTx、QJx、9Jx的牌面更加有优势，毕竟紧凶玩家用来跟注3bet的范围里面包括很多Qx、Jx、Tx，击中这些牌面的概率更高。

【例1-9】NL1000，6人桌，1 000筹码量。

枪口位置紧凶玩家加注30，我们在按钮位置用7h7d跟注30，大小盲位置玩家弃牌。

翻牌（彩池75）：

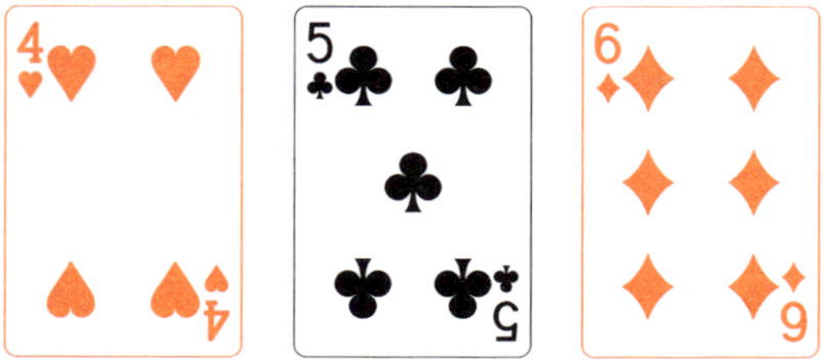

枪口位置玩家下注55。

我们该如何决策?

枪口位置玩家是一个中等水平玩家，在翻牌圈持续下注频率很高，明显持续下注范围里面有很多弱牌。另外，枪口位置玩家风格是紧凶，在枪口位置加注范围很紧，为12.5%。

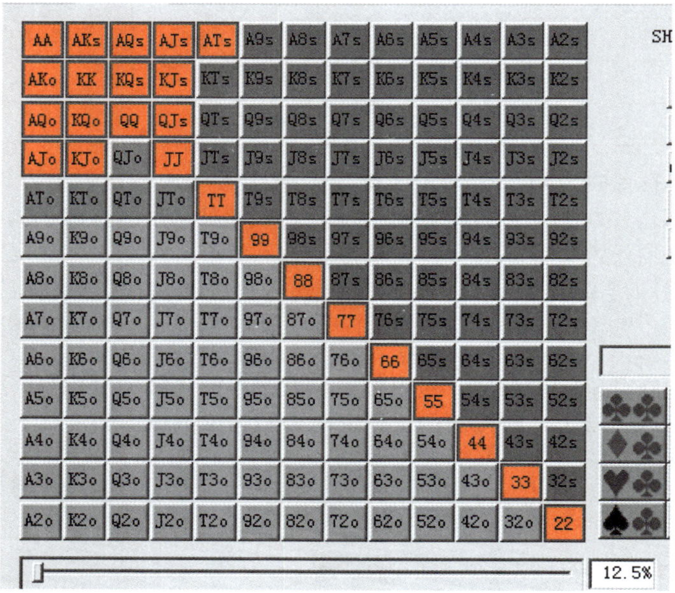

另外，我们知道枪口位置玩家不是特别擅长玩小同花连牌，跟他交手很多次，他都倾向于翻牌前丢掉同花连牌，在以往的牌局里也没有见他在枪口位置加注过小同花连牌。

我们在按钮位置跟注的范围为14.3%。

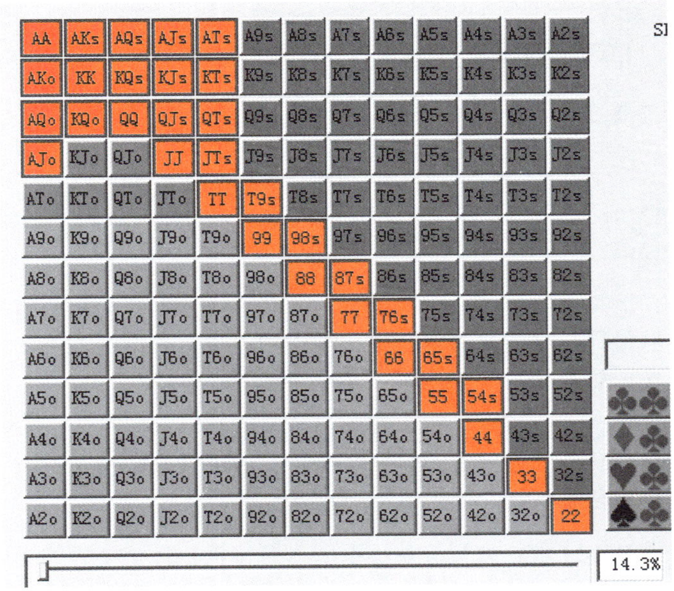

利用软件计算，我们可以清晰地看到，我们的范围在翻牌圈击中超强牌的概率更高。

下面是加注范围为12.5%的枪口位置玩家在4h5c6d的牌面击中强牌的概率分布。

翻牌的牌力	击中概率	翻牌的牌力	击中概率
三条	5.7%	超对	30.6%
顺子	0%		

下面是冷加注范围为14.3%的按钮位置玩家在4h5c6d的牌面击中强牌的概率分布。

翻牌的牌力	击中概率	翻牌的牌力	击中概率
顺子	2.3%	两对	2.3%
三条	5.1%	超对	27.3%

可以看到在4h5c6d的牌面，枪口位置玩家击中超强牌的概率是5.7%（超对不算超强牌，只能算强牌），而按钮位置玩家击中超强牌的概率为9.7%（两对或者两对以上牌力），击中超强牌的概率几乎是枪口位置玩家的2倍。

所以在这样一个翻牌圈，77和67s这样胜率不低的听牌可以强玩。毕竟即使碰到玩家的超对也有40%～50%的胜率，如果能通过加注让枪口位置玩家丢掉AK、AQ之类的高牌或是小型超对，都是赚的。

在4h5c6d的牌面，77 vs AA有38%的胜率。

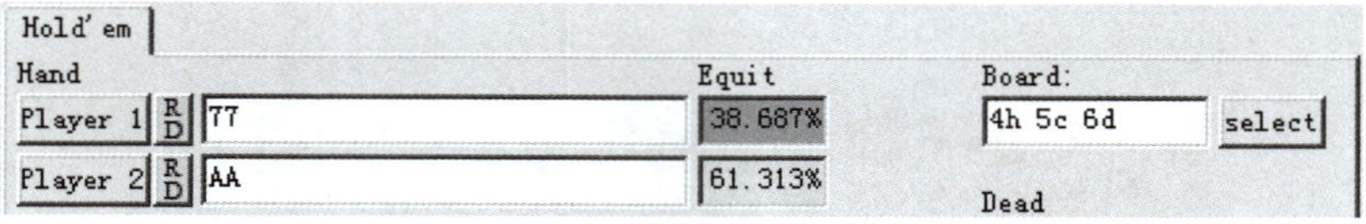

在4h5c6d的牌面，76s vs AA有47%的胜率。

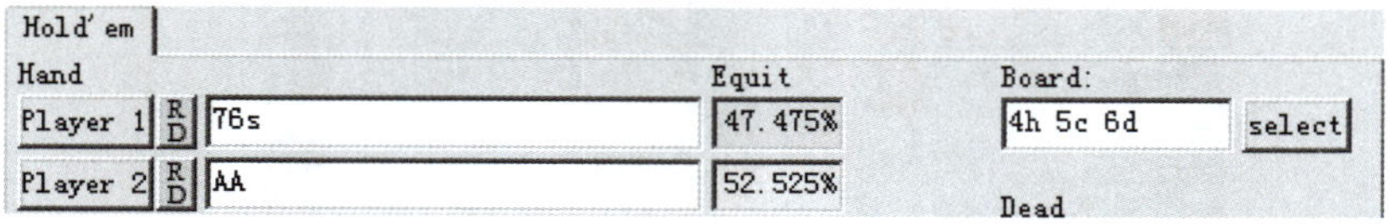

当然只能用胜率不错的听牌这么做，不能纯诈唬，毕竟枪口位置玩家超对概率不低，翻牌圈的加注诈唬如果被跟注了，纯诈唬牌没有胜率就不好打了，而听牌在转牌圈和河牌圈依然有40%～50%胜率，完全不虚。

当然还有很多这样的例子，由于翻牌前的起手牌范围不平衡，导致某些翻牌圈对手范围击中概率过低，几乎可以无风险诈唬，或者某些翻牌击中对手范围的概率过高，就不用在翻牌圈持续下注诈唬，放弃就好。

比如，大盲 vs 小盲，大盲位置玩家因为有位置，抵抗小盲的范围会比小盲加注范围更广，里面保护很多中小牌，所以在小牌的牌面，大盲位置玩家击中的概率更高。在高牌的牌面，小盲位置玩家击中的概率更高。

这样的范围和翻牌匹配存在明显规律，需要自己平时玩牌的时候多思考，多用软件计算，研究多了自然能找到很多规律。我们可以利用这些规律，让打法更加精细。

1.5 把成牌转成诈唬

即扫即看

当对手知道我们击中了牌面而对手的牌力中等，同时我们真实的底牌牌力又在我们牌力范围的末端，也就是说，此时我们的底牌确实很弱的时候，可以把成牌转化成诈唬，攻其不备，合理扮演底牌范围中的强牌而诈唬走对手的中等牌，上演一幕金蚕脱壳的好戏。

【例1-10】NL1000，6人桌，1000筹码量。

其他人弃牌到关煞位置玩家，关煞位置玩家加注25，我们拿着9sTs在按钮位置跟注25，大小盲位置玩家都弃牌。

翻牌（彩池65）：

关煞位置玩家下注45，我们跟注45。

转牌（彩池155）：

关煞位置玩家过牌，我们下注120。

河牌（彩池395）：

在河牌圈关煞位置玩家过牌，我们该如何决策？过牌便宜摊牌还是下注诈唬？

我们先理一下整手牌的思路。

翻牌前： 我们跟注没有再加注，主要原因是大盲位置玩家是“鱼”，我希望大盲位置玩家跟进来，来个三人彩池，而且我们有最佳的位置——按钮位置。如果大小盲位置玩家都是厉害的玩家，我们可能更倾向于弃牌或者再加注9sTs，原因是跟注容易被后面的大小盲位置玩家压缩再加注，另外，如果我们形象好，此时用9sTs 3bet半诈唬也是不错的选择，毕竟翻牌前有很大的弃牌率，翻牌后也很具有投机潜力。

翻牌圈： 对手持续下注不一定代表有牌。面对对手持续下注范围里面的很多诈唬和半诈唬，我们的对子9依然是领先的，牌力属于中等，所以跟注比较好。加注的话，只会让对手丢掉比对子9更差的牌，而用顶对及以上牌力反抗我们，这样就帮助对手做出了正确的决策。所以加注翻牌圈绝对不可行。

转牌圈：对手过牌的手牌范围大致可以认为是弱顶对Q、中等对子9，翻牌圈持续下注诈唬，在转牌圈准备放弃的诈唬牌，偶尔有超对AA、KK，顶对好踢脚KQ、AQ。与对手交手多次，知道对手属于比较直接的类型，如果是KQ、AQ、KK、AA，一般都会在转牌圈继续下注，不会过牌。所以我们将对手的转牌圈过牌范围锁定在QT、9T、JT、KJ、AJ、J8等中等牌力的牌，或者在翻牌圈纯诈唬准备在转牌过牌弃牌的牌。

我们在转牌圈下注120，主要是我们在转牌圈有“同花听牌+两端顺子听牌”，而且对手的范围里几乎没有准备过牌加注全压的牌（过牌加注全压会让我们的转牌听牌非常尴尬，跟注的话赔率不够，弃牌的话又放弃了大概30%的胜率），所以我们在转牌圈用强听牌下注，先做大彩池，河牌中了超强牌可以下更大的注，某一些河牌也可以诈唬。

河牌圈：我们可以用对子9过牌，但是因为预料对手转牌圈过牌跟注范围QT、9T、JT、KJ、AJ、J8、K9普遍比我们的对子9强，所以过牌的话，对子9在河牌圈通过摊牌赢下彩池的概率很低。

另外，从对手的角度看我们翻牌圈的跟注、转牌圈的下注、河牌圈下注的范围存在很多合理的强牌。比如顶对AQ、KQ，两对QJ，顺子KT，两对9J，偶尔有三条3、三条9。而且从对手的角度来看，我们的范围里几乎没有纯诈唬，毕竟牌面连接性很强，所以即使我们在转牌圈是半诈唬，一般也有一个对子，比如9T、KJ、QT之类的，所以有对子一般会在河牌圈过牌，便宜摊牌而非发动诈唬。所以从对手的角度来看，我们河牌圈的范围很强，而且即使是弱牌也是带对子的，一般不会发动诈唬，而是过牌争取便宜摊牌。

所以河牌圈我们把成牌转成诈唬来玩的话，会有很高的成功率。

对手转牌圈过牌跟注的范围有QT（9个组合）、AJ（12个组合）、JT（9个组合）、9Ts（2个组合）、K9s（2个组合）、J8s（3个组合）、KJ（12个组合），总共49个组合。

注意：我们认为玩家不会在关熱位置加注非同花K9、J8、9T这样的弱牌，所以我们只算同花，而QT、AJ、JT、KJ可以是非同花。

我们河牌圈下注290诈唬的话，应该能诈唬走一半的QT，一半的AJ，所有的JT、9T、K9、J8以及KJ，总共38.5个组合。也就是说，对手在河牌圈面对我们下注290弃牌的概率为38.5/49=78.5%，跟注的概率为21.5%。

那么，我们在河牌圈下注290的EV为：

$$EV=0.785\times395-0.215\times290=+248$$

所以，河牌圈下注把成牌转成诈唬是更好的决策。如果我们的底牌不是9T这样的弱对子，而是QT这样的顶对，那么河牌过牌便宜摊牌则更好，毕竟QT能战胜对手范围中的大部分。

TIPS

（1）为什么要把成牌转成诈唬？

❶ 面对思维层次较高的玩家，通常是+EV的打法。

❷ 玩家认为我们的牌有摊牌价值，不会发动诈唬。

❸ 如果我们的范围里大部分是强牌，那么应该混合一定比例的诈唬。

（2）什么时候应该把成牌转成诈唬？

❶ 对手手牌范围里有很多比我们好的牌。

❷ 面对我们的下注诈唬，对手很可能弃掉比我们好的牌。

❸ 对手认为我们的范围很强。

❹ 我们手牌范围中的弱牌也是有对子的，在对手看来我们更倾向于过牌便宜摊牌。

❺ 我们在河牌圈下注能合理代表很多强牌。

【例1-11】NL1000，6人桌，1 000筹码量。

其他人弃牌到我们，我们在按钮位置拿着8dQd加注到30，大小盲位置玩家都跟注。

翻牌（彩池90）：

所有人过牌。

转牌（彩池90）：

小盲位置玩家下注80，大盲位置玩家跟注，我们也跟注。

河牌（彩池330）：

在河牌圈，小盲位置玩家过牌，大盲位置玩家下注100，剩下720筹码，我们手上还有890筹码。

河牌怎么决策？跟注希望平分彩池，还是全压诈唬，还是小加注诈唬？

我们先理一下整手牌的思路。

翻牌圈： 其他人过牌到我们，我们没有下注顶对，第一，我们的顶对踢脚不好，第二，牌面联系性太强，容易被过牌加注导致我们不得不弃牌，而放弃一定的胜率。

转牌圈： 小盲位置玩家主动下注，而且下注量不小，有可能是两对、三条9、三条8，也有可能是顺子TJ、QT、9T之类，还有可能是“对子+同花听牌”。大盲位置玩家跟注，也很有可能是两对、三条、顺子、“对子+同花听牌”等。我们在转牌圈有两对，先跟一下看看，如果河牌圈成了葫芦，还有得打，另外河牌圈也有一些可以发动诈唬的机会。

河牌圈： T让牌面成了89TJQ的顺子。小盲位置玩家过牌，这时候小盲位置玩家过牌肯定是因为没有特别强的牌，比如KX的顺子，如果有一般会主动下注，因为极有可能大家都会过牌寻求便宜摊牌。大盲位置玩家反而下了一个1/3彩池的小注，很像有KX的K高牌顺子。

这时候我们肯定不能跟注，因为从大盲位置玩家打法来看极有可能是有KQ、KJ之类的KQJT9的第二大顺子。我们Q8两对跟注寻求平分彩池肯定是不行的，极有可能输掉。所以这里要么弃牌，要么想办法诈唬。

再看看3个玩家有坚果牌AK的AKQJT的可能性，小盲位置玩家肯定没有AK，毕竟有

AK的话，转牌圈肯定不会主动下注，AK在转牌圈太弱，主动下注被跟注概率太高，或者会被加注，毕竟牌面联系性太强，所以小盲位置玩家在转牌圈拿着AK主动下注的概率不高，何况小盲位置玩家翻牌前很有可能拿着AK会再加注，而不是跟注。

大盲位置玩家也是很难有AK的，毕竟翻牌前一个加注偷盲，一个跟注，大盲位置玩家100BB的有效筹码量，翻牌前极有可能会用AK来个压缩再加注，企图拿下彩池，单挑或者翻牌前全压，而不会翻牌前跟注玩三人彩池。所以大盲位置玩家有AK的概率几乎为0。

只有我们的范围里面有AK，翻牌前拿着AK会加注，翻牌圈拿着AK也会过牌，转牌圈拿着AK也会跟注投机顺子，所以河牌圈我们如果超彩池全压的话，大盲位置玩家即使有KQJT9的第二大顺子一般也不会跟注。

所以我们河牌圈选择向430的彩池全压890，小盲位置玩家弃牌，大盲位置玩家想了很久最终还是弃牌了。

注意：这种打法只能针对有读牌能力的中等或者高等玩家，如果面对“跟注站”的“鱼”，河牌圈全压无异于把筹码送人。高级别打法不适合低级别，就像空城计不能对“二愣子”使用一样。

1.6 薄的价值下注——假扮诈唬的价值下注

即扫即看

当对手认为我们诈唬可能性很高的时候，我们就利用对手这个明显的倾向，加宽自己价值下注的范围，用更弱的牌价值下注，价值下注的牌力只需要比对手抓诈唬的牌强就行。这样就避免了过于两极分化——要么超强牌要么纯诈唬的下注范围，使对手更难预测我们的牌力。

【例1-12】NL1000，6人桌，有效筹码量1 000。

我们在按钮位置用9s9c加注30，小盲位置玩家跟注，大盲位置玩家弃牌。

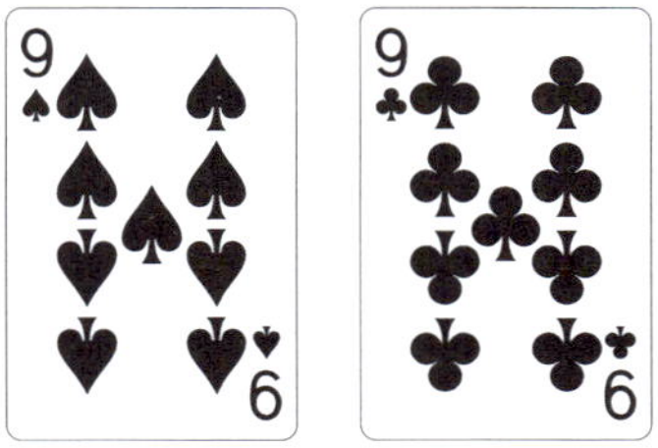

翻牌（彩池70）：

小盲位置玩家过牌，我们下注70，小盲位置玩家跟注。

转牌（彩池210）：

小盲位置玩家过牌，我们下注200，小盲位置玩家跟注之后手上还剩下700筹码。

河牌（彩池610）：

小盲位置玩家过牌，我们全压700筹码，小盲位置玩家跟注，小盲位置玩家持有JdAs。

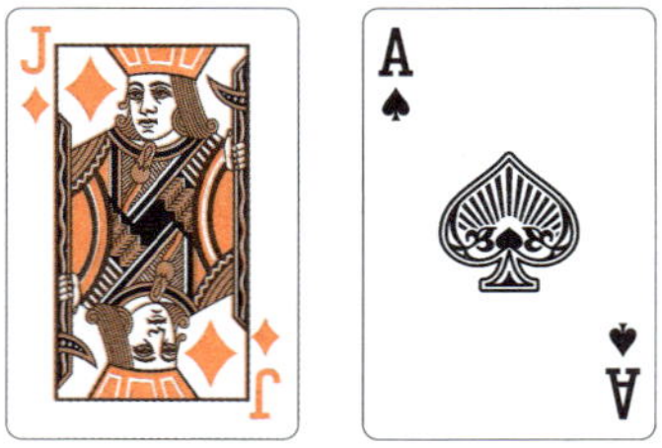

在这手牌的河牌圈，小盲位置玩家几乎不可能用同花过牌，毕竟小盲位置玩家的筹码量只剩下一个彩池，过牌加注的空间几乎没有，如果筹码再深一点，河牌圈过牌的话确实有可能是同花，准备过牌加注从一些喜欢薄的价值下注玩家手上获得最大化价值，但是筹码量只有一个彩池左右，过牌加注同花的可能性几乎没有。所以河牌圈我们可以放心大胆地价值下注三条9，因为我们知道对手没有同花，而且对手可能用J9/AJ/A9两对、三条5，甚至顶对A、中等对子J跟注抓我们的诈唬。

这手牌中小盲位置玩家持有JdAs顶对，方块J的阻挡牌使得该玩家觉得阻挡了我们手上有同花的很多组合，即降低了我们手上持有同花的可能，而我们河牌的全压又很像是要么诈唬要么同花，使得对手更有信心抓诈唬。

大多数中低级别玩家可能在河牌圈会过牌，觉得自己手上没有同花，特别担心对手有同花，但是只要仔细分析对手的范围，对手有同花的可能性几乎为0，所以我们可以肆无忌惮地进行薄的价值下注。所谓薄的价值下注，就是用比平常更弱的牌进行价值下注，这一招用来克制爱抓诈唬的玩家很管用，因为他们每次抓诈唬的时候，都碰到稍微比自己好一点的牌。

【例1-13】NL1000，6人桌，有效筹码量1 000。

翻牌前，关煞位置玩家加注30，我们在按钮位置用QcAs跟注，大小盲位置玩家弃牌。

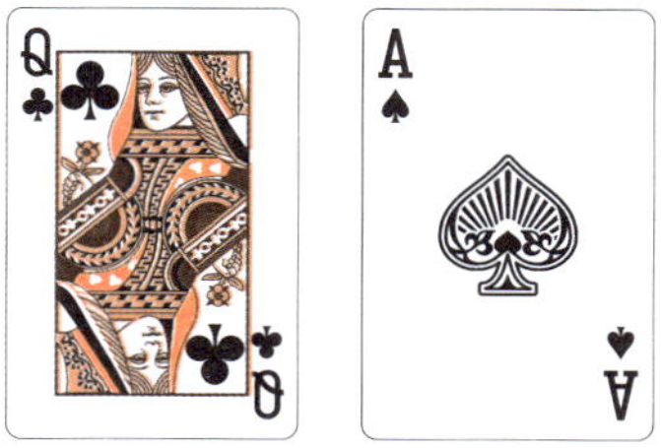

翻牌（彩池75）：

关煞位置玩家下注70，我们跟注。

转牌（彩池215）：

关煞位置玩家下注200，我们跟注，我们手上还剩700筹码。

河牌（彩池715）：

关煞位置玩家过牌，我们全压700，关煞位置玩家用JsQs跟注。

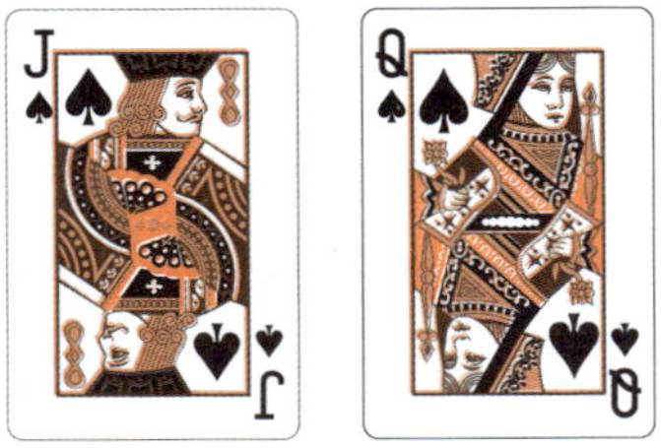

河牌圈，关煞位置玩家准备过牌引诱诈唬，毕竟翻牌圈的牌面有很多顺子听牌和同花听牌的可能，而在河牌圈所有的听牌都破产了，所以河牌圈过牌引诱诈唬是一个非常好的选择。

我们知道自己的顶对顶踢脚要比对手河牌圈抓诈唬的平均牌力强，所以河牌圈我们可以全压来扮演破产听牌诈唬。在很多玩家看来河牌圈的全压要么是三条、葫芦，要么是诈唬，而三条和葫芦之类的牌在听牌多的牌面很可能会加注，而不会一直跟注翻牌圈和转牌圈，所以玩家敢于抓河牌圈的全压诈唬。

实际上，我们正好利用对手河牌圈抓诈唬的心理，在河牌圈加入很多并不是特别强的牌来全压，这样薄的价值全压用来克制喜欢抓诈唬的玩家非常有效。当我们在薄的价值下注的时候，我们实际在扮演诈唬，希望对手相信我们是在诈唬。

如果我们仅仅在河牌圈下注半个彩池，很多玩家会觉得我们在用顶对价值下注，反而会弃牌。为了演得像一点，我们在河牌圈全压，代表持有坚果或是空气，反而增加了对手对我们是诈唬的怀疑。当然，如果我们真的是破产听牌，可能会在河牌圈下注1/3彩池，让对手更加相信我们是在价值下注引诱跟注，而使得对手弃牌。

【例1-14】NL1000，6人桌，有效筹码量1 000。

我们在按钮位置用ThTc加注30，小盲位置玩家跟注，大盲位置玩家弃牌。

翻牌（彩池70）：

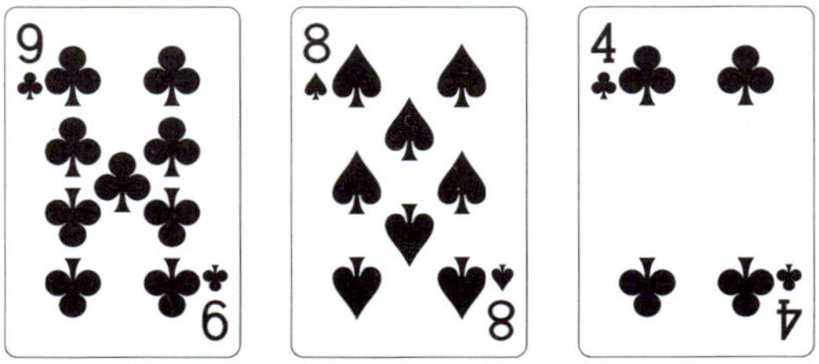

小盲位置玩家过牌，我们下注60，小盲位置玩家加注到180，我们跟注。

转牌（彩池430）：

小盲位置玩家过牌，我们也跟着过牌。

河牌（彩池430）：

小盲位置玩家过牌，我们下注300，小盲位置玩家用8d9d两对跟注。

这手牌里位置发挥了最重要的作用，因为有位置，在转牌圈和河牌圈我们都看到小盲位置玩家过牌之后再决策，使得我们知道该玩家的范围可能是听牌或者89两对，因为这个小盲位置玩家是很直接的玩家，如果有葫芦会主动在转牌圈下注，至少在河牌圈肯定不会继续过牌。我们将对手的范围锁定在89两对，使得我们在河牌圈可以用看起来不是很强的TT进行薄的价值下注。这样的薄的价值下注可以很好地扮演破产听牌，导致小盲位置玩家跟注河牌圈的概率增加。

当然这手牌的所有决策都归功于位置优势，如果我们在河牌圈先行动，可能就不会价值下注，而是在河牌圈过牌引诱诈唬，然后跟注抓诈唬。位置让我们得到了更多关于对手牌力的信息，另外也让我们拥有了每条街最后一个下注的权力，这样的优势在德州扑克中是巨大的，所以说位置就是德州扑克的一切。

1.7 识别对手自相矛盾的地方抓诈唬

人生如戏，全靠演技。拙劣的演技演得前后矛盾，就会让我们找到破绽。当玩家在河牌圈价值下注的范围和前面两条街的价值下注范围自相矛盾的时候，我们就能轻易地抓到对手的诈唬。

【例1-15】NL1000，6人桌，有效筹码量1 000。

小盲位置玩家加注30，我们在大盲位置用7c8c跟注。

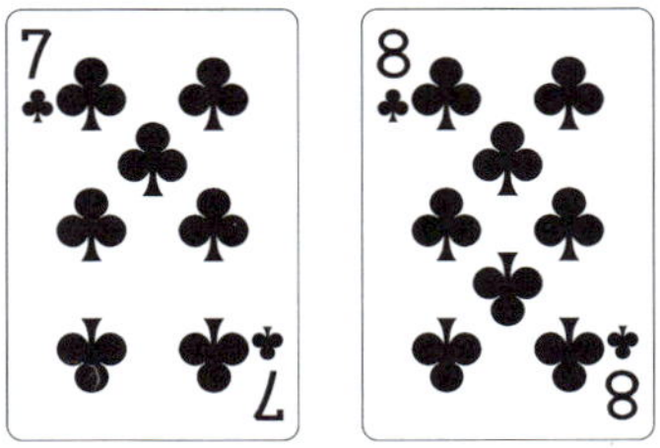

翻牌（彩池60）：

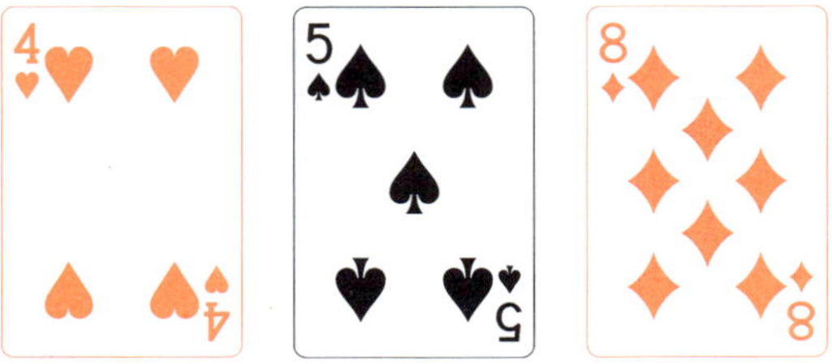

小盲位置玩家下注50，我们跟注。

转牌（彩池160）：

小盲位置玩家下注120，我们跟注。

河牌（彩池400）：

小盲位置玩家下注350，我们要不要跟注？对手还剩下450筹码，我们能否全压诈唬？

小盲位置玩家是一个很凶的玩家，但不是特别狡猾，没有太多创意打法。翻牌前，我们在大盲位置处于有利位置，大盲vs小盲，用87s可以3bet小盲，也可以跟注利用位置打翻牌后，我们选择了跟注。翻牌圈我们中了“顶对+卡顺听牌”，对手持续下注的范围很广，翻牌圈显然是一个跟注。

转牌是J，带来了一张高牌，另外出现了红心同花听牌的可能，对手继续下注，对手在转牌圈下注的范围很广，价值范围包括一些很好的8，如A8、K8、8T、8J，顺子67，还有一些J，如AJ、KJ、QJ、JT，以及很多半诈唬牌，如A7、A6、36、79、96、9T、9Q、TQ转牌的同花听牌。对这个半诈唬占很大比例的范围，我们的胜率依然在40%以上，所以转牌圈是一个简单的跟注。

河牌是K，所有的同花听牌和顺子听牌都破产了，对手几乎满彩池下注。如果我们分析一下对手在河牌圈的价值下注范围，就知道在河牌圈对手几乎不会用8x价值下注，比如8T、A8，除非是8J、K8这样的两对才行，用J价值下注的概率也不高，因为对手不是特别狡猾，不会用J在河牌圈下这么大的注。总体来说，河牌圈对手的听牌都破产了，这占了对手转牌圈几乎一半的组合，另外河牌是K，对手下注很大使得对手的下注范围两极分化，要么是空气，要么是超强牌（比如两对、三条、Kx），所有的8和J单对子对手都不会这么做。由于对手转牌圈的范围大部分是8x、Jx，半诈唬听牌，而两对、三条、Kx只占转牌圈范围的很小一部分，另外，对手河牌圈会用破产听牌这么下注，也会把4x、5x小对子转成诈唬，比如A4和A5这样的牌也会在河牌圈下注诈唬，所以针对对手河牌圈下注的“破产听牌+超强牌+成牌转诈唬”的范围，我们的对子8胜率是64%，而向400彩池跟注350，赔率只需要31.8%，胜率大于赔率，因此河牌圈跟注。

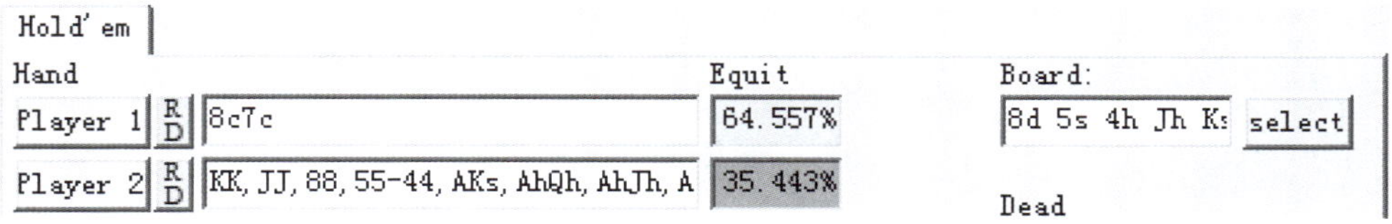

这手牌最大的思考点：对手转牌圈和河牌圈下注反而降低了对手的价值下注范围，尤其是河牌圈下的大注，几乎排除了对手有J或者8的可能，而对手翻牌圈和转牌圈下注的范围里面8和J占了很大一部分，这样导致对手河牌圈下注的范围里面失去了中等牌，只剩下超强牌和诈唬牌。所以河牌圈我们才能跟注。

当然我们知道对手不是特别狡猾，不会很聪明地在河牌圈用Jx薄价值下很大注，导致对手河牌圈价值下注范围很窄，另外，对手也知道用4x、5x转成诈唬，也会用破产听牌诈唬，导致对手诈唬范围更广。假如对手敢于用A8、Jx价值下注河牌圈这么大，那么我们后面的决策会变得非常艰难。但是面对不会用A8、Jx在河牌圈薄价值下注的对手，我们很容易就可以跟注抓诈唬，毕竟我们的8和对手河牌圈下注范围相比，有64%的胜率，而跟注的赔率只需要31.8%。

对手的底牌是：

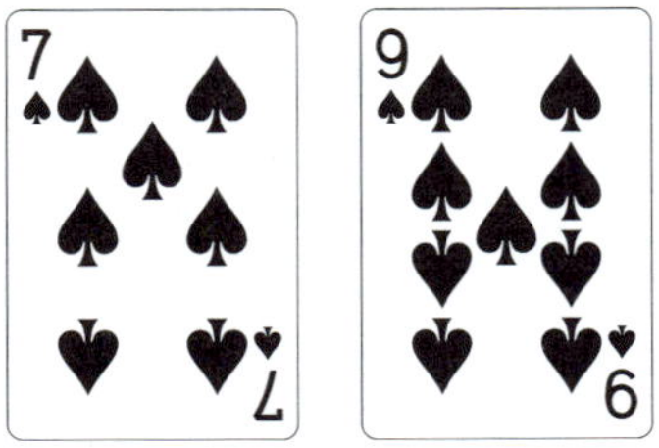

【例1-16】 NL1000，单挑桌，有效筹码量1 400。

单挑桌，我们在按钮位置用8s8c加注30，“疯鱼”玩家在盲注位置跟注。

翻牌（彩池60）：

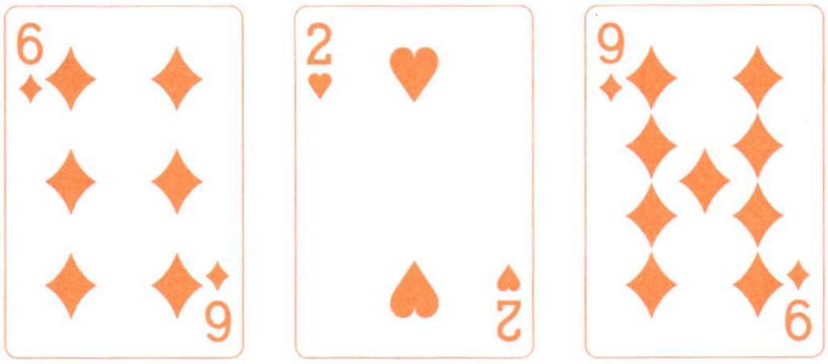

“疯鱼”过牌，我们下注50，“疯鱼”加注到150，我们跟注。

转牌（彩池360）：

“疯鱼”下注300，我们跟注。

河牌（彩池960）：

“疯鱼”全压920，我们要不要跟注？

“疯鱼”玩家翻牌后非常凶，喜欢用听牌加注，然后不管中不中都三条街打完，另外“疯鱼”玩家扑克知识掌握得不好，不懂得薄的价值下注，下注范围过于两极分化。

在这手牌里，翻牌圈下注被“疯鱼”加注之后，因为翻牌圈有太多同花听牌和顺子听牌，“疯鱼”也会用这些听牌过牌加注，所以我们的中等对子8是可以跟注的。

转牌圈，“疯鱼”继续下注Kc高牌，我想“疯鱼”不会用顶对9在转牌是K的情况下这么下注，因为“疯鱼”并不懂得薄的价值下注，所以在转牌圈的价值下注范围只有Kx、K9、96两对，三条2、6、9。

河牌圈，“疯鱼”全压，“疯鱼”并不会用Kx全压，还是因为不懂薄的价值下注。所以“疯鱼”的范围进一步两极分化，只有22、66和四条9，三条9的可能性只有K9和96，毕竟“疯鱼”在转牌圈不会用其他9x价值下注这么大。

“疯鱼”的诈唬范围很广，所有的顺子听牌和同花听牌都破产了。

综合来说，河牌圈我们用920跟注，博彩池里面的1 880（960+920）只需要49%的成功率，而对手河牌圈价值下注范围很小，诈唬范围很大，所以河牌圈是一个非常简单的跟注。

对手的底牌是：

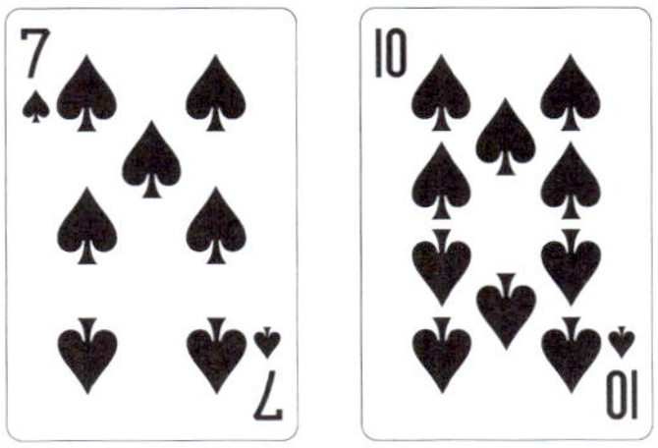

最后的思考：“疯鱼”在转牌是K的下注否定了翻牌圈的顶对9过牌加注范围，河牌圈的下注直接否定了转牌圈的顶对K下注，表明自己有三条9。从分析结果来看，转牌圈和翻牌圈的价值下注范围是矛盾的，河牌圈和转牌圈的价值下注范围又是矛盾的。这样只会让我们觉得“疯鱼”在诈唬，所以河牌圈是个简单的跟注，虽然“疯鱼”在河牌圈下注很大，但是下了大注不代表有强牌，有时候反而显得更弱，如果只是下一个很小的注，我们反而会谨慎起来。当然因为我们知道“疯鱼”不懂薄的价值下注，导致我们能跟注河牌圈，如果碰到真正聪明的玩家，他会在转牌圈继续用9x价值下注，河牌圈用三条9全压，那么我们将面对艰难的决策，不会像对付“疯鱼”这么容易。

1.8 真实的底牌和扮演的底牌

即扫即看

在扑克里面，我们通过下注、过牌、加注以及跟注等动作和对手进行内心对话，我们下注、加注就是告诉对手我们有强牌，你信不信？对手选择相信就弃牌，不相信就跟注。当我们价值下注的时候，要表现出诈唬的样子；当我们诈唬的时候，要表现出价值下注的样子。

【例1-17】NL1000，单挑桌，有效筹码量1 000。

单挑桌，我们在按钮位置用JsQs加注30，大盲位置玩家跟注。

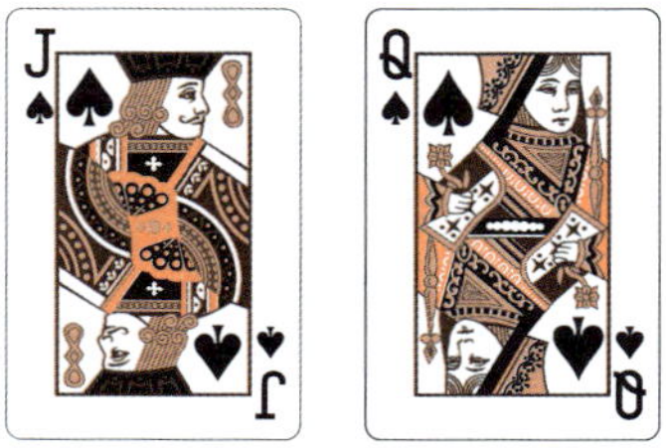

翻牌（彩池60）：

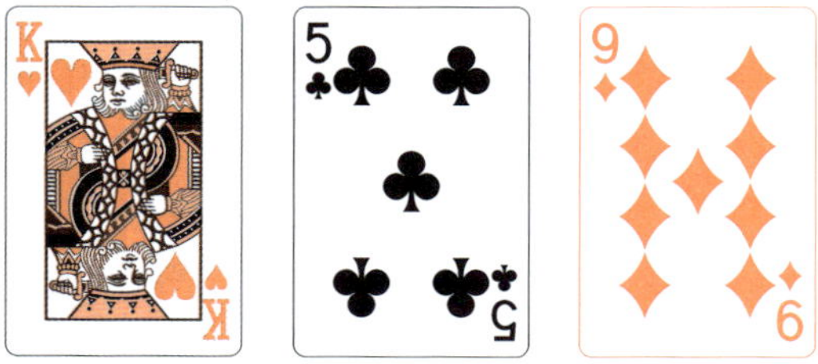

大盲位置玩家过牌，我们持续下注50，大盲位置玩家跟注。

转牌（彩池160）：

大盲位置玩家过牌，我们也过牌。

河牌（彩池160）：

大盲位置玩家过牌，我们下注120，大盲位置玩家跟注，大盲位置玩家的底牌是：

这个河牌是非常简单的薄的价值下注，因为大盲位置玩家在河牌圈有顶对K或者两对，如果是顺子，一般会主动打，不会过牌，毕竟这个大盲位置玩家非常直接，不是很狡猾。所以当该玩家过牌的时候，基本上确定其牌力在顶对以下，而中等对子里面我们的QJ是第二大踢脚，所以我们价值下注，对手很可能用Qx以及9x之类的牌跟注。

还是同样的例子，如果河牌圈大盲位置玩家主动下注120，我们该怎么办？

大盲位置玩家在翻牌圈跟注的范围是9T、9J、89、9Q、A9、K9、KT、KJ、KQ、56、45、57、JT、QJ、QT以及偶尔的TT、JJ。对手在转牌圈过牌，河牌圈主动下注，几乎说明没有诈唬，因为玩家比较直接，也不会把底对子5x、中等对子9x转成诈唬，所以河牌圈对手下注，可能是有顶对K、Q9两对或JT顺子，这些牌都比我们的中等对子QJ大，所以河牌圈如果对手主动下注，我们要弃牌。

如果我们在盲注位置，对手在按钮位置，我们拿着JhKc的顶对在河牌圈是否要价值下注？看下面的案例。

【例1-18】**NL1000，单挑桌，有效筹码量1 000。**

单挑桌，按钮位置玩家加注30，我们在大盲位置用JdKc跟注。

翻牌（彩池60）：

我们过牌，按钮位置玩家持续下注50，我们用顶对K跟注。

转牌（彩池160）：

我们过牌，按钮位置玩家也跟着过牌。

河牌（彩池160）：

河牌圈我们要价值下注还是过牌?

因为我们在【例1-17】中分析，我们在按钮位置，大盲位置玩家在河牌圈下注，我们的QJ要弃牌。那么现在轮到我们在大盲位置，拿到顶对K，是否要价值下注呢？答案是不能。因为在对手眼中，我们的下注范围很强，很少有诈唬，所以我们的价值下注被跟注的概率很低。但是如果我们过牌，聪明的玩家可能会用QJ进行薄的价值下注，或者在河牌圈发动诈唬，毕竟我们河牌圈过牌，说明我们下注的范围很小，诸如对子5x、9x之类的牌对手可以很轻易地转成诈唬，也会用QJ中等对子进行薄的价值下注。

这手牌如果我们在河牌圈主动下注，对手多半不会用更弱的牌跟注抓诈唬，所以我们过牌扮演很弱的牌力来引诱对手薄的价值下注或者诈唬。

如果我们的底牌是：

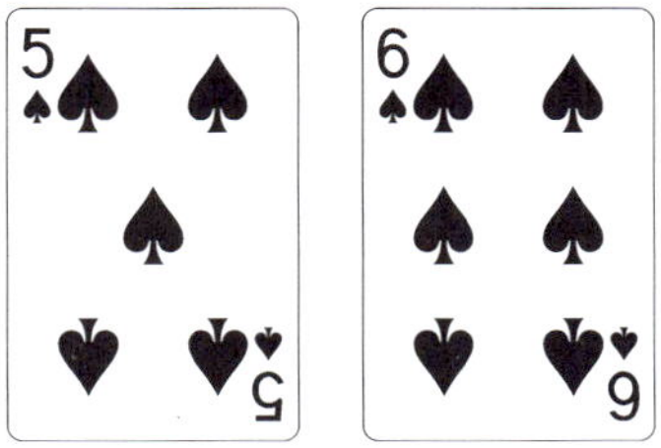

河牌圈，我们的56底对子基本没有什么摊牌价值，毕竟玩家很大概率是9x、QT、QJ的顺子听牌，河牌圈中了Q，所以56底对子在河牌圈过牌跟注抓诈唬或过牌争取便宜摊牌都不可取。但是如果我们在河牌圈主动下注，可以很合理地代表顶对K、顺子JT、两对Q9，很容易诈唬走对手更好的5x、9x以及Qx。毕竟在对手眼里我们在河牌圈的下注很少有诈唬，基本都是价值下注，所以当我们真的牌力很弱时候，可以利用这一点，发动有说服力的诈唬。

TIPS

当对手认为我们的手牌范围很强的时候，我们就应该多诈唬，少价值下注；当对手认为我们的手牌范围很弱的时候，我们应该多价值下注，少诈唬。

1.9 守株待兔

在扑克中当我们有超强牌，同时牌面对对手更加有利的时候，我们只需要给对手一个机会扮演强牌，静静地看着他表演就行。

【例1-19】NL1000，6人桌，1 000筹码量。

我们在关煞位置用QsKs加注30，按钮位置玩家跟注，大小盲位置玩家都弃牌。

翻牌（彩池75）：

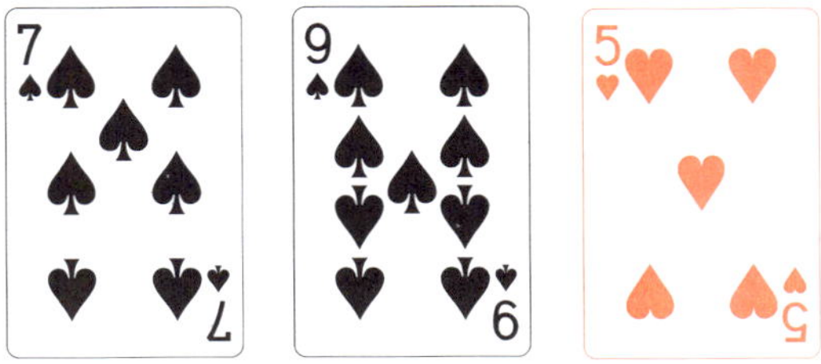

我们下注50，按钮位置玩家跟注。

转牌（彩池175）：

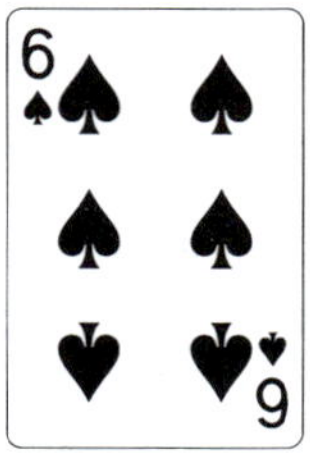

我们过牌，按钮位置玩家下注140，我们跟注。

河牌（彩池455）：

我们过牌，按钮位置玩家全压780，我们跟注。

按钮位置玩家持有：

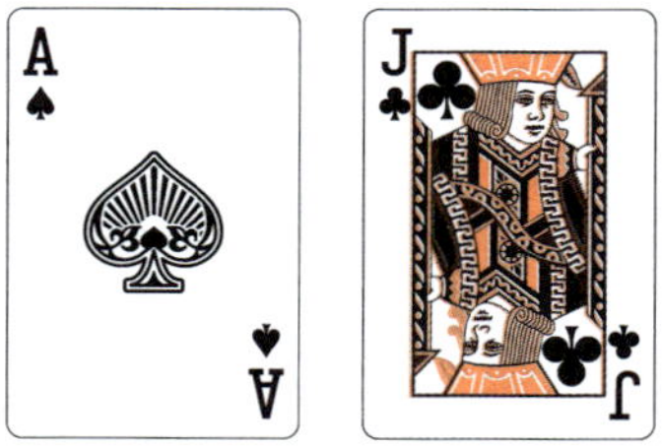

因为按钮位置玩家的起手牌更松，起手牌里面同花连牌要比我们关煞位置多很多，所以类似于795带同花听牌的牌面对对手十分有利，特别是转牌的黑桃6完成了很多顺子听牌以及黑桃的同花听牌。虽然我们击中了第二大的同花，属于非常强的牌，但是由于转牌对对手范围的起手牌范围更加有利，所以我们过牌，希望对手不管是有顺子、同花、三条、两对的强牌，还是只是诈唬，都替我们下注。聪明的对手知道这样的转牌对他自己的范围更加有利，所以对手会将范围中的弱牌和超强牌一起下注，中等牌过牌。对于聪明的对手，有时候我们只需要守株待兔即可。

Chapter 2

即扫即看

上帝的骰子——胜率的世界

KEY POINT

胜率（Equity，简写为E）能够显示我们有多大的概率赢得彩池（此时如果全压，到达河牌摊牌时赢的概率），可以是手牌与手牌之间的胜率，也可以是手牌与范围之间的胜率，也可以是范围与范围之间的胜率。

比如，翻牌前AdAs vs 8s7s胜率为78.1%。

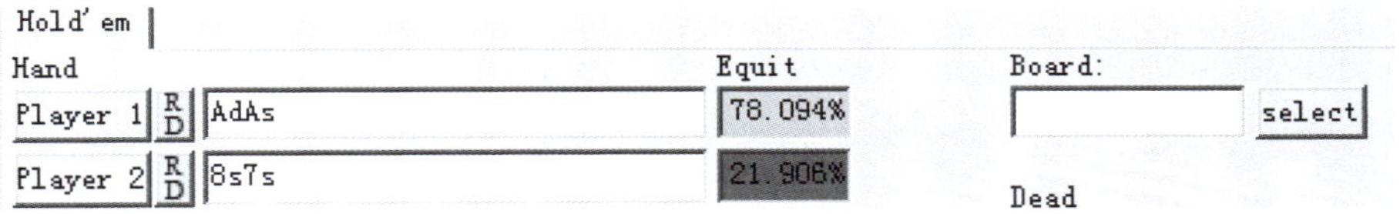

AdAs vs 15.5%的枪口位置范围胜率为84.1%。

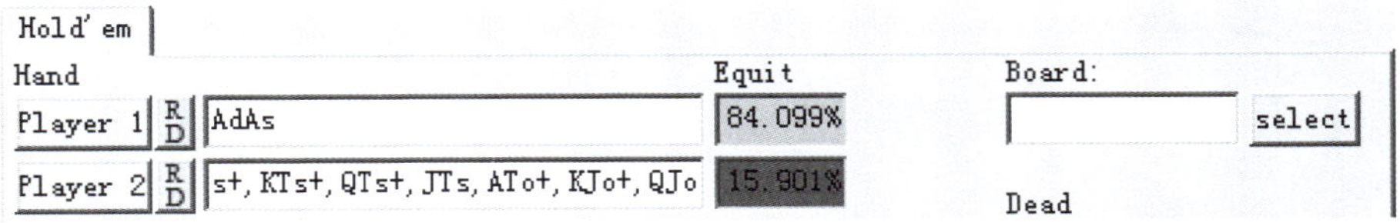

3%超强范围 vs 15.5%的枪口位置范围胜率为67.3%。

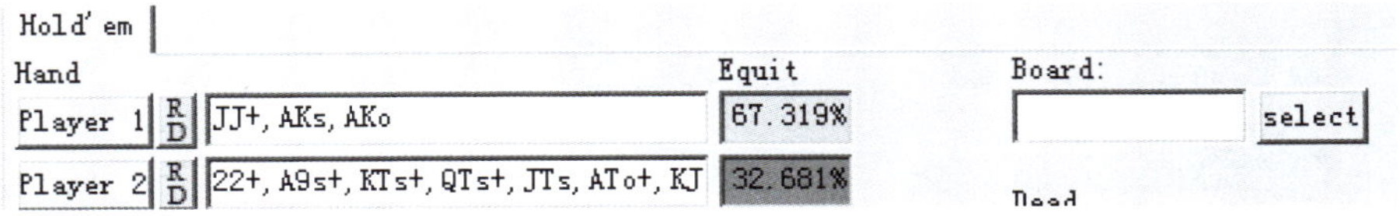

这些胜率的计算都是由软件完成，工作的原理是穷举上亿个翻牌圈、转牌圈和河牌圈，然后统计赢的次数和输的次数，得到胜率的平均值。手动是很难计算出的，一般都需要借助工具。

下面介绍一些手牌与手牌之间胜率的统计。

2.1 典型“手牌 vs 手牌”的胜率

德州扑克中一些典型的牌型对抗胜率是需要记忆的，高手不会在玩牌的时候打开手机或者电脑计算胜率，一些常见的胜率已经成为常识，下面列举一些常见的牌型对抗胜率。

1．小对子 vs 大对子（胜率二八开）

	22	33	44	55	66	77
AA	17.7%	18.2%	18.6%	19.1%	19.5%	19.5%
	88	99	TT	JJ	QQ	KK
AA	19.5%	19.1%	19.2%	18.8%	18.4%	18.0%

从上面的表格可以看出，“（22～KK） vs AA”的胜率在17.7%～19.5%之间，可以记忆为“小对子 vs 大对子”翻牌前全压的话，胜率是二八开，小对子有约20%的胜率，大对子有约80%的胜率。

TIPS

从上面表格还可以看到一个有趣的规律，22～88对抗AA时胜率是逐渐上升的，TT～KK对抗AA的时候胜率却是逐渐下降的，这如何解释？

其实这里涉及阻挡牌，“小对子 vs 大对子”取胜大概有如下几种方式。

（1）组成三条

比如，22 vs AA：

发牌为：

中了三条2，从而击败AA。

这对所有对子都一样，因为AA不会影响三条的出牌（Outs），没有阻挡效应。因此，组成三条不会导致22～88胜率逐渐增加和JJ～KK胜率逐渐降低。

（2）组成同花

比如，2s2h vs AdAs：

发牌为：

发出的4张红心让2s2h组成同花，从而战胜AdAs。这时候决定胜率的是AA和22的花色，因为是“随机22 vs 随机AA”，所以花色完全随机，这个也是没有阻挡效应的。因此，组成同花不会导致22～88胜率逐渐增加和JJ～KK胜率逐渐降低。

（3）组成顺子

比如，QsQh vs AdAs：

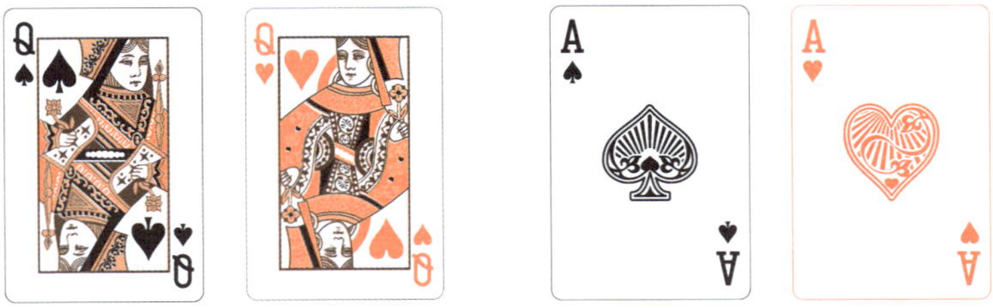

发牌为：

QQ会组成顺子9TJQK而战胜AA。

顺子是有阻挡效应的，随着对子起手牌越来越逼近AA，那么组成顺子的牌就会越来越需要A，比如KK vs AA：

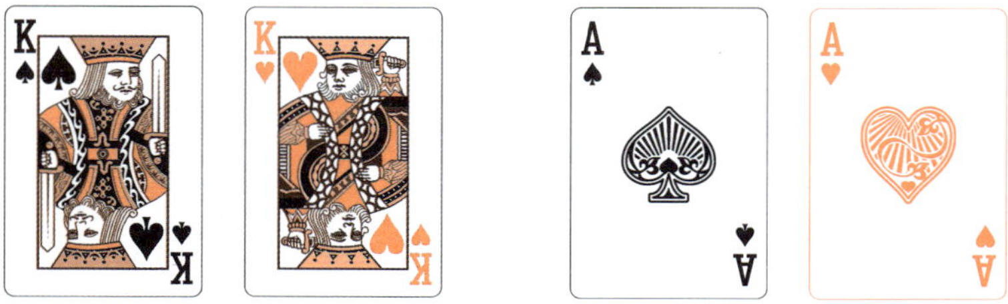

想要成为顺子AKQJT，就需要牌面发出A。首先，对手有AA，牌面能发的A只剩两个，有两个A被阻挡了；其次，如果发出A那么AA成为三条A。如果牌面组成顺子又有对子的话：

那么三条A将组成葫芦而反超顺子。

另外，对子22～88胜率逐渐增加的原因是中间牌组成顺子的可能性更大。比如22只能组成A2345和23456两种顺子，33可以组成A2345、23456和34567三种顺子，所以33比22组成顺子的概率会高一点，面对AA时胜率也会增加一点，从17.783%上升到18.229%。44能组成A2345、23456、34567和45678四种顺子，胜率也会更高。中间牌88则有45678、56789、6789T、789TJ和89TJQ五种顺子，所以22～88胜率逐渐达到最大。TT～KK因为顺子涉及A，而AA有阻挡效应以及葫芦可能，所以胜率逐渐下降。

上面列举的都是“其他对子 vs AA”的胜率，下面看看其他对子之间对抗的胜率。

	KK vs 99	JJ vs 55	88 vs 77	TT vs 22
胜率	80.8%:19.2%	80.5%:19.5%	81.8%:18.2%	81.8%:18.2%

从上表可以看出，对子之间的对抗，大对子胜率约80%，小对子胜率约20%，用Pokerstove软件试试各种对子的对抗胜率，得出的结论是大小对子对抗胜率是八二开。这个基本的概率需要记忆，也很容易记忆。

2．主宰踢脚（胜率70%～75%）

德州扑克中被主宰踢脚是非常麻烦的，因为胜率会变得非常低，比垃圾牌还低。所以应尽量主宰别人踢脚，而避免被别人主宰踢脚。

下面看看“3Xo（从32非同花一直到3A非同花） vs AKo”的胜率。

	32o	33o	34o	35o	36o	37o	38o
AK	34.0%	53.3%	35.8%	36.2%	35.1%	33.8%	32.5%
	39o	3To	3Jo	3Qo	3Ko	3Ao	
AK	32.5%	32.2%	31.9%	31.5%	22.7%	26.4%	

新手可能会觉得32～3A踢脚从2开始逐渐增大，面对AK的胜率应该逐渐上升。但是实际计算结果和想象相差甚远，因为有主宰踢脚的存在，3K和3A实际是最低的，甚至比32还低。为什么呢？

比如，3K vs AK：

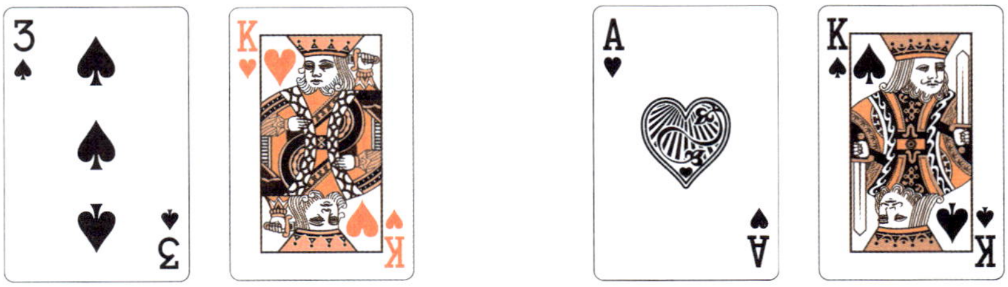

3K中的K被AK废了，3K只能通过3赢。比如发牌为（中一张3）：

或者发牌为（3成顺子或同花）：

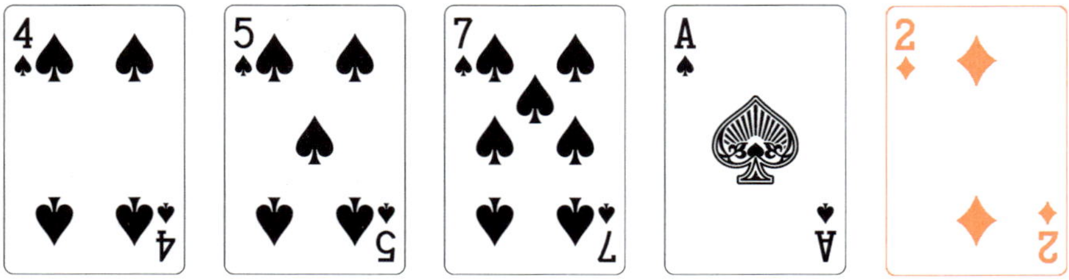

32o vs AKo的时候能赢的可能性有中2、中3、2组合顺子、3组合顺子等。其中2和3都能帮助“32 vs AK”时赢，因此比“3K vs AK”胜率更大。

TIPS

新手玩家总是喜欢玩小踢脚的AX、KX，其实这些牌是非常危险的。因为像A5o、K3s之类的牌极容易被主宰踢脚，对手一旦有AK、KQ、AQ是一定会玩的。喜欢玩A+小踢脚、K+小踢脚的玩家只有极低的对抗胜率，因此会不断输掉筹码。有时候宁可玩78o这样的牌也不要玩A3o，原因就是78o被主宰踢脚的概率要低很多，毕竟对手能玩的8x、7x也很少。

上面列举了3Xo vs AKo的胜率，下面再列举几个主宰踢脚之间的对抗胜率。

	AKo vs A2o	AKo vs A7o	AKo vs AQo	A9o vs A8o
胜率	74%:26%	73.6%:26.4%	74.4%:25.6%	69.2%:30.8%
	A9o vs A6o	A9o vs A2o	JTo vs T9o	ATo vs T9o
胜率	68.9%:31.1%	68.4%:31.6%	73.4%:26.6%	72.1%:27.9%
	KQo vs QJo		KQo vs QTo	
胜率	74.1%:25.8%		73.8%:26.2%	

从上表列举的一系列主宰踢脚的胜率可以看出，被主宰踢脚的牌胜率在25%～30%之间，主宰效应越高，胜率越低。

比如“AQo vs AKo”，AQo只有25.6%的胜率，而“A2o vs A9o”或者“A6o vs A9o”胜率约31%，说明越是坚果踢脚主宰效应越高，AKo因为踢脚是最大的K，比A9o的9的主宰效应大。（坚果指最大的，英文Nuts）

比如“QJo vs KQo”时，QJo有25.863%的胜率，而“QTo vs KQo”时，QTo有26.199%的胜率，这时候出现反常的QTo胜率比QJo胜率更高，这是因为阻挡效应，中对子时互相越靠近越可能让对手组成顺子或者顺子的可能性被对手阻挡。

如“JhQs vs QhKs”：

牌面为：

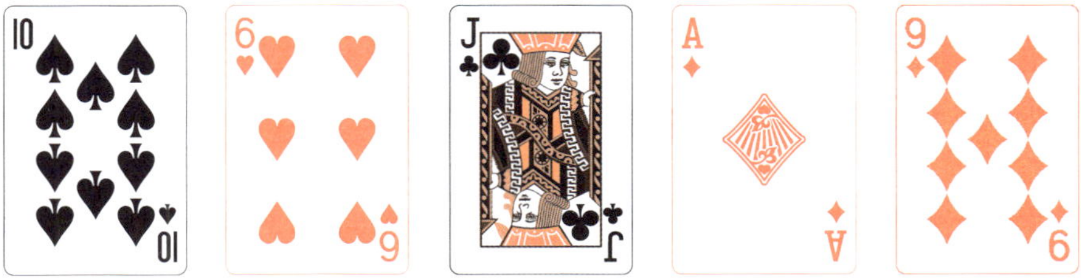

JhQs中了对子J，但是J也使得KsQh有了成为顺子的可能性。

因为JhQs能组成4种顺子（789TJ、89TJQ、9TJQK和TJQKA），其中2种顺子需要K，想要中顺子就需要牌面发出K，比如下面的牌面：

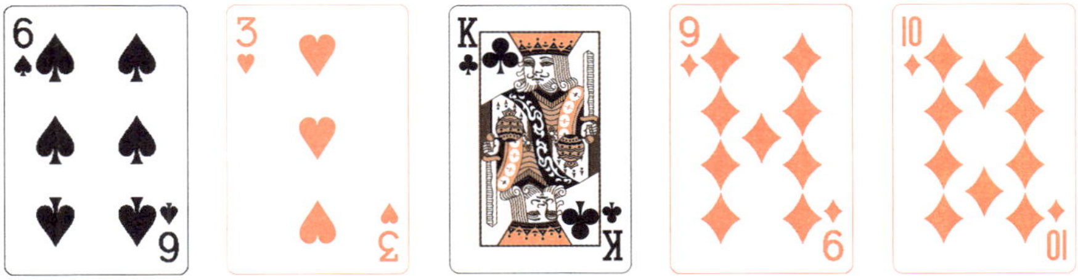

但是因为对手KsQh手上已经有了一个Ks，能发的K只有Kh、Kd、Kc，QhKs阻挡了Ks，使得JhQs组成顺子的概率下降了不少。

“QTo vs KQo”时，因为QTo的T比起QJo的J离KQo要远一点，阻挡效应要低一些，比如QTo能组成的顺子有5种（6789T、789TJ、89TJQ、9TJQK和TJQKA），涉及K的顺子只有2种，被阻挡率是2/5，而“QJo vs KQo”时，顺子被阻挡率是2/4，因此QTo被阻挡的少一点，所以胜率要高一点。

TIPS

越是坚果踢脚（比如AKo的K踢脚），主宰效应越高，胜率往往达到75%，而非坚果踢脚（比如A9o的9踢脚）主宰效应会小一些，胜率一般在70%左右。另外，连牌挨得越近，阻挡效应越强烈，胜率越低，比如面对KQo的时候QJo比QTo的胜率低一些。

总结：主宰踢脚牌型之间的胜率为70%～75%，踢脚越是坚果，或者连牌靠得越近，主宰效应就越大，胜率越趋向于75%。

3. 两小 vs 两大（胜率35%～40%）

下面看看在翻牌前拿着两个大单牌的玩家和拿着两个小单牌的玩家的对抗胜率。

下表列举了“小连牌 vs AKo”的胜率。可以看出，除了QKo因为被主宰踢脚胜率只有25.226%，其他连牌胜率都在34%～38%。

	23o	34o	45o	56o	67o	78o
AK	34.0%	35.8%	37.6%	37.9%	38.0%	37.6%
	89o	9To	TJo	JQo	QKo	
AK	35.9%	36.9%	36.8%	35.1%	25.2%	

下表列举了其他的“两小 vs 两大”牌型的胜率。可以看出，87o对K9o的胜率更高，原因是T9o和87o靠得更近，有阻挡效应，所以胜率更低一些。

	87o vs T9o	87o vs K9o
胜率	34.2%:65.8%	37.1%:62.9%

从下表列举的一般情况下的“两小 vs 两大”胜率情况可以看出，这种对抗胜率为35%～40%。

	86o vs KQo	86o vs Q9o	97o vs QTo
胜率	35.8%:64.2%	35.4%:64.6%	34.1%:65.9%

4. 一大一小 vs 两中间（胜率56%～58%）

下面看看一位玩家拿着一个大单牌和一个小单牌，另一位玩家拿着两个中间单牌的情况下，对抗胜率如何。

从下表列举的“一大一小 vs 两中间”的牌型可以看出，胜率为56%～58%。

	A5o vs KQo	A5o vs 9To	A5o vs QJo
胜率	58.1%:41.9%	54.8%:45.2%	56.4:43.6%
	A5o vs 76o	K9o vs QTo	ATo vs QJo
胜率	56.5%:43.5%	57.8%:42.2%	58.7%:41.3%

5. 一大一中 vs 一中一小（胜率62%～64%）

再看看一位玩家拿着一个大单牌和一个中间单牌，另一位玩家拿着较大中间单牌和一个小单牌的情况下，对抗胜率如何。

从下面列举的“一大一中 vs 一中一小”的牌型可以看出，胜率为62%～64%。

	ATo vs Q9o	ATo vs J9o	J9o vs T8o	KJo vs QTo
胜率	63.3%:36.7%	62.1%:37.9%	63.7%:36.3%	62.7%:37.3%
	97o vs 86o	A5o vs 64o	Q6o vs T5o	
胜率	62.9%:37.1%	62.1%:37.9%	63.8%:36.2%	

6. 大对子vs 两小（胜率80%～90%）

再看看一位玩家拿着大对子，另一位玩家拿着两个小单牌的情况下，对抗胜率如何。

下表列举了“小连牌 vs AA”的胜率，可以看出，胜率为12%～18%。

	23o	34o	45o	56o	67o	78o
AA	12.7%	14.9%	17.1%	18.6%	18.6%	18.6%
	89o	9To	TJo	JQo	QKo	AKo
AA	18.2%	18.3%	17.2%	15.0%	12.8%	6.8%

从TJ、JQ、QK到AK胜率逐渐降低的原因是阻挡效应，因为这些牌想要赢AA只能成两对、同花或者顺子才行，而越靠近AA，顺子被AA阻挡越严重，AK连中两对的可能性都极低，所以AK只有可怜的6.828%胜率，几乎是翻牌前全压最低胜率。

从上面列举的一系列“大对子 vs 两小”的牌型可以看出，胜率为80%～90%，平时我们记住大概85%就可以了。

TIPS

德州扑克里翻牌前全压最低胜率的对抗是哪两手牌？答案是K2o vs KK的5.373%。另外，翻牌前胜率较低的全压全部来自于“X+小 vs XX”（即“被主宰踢脚单牌+小踢脚 vs 对子”），例如A8o vs AA的6.654%，A2o vs AA的6.785%，KQo vs KK的8.699%，T7o vs TT的10%，J9o vs JJ的11.072%……

7. 中对子 vs 一大一小（胜率70%左右）

一位玩家拿着中对子，另一位玩家拿着较大中间单牌和一个小单牌的情况下，对抗胜率如何？

从下表列举的一系列“中对子 vs 一大一小”的牌型可以看出，胜率在70%左右。

	88 vs T7o	TT vs A9o	44 vs 53o	QQ vs AJo
胜率	70.3%:29.7%	72.2%:27.8%	69.7%:30.3%	71.7%:28.3%
	66 vs A5o	88 vs 97o	TT vs K9o	
胜率	69.1%:30.9%	70.3%:29.7%	72%:28%	

8. 小对子 vs 两大（50%～55%）

一位玩家拿着小对子，另一位玩家拿着两张较大单牌的情况下，对抗胜率如何？

从下面列举的“小对子 vs 两大”的牌型可以看出，胜率为50%左右，小对子稍占优。

	22 vs AKo	QQ vs AKo	66 vs T9o	55 vs AJo
胜率	52.6%:47.4%	56.8%:43.2%	51.5%:48.5%	53.9%:46.1%
	66 vs KQo	44 vs A5o	TT vs KJo	
胜率	53.5%:46.5%	54.7%:46.3%	56.6%:43.4%	

2.2 翻牌前全压的手牌胜率常识

翻牌前全压时，AA>KK>AK>QQ>JJ>TT>99>88，另外AQo翻牌前全压价值近似于99，AQs≈TT，AJs≈88，AJo≈77，ATs≈66，ATo≈55，所以翻牌前筹码量大于40BB的时候是不能轻易用ATo这样的牌翻牌前全压的，如果筹码量小于20BB就可以在适当的时候全压ATo。

下面是几个需要注意的地方。

❶ 持有AK时，我们通常希望自己是最后一个全压的，争取一定的弃牌率，毕竟AK面对所有小对子只有45%的胜率，而且AK能阻挡一半AA和KK的组合。所以持有AK时通常更希望自己是主动全压的人，但是在特别激进的游戏中，如果有人翻牌前全压，持有AK也是要跟注的。

❷ 翻牌前全压三角悖论：AKo < 22、22<JTs、AKo>JTs。

	AKo vs 22	JTs vs 22	AKo vs JTs
胜率	47.3%：52.7%	53.8%：46.2%	59.5%：40.5%

2.3 “手牌 vs 范围”的胜率

在《德州扑克从新手到高手》一书中，我们列举了翻牌前跟注对手加注的目的有3个：投机三条、主宰踢脚、引诱后面玩家再加注。下面我们看看对手起手牌 vs 3种跟注范围的胜率。

假设对手在中间位置加注范围为19%。

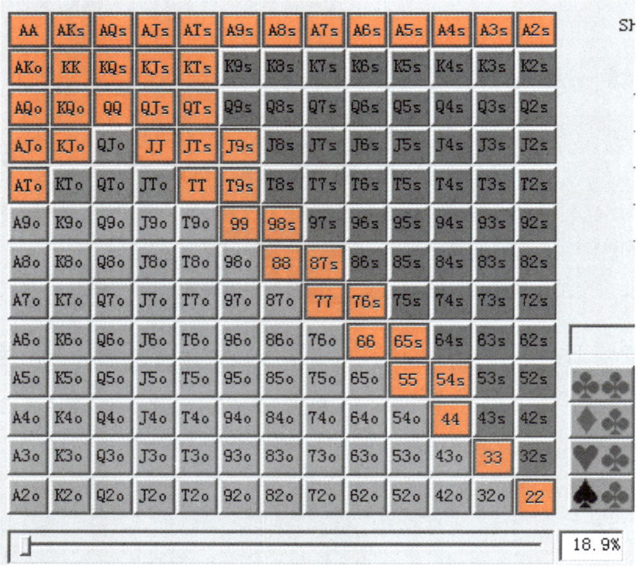

我们翻牌前用小对子跟注对手的胜率：“22 vs 19%范围”胜率为40.7%。

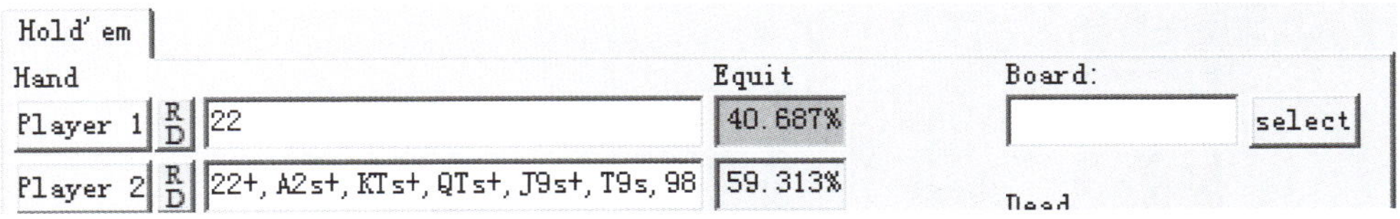

我们翻牌前用大的高牌跟注对手的胜率："AQo vs 19%范围"胜率为54.8%。

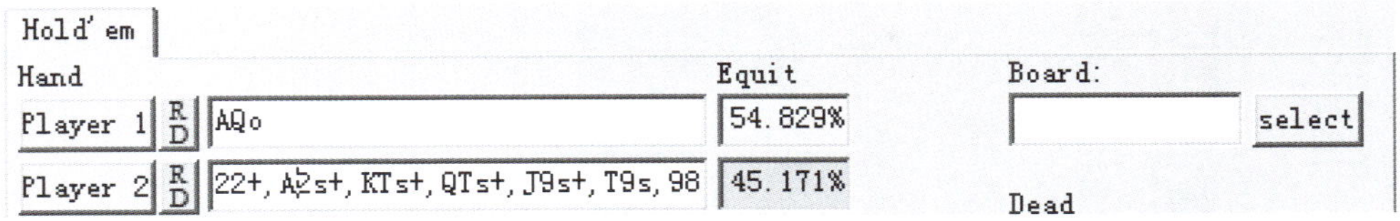

我们翻牌前用3%的范围（JJ、QQ、KK、AK）跟注对手的胜率："3% vs 19%范围"胜率为69.1%。

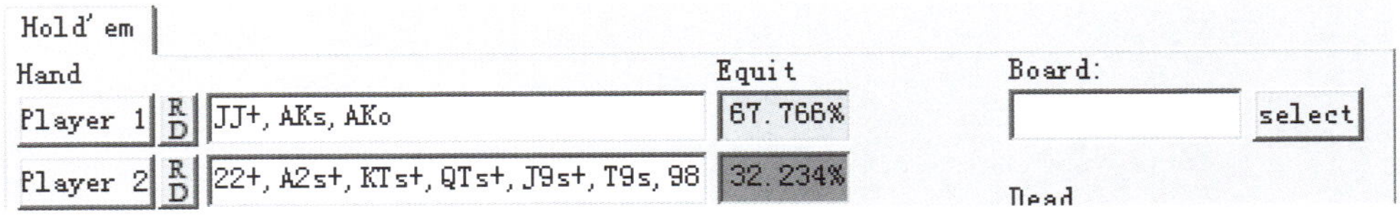

其实"3% vs 19%的起手牌范围"已经是"范围 vs 范围"的胜率了。

2.4 "范围 vs 范围"的胜率

下面是高级别游戏中典型的起手牌范围。

❶ 枪口位置加注的范围（17%）。

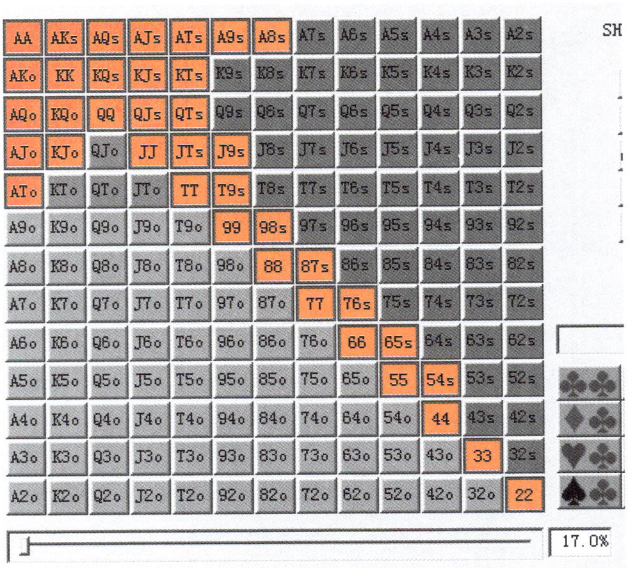

❷ 中间位置加注的范围（19%）。

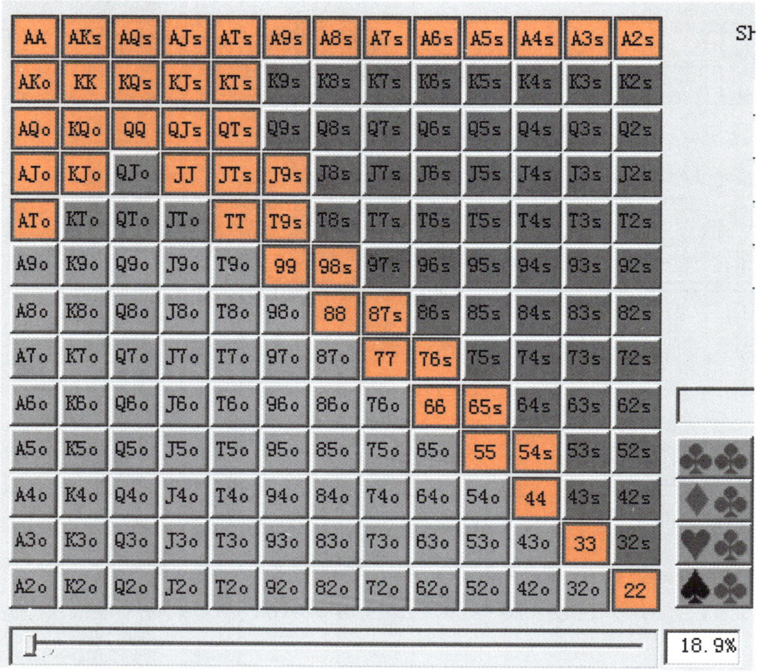

❸ 关煞位置加注的范围（29%）。

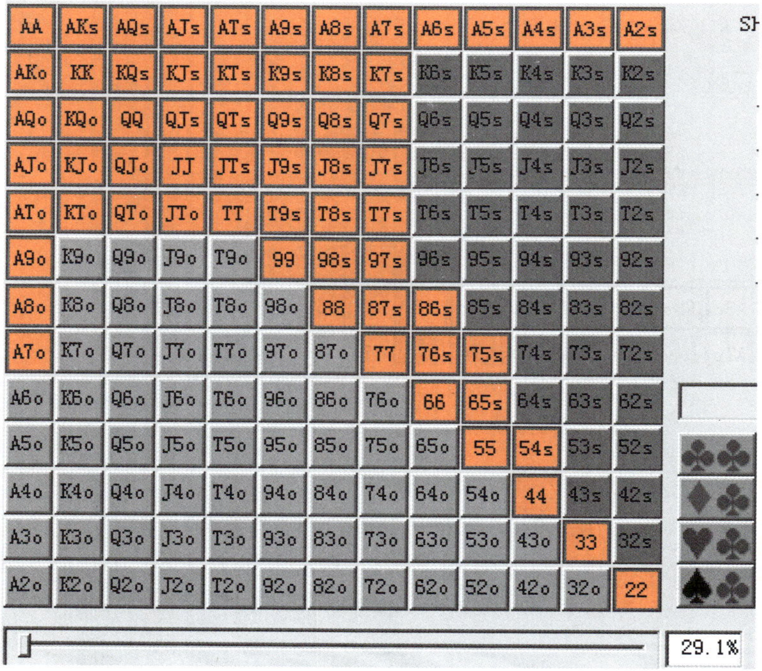

❹ 按钮位置加注的范围（49%）。

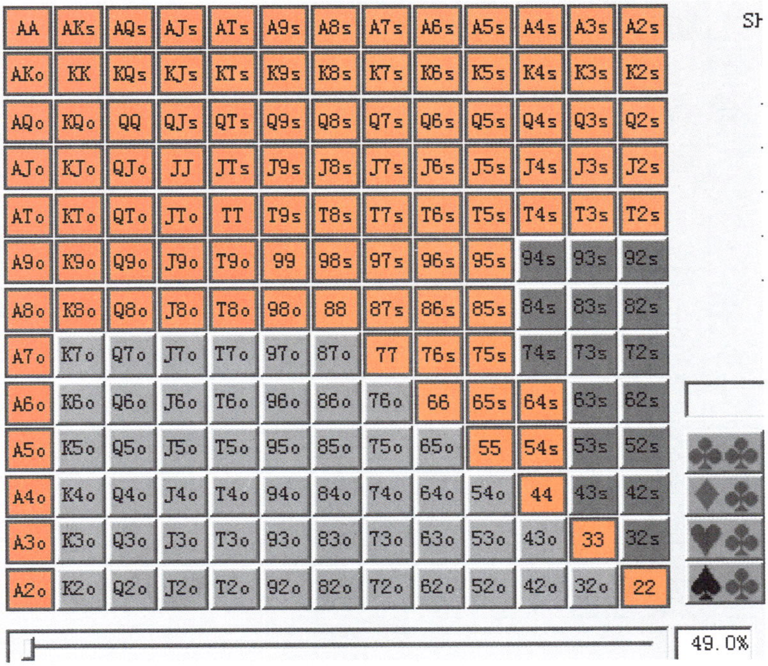

❺ 小盲位置加注的范围（45%）。

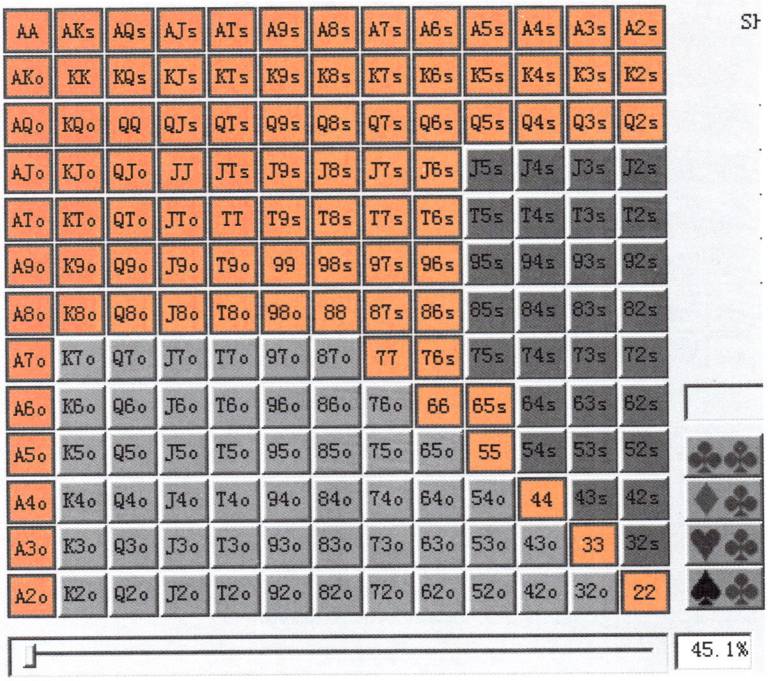

❻ 中小对子的范围（3.6%）。

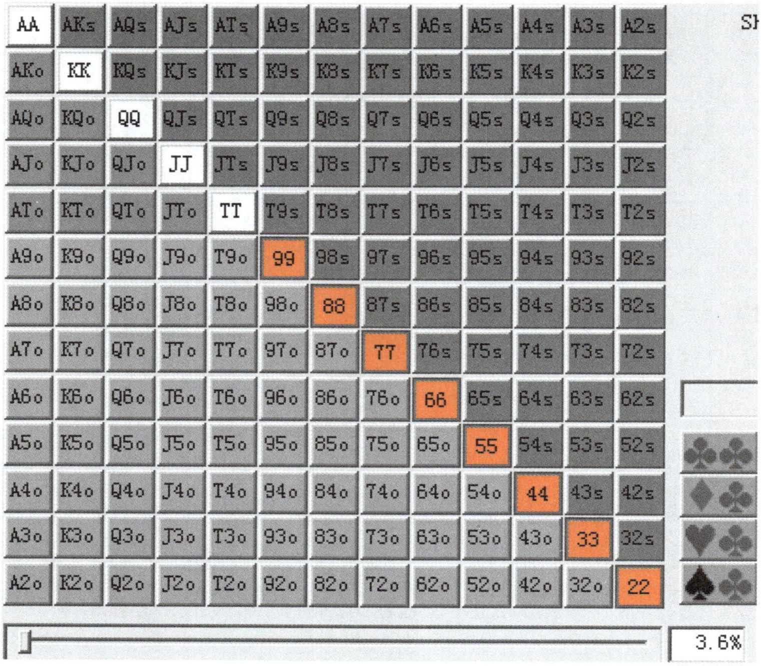

❼ 最强的范围（3%）。

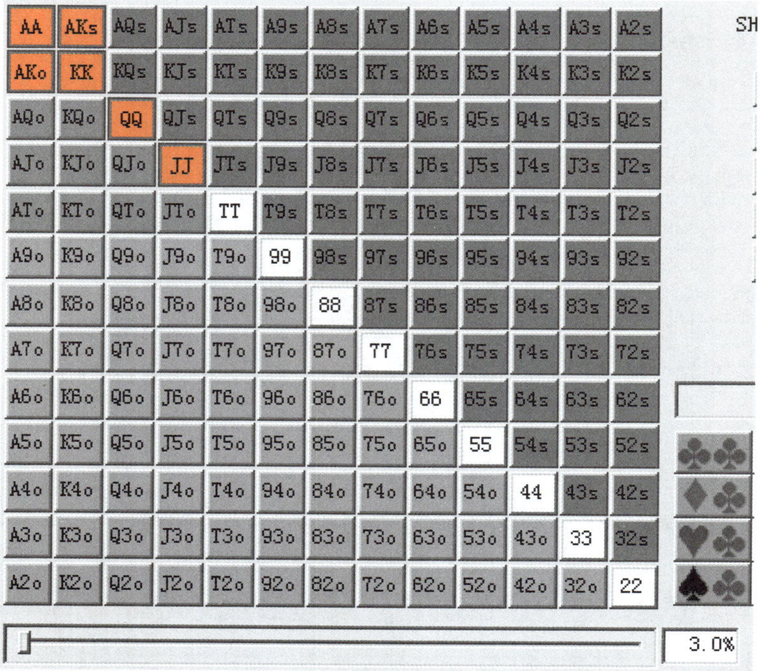

❽ “强+中强”的范围（8.1%）。

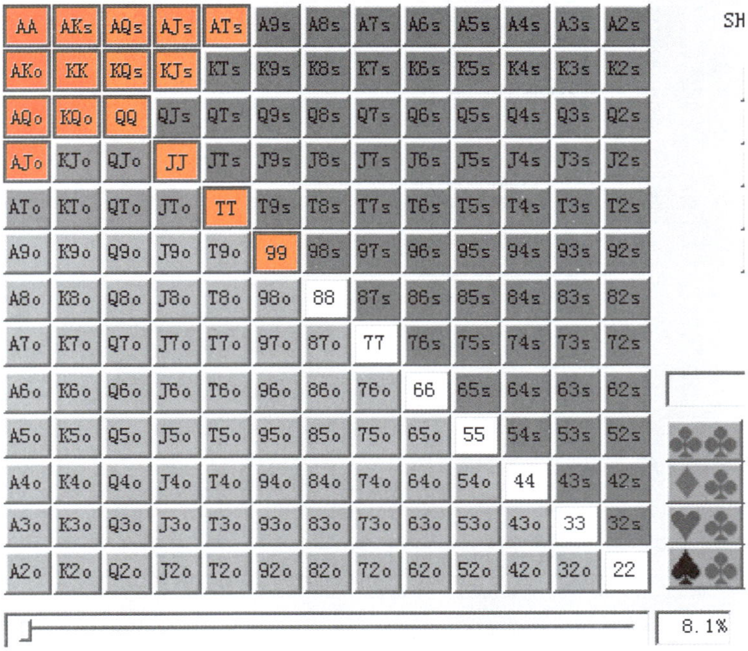

❾ “强+中弱”的范围（7.8%）。

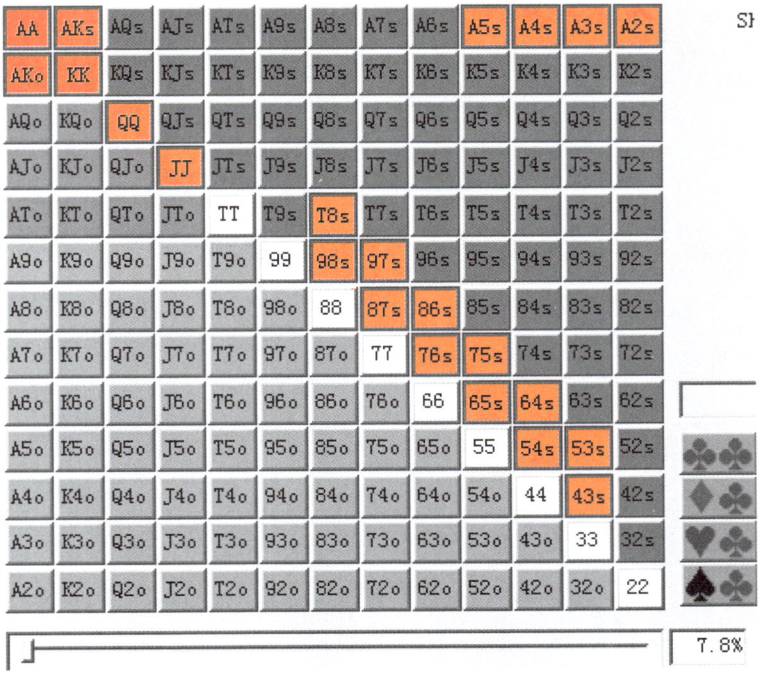

⑩ 偏紧的冷跟注范围（11.3%）。

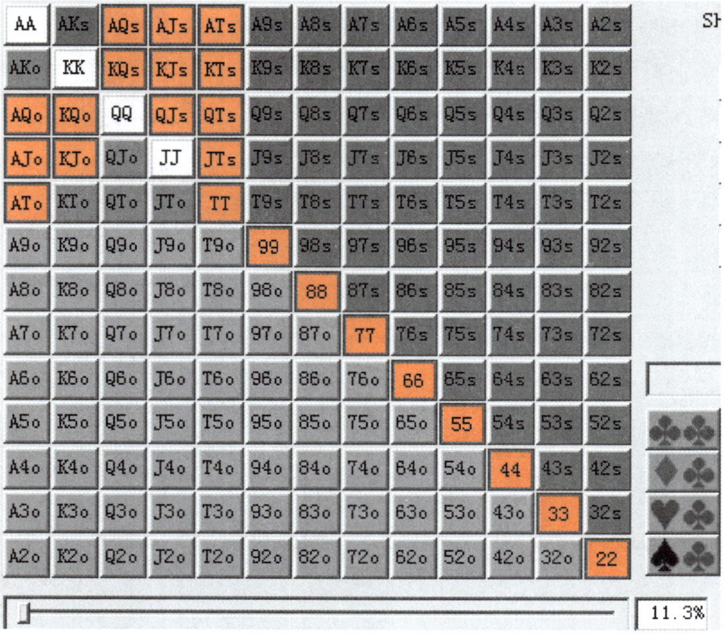

下表列举了我们用3%的最强范围再加注时面对对手在各个位置的加注范围的胜率。

	枪口位置（17%）	中间位置（19%）	关煞位置（29%）	按钮位置（49%）	小盲位置（45%）
3%	67.51%	67.77%	70.07%	72.23%	72.0.%

下表列举了我们用8.1%的“强+中强”范围再加注时面对后面位置的加注范围的胜率。

	关煞位置（29%）	按钮位置（49%）	小盲位置（45%）
8.1%	61.71%	64.99%	64.54%

下表列举了我们用7.8%的“强+中弱”范围再加注时面对后面位置的加注范围的胜率。

	关煞位置（29%）	按钮位置（49%）	小盲位置（45%）
7.8%	50.97%	53.41%	52.81%

下表列举了偏紧的冷跟注范围面对前面位置的加注范围的胜率。

	枪口位置（17%）	中间位置（19%）	关煞位置（29%）
冷跟注	48.07%	48.88%	52.83%

TIPS

❶ 7.8%的“强+中弱”范围的胜率仅作为对手跟注之后的参考，毕竟我们用“强+中弱”的范围对付的是面对3bet弃牌过多的玩家。而我们用8.1%的“强+中强”范围对付的是面对3bet跟注过多的玩家，这时候表格的胜率就变得格外重要。

❷ 冷跟注范围只是针对前面位置，因为面对后面位置很松的加注偷盲范围，我们会用很多牌再加注，比如AQ、KQ、AJ、TT、99都是“强+中强”的再加注范围。

2.5 胜率就是赢得彩池的概率

胜率是赢得彩池的概率，也是你目前在彩池中所占有的股份。胜率越高，在彩池中所占的股份越高。

【例2-1】NL1000，6人桌，有效筹码量1 000。

我们在按钮位置用AsKs加注30，小盲位置玩家弃牌，大盲位置玩家再加注到100，我们4bet到220，大盲位置玩家全压剩下的900。

大盲位置玩家5bet全压的范围为3%（JJ、QQ、KK、AA、AK）。

问题❶：我们在目前的彩池中所占有的股份是多少?

目前彩池我们投入了220，加上大盲注220和小盲注5，总彩池为445（大盲全压额外的780不算目前有效的彩池，我们投入了220，赢的话只能从对手的220里赢）。

在目前的445的彩池大小中，我们的AsKs占有42.806%的股份，也就是445×42.806%=190.5。

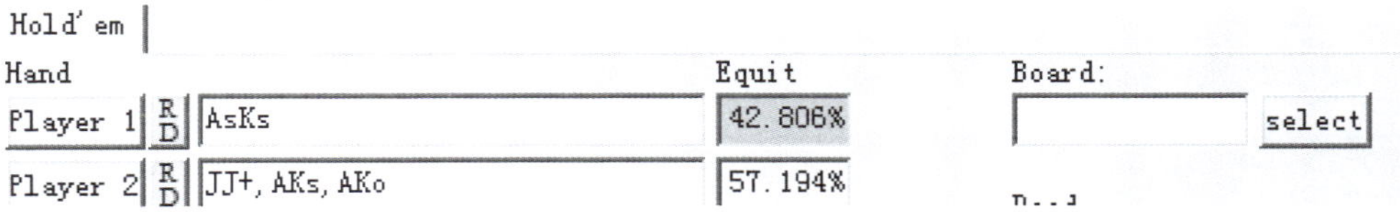

问题❷：我们面对对手的全压，是弃牌还是跟注更划算?

首先看看跟注全压，彩池为2 005，我们的胜率为42.806%，在最终彩池中我们所占有的股份为2 005×42.806%=858.3。

我们在没有跟注全压的时候，所占有的股份为190.5加上我们跟注全压额外的780，那么我们在没有跟注的时候有效股份为190.5+780=970.5。

我们发现跟注全压之后，我们的筹码变少了，从970.5变成了858.3，所以面对对手的全压范围，我们的AsKs应该弃牌。

【例2-2】NL1000，6人桌，有效筹码量750。

我们在按钮位置用TsQs加注30，小盲位置玩家弃牌，大盲位置玩家跟注。

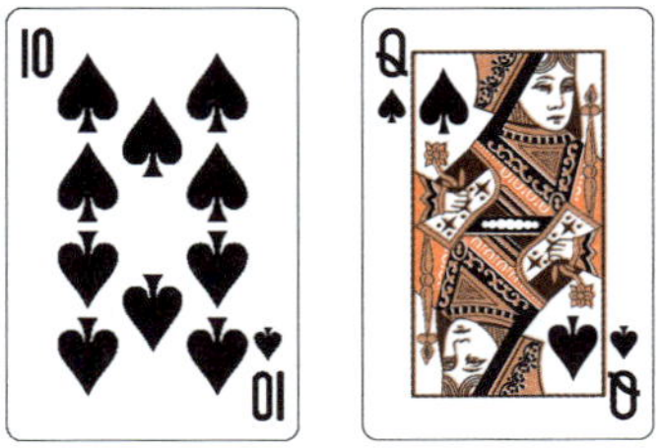

翻牌（彩池65）：

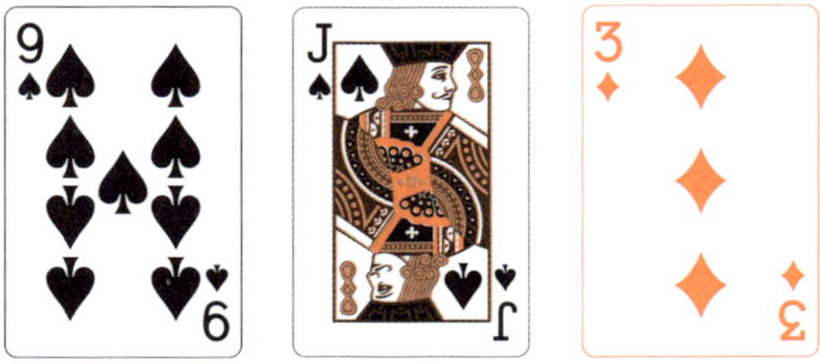

大盲位置玩家过牌，我们下注50，大盲位置玩家再加注到180，我们全压。

大盲位置玩家过牌加注翻牌圈的范围为：顶对好踢脚AJ、KJ，两对J9，三条99、33（没有JJ，因为有JJ的话，对手翻牌前会再加注），同花听牌，顺子听牌QT、KQ、T8，偶尔还有AsX的后面同花听牌诈唬。

面对对手这个范围，我们目前所占有的股份为61%。

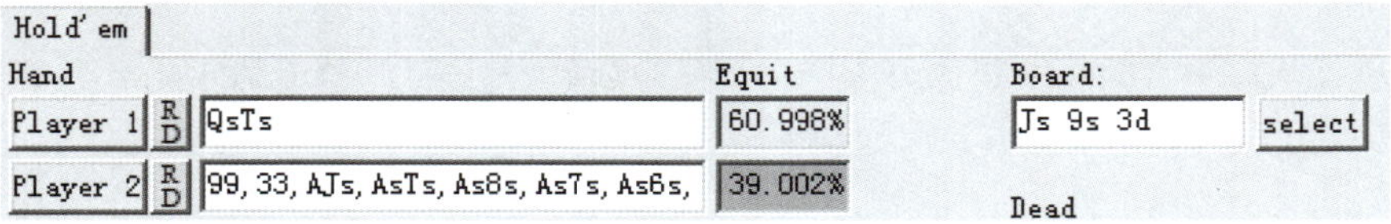

这里我们有高达61%的胜率，在目前彩池中有61%的高额股份，而且彩池很大，大盲位置玩家投入彩池中的筹码占他总筹码的28%，我们在按钮位置全压可以打走对手目前彩池中所占有的39%的股份。所以对于按钮位置的玩家来说，这是一个简单的全压决策。如果对手弃牌，我们很开心拿下目前这么大的彩池中对手的股份，如果对手跟注全压，我们依然有很高的胜率。

TIPS

❶ 胜率不是一成不变的，它会随着公共牌变化而变化。我们要时刻关注胜率，而不是固执地坚持翻牌前的胜率。比如，AA翻牌前胜率最高，但是当发出Ts9s8c这样的翻牌，AA的胜率就会大大下降，变成中等牌力的牌，当我们的筹码很深的时候，就不能继续激进地玩AA了，除非已经粘池了。胜率在每条街都会不一样，我们的头脑一定要保持清醒。

❷ 河牌圈所占的股份就是3个固定数字了，即0、50%和100%。在河牌圈，当我们的胜率为100%的时候，所占有的股份就是100%，如果和对手平分彩池就是占有50%的股份，胜率为0的时候，所占有的股份就是0。所以河牌圈被对手诈唬走是非常受伤的，毕竟对手的诈唬牌在河牌圈股份为0，如果是翻牌圈或者转牌圈，对手即使是诈唬，也是有不错的胜率的半诈唬。

❸ 胜率就像地心引力，主导着扑克世界中的所有人，没有人能逃离，只能顺势而为。再厉害的玩家也不能在枪口位置玩72o，因为我们通过技术再怎么操作，也无法完全摆脱胜率的地心引力。高手之间对抗的时候在枪口位置也只能玩17%的牌，另外的83%的牌就是因为胜率太低，怎么玩都会输，最后只能丢掉不玩。

2.6 弃牌率和胜率

1. 弃牌率

弃牌率就是如果我们下注或者加注，对手有多大概率弃牌，也叫 Fold Equity，简写为FE。

2. 胜率（赢率）

胜率（赢率）就是我们和对手的手牌玩到河牌圈摊牌时赢的概率。

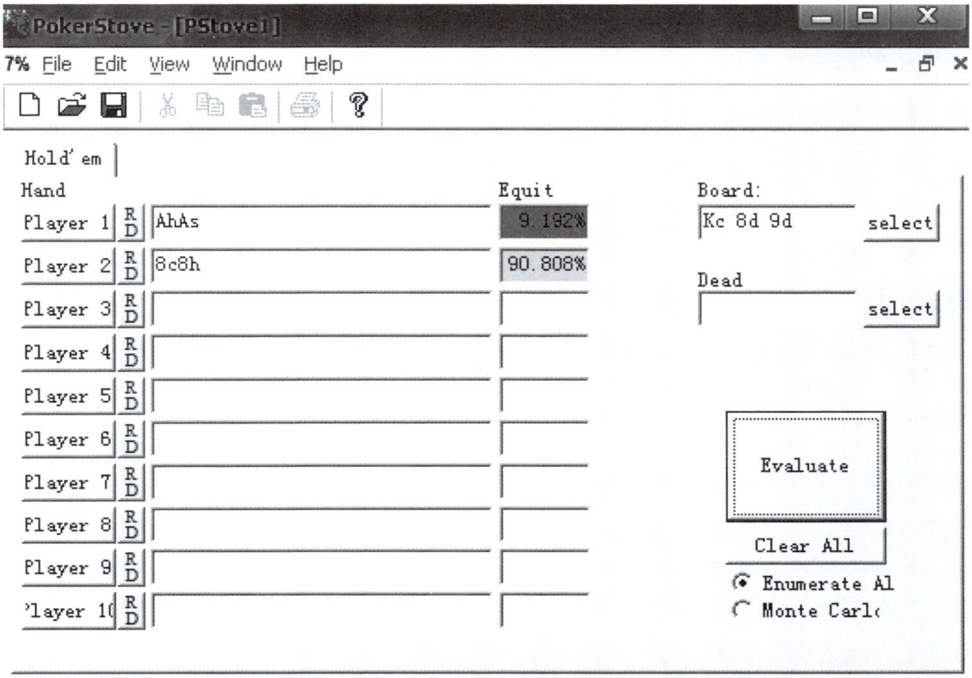

3. 弃牌率和赢率同样重要

一般新手或者对扑克理解不深的玩家，都不太重视弃牌率，总是喜欢算彩池赔率，然后看够不够赔率跟注。

实际上弃牌率和赢率同样重要，都是期望值的一部分。

期望值（EV）=弃牌率×目前彩池+（1-弃牌率）{赢率×总彩池+（1-赢率）×下注}

在某些类型的扑克游戏里面，弃牌率是盈利最重要的来源，要比赢率更重要。比如，在大型锦标赛（MTT）中想要玩到MTT的最终桌，自己的筹码至少要翻倍7～8次，也就是即使每次都拿着AA跟人玩翻牌前全压，连续赢7～8次的概率也是很低的，为80%的8次方，大概是16.7%，况且根本不可能运气那么无敌，每次都是AA，很多时候我们和对手都是五五开，少数时候还会处于劣势，翻牌前全压8次、连续翻倍8次的真实概率要远低于16.7%。所以在MTT中要稳定盈利，追求稳定的弃牌率是最重要的，也叫不战而屈人之兵，这就是MTT小球派玩家喜欢多参与彩池、多毫无风险地赢小彩池积累筹码的原因。

下面看一个例子。我们在翻牌圈是同花听牌，对手用中等对子在50筹码的彩池中下注25筹码，如果现在我们考虑加注半诈唬，那么弃牌率是多少?

假设我们手上还有100筹码，对手的筹码比我们多，此时对手下注25筹码，我们用同花听牌加注到全压。

期望值（EV）=弃牌率×目前彩池+（1-弃牌率）×{赢率×总彩池+（1-赢率）×下注}

彩池里面此时有对手下注的25筹码，翻牌之前的50筹码，如果对手此时弃牌，彩池里面的75筹码就是我们的利润了。

假设对手此时的弃牌率为X:

❶ 如果对手此时弃牌，我们就赢得了彩池中的75筹码。

数学上是，有X的概率我们能赢75筹码。

❷ 如果对手此时跟注，100筹码全压，那么我们肯定能看到转牌圈和河牌圈，我们的同花听牌面对对手的中等对子赢率是38%。

数学上对手跟注，全压的概率，即对手没有弃牌的概率是（1-X）。（1-X）的概率对手跟注我们全压，我们有62%概率输100筹码，有38%概率中听牌赢150筹码。

数学上:

EV（跟注时）=（1-X）×（-100×62%+150×38%）

EV（弃牌时）=X×75

总期望值（EV）= EV（弃牌时）+EV（跟注时）

=X×75+（1-X）×（-100×62%+150×38%）

如果EV>0，我们利用同花听牌加注到全压的半诈唬就有利可图，只要做EV为正的决策，我们就是在赢得筹码。

如果EV<0，我们利用同花听牌加注到全压的半诈唬就无利可图，只要做EV为负的决策，我们就是在输筹码。

假设EV=X×75+（1−X）×（−100×64%+150×36%）=0，可以得出X=11.7%。

也就是说，对手面对我们加注全压的弃牌率（FE）大于11.7%，我们的加注全压决策的EV>0，即有利可图。

现实中，我们在全压前要靠读牌和读人来判断弃牌率（FE）是否大于11.7%。

从上面的例子可以看出，弃牌率和赢率同样重要。

4. 影响弃牌率和赢率的因素

❶ 对手的牌力强弱。对手牌力越强我们的赢率越小，弃牌率（面对下注和加注对手弃牌的概率）就越低。反之则反。

❷ 对手的倾向。紧弱玩家的弃牌率要比“跟注站”高。

❸ 自己的形象。自己如果最近不太活跃，很紧，使得对手更加相信我们，弃牌率相对较高。如果我们最近很活跃，而且诈唬很多，使得对手不相信我们，弃牌率相对较低。

5. 弃牌率和赢率的配合

好的玩家总是会将弃牌率和赢率配合到极致，使得最终的期望值最高。（期望值公式里弃牌率和赢率是两个同等重要的参数）

例如，我们拿着KsJs在QsTs7d的翻牌圈有同花顺子听牌，对手拿着KhQh的顶对，我们的同花顺子听牌有55%的赢率（Equity），但是如果我们加注，还是可以从对手身上榨取一定的弃牌率。这种加注就是将弃牌率和赢率结合起来打，即“要么五五开，要么你弃牌把彩池让给我”。如果完全不考虑弃牌率，只是跟注到河牌圈，我们还是有45%概率输掉，但是如果加注，对手弃牌，我们就不给他们机会看到45%概率事情发生，因为他们弃牌了。

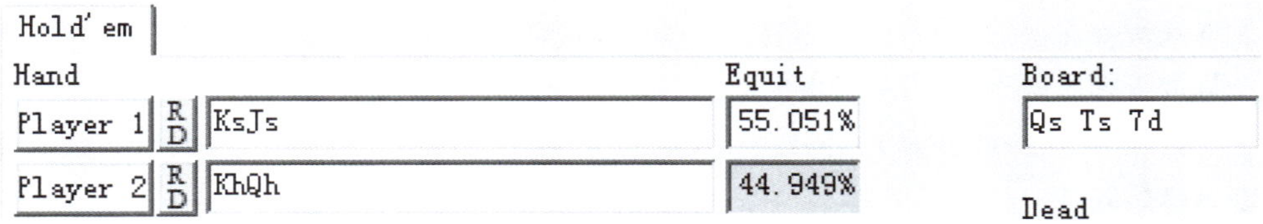

最大化地利用弃牌率和赢率这两个参数，将使得我们的打法EV值最高。

期望值（EV）=弃牌率×目前彩池+（1−弃牌率）{赢率×总彩池+（1−赢率）×下注}

大家可以在上面的期望值公式里看到弃牌率和赢率都是非常重要的，赢率是不变的，但是弃牌率可以通过打法来改变，比如我们加注的数量越多，弃牌率就越高，我们“形象”越好，弃牌率也越高。

所以，弃牌率是我们可以通过技术利用和掌控的，也体现了扑克玩家之间的技术差别。而一旦我们和对手的手牌（范围）以及公共牌确定了，赢率就是个定值。

举个例子，我们的Ah6h在Qs8h6d的翻牌圈仅仅是中了底对6，对手的9c8c中了中等对子8，如果对手下注2/3彩池，我们的跟注是无利可图的，因为我们的赢率不到25%，但是如果我们加注，对手会有很大概率弃牌，我们的赢率加上弃牌率将有利可图。这个例子就是将弃牌率和赢率最大化。

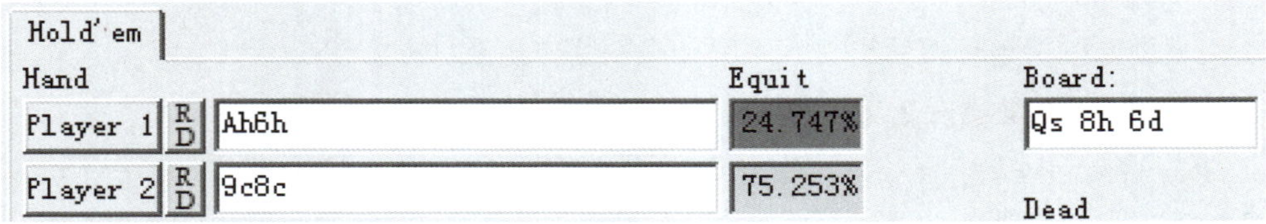

翻牌前我们通常会用AK再加注对手也是在追求弃牌率，因为AK的赢率不错，但是只是不错而已，没有达到AA那样80%以上的变态胜率。“AK vs 对子”胜率在45%左右，面对两张单牌胜率也只有60%～75%，不算特别高。所以用AK来3bet很大的原因是AK的胜率不错，同时也要追求弃牌率。

2.7　实现胜率

绝对胜率和实现胜率是有区别的，有时候我们的胜率不错，但是还是得弃牌，原因是这样的胜率很难被完全实现。下面举几个例子。

❶ 我们拿着A5o在按钮位置加注，被对手再加注之后，为什么我们不能跟注，而是只能4bet诈唬或者弃牌呢?

即使A5o面对对手10%的3bet范围胜率为38.5%，但是我们依然不能用A5o去跟注3bet。毕竟A5o和22这样的牌一样，很难击中翻牌，要么中A，要么什么都没有，在没有A的翻牌，A5o几乎没有什么胜率。而类似98s这样的牌面对对手10%的3bet范围胜率为38.2%，但是依然可以跟注3bet，也是因为98s击中翻牌的概率更高，在翻牌后常常还能有30%以上的胜率。而A5o和22就是要么击中不错的牌，要么什么都没有，中间胜率的翻牌很少很少。

❷ 为什么我们拿着22跟注投机三条，在翻牌三张高牌的牌面即使知道自己可能是最好的牌，还要弃牌呢?

很多时候，类似QT6这样的翻牌，我们的22也是要弃牌的，即使我们知道对手很可能是AK，或者KJ、89这样的高牌，22面对这些高牌依然有胜率优势，但是我们还是要弃牌。原因是这样的胜率很难实现。如果德州扑克是一条街的游戏，翻牌圈三张牌出来就比大小，没有转牌圈和河牌圈，那么这里22是要跟注的。但是鉴于后面还有两条街，我们只能丢掉22，导致22的胜率没有得到完全的实现。毕竟如果对手真的有对子以上的牌力，22的胜率就是8%，如果对手只是AK或者KJ的高牌，面对22依然有40%～50%的胜率，所以我们还是丢掉22吧！

❸ 为什么像卡顺听牌这样很弱的听牌经常弃牌呢？

在胜率的世界有个很奇特的现象，越是胜率低的牌，胜率越是难以实现。而越是胜率高的牌，胜率越是能超额实现。

比如，当很多玩家拿到AA的时候，翻牌前很激进地加注再加注，打走了对手很多有不错胜率的牌，那么AA的胜率就能得到超额实现，比计算软件中的88%的胜率要高很多，因为对手自己丢掉了很多牌，导致我们的胜率实现率超过100%。

像72o这样的牌，扑克计算软件显示在6人参与的彩池里平均胜率为10%左右，但是实际的情况远远低于10%，因为我们经常丢掉72o，很多时候翻牌前丢掉了72o放弃了胜率，或者在翻牌圈即使中了一个对子，也会因为踢脚太差而丢掉。

所以越是低的胜率，越是难以实现；越是高的胜率，越是容易实现，甚至超额实现。

❹ 为什么我们在有胜率优势的时候要下注呢？

当我们有很大的胜率优势的时候，经常会主动下注，原因有很多：

- 我们想玩更大的彩池。
- 我们不能让对手免费地实现他的低胜率。
- 我们想要抢走对手在目前彩池中的股份。

如果我们在翻牌圈中了三条，而对手是超对AA，对手有8%的胜率（在转牌或者河牌击中三条A）。这时候如果对手的倾向是一直过牌，不中三条A就不下注，那么我们过牌就免费让对手实现了8%的胜率。这个过牌引诱就是一个错误。

但是如果对手是那种一旦看到我们过牌，就会疯狂下注AA的玩家，我们的三条就可以过牌，虽然让对手实现了8%的胜率，但不是免费实现，而是让对手付出了代价。

TIPS

❶ 当我们全压的时候，我们的胜率实现率等于100%，原因是对手跟注，我们的胜率实现率就是100%，计算软件上面显示多少胜率就是多少胜率。如果对手弃牌，我们的胜率实现率就大于100%了，因为对手放弃了自己的胜率。

❷ 在高级别游戏中，大部分时候我们都是在想办法让对手丢掉一些有不错胜率的牌。

❸ 如果有些牌难以实现胜率，我们更倾向于在前面的街发动诈唬或者弃牌。

❹ 当我们有很大的胜率优势的时候（65%胜率以上），我们倾向于玩得激进，很多时候甚至玩到全压，迫使对手丢掉35%左右的胜率。

❺ 当我们的胜率一般，而对手又很喜欢加注我们的下注时，我们最好选择过牌来实现胜率，而不是下注被对手加注打走。

❻ 翻牌前的再加注游戏中，当我们有类似AQ这样的胜率不错的牌的时候，面对对手很广的范围再加注，我们最好选择跟注而不是4bet，因为面对全压弃牌的话，4bet会让我们损失很多胜率。

❼ 当我们预计会面对多条街的下注时，还是早一点丢掉胜率不高的牌。比如，22在翻牌圈没有中三条的时候，或者卡顺听牌面对对手在翻牌圈下大注的时候。

2.8 摊牌价值理论

什么叫摊牌价值？就是我们一直过牌到河牌圈摊牌赢下彩池。比如，高牌A以及小对子都有摊牌价值，如果大家一直过牌的话，对手很可能是高牌Q、J等。当我们有摊牌价值的时候，通常不会诈唬，更希望便宜摊牌，当我们没有摊牌价值的时候，无法通过过牌到河牌圈摊牌赢下彩池，那么能赢下彩池的方式只有一个——下注诈唬。

下面的例子可以很容易地解释这一点。

【例2-3】NL1000，6人桌，有效筹码量1 500。

我们持有8s7s在按钮位置加注30，小盲位置玩家弃牌，大盲位置玩家跟注。

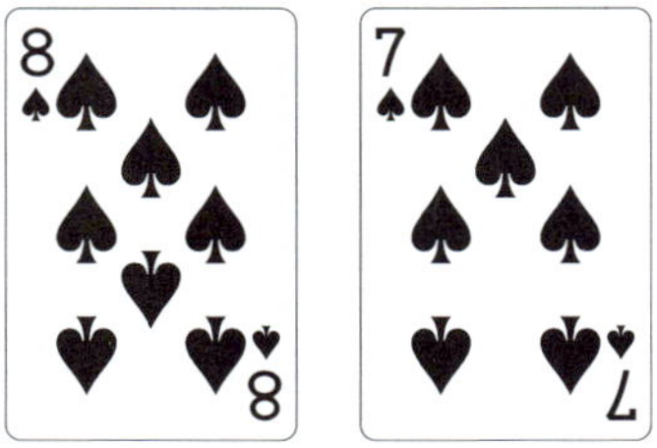

翻牌（彩池65）：

大盲位置玩家过牌，我们下注65。

这里我们用8s7s的“同花+顺子听牌”下注半诈唬，没有选择过牌，即使这个牌面对手有牌的概率极高，对手也可能会过牌加注，我们依然选择下注，如果对手加注，我们就再加注全压。原因很简单，我们的“同花+顺子听牌”胜率很高，大概是50%，但是没有摊牌价值，如果转牌和河牌没有击中同花或者顺子，我们的高牌8永远无法通过摊牌赢下彩池，所以当没有摊牌价值的时候，更应倾向于下注，而不是过牌，因为下注有一个好处就是常常不需要摊牌就能拿下彩池。

如果这里我们不是8s7s，而是QsKs，那么我们会选择过牌。

很多玩家看不懂为什么我们会用8s7s这样小的听牌下注，反而用QsKs这样的“顶对+同花卡顺听牌”过牌，原因是我们的QsKs即使不中同花、不中顺子，依然可以在河牌圈摊牌赢下彩池。特别是当我们觉得对手过牌加注这个翻牌圈的概率很高的时候，我们就更加倾向于用QsKs过牌，如果我们和对手全压，胜率大概是50%。也就是说，我们用五五开的牌玩了全压。但是，如果我们过牌，可能免费看到一张转牌，然后再决定如何做。如果对手下注转牌圈我们跟注就可以，对手要是在转牌圈诈唬，我们的QsKs抓诈唬当然是最好不过的了，毕竟有顶对Q，有摊牌价值！如果对手是三条、两对或者顺子，我们也控制了彩池滚动的速度，在河牌圈，如果看到J或者黑桃，全压再玩一个大彩池也是不错的。有摊牌价值的时候，不要太急，即使没中听牌也常常可以赢下彩池。但是拿着8s7s没有选择，不下注就会让对手便宜摊牌，对手的Tx、9x会便宜摊牌而打败我们的高牌8。

2.9 投机的概率

1. 不同底牌在翻牌圈投机中牌的概率

❶ 翻牌前口袋对子投机三条，翻牌圈中三条的概率为13.3%，也就是每7.5次中1次三条。

❷ 底牌是同花牌，翻牌发出三张同花色的牌，从而在翻牌圈直接中同花的概率大概是0.85%，概率极低。

❸ 底牌是同花牌，翻牌发出两张同花色的牌，从而在翻牌圈有一个同花听牌的概率大概是13.4%，也就是每7.45个翻牌中有1个翻牌能有同花听牌。这个和投机三条的概率差不多。

❹ 底牌为54o～JTo，翻牌直接发出顺子的概率为1.3%，大概每76个翻牌中有1个直接中顺子。

❺ 底牌为54o～JTo，翻牌发出两端顺子听牌的概率为10.48%，大概每8.6个翻牌中有1个是有8个outs的顺子听牌。

❻ AK在翻牌圈中对子的概率为32.43%，大概1/3的翻牌能中A或者K。

❼ 踢脚被主宰的牌，只有24%左右的胜率。比如AJ vs AK只有24%的胜率，这是非常糟糕的情况。

❽ JJ有52%的概率在翻牌圈中A、K或Q其中一个，所以JJ经常面对有高牌的翻牌圈，属于比较难处理的对子。

❾ Ax在翻牌圈击中A的概率为17.3%。

❿ 如果手上没有A和K，翻牌圈出现A或者K的概率为41.4%。

⓫ 如果手上没有A，翻牌圈出现A的概率为22.6%。

TIPS

❶ 纯投机三条的话，翻牌前投入的筹码不要超过有效筹码的9%，虽然理论计算是13.3%（即7.5次中1次三条），其中6.5次损失筹码，最后一次击中三条赢全压就把前6.5次输的筹码都赢回来。但是实际中，有可能击中三条还是会输掉彩池，比如对手击中更大的三条或者顺子同花，另外，还可能最后一次击中了也只赢了一个小彩池而无法弥补前面6.5次的损失。当然，如果不是纯投机（不中三条就弃牌，中了就打到全压），同时你对对手又非常了解，能经常读到对手的牌，在翻牌后通过诈唬偷彩池，那么翻牌前投入有效筹码的10%是可以的。

❷ 同花只能增加2.5%～3%的手牌胜率，并不能起到决定性作用，所以一些垃圾牌即使是同花，也还是垃圾牌，比如72s。不要轻易玩这些牌，除非是在按钮位置加注偷盲，因为此时偷盲是主要目的，胜率只是对手跟注之后的后备计划，翻牌后我们有位置优势，虽然胜率低了点，但是能找到机会诈唬来降低对手的胜率实现率R，同时可以轻松控制彩池大小来达到赢大彩池输小彩池的目的。

❸ AK中翻牌的概率为1/3，算是翻牌前的听牌，仅仅落后于AA和KK，所以经常用来翻牌前3bet，在翻牌前先争取一波弃牌率，然后打翻牌后也不虚。另外，AK再加注3bet之后，将对手的范围往高端赶，对手跟注再加注的范围很多是AQ、KQ、AJ等，这些牌都是被AK主宰踢脚的，使得AK的优势更大。

❹ JJ在翻牌圈看到高牌的概率为52%，几乎一半的翻牌都是有高牌的，所以JJ属于很难处理的对子，不能说它是大对子，也不能说它是中对子，属于大对子和中对子的临界点，对抗很松的玩家可以当作大对子玩，对抗很紧的玩家只能当中对子玩。

❺ 同花连牌比同花隔张要好很多，比如98s要比97s好，因为击中翻牌的概率高3%，同时形成坚果顺子的概率更大。一般同花隔两张就没有太大的可玩性，同花隔三张就属于比较垃圾的牌了。

2. 投机牌在翻牌圈牌力的概率分布

（1）下面列出同花连牌（54s～JTs）在翻牌圈击中各种牌的概率分布

翻牌圈击中的牌	概率	平均多少个翻牌圈击中1次
一个对子	26.94%	2.7
两对	2%	49
三条	1.34%	73.6
8个Outs顺子听牌	10.45%	8.6
同花听牌	10.94%	8.1
顺子成牌	1.31%	75.3
同花成牌	0.84%	118
葫芦	0.092%	1087

从上表可以看出，同花连牌（54s～JTs）在翻牌圈击中牌的概率是很高的（包括击中对子、两对、三条、顺子听牌、同花听牌、顺子成牌、同花成牌、葫芦），合计概率为53.912%，而且这些牌面对超对最低有25%的胜率（击中一个对子有5个outs反超超对）。

从上面的概率统计可以看出同花连牌的特点是：

❶ 击中翻牌圈概率高，概率为53.9%。

❷ 翻牌后可操作性好，即使面对超对，也至少有5个outs以上，胜率不低。

（2）小对子（22～66）在翻牌圈击中各种牌的概率分布

小对子（22～66）在翻牌圈击中三条的概率为13.3%，每7.5次翻牌击中一次。如果没有击中三条，三张高牌的翻牌面对对手20%的起手牌范围胜率大约为34%，三张高牌的翻牌 vs超对胜率大概为9%。

从上面的概率统计可以看出小对子的特点是：

❶ 击中翻牌圈的概率很低，只有13.3%，远低于同花连牌击中翻牌圈的53.9%的概率。

❷ 如果没有击中翻牌圈，一般都是三张高牌或两张高牌，翻牌圈胜率会非常低，基本只能靠纯诈唬赢牌。

❸ 小对子击中翻牌圈就是坚果牌，虽然击中的概率很低。如果没有击中翻牌圈基本属于垃圾牌。小对子翻牌后如果击中基本就是100%胜率，没有击中则基本是0%的胜率。这种要么全部、要么零的胜率太过于跳跃，胜率趋势线一点也不平滑，所以翻牌后基本没有可操作性。

TIPS

对比小对子和同花连牌可以看出，小对子击中翻牌圈概率低，没有击中胜率为 0，趋势线一点也不平滑，而同花连牌击中翻牌圈概率高，趋势线比较平滑，基本都是25%以上的胜率，非常有利于翻牌后的半诈唬。所以同花连牌翻牌后可操作性高，在有位置的时候不管是跟注打翻牌后，还是3bet别人，配合位置优势都是很好操作的。小对子基本不会用来3bet别人，毕竟对手跟注之后，翻牌圈非常难打，多数情况下翻牌圈都不会击中三条，只能变成纯诈唬。

小对子投机三条比较多，毕竟出现高牌的概率太高，基本翻牌后没有击中三条就没有太大可玩性。

（3）中等对子（77～JJ）在翻牌圈击中各种牌的概率分布

中等对子（77～JJ）在翻牌圈击中三条的概率和小对子一样，都是13.3%，但是和小对子不同的是，翻牌圈通常只有一张高牌或者没有高牌，所以具有摊牌价值以及抓诈唬的价值。

比如，JJ在翻牌圈看到高牌的概率是52%，48%没有高牌，也就是JJ在翻牌圈有48%的概率中超对，比顶对还要强。而小对子在翻牌圈通常看到三张高牌，或者至少两张高牌，几乎没有胜率可言。中等对子在翻牌圈只有一张高牌或者翻牌圈没有高牌的时候，有一定的价值。

3. 翻牌圈的各种听牌胜率

（1）翻牌圈的赔率

outs数（出牌数）	可能的听牌	只看到翻牌圈的胜率	看到翻牌圈和河牌圈的胜率
1		2.1%	4.3%
2	口袋对子	4.3%	8.4%
3		6.4%	12.5%
4	卡顺听牌	8.5%	16.5%
5		10.6%	20.3%
6	两张高牌	12.8%	24%
7		14.9%	27.8%
8	两端顺子听牌	17%	31.5%
9	同花听牌	19.1%	35%
10		21.3%	38.4%
11		23.4%	41.7%

续表

outs数（出牌数）	可能的听牌	只看到翻牌圈的胜率	看到翻牌圈和河牌圈的胜率
12	1张高牌+同花听牌	25.5%	45%
13		27.7%	48.1%
14		29.8%	51.2%
15	同花听牌+两端顺子听牌	31.9%	54.1%

所谓outs就是目前落后于对手，但是能让我们反败为胜的牌。比如，我们拿着78o，对手拿着AA。

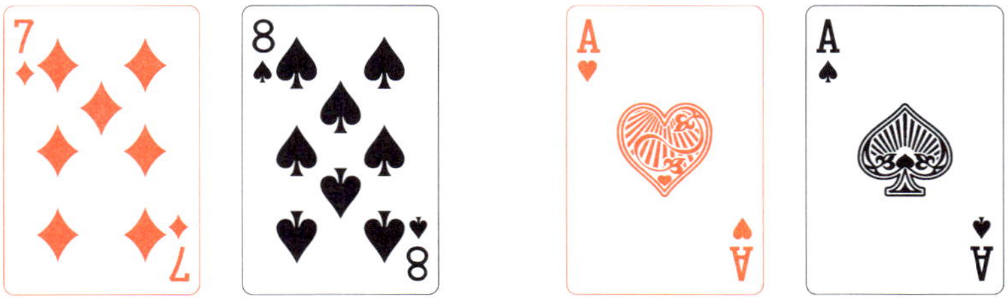

翻牌：

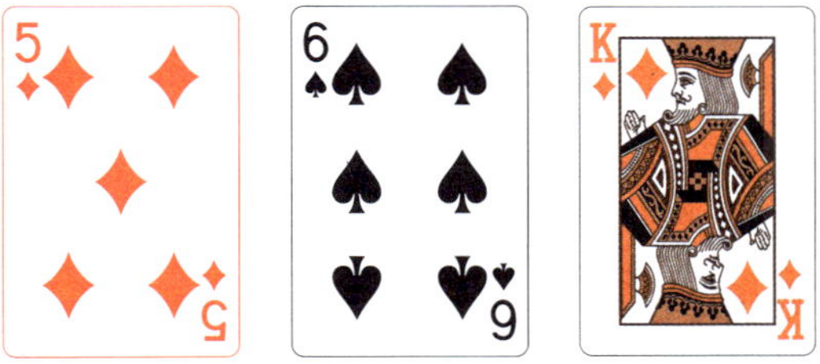

我们的outs就是4张4和4张9，共8个outs。

估算我们在转牌圈和河牌圈的胜率，应用“二四法则”计算：

1张牌待发：outs数×2%

2张牌待发：outs数×4%

比如，我们在翻牌圈用同花听牌面对对手的超对有9个同花的outs，对手在翻牌圈下注，这时要估计一下跟注翻牌圈是否能让我们看到河牌圈。如果认为对手在转牌圈会全压，我们跟不动转牌圈，那么这里就用“二四法则”的“二”计算转牌圈击中outs的概率为9×2=18%，这时候需要掂量一下是否愿意付出翻牌圈跟注量去博18%的概率。如果认为跟注了翻牌圈之后，对手会过牌转牌圈让我们看到免费的河牌，那么就应该用“二四法则”的“四”计算转牌圈和河牌圈击中outs的概率9×4=36%，这时候需要掂量一下是否愿意付出翻牌圈跟注量去博36%的概率。

（2）期望值EV

德州扑克的数学就如同风险投资一样，要跟一个注或者下一个注去博一个彩池，那么跟的注（或者下的注）就是风险投资，彩池里的筹码就是投资回报，可以用我们的牌和对手的牌胜率百分比来评价风险高低。

比如，7h7c vs AcAs：

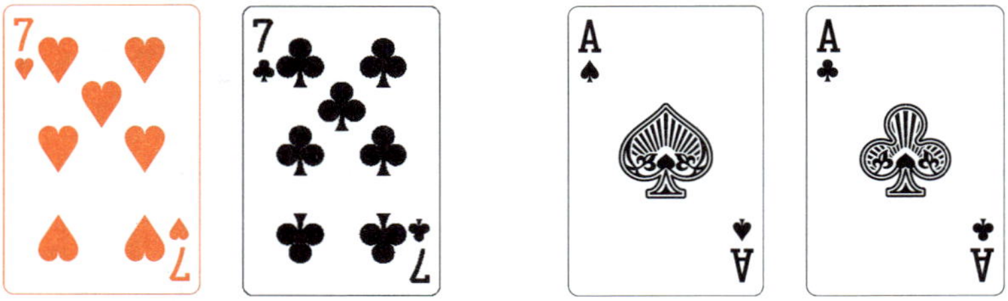

翻牌为4s5d6h：

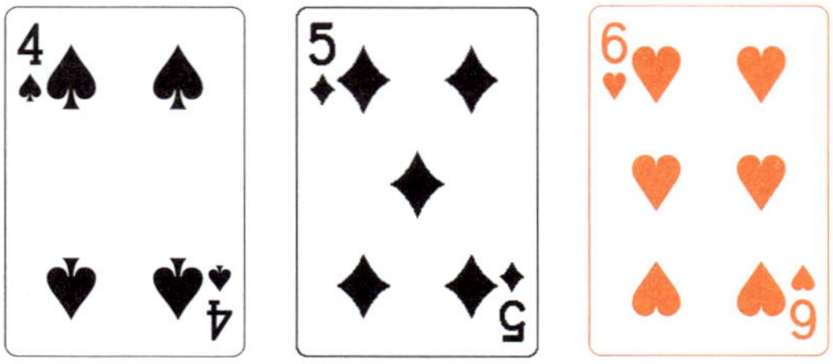

对手在翻牌圈用AcAs向10个筹码的彩池下注5个筹码，我们手上拿着7h7c，应该跟注还是弃牌？

类比风险投资，这里我们冒着5个筹码的风险去博彩池里面的10个筹码和对手下注的5个筹码（也就是15个筹码），而在翻牌圈“7h7c vs AcAs”的胜率是38.687%。

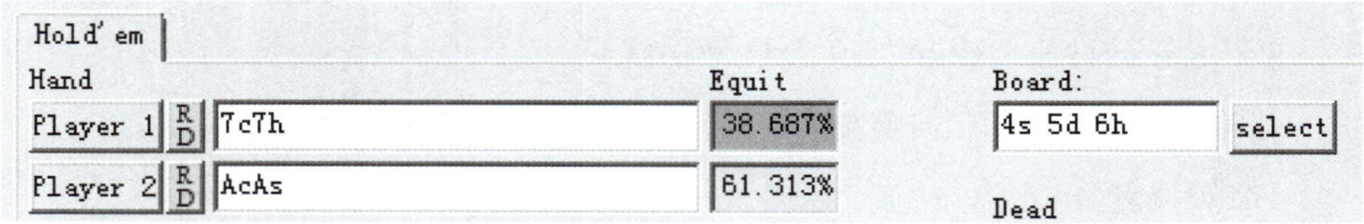

也就是说，我们有38.687%的概率赢得15个筹码的投资回报（也就是投资成功），有61.313%输掉5个筹码的风险投资（也就是投资失败）。因为单纯从赔率上来看，用5个筹码博15个筹码，所需的最低成功率为25%，也就是4次中失败3次，共15个筹码（3×5=15），还有一次成功赢得15个筹码。只要我们的牌面对对手牌胜率高于25%，就能跟注，而我们的“7h7c vs AcAs”的胜率是38.687%，所以这里肯定要跟注。

通过彩池下注量大小以及彩池大小，我们确定最低成功率，也就是扑克术语里的彩池赔率。牌与牌之间的胜率就是投资成功率，只要这个胜率高于彩池赔率，就要继续，低于彩池赔率就弃牌。

还有一种更直观的方法就是计算跟注决策的期望值EV。

如果7h7c此时跟注，有两种可能性：

- 赢的概率为38.687%，赢15个筹码。
- 输的概率为61.313%，输5个筹码。

$$EV=+15\times 0.38687-5\times 0.61313=+2.7374$$

期望值为正的决策就是长期能盈利的决策，期望值为负的决策就是长期会损失的决策，期望值为0的决策是长期下来跟注和弃牌都是不输不赢的决策，当然弃牌就是期望值为0的决策，因为弃牌之后就不会有额外损失，也不会获得彩池里面的收益。

期望值是决定扑克决策的终极因素，没有比期望值更重要的。我们玩扑克的目的就是尽量做+EV的决策，而少做-EV的决策。EV不会骗人，它决定了我们的长期盈利数目。

当然，现实中我们无法精确地知道对手的底牌，但是可以根据经验读取对手的手牌范围来计算EV。让我们看下面的例子。

【例2-4】NL1000，6人桌，100倍有效筹码量。

我们在枪口位置拿着AhQh加注30：

按钮位置玩家跟注30，小盲位置玩家再加注到140，大盲位置玩家弃牌，此时我们怎么办？

读牌读人信息：根据之前玩牌经验，估计小盲位置玩家比较爱压缩再加注，所以压缩再加注不一定是有强牌，也混合了一定的诈唬，我们估计小盲位置玩家压缩再加注频率为8%，此时我们如果全压，小盲位置玩家跟注全压的手牌范围为3%，也就是JJ、QQ、KK、AA以及AK，其他牌会丢掉。按钮位置玩家冷跟注范围比较广，口袋对子、高牌、同花连牌都有可能，极少数时候会混合一些AK、AA、KK、QQ等超强牌。因为按钮位置玩家只是极少数时候有这些超强牌，频率特别低，所以我们全压的时候基本不用考虑按钮位置玩家。

全压决策的EV分析：如果我们全压，小盲位置玩家用3%的牌跟注，跟注之后我们的胜率为32%。

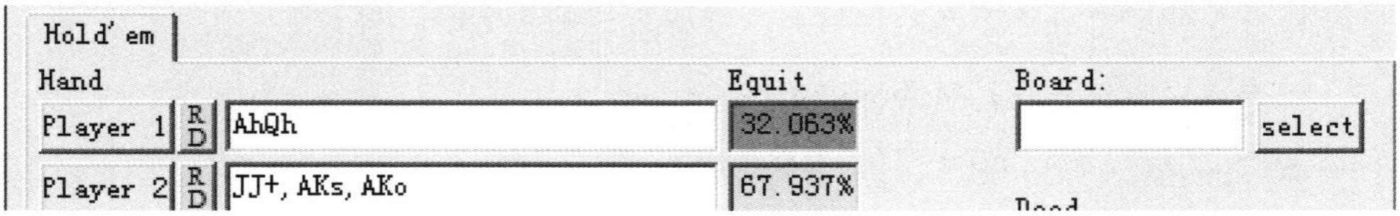

我们全压，小盲位置玩家会有（8%-3%）/8%的概率弃牌（8%的再加注范围里只有3%的牌跟注全压，弃掉的牌占8%的比例就是对手弃牌的概率），3%/8%的概率跟注。那么计算过程如下：

小盲位置玩家用3%/8%=37.5%的概率跟注时，我们会有32%的概率赢得整个彩池，即1000+30+30+10，同时也会有68%概率输掉全压决策投入的1000-30。

小盲位置玩家用（8%-3%）/8%=62.5%的概率弃牌时，我们会毫无风险拿下30+30+130+10。

$$EV=0.375\times(0.32\times1070-0.68\times970)+0.625\times200=+6.05$$

这里EV为正，所以应该全压。至于短期结果是输还是赢并不重要，知道长远来看是+EV的决策就够了。

当然如果此时小盲位置玩家用AQo跟注，而我们之前估计小盲位置玩家跟注的范围是JJ、QQ、KK、AA以及AK，里面没有AQo，说明我们在读牌读人环节出现了问题。读牌读人出现问题没关系，汲取教训后读牌读人会更精准，怕就怕有些人读牌读人出现问题之后就不再按照EV来玩。经过读牌读人教训之后，我们重新计算EV，小盲位置玩家能用AQo跟注，估计也会用TT跟注，所以小盲位置玩家的跟注范围是TT～AA、AQ、AK，即4.7%的范围。AhQh vs 这个4.7%的范围，胜率为37.822%。

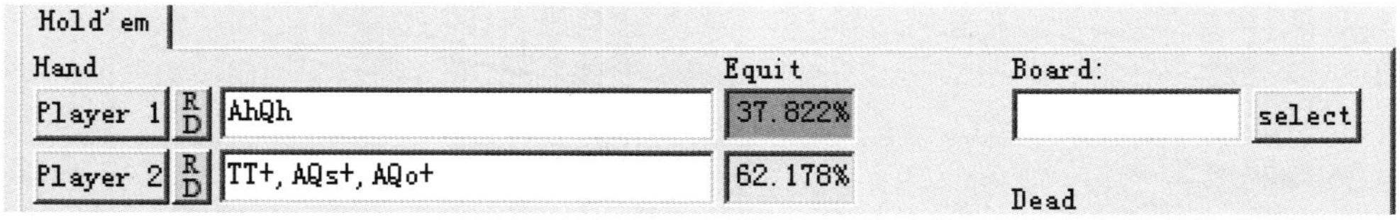

计算过程如下：

小盲位置玩家用4.7%/8%=58.75%的概率跟注时，我们会有37.8%的概率赢得整个彩池，即1000+30+30+10，同时也会有62.2%的概率输掉全压决策投入的1000-30。

小盲位置玩家用（8%-4.7%）/8%=41.25%的概率弃牌时，我们会毫无风险拿下30+30+130+10。

$$EV=0.5875\times(0.378\times1070-0.622\times970)+0.4125\times200=-34.342$$

这里可以看到，如果小盲位置玩家用AQ、TT也跟注全压的话，那么我们全压决策的EV就是负的。也就是下次碰到同样的情况，我们不能再用AhQh全压。读牌读人可以发生错误，以后越改越精准，但是一定要遵循EV。我看到很多玩家翻牌前因为AA全压输了一两次，就认为AA还是打翻牌后，其实翻牌前AA面对对手任何牌全压是绝对+EV的决策，遵循EV来决策，无论输了多少次AA翻牌前的全压，下一次还是应该这么玩。

4. 翻牌圈常见牌型胜率

下表是翻牌圈常见牌型胜率分析。

常见牌型	典型例子	outs数目	胜率（看到转牌圈和河牌圈的胜率）
同花听牌 vs 对子	7h8h vs AsTs 翻牌：Ac2h3h	9个（9张没有出现的红心）	实际胜率37% 二四法则估算胜率36%
一高牌同花听牌 vs 对子	Kh9h vs AsTs 翻牌：Tc2h3h	12个（9张红心+3张K）	实际胜率45% 二四法则估算胜率46%
两高牌同花听牌 vs 对子	KhQh vs AsTs 翻牌：Tc2h3h	15个（9张红心+3张K+3张Q）	实际胜率54% 二四法则估算胜率60%
两高牌同花顺子听牌 vs 对子	Th9h vs As8s 翻牌：8h7h2c	21个（7同花+6顺子+2同花顺+6高牌）	实际胜率69% 二四法则估算胜率84%
一高牌同花顺子听牌 vs 对子	Th8h vs As9s 翻牌：9h7h2c	18个（7同花+6顺子+2同花顺+3高牌）	实际胜率62% 二四法则估算胜率72%
无高牌同花顺子听牌 vs 对子	6h5h vs As8s 翻牌：8h7h2c	15个（7同花+6顺子+2同花顺）	实际胜率56% 二四法则估算胜率60%
无高牌同花卡顺听牌 vs 对子	5h4h vs As8s 翻牌：8h7h2c	12个（8个同花+1个同花顺+3个顺子）	实际胜率48% 二四法则估算胜率48%
一高牌同花卡顺听牌 vs 对子	KhTh vs AsJs 翻牌：Jh9h2c	15个（8个同花+1个同花顺+3个顺子+3个K）	实际胜率55% 二四法则估算胜率60%
两高牌同花卡顺听牌 vs 对子	KhJh vs AsTs 翻牌：Th9h2c	18个（8个同花+1个同花顺+3个顺子+3个K+3个J）	实际胜率62% 二四法则估算胜率72%
同花听牌 vs 两对（高牌不再成为outs）	7h8h vs As2s 翻牌：Ac2h3h	8个（两对相当于减去一个outs）	实际胜率30% 二四法则估算胜率32%
三条（高牌不再成为outs）	7h8h vs 2c2s 翻牌：Ac2h3h	6个（三条相当于减去3个outs）	实际胜率25% 二四法则估算胜率24%
同花听牌 vs 顺子听牌	Th3h vs Tc8c 翻牌：Jh9h2s	同花听牌占用了2个顺子outs	实际胜率53% 二四法则无法估计只能靠记忆
A同花听牌 vs 顺子听牌	Ah3h vs Tc8c 翻牌：Jh9h2s	同花听牌占用2个顺子outs，同时A高牌河牌往往能赢	实际胜率70% 二四法则无法估计只能靠记忆
A同花听牌 vs 同花听牌	Ah3h vs 5h6h 翻牌：Jh9h2s	A花占用了所有同花outs	实际胜率80% 二四法则无法估计只能靠记忆
A同花听牌 vs 同花顺子听牌	Ah3h vs QhTh 翻牌：Jh9h2s	A花占用了7个同花outs	实际胜率55% 二四法则无法估计只能靠记忆

续表

常见牌型	典型例子	outs数目	胜率（看到转牌圈和河牌圈的胜率）
无高牌顺子听牌 vs 对子	7s8c vs AsTc 翻牌：Th9h2c	8个（4个6+4个J）	实际胜率34% 二四法则估算胜率32%
一高牌顺子听牌 vs 对子	Js8c vs AsTc 翻牌：Th9h2c	11个（8个顺子听牌+3个J）	实际胜率42% 二四法则估算胜率44%
两高牌顺子听牌 vs 对子	QsJc vs AsTc 翻牌：Th9h2c	14个（8个顺子听牌+3个Q+3个J）	实际胜率50% 二四法则估算胜率56%
顺子听牌 vs 两对	QsJc vs Tc9c 翻牌：Th9h2c	7个（两对相当于减去一个outs）	实际胜率31% 二四法则估算胜率28%
顺子听牌 vs 三条	QsJc vs TcTs 翻牌：Th9h2c	6个（三条相当于减去3个outs）	实际胜率26% 二四法则估算胜率24%
卡顺听牌	7s6c vs AsTc 翻牌：Th9h2c	4个（4个8的顺子outs）	实际胜率18% 二四法则估算胜率16%
一高牌卡顺听牌	Js7c vs AsTc 翻牌：Th9h2c	7个（4个卡顺+3个J）	实际胜率29% 二四法则估算胜率28%
两高牌卡顺听牌	KsQc vs AsTc 翻牌：Th9h2c	10个（4个卡顺+3个K+3个Q）	实际胜率37% 二四法则估算胜率40%
无高牌后门同花听牌 vs 对子	KhQc vs AsTs 翻牌：Ac2h3h	后门同花听牌相当于一个outs	实际胜率7.8% 二四法则估算胜率8%
一高牌后门同花听牌 vs 对子	Kh8c vs AsTs 翻牌：Tc2h3h	4个（1个后门同花听牌+3个K）	实际胜率16% 二四法则估算胜率16%
两高牌后门同花听牌 vs 对子	KhQc vs AsTs 翻牌：Tc2h3h	7个（1个后门同花听牌+3个K+3个Q）	实际胜率28% 二四法则估算胜率28%
对子 vs 超对	2c2s vs AcAs 翻牌：4c7sKh	2个（2个2能让我们中三条）	实际胜率8% 二四法则估算胜率8%

TIPS

❶ 后门顺子听牌一般没有太大作用，因为一般对手中了顶对，转牌发出相邻的牌会让我们成顺子听牌，但是往往也提高了对手顶对的牌力，毕竟对手起手牌一般是连牌。比如，KhQc vs TsJs，翻牌为Tc2h3d，转牌为Jd，我们有两端顺子听牌，但是对手成了两对。所以后面顺子听牌不如后面同花听牌有用。

❷ 实际胜率就是通过Poker Stove软件计算的胜率。二四法则是用来估算的，还应以实际胜率为准。从表中可以看出，二四法则估算还是比较接近实际胜率的。通常在13个outs以下，二四法则估算的胜率比实际胜率偏低一点，13个outs以上，二四法则估算的胜率明显偏高。

❸ 通过二四法则估算是实际干净的outs，实际中有很多outs是靠不住的。比如三人彩池，我们拿到8h7h，翻牌为As6h3h，另外两个玩家一个下注，一个加注，这时候8h7h同花听牌真实的outs可能小于9个，比如一个玩家持有A同花听牌，另一个玩家持有两对或者三条，我们的同花听牌outs数会缩水很多。

❹ “A同花听牌 vs 同花顺子听牌”胜率高达55%，面对顺子听牌胜率高达70%，面对其他同花听牌达到恐怖的80%胜率。所以A同花听牌是听牌中的霸主，往往我们的A同花听牌在单挑时会玩得比较激进。

❺ 后门同花听牌相当于多一个outs，不管是顺子听牌还是同花听牌，碰到两对就要减去1个outs，碰到三条就减去3个outs。因为有可能我们击中了听牌，对手也击中了葫芦。

❻ “两张高牌+后门同花听牌”的牌型，胜率达到28%，这种牌在翻牌圈提升空间很大（6个高牌和10个同花能在翻牌圈帮助我们，这16张牌在翻牌圈出现的概率是32%），不管用来缠打对手，还是主动打翻牌圈，在转牌圈有同花听牌继续诈唬，都是很好的。

❼ 单纯的对子听牌是非常弱的听牌。“单纯对子 vs 顶对或者超对”只有2个outs，非常非常弱，胜率几乎可以忽略。这类牌少用来诈唬或者抓诈唬，转牌圈和河牌圈会非常难打。

2.10 河牌圈的跟注与诈唬频率

河牌圈发动诈唬的成功率如下表所示。

能盈利的诈唬最低成功率	诈唬下注量	能盈利的诈唬最低成功率	诈唬下注量
67%	2倍彩池大小	33%	半个彩池大小
60%	1.5倍彩池大小	25%	1/3彩池大小
50%	1个彩池大小	20%	1/4彩池大小
43%	3/4彩池大小	17%	1/5彩池大小
40%	2/3彩池大小		

TIPS

❶ 表格的使用方法是，只要认为对手面对半个彩池下注量，弃牌的可能性高于33%，就下注半个彩池诈唬。认为对手面对一个彩池下注量，弃牌的可能性高于50%，就下注一个彩池诈唬。

❷ 如果觉得对手对于2倍彩池的超彩池下注跟注的频率低于33%，那么就勇敢地发动诈唬吧。超彩池下注诈唬很少用到，一般在特殊牌面比如在有公共对子牌面，或者价值下注范围很窄的时候，可以超彩池下注，既然能价值下注的牌很少，那么混合诈唬来超彩池下注就很合理。

河牌圈跟注抓诈唬需要领先对手的概率如下表所示。

跟注时需要领先对手的概率	对手的下注量	跟注时需要领先对手的概率	对手的下注量
40%以上	2倍彩池大小	25%以上	半个彩池大小
37.5%以上	1.5倍彩池大小	20%以上	1/3彩池大小
33%以上	1个彩池大小	17%以上	1/4彩池大小
30%以上	3/4彩池大小	14%以上	1/5彩池大小
28.5以上	2/3彩池大小		

TIPS

在诈唬对手的时候，我们是通过调整下注或者加注量的大小，来调整对手跟注的赔率。只要对手跟注的频率低于最低成功率，就可以发动诈唬。同样对手也是通过调整下注量大小来给我们不同的抓诈唬赔率，总体来说，抓诈唬赔率比诈唬赔率要好。发动一个满彩池下注量的诈唬，需要对手最低50%的弃牌率。而跟注一个满彩池下注量抓诈唬，只需要33%的成功率。

2.11　胜率和可操作性

绝对胜率和可操作性是两码事，有时候我们会选择胜率稍微低，但是可操作性强的起手牌，有时候我们又会选择绝对胜率高，可操作性弱的起手牌。

什么是绝对胜率?

翻牌前全压的胜率（equity）就是绝对胜率，比如AA的绝对胜率最高，其次就是其他对子，再就是AK等高牌。其中A2o是一手绝对胜率不错的牌，面对大多数范围胜率都比较高，如下表所示。

	面对枪口位置 17%	面对中间位置 19%	面对关煞位置 29%	面对按钮位置 49%	面对小盲位置 45%
A2o的胜率	37.95%	38.25%	42.79%	47.98%	47.10%

我们再对比一下87s面对各个位置范围的胜率，如下表所示。

	面对枪口位置 17%	面对中间位置 19%	面对关煞位置 29%	面对按钮位置 49%	面对小盲位置 45%
87s的胜率	38.80%	39.23%	38.94%	40.59%	39.69%

从上面两个表格可以，看出A2o面对大多数范围的绝对胜率很高，其中面对后面位置的胜率可以达到47%以上。而87s面对不管前面位置还是后面位置，胜率都在

39%～40%小范围波动。可以看出，A2o大多数时候绝对胜率更高，而87s胜率比较平滑，翻牌后可操作性高。

其实，87s的翻牌后可操作性远比A非同花以及小对子，击中翻牌的概率更高，所以在绝大多数翻牌圈都能保持不错的胜率（25%以上的胜率），毕竟87s在翻牌圈可以击中顺子听牌、同花听牌、后门同花听牌、后门顺子听牌，击中对子8或者7等。而A2o在翻牌后要么击中A，要么击中2，顺子听牌也非常少。87s这样的中等同花连牌胜率比较平滑，胜率超高和胜率超低的情况少，而中间胜率的情况多，呈现两头少中间多的状态。类似A2o以及22这样的牌绝对胜率很高，但是翻牌后很难击中牌，22是要么击中三条超强牌，要么就什么都没有，A2o也差不多如此。

所以在我们筹码比较大的时候，我们更愿意在按钮位置玩87s这样的同花连牌，利用位置优势和大多数情况下不错的胜率可以赢下很多彩池。而当我们的筹码比较小的时候，比如10～40bb，A2o和22的价值就更高，翻牌前的绝对胜率对于中小筹码就更加重要了，因为中小筹码翻牌前全压比较多，大多数盈利的原因是胜率占优势，所以中小筹码会更加青睐Axo以及小对子的起手牌，而不太喜欢87s这样的投机牌，毕竟翻牌后没有可操作的筹码。

Chapter 3

即扫即看

德州扑克的本质

KEY POINT

最深奥的道理往往是最朴实的。我理解读者迫不及待地想马上看到高级打法的心情，但是别忘了最深奥的理论藏在最初的原点。

3.1 回到原点

1. 在开始德州扑克游戏的时候，你能控制的第一件事情是什么？

猜对了吗？是选择起手牌。

无论你是高手，还是新手，德州扑克的发牌是完全公平的。不会因为你是高手而总是发给你好牌，也不会因为你是“鱼”而发给你烂牌。高手和“鱼”的不同就是如何控制起手牌。

德州扑克有多少种起手牌组合？

发牌员手上总共有52张牌可以发，不分高手和“鱼”，都是随机发2张作为底牌，共有（52×51）/2=1326种起手牌组合。

AA	AKs	AQs	AJs	ATs	A9s	A8s	A7s	A6s	A5s	A4s	A3s	A2s
AKo	KK	KQs	KJs	KTs	K9s	K8s	K7s	K6s	K5s	K4s	K3s	K2s
AQo	KQo	QQ	QJs	QTs	Q9s	Q8s	Q7s	Q6s	Q5s	Q4s	Q3s	Q2s
AJo	KJo	QJo	JJ	JTs	J9s	J8s	J7s	J6s	J5s	J4s	J3s	J2s
ATo	KTo	QTo	JTo	TT	T9s	T8s	T7s	T6s	T5s	T4s	T3s	T2s
A9o	K9o	Q9o	J9o	T9o	99	98s	97s	96s	95s	94s	93s	92s
A8o	K8o	Q8o	J8o	T8o	98o	88	87s	86s	85s	84s	83s	82s
A7o	K7o	Q7o	J7o	T7o	97o	87o	77	76s	75s	74s	73s	72s
A6o	K6o	Q6o	J6o	T6o	96o	86o	76o	66	65s	64s	63s	62s
A5o	K5o	Q5o	J5o	T5o	95o	85o	75o	65o	55	54s	53s	52s
A4o	K4o	Q4o	J4o	T4o	94o	84o	74o	64o	54o	44	43s	42s
A3o	K3o	Q3o	J3o	T3o	93o	83o	73o	63o	53o	43o	33	32s
A2o	K2o	Q2o	J2o	T2o	92o	82o	72o	62o	52o	42o	32o	22

根据上图可知：

❶ 从22到AA，每个对子的组合有6种，总共有13×6=78种对子的起手牌组合。

❷ 从32o到AKo总共有78种非同花单牌，每一种非同花单牌都有12种组合，比如AKo，4张A和4张K自由配对有16种组合，然后扣除4种同花AK，剩下16−4=12种非同花AK组合，而从32o到AKo这样的非同花牌有78种，那么非同花单牌起手牌组合总共有78×12=936种。

❸ 从32s到AKs总共有78种同花单牌，每一种同花单牌（如AKs）都有4种组合——黑红梅方。那么同花单牌起手牌组合总共有78×4=312种。

起手牌组合共有78+936+312=1326种。

在清楚了起手牌的所有可能性之后，玩家就要做出选择，哪些起手牌是不玩的（弃牌）？哪些起手牌是要玩的（跟注或者加注）？如果要玩，玩多大？是平跟进彩池，还是加3个盲注或加6个盲注，甚至再加注对手10个盲注进彩池？

每位玩家都不是只玩一手牌AA，而是会从这1326种起手牌中玩很多牌，所以都会构建自己的起手牌范围。

举个简单的例子，玩家A和玩家B单挑，如下图所示，玩家A在小盲位置有50%的牌要加注3个大盲，剩下50%的牌要弃掉。

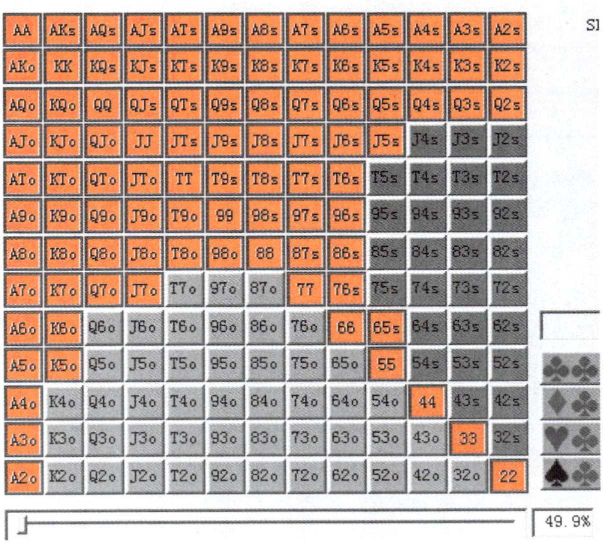

图中50%的红色部分是玩家A的加注范围，其他50%比较差的牌是玩家A的弃牌范围。

玩家B在大盲位置抵抗范围是40%（红色部分），弃牌范围是60%（其余部分），如下图所示。

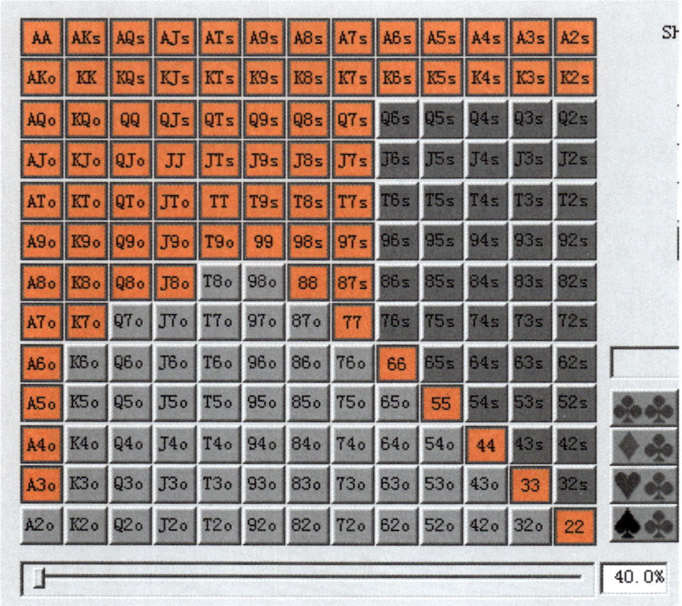

选定了起手牌范围之后，玩家A和玩家B对抗的胜率（50%范围 vs 40%范围）如下图所示。

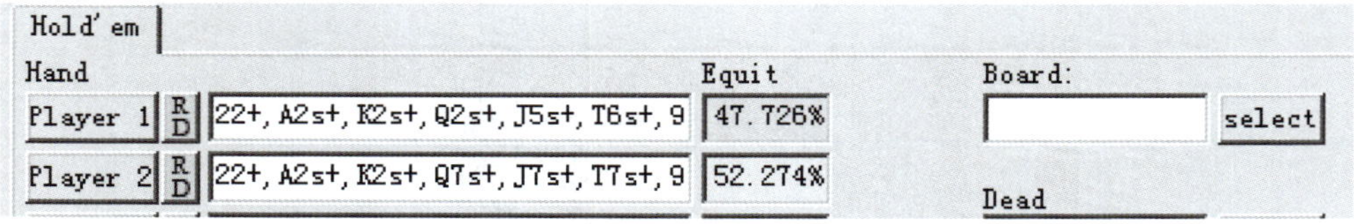

可以看到玩家B（对应Player 2）由于玩牌的范围比玩家A（对应Player 1）更紧，导致玩家B的胜率达到52.274%，是优势胜率，长远来看应该能盈利，毕竟胜率是优势。

但是由于玩家B的弃牌范围是60%，也就是60%的时候弃牌，玩家A可以毫无风险地拿下彩池里的大小盲注死钱，1.5BB。

玩家B抵抗范围越小，抵抗范围的胜率越高，同时也损失了更多翻牌前的大小盲注。如何让两者之间达到最优化是玩家B需要考虑的，也就是尽可能少损失大小盲注，同时达到更高的胜率。

玩家B的52.274%优势胜率真的能创造盈利吗?

还真不一定。不是胜率有优势就一定能盈利，因为还有两关要过。

第一关，玩家B赢的是小彩池（52.274%），输的是大彩池（47.726%）。

比如，玩家B赢的平均彩池大小是15BB，输的平均彩池大小是20BB。那么最终的结果是15×0.52274−20×0.47726=−1.7041BB。

第二关，玩家B赢的52.274%在翻牌后某一条街“鬼迷心窍”地自己弃牌了。

比如，玩家B用AsQh抵抗玩家A的8h8s的加注，这个对抗从理论上来说，有45.129%的胜率。

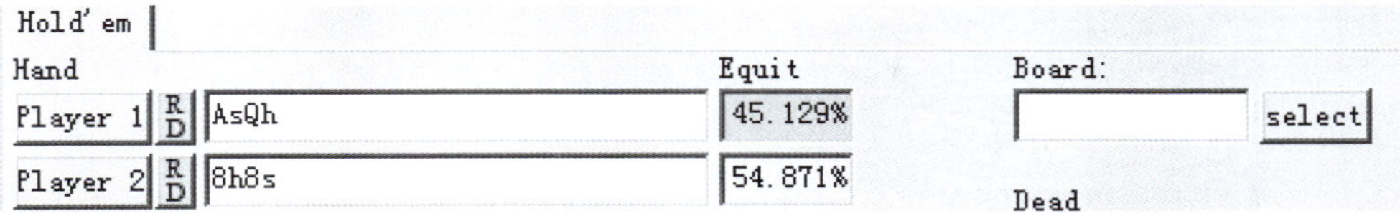

但是如果翻牌圈是：

玩家B翻牌圈过牌，玩家A下注5BB，玩家B弃牌。而转牌和河牌可能会出现A或者Q，只是玩家B已经放弃了一部分胜率。

比如，转牌是：

河牌是：

如果玩家B能预知转牌和河牌连续出两个Q，那么玩家B肯定不会在翻牌圈弃牌。

其实玩家B在翻牌圈的时候有26.061%的胜率，只是他不知道而放弃了。

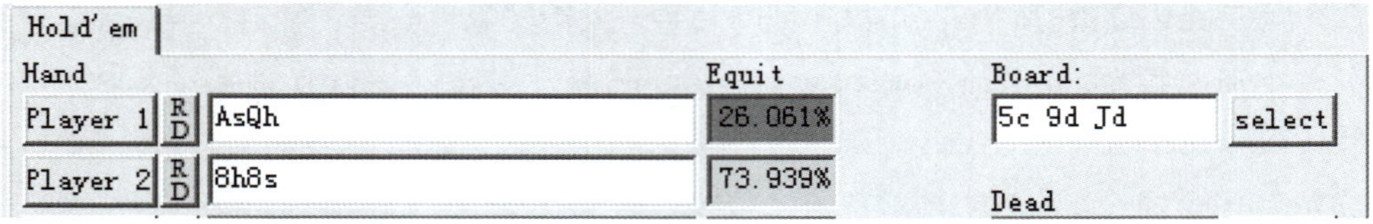

所以玩家B的“AsQh vs 8h8s”的真实胜率可能会低于理论上的45.129%，因为在翻牌后某一条街都可能自己弃牌而放弃一定的胜率。

同理，因为胜率可能无法100%实现，“玩家B的40%抵抗范围 vs 玩家A的50%偷盲范围”胜率也可能低于理论上的52.274%。

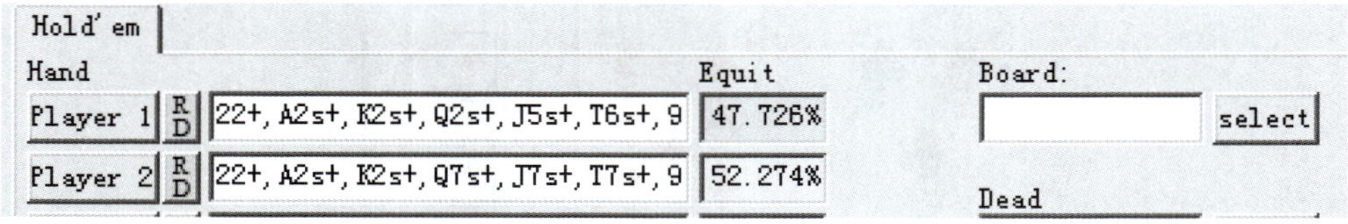

2. 你能控制的第二件事情是什么？

控制彩池大小。

通过上面的分析，我们知道，不是胜率有优势就一定能盈利，还有两关要过，其中第一关是赢大彩池输小彩池。

玩家B的52.274%优势胜率如果只是一味赢小彩池，而输大彩池，最终的总盈利值可能是负数。

那么怎么避免这样的尴尬状态呢？或者怎么能像玩家A一样赢大彩池输小彩池，使得自己即使胜率稍微劣势还是可以盈利？答案很简单，要有更好的读牌能力，读到自己的牌力领先就做大彩池，读到自己的牌力落后就控制彩池。

如果玩家B的读牌能力完美，能读到玩家A确切的底牌，那么玩家B在5c9dJd的翻牌圈肯定不会弃牌，因为自己有26.061%的胜率，不到河牌圈玩家B不会弃牌。根据自己的AsQh在河牌圈是领先还是落后再选择诈唬对手，或者做大彩池价值下注，或者控制彩池尽量少输。

当然世界上没有人能知道别人的底牌，只能尽可能地收集信息，然后分析信息，最终做出基于目前信息前提下的最佳决策。

不同玩家收集信息的能力是有差别的，好的玩家读牌、读人能力强，能收集到更多信息，比如对手的一个眼神、对手的下注量、对手过去下注5BB时的牌力强度倾向等，收集到的有效信息越多，做出的决策越接近于完美读牌。

还有一个因素能有效提高读牌能力——位置。有位置的玩家总是赢大彩池输小彩池，因为位置能有效帮助读牌和控制彩池大小。位置优势是巨大的，所以顶级玩家都在尽量提高自己利用位置优势的能力。

❶ 有位置的玩家在每一条街都是最后一个行动，那么就能收集到更多其他玩

家的行动信息。

❷ 有位置的玩家拥有每条街最后一个下注的权利，能自如控制彩池大小。

总的来说，在有位置的情况下多玩牌，没有位置的情况下少玩牌的原则是对的。但是，顶级玩家往往在没有位置的时候也敢于用很广的牌对抗差劲的玩家，不是顶级玩家不尊重位置，而是因为差劲玩家不会利用位置读牌和控制彩池大小。如果是顶级玩家之间的对抗，没有位置的顶级玩家肯定会玩得更紧。

3. 你能控制的第三件事情是什么？

控制对手手牌胜率的实现率。

通过上面的分析可知，想要盈利，有两关要过，第一关已经介绍过，那么第二关就是让对手错误地弃牌而放弃胜率。

按钮位置持有8s8h的玩家A还可以尽量让对手的45.1%（AsQh）胜率无法完全实现，也就是说，让对手在河牌摊牌前弃牌。

比如，8s8h在翻牌是5s6c7c的牌面下注，迫使对手的AsQh弃牌。只要AsQh在河牌圈摊牌前弃牌了，那么他的胜率就没有完全实现，胜率实现率R就小于100%（胜率实现的英文是Realize Equity，胜率实现率用R表示）。

从上面的分析中我们知道，盲注位置玩家B的40%起手牌范围有52.274%的胜率，如果这个40%范围内有很多牌在摊牌前“鬼迷心窍”地弃牌了，并没有完全实现胜率，玩家B的总盈利值可能是负数。

那么，怎么才能做到像玩家A一样让对手放弃本该赢的彩池呢？

答案很简单，要有更好的读牌和读人能力，读到自己的牌力落后，而且对手有弃牌倾向的时候，发动合理的诈唬使得对手放弃自己该有的胜率。

读牌能力就是读对手底牌范围的能力，顶级玩家总是能更好地读到对手的底牌，而干扰对手读取自己的底牌。读人和读牌不一样的地方是，读人是读这个人的倾向，比如这个玩家拿着中等对子在翻牌圈跟注情况，如果下注很大时，这个玩家是否会弃牌；玩家玩顶对弱踢脚的特定套路；玩家玩听牌的倾向，是更加凶还是更加被动；玩家在河牌圈发动诈唬的倾向高还是低；玩家喜不喜欢抓诈唬；玩家诈唬的时候表情变化等。

总的来说，位置能大大提高我们读牌和读人的准确性。有位置的玩家在每条街总是看到对手的决策之后再决策，无形中收集到了更多信息，做出的决策更接近完美。

4. 总结

顶级玩家的优势在于：

❶ 选择起手牌范围。

❷ 控制彩池大小。

❸ 控制对手手牌胜率的实现率（R值）。

用简单朴实的话来讲，就是选择合理的对抗范围，一旦对抗范围选定了，数学上对抗的胜率就确定了，然后尽量赢大彩池输小彩池，再时不时偷一些本该对手赢的彩池。

顶级玩家总是提高自己在这三个方面的能力，尽量选择合理对抗范围，如果玩100%的牌就会让对抗的范围过于弱，导致数学上面胜率过低，用翻牌后技术无法弥补这个数学劣势。翻牌后的技术包括控制彩池大小和控制对手手牌胜率的实现率，两者都基于读牌、读人能力，而读牌能力和控制彩池大小能力都源于位置优势，所以在高手之间对抗时位置决定着胜负。

所以玩家在后面位置会非常松，在前面位置会非常紧，而且越是后面位置盈利率越高。

位置	枪口位置	中间位置	关煞位置	按钮位置	小盲位置	大盲位置
起手牌	12%	20%	35%	60%	50%	20%
盈利	+10%	+15%	+40%	+90%	-30%	-60%

如上表所示，顶级玩家在每个位置的松紧度是不一样的，前面位置明显玩得很紧，比如枪口位置只玩12%的起手牌，而在按钮位置玩得很松，达到60%。实际上总盈利的大部分来自于按钮位置，因为在德州扑克的世界里，位置就是一切！

3.2 选择起手牌范围的数学计算

即扫即看

盲注区对抗——最激烈也是最有技术含量的对抗。

德州扑克中枪口位置和中间位置只是“打酱油”位置，由于翻牌前第一个行动，后面没有行动的玩家太多，而且翻牌后多半是没有位置的，所以起手牌只能紧，导致这两个位置玩家都是按章行事，没有太多动作可以做，“打酱油”难以避免。然而，盲注区（关煞位置、按钮位置、小盲位置、大盲位置）起手牌松，技术含量高，是德州扑克的核心技术位置。

1. “小盲位置 vs 大盲位置”的翻牌前数学概率

假设小盲位置用垃圾牌加注3bb偷盲，大盲玩家有三种可能的动作：弃牌（fold）、跟注（call）和再加注（3bet）。

（1）大盲玩家弃牌，概率为fold%。

那么小盲玩家将得到彩池里面的大小盲注1.5bb，投资得失为+1.5*fold%。

（2）大盲玩家跟注，概率为call%。

小盲玩家将会在跟注之后的彩池里面按照可实现的胜率分享“股份”，比如小盲玩家72o和大盲玩家KQo对抗的胜率E为32%，因为手牌太弱而且没有位置，胜率实现率R低于100%，那么可实现胜率R*32%。也就是大盲玩家用KQo跟注之后彩池大小为6bb（3bb+3bb），这6bb里面小盲玩家有0.32R的“股份”，大盲玩家有（1-0.32R）的“股份”。投资得失为（6*R*E-2.5）*call%。

（3）大盲玩家再加注，概率为3bet%。

为了计算方便，假设小盲玩家的垃圾牌面对再加注会100%弃牌，而不再4bet诈唬。小盲位置玩家用垃圾牌偷盲，一旦遭遇大盲位置3bet再加注，就放弃。也就是说小盲位置玩家会损失用来偷盲的2.5bb（偷盲加注量是3bb，但是翻牌前已经投了0.5bb的小盲，所以加注3bb其实只是冒了2.5bb的险）。投资得失为-2.5*3bet%。

总结上面大盲玩家的三种可能动作，其中fold%+call%+3bet%=100%。

也就是说大盲玩家起手牌里面有3bet%的牌用来再加注、call%的牌用来跟注、fold%的牌选择弃牌，三种牌加起来构成大盲玩家翻牌前可能发到的所有牌，发到这三种牌的概率加起来是100%。也就是发到牌的概率和对抗的概率是对应的，比如发到AA就会再加注、发到72o就会弃牌，把所有可能发到的牌加起来就是100%，把弃牌、跟注和再加注的概率加起来肯定也是100%。

下面三个图为某玩家的大盲vs小盲加注的范围构成的三个部分（3bet再加注范围部分，跟注范围部分，弃牌范围部分）：

3bet范围（里面有诈唬也有强牌），其中88+的对子和AQo+，AJs为6.2%的再加注强牌范围；A2---A5s和所有同花连牌为6.3%的再加注诈唬范围。

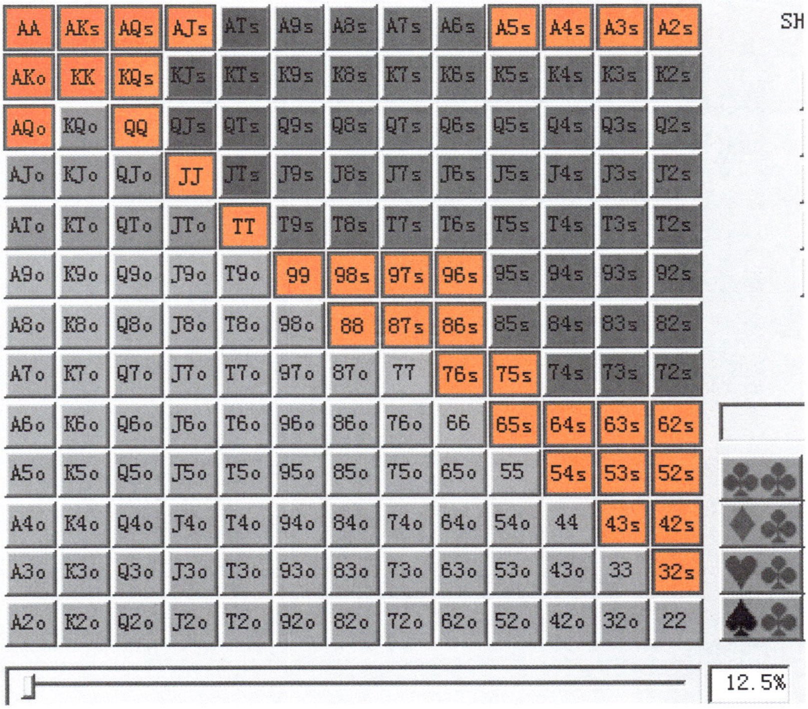

跟注范围部分46.8%

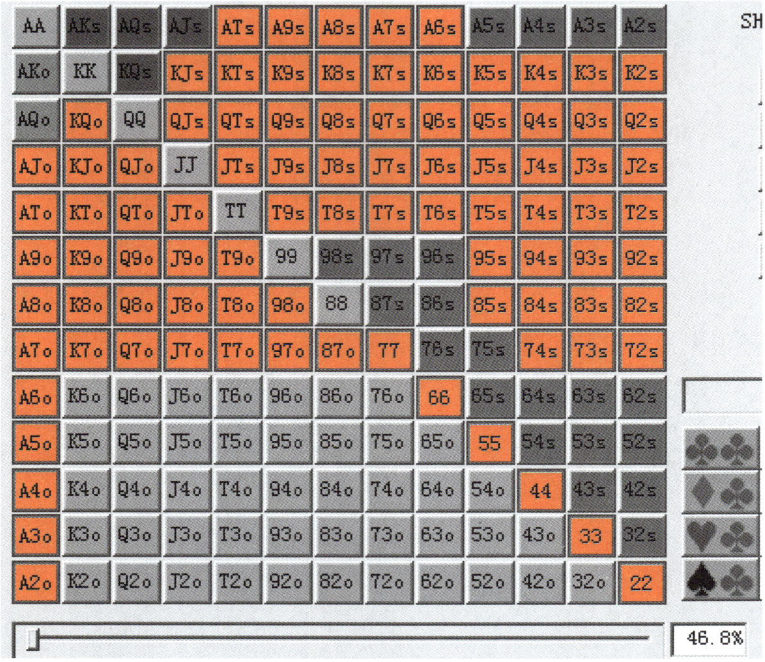

弃牌范围部分46.2%

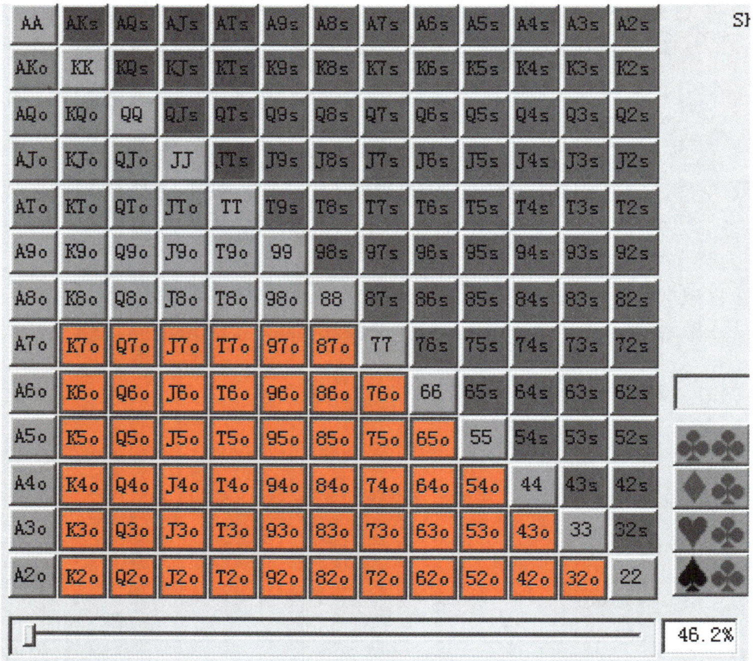

综合上面弃牌、跟注和再加注三种情况，可以计算期望值：

期望值EV（偷盲）=1.5*fold%+（6*R*E−2.5）*call%+（−2.5）*3bet%

在计算中我们可以发现一个临界点，低于这个临界点，大盲玩家三个范围的抵抗策略就存在巨大漏洞，换句话说就是送钱给我们。下面是临界点的计算过程：

小盲玩家冒着损失2.5bb风险去偷彩池里的1.5bb大盲。

小盲玩家偷盲最低成功率=2.5/(1.5+2.5)=62.5%

也就是说大盲玩家62.5%弃牌时我们赢，赢1.5bb，1.5*62.5%=0.9375bb。

大盲玩家37.5%（1−62.5%）抵抗时我们输，输2.5bb，2.5*37.5%=0.9375bb。

两者的值恰好相等，大盲玩家至少抵抗37.5%，如果大盲玩家的抵抗概率低于37.5%，那么不用讲翻牌后玩牌，从翻牌前数学上来讲，我们就已经盈利了，这个叫翻牌前无风险盈利。

比如大盲玩家抵抗概率（跟注抵抗+再加注抵抗之和）为25%，放弃概率为75%，那么大盲玩家抵抗导致我们输（−2.5bb）*25%=−0.625bb，而大盲玩家弃牌导致小盲（+1.5bb）*75%=+1.125bb，可以看到+1.125bb−0.625bb=+0.5bb，也就是说因为大盲玩家抵抗概率为25%（低于临界值37.5%），导致每手牌翻牌前我们都盈利0.5bb。

所以大家在大盲位置面对小盲位置加注3bb的时候，无论如何至少用37.5%以上的牌去抵抗，否则就是让对手翻牌前持续无风险获利了。

当然，我们这里假设对手抵抗我们就输了2.5bb，其实现实中不是这样的，因为对手不是简单的3bet或者弃牌的抵抗策略，面对3bet我们弃牌。对手一般会有跟注和再加注两种抵抗方式。一旦对手跟注，我们就有实现胜率的可能，也就是不会100%输2.5bb，对手跟注抵抗的时候，我们即使是最垃圾的牌，也有可能在flop直接中三条或两对顺子而实现胜率，每次可能输2.0bb或1.9bb，而不会输2.5bb，毕竟我们实现了0.5bb或0.6bb的胜率（从公式（6*R*E−2.5）*call%可以看出，大盲玩家跟注抵抗的时候，我们会实现部分胜率）。

所以只要对手抵抗策略是跟注和再加注混合的策略，那么因为跟注导致小盲玩家实现部分胜率而不会完全输2.5bb，大盲玩家就必须抵抗大于37.5%概率才行，一般来说抵抗概率为45%～70%（大盲位置玩家抵抗的具体的数字根据小盲位置玩家偷盲的频率而调整）。

2. 几种不同风格的大盲位置玩家的策略数据分析

（1）20个大盲注策略的小筹码玩家

小筹码玩家面对小盲位置偷盲，会采取再加注或者弃牌的抵抗策略（没有跟注范围），3bet概率一定要大于37.5%，因为小盲玩家面对3bet不是每次都输2.5bb，小盲玩家偶尔也会有AA、KK这样的大牌而赢得全压，或者小盲玩家可能4bet再加注诈唬导致大盲玩家弃掉3bet范围底牌。

比如40%左右再加注，60%左右弃牌的抵抗策略。

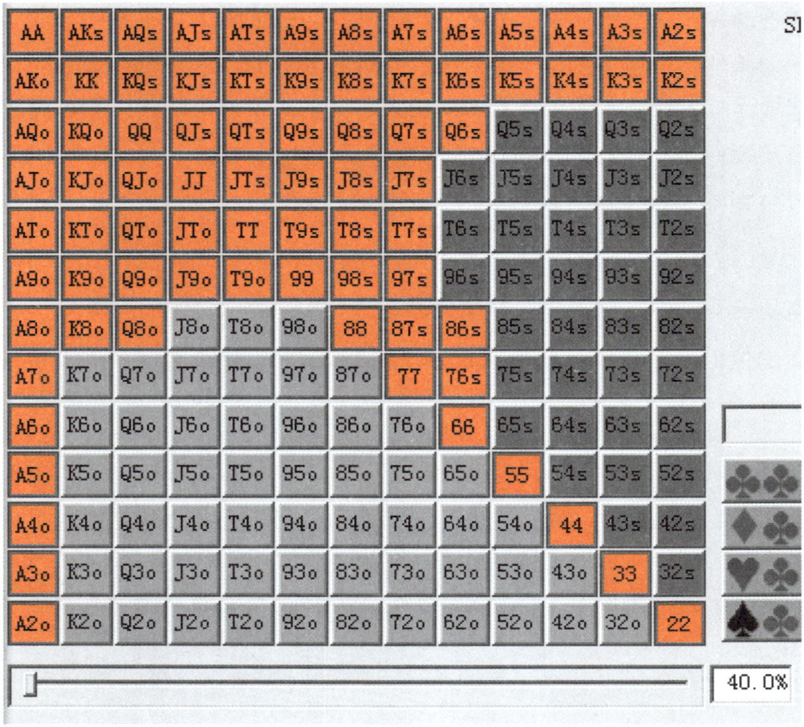

这种抵抗策略一般见于小筹码策略中，因为小筹码玩家筹码量比较少，能玩跟注玩翻牌后的空间不大，所以多玩翻牌前，大盲位置的小筹码职业玩家（20bb筹码量左右）面对小盲位置玩家加注，策略非常简单，就是再加注全压或者弃牌。

（2）大盲位置的一般水平的紧凶风格玩家面对小盲偷盲的抵抗策略

38%左右概率跟注，50%左右概率弃牌，12%左右概率再加注（由两级分化、强中混合两种不同的3bet范围构成）。

先看两级分化玩家。

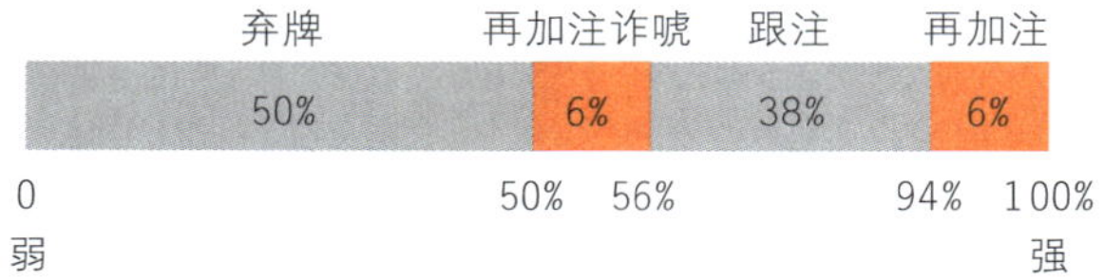

两极分化再加注

从左到右牌力依次从弱到强，最左边为最弱牌72o，最右边为最强牌AA，两级分化再加注玩家策略就是弃掉最多的50%的牌，弃牌范围为50%

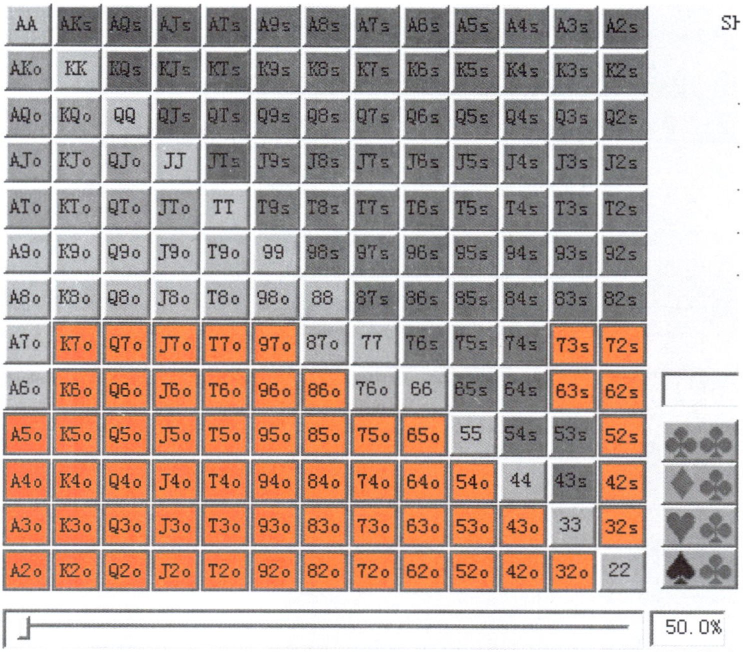

用50%~56%的中等偏弱牌进行诈唬性再加注（希望对手弃牌，但是万一对手跟注，中等偏弱牌毕竟不是垃圾牌，有一定胜率实现率）用94%~100%的强牌进行价值性再加注（希望对手跟注或者再加注回应），再加注范围为12%

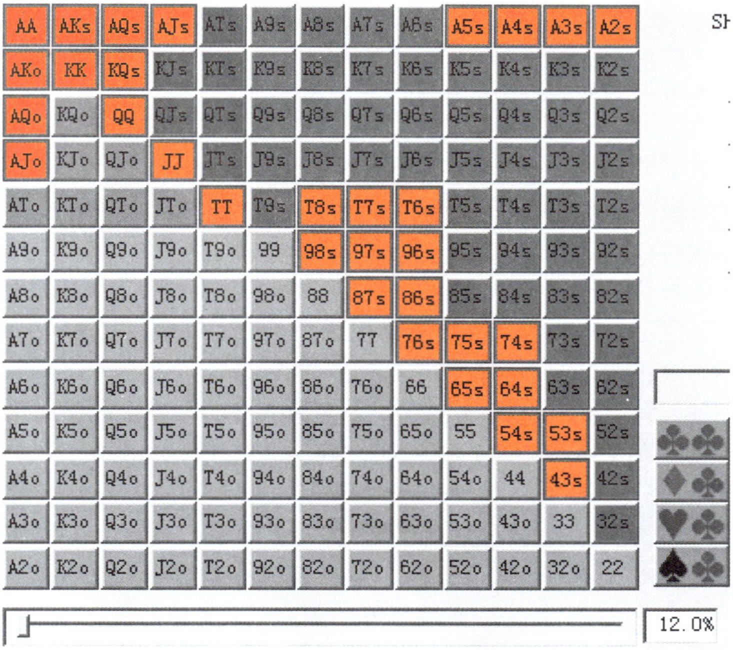

用56%~94%的中等牌和中等偏强牌跟注玩翻牌后，，跟注范围为38%。

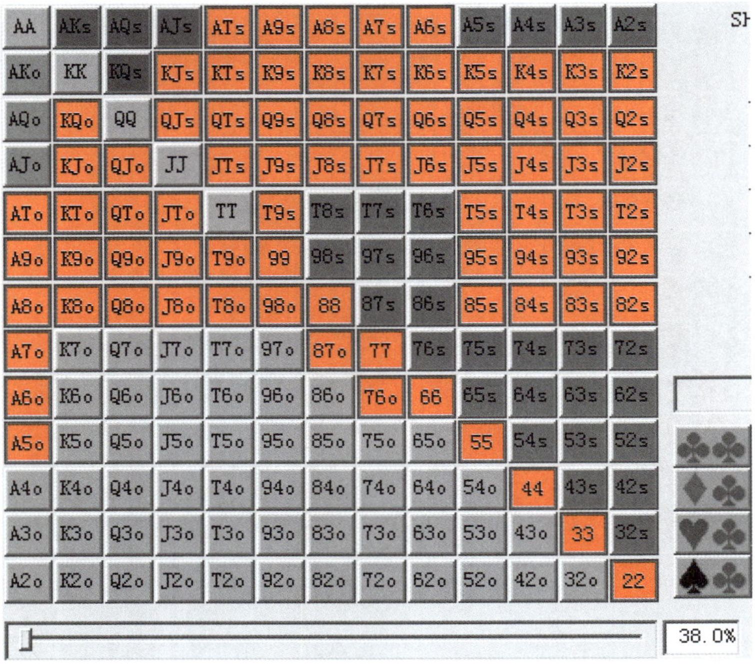

当然每个玩家再加注诈唬的范围构成都不一样，比如上面例子列举的再加注诈唬范围是A2s~A5s，还有一些不错的中小同花连牌，大概6%的牌。

一般强牌和诈唬牌的构成是一半一半，比如再加注强牌6%，再加注诈唬牌6%。强牌的范围大家认知都一样，再加注诈唬范围每个玩家都不一样，有的玩家喜欢再加注一些非同花连牌诈唬，有的玩家喜欢再加注最弱的同花牌诈唬比如32s，42s，52s，53s，54s，62s，63s，64s等等，有的玩家喜欢再加注还不错的同花连牌诈唬比如98s，76s，86s，97s等等，还有些玩家喜欢再加注一些带一张高牌的垃圾同花诈唬，比如K2s，Q2s，J7s等等。

读者可以按照自己的喜好设定自己的诈唬再加注范围，只要跟再加注强牌范围数字上一样就没问题。

我个人倾向于再加注诈唬范围是A2s~A5s，还有中等的同花牌，大概6%的牌。因为我觉得这样的范围比较好操作，小的AXs对抗对手TT之类的牌跟注我们的3bet，我们的AX同花也有32%左右的胜率，另外小的AXs能在翻牌圈有同花听牌或者顺子听牌的可能性，翻牌后的可操作性比较好，另外小的同花牌在翻牌圈发出三个低于9的中低端牌面非常有优势，而且隐蔽性强，比如在235的牌面，对手很难相信我们有64s而经常输给我们一个比较大的彩池。

一般来说，两级分化的再加注范围对付那种跟注概率不是特别高、面对3bet更多的是4bet或者弃牌的玩家，不必用ATo、KQo之类中等偏强牌3bet，这样完全浪费了这些牌的翻牌后价值，这些牌如果跟注小盲玩家玩翻牌后常常因主宰小盲玩家的踢脚而更加受益。如果小盲玩家面对3bet的策略是频繁跟注3bet而4bet比较少，那么“强牌+中强牌”的再加注范围则更加有效。我们用ATo、KQo之类中等偏强牌再加注，对手经常会用A6s、QTo跟注我们的3bet玩翻牌后，而我们经常能主宰他们的踢脚在翻牌后赢得中等大小的彩池。

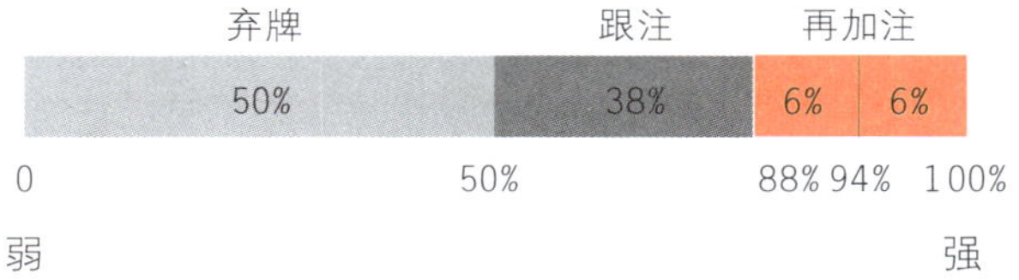

强牌+中强牌再加注

从左到右牌力依次从弱到强，最左边为最弱牌72o，最右边为最强牌AA，“强牌+中等偏强牌”再加注玩家策略就是弃掉最弱的50%的牌，用50%~88%的中等牌跟注玩翻牌后，用88%~100%的强牌和中等偏强牌进行价值再加注（其中中等偏强牌希望对手用跟注回应，强牌希望对手用跟注或再加注回应）。

下图为某玩家“大盲vs小盲”加注的3bet范围构成，3bet强牌范围为6%左右，3bet中强牌范围为6%左右。

3bet强牌范围大概6%，如下图所示

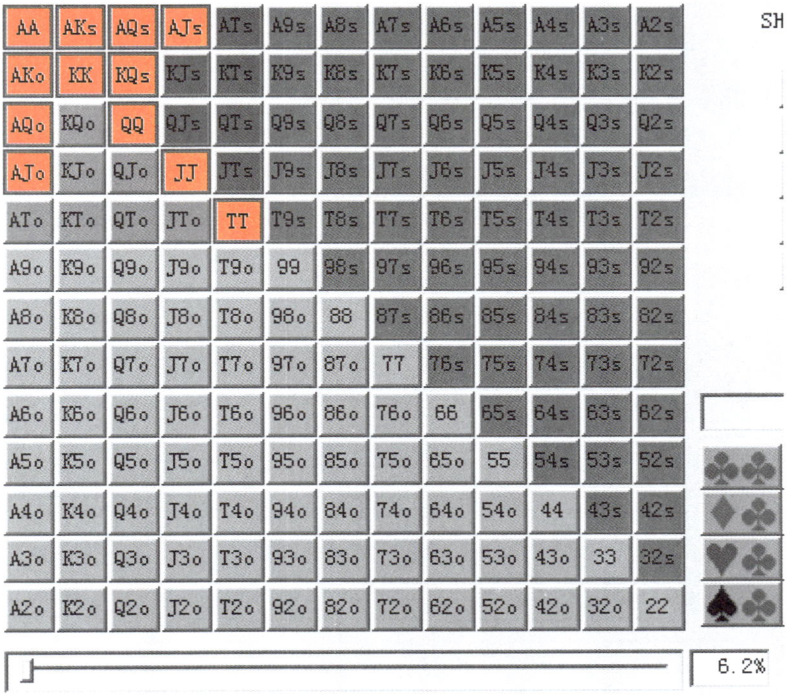

3bet中强牌范围大概6%，如下图所示

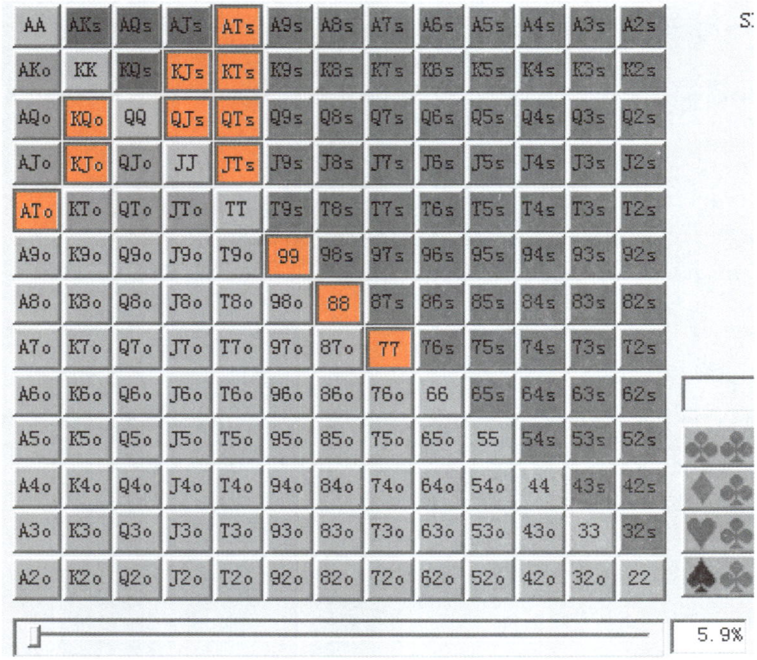

下图为某玩家“大盲vs小盲”加注的跟注范围大概为38%

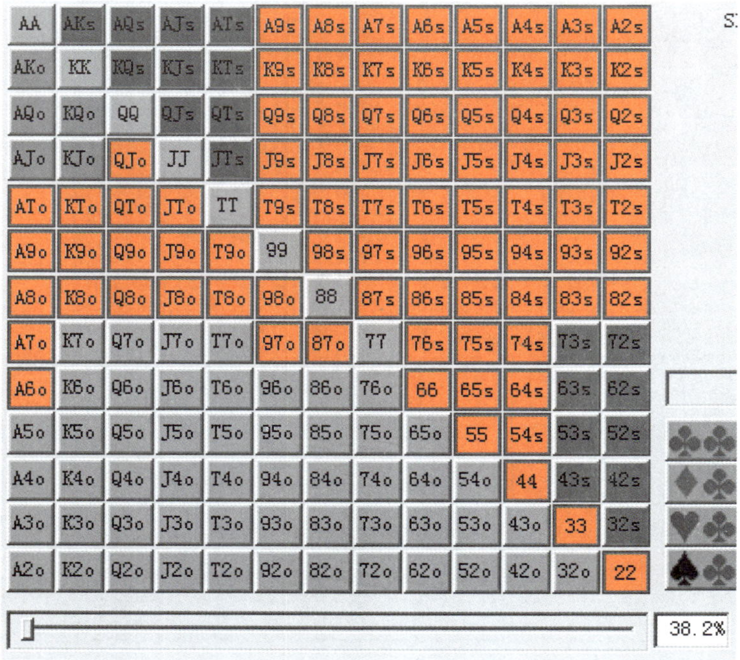

下图为某玩家“大盲vs小盲”加注的弃牌范围大概为50%

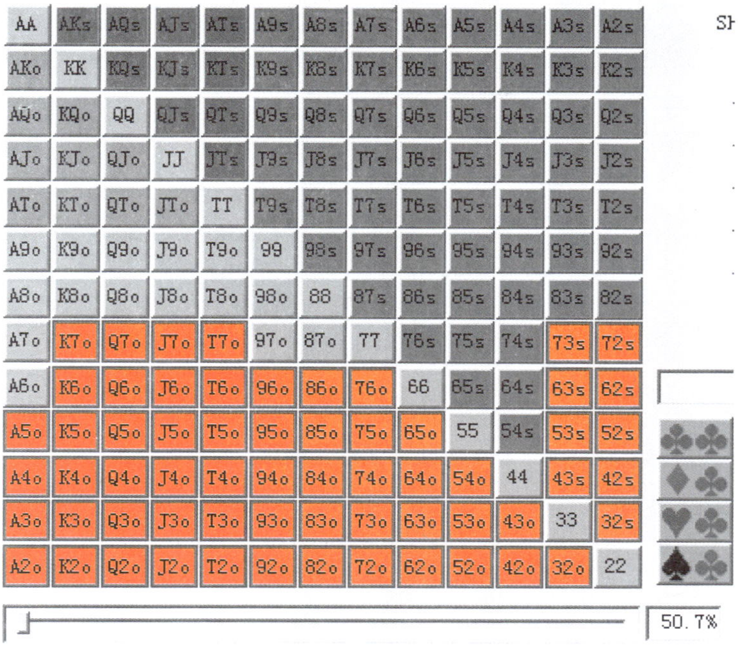

不同玩家的中强牌构成差不多，毕竟大部分玩家对中强牌认识一致，偶尔有玩家会把A9s、KTo加到中强牌再加注行列。

上面所讲的全部都是中等级别紧凶玩家在大盲位置抵抗小盲偷盲的策略（50%弃牌、12%再加注、38%跟注），其实这个策略是有很大漏洞的，面对这样的中级别紧凶玩家我们甚至可以100%偷盲，也就说在小盲位置即使拿到最弱的72o也可以加注偷盲。“中等级别紧凶玩家vs小盲偷盲”时的三种动作：

❶ 50%概率弃牌，我们获得1.5bb，偷盲获利为+1.5*50%。

❷ 12%概率再加注，我们拿着72o面对再加注弃牌，损失2.5bb，偷盲损失为-2.5*12%。

❸ 38%概率跟注，下面计算即使我们拿着最差的起手牌72o的期望值。

下图是“72o vs 两极分化玩家”的跟注范围，胜率为30.4%。

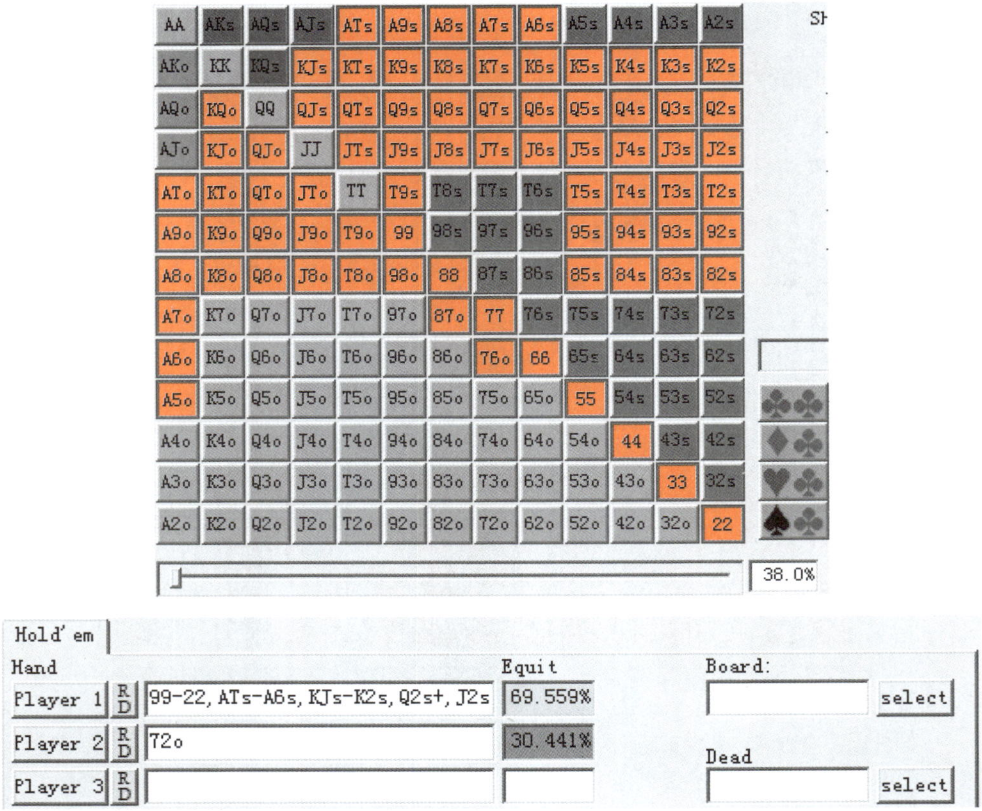

假设胜率实现率R值低到75%，毕竟72o很弱，翻牌后很难形成强牌，而且我们翻牌后处于位置劣势，每条街第一个行动。那么可实现胜率为R*E=75%*30.4%=22.8%。

带入公式（6*R*E-2.5）*call%=（6*22.8%-2.5）*38%=-0.4302，总期望值EV=+1.5*50%-2.5*12%-0.4302=+0.0198。

也就是说即使用翻牌前最差劲的起手牌72o加注偷盲，偷盲的期望值EV都是正0.0198，所以面对紧凶玩家（对抗小盲偷盲策略为50%弃牌、38%跟注、12%两极分化再加注）我们可以在小盲位置用任意两张牌加注3bb来偷盲（100%的偷盲频率都是可以获利的）。

TIPS

当然面对大盲位置翻牌后玩得极好的玩家，我们的胜率实现率会低于75%，甚至可能只有70%，导致EV值小于0，而必须放弃72o、32o、53o、47o等等最弱的牌。

下面我们再看看 vs 强+中等偏强3bet范围的中等级别紧凶玩家，我们加注72o是否有利可图?

“大盲vs小盲偷盲”时候的三种动作：

❶ 50%概率弃牌，我们获得1.5bb，偷盲获利为+1.5*50%。

❷ 12%概率再加注，我们拿着72o面对再加注弃牌，损失2.5bb，偷盲损失-2.5*15%。

❸ 38%概率跟注，下面计算即使我们拿着最差的起手牌72o加注3bb偷盲的期望值。

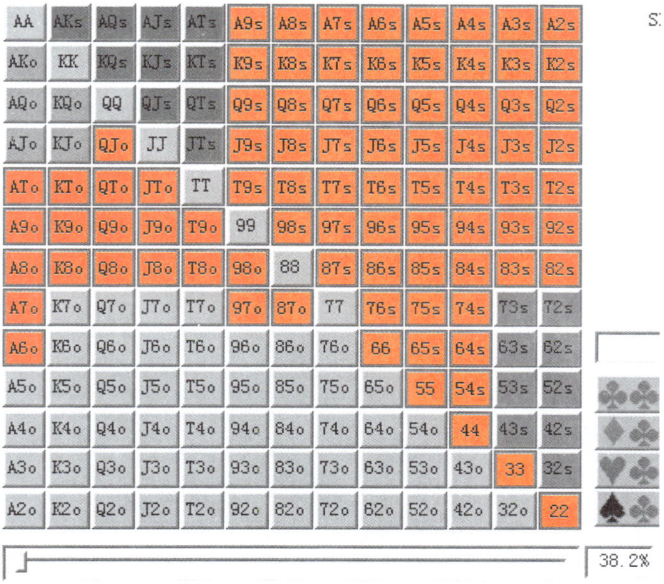

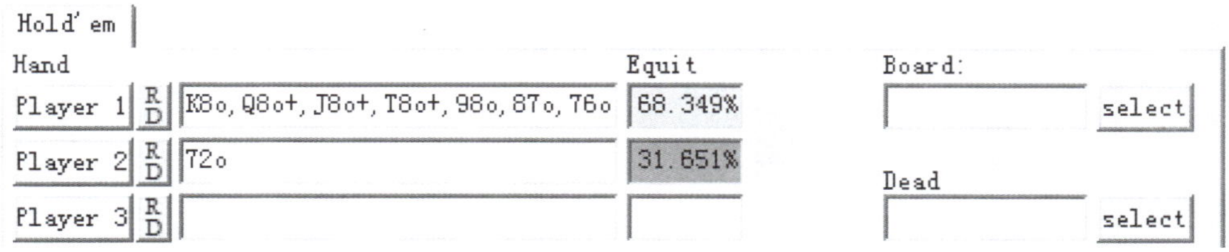

假设胜率实现率低到75%，毕竟72o很弱，翻牌后很难形成强牌，而且我们翻牌后处于位置劣势，每条街第一个行动。那么可实现胜率为R*E=75%*31.65%=23.74%。

带入公式（6*R*E-2.5）*call%=（6*23.74%-2.5）*38%=-0.4088，总期望值EV=+1.5*50%-2.5*12%-0.4088=+0.0412。

也就是说即使用最弱的牌72o加注偷盲，期望值都有+0.0412，所以面对紧凶玩家（对抗小盲偷盲策略为50%弃牌、38%跟注、12%强牌加中强牌3bet范围）我们可以在小盲位置用任何牌加注3bb来偷盲。

（3）跟注站类型的“鱼”

跟注站类型的“鱼”抵抗小盲玩家加注的策略一般为20%左右概率弃牌、75%

左右概率跟注、5%左右概率再加注。

下面为某跟注站类型的“鱼”，“大盲vs小盲加注”的范围构成：

3bet范围大概为5%左右（全部是超强牌，毕竟跟注站类型的“鱼”很少再加注诈唬）

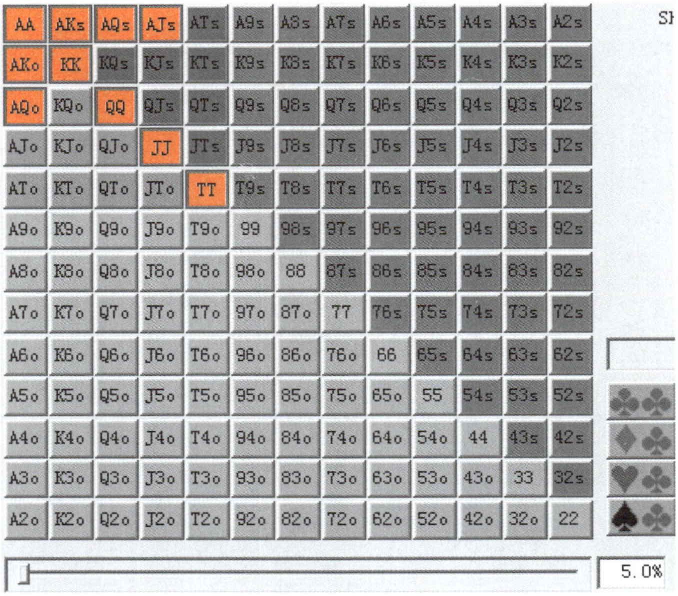

跟注范围大概为75%，

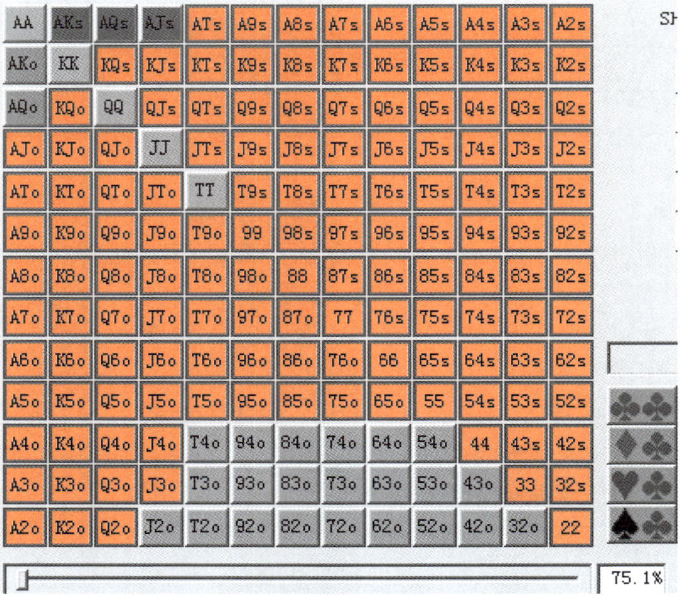

弃牌范围大概为20%

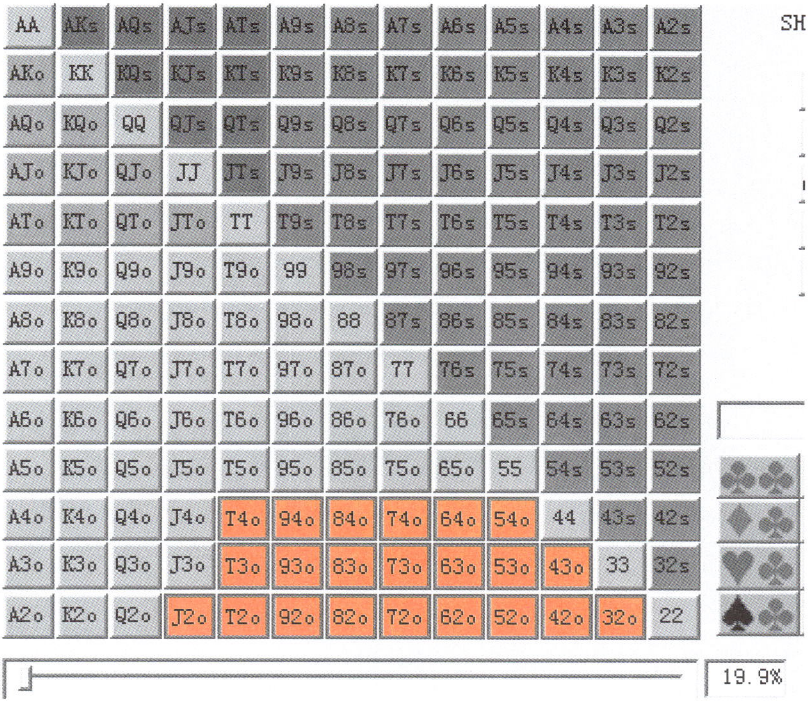

可以通过公式计算我们加注3bb偷盲的最小可实现胜率（E*R）。

EV（偷盲）=1.5*fold%+（6*R*E-2.5）*call%+（-2.5）*3bet%

=1.5*20%+（6*E*R-2.5）*75%+（-2.5）*5%

= 4.5E*R-1.7

偷盲有利可图则EV（偷盲）>0，也就是E*R>0.378。

由于跟注站的“鱼”翻牌后跟注范围很弱，而且不是很凶，所以我们假设我们偷盲之后在翻牌后的胜率实现率R比较高，比如R=80%，要满足E*R>0.378的条件，那么胜率E>47.25%，我们的加注量依然是3bb，需要vs跟注站的“鱼”75%跟注范围的胜率达到47.25%。

下图是跟注站的“鱼”跟注的75.1%范围。

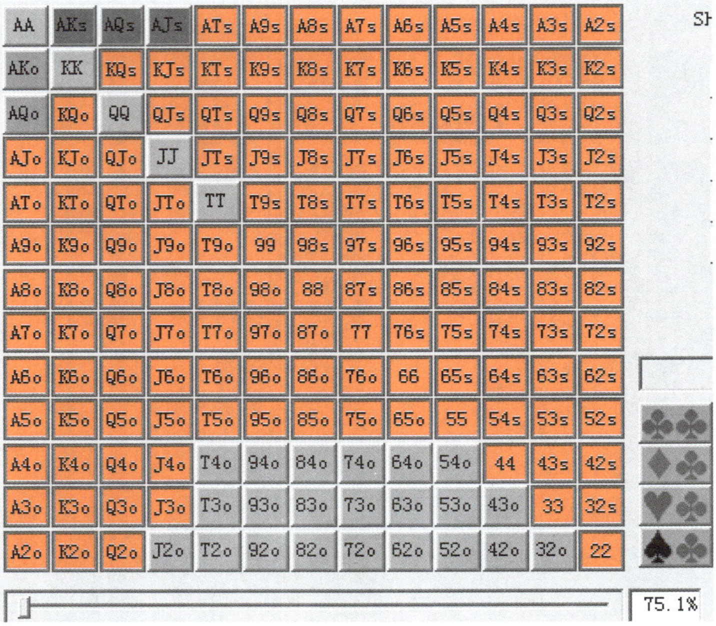

什么样的牌 vs 这个75.1%的范围能达到47.25%胜率呢？

通过计算每一手牌分别vs这个75.1%的范围，统计所有胜率能达到47.25%以上的牌。最终结果显示满足上面条件的牌有49.32%，如下图所示

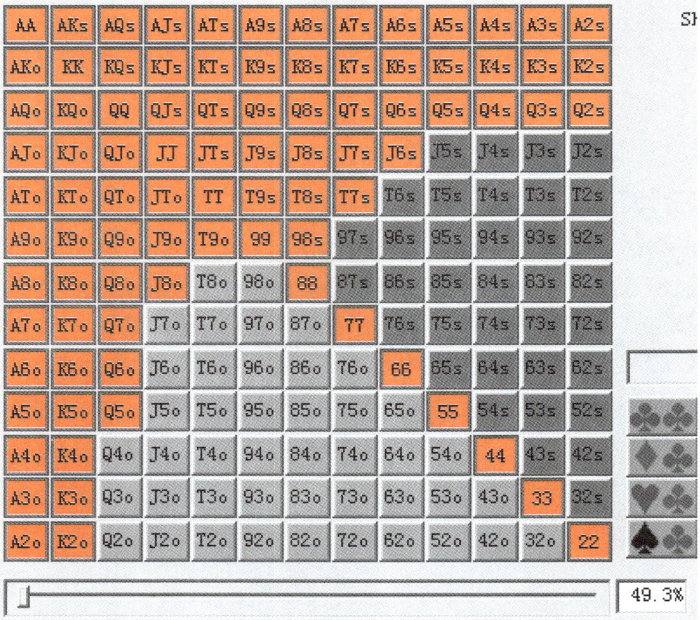

其他50.7%的牌vs这个75.1%范围胜率都低于47.25%，如下图所示

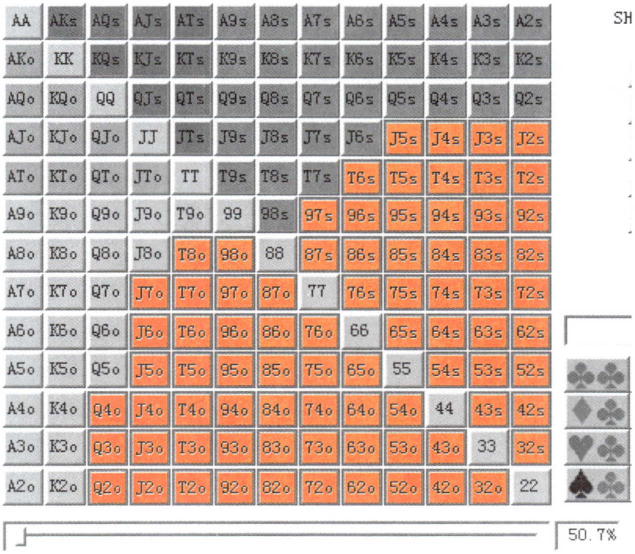

那么面对跟注站的“鱼”，我们在小盲位置加注49.32%的牌偷盲，丢掉50.7%的牌。

（4）再加注和跟注都很多的“疯鱼”

“疯鱼”类型的玩家抵抗小盲玩家加注的策略一般为20%左右概率弃牌、60%左右概率跟注、20%左右概率再加注。

下面为某“疯鱼”类型玩家，“大盲vs小盲加注”的范围构成：

3bet范围大概为20%左右（里面有超强牌，中强牌以及诈唬）

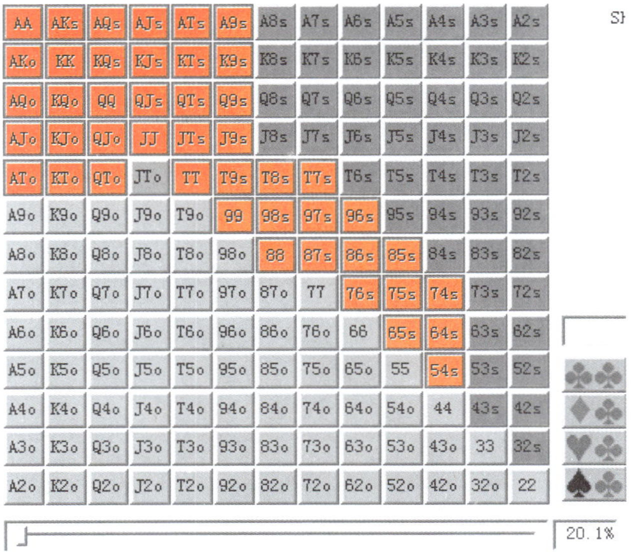

跟注范围大概为60%，

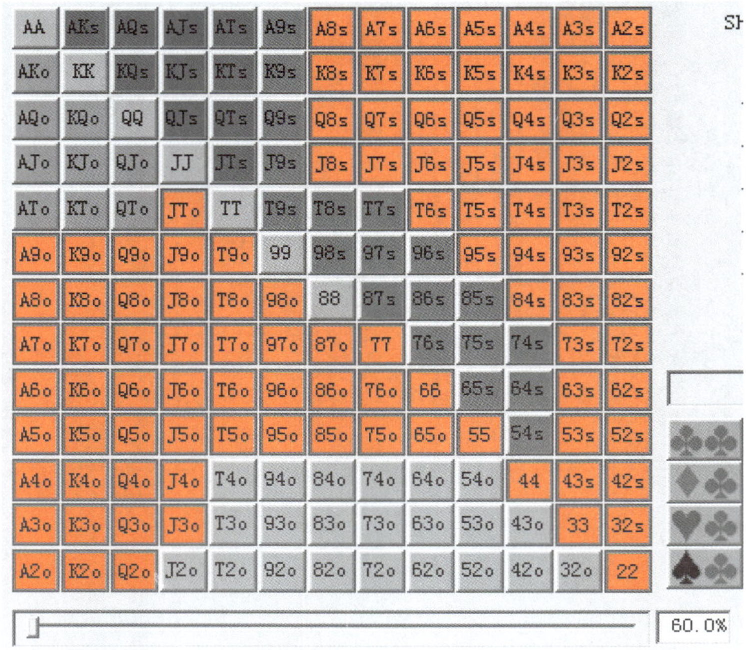

弃牌范围大概为20%

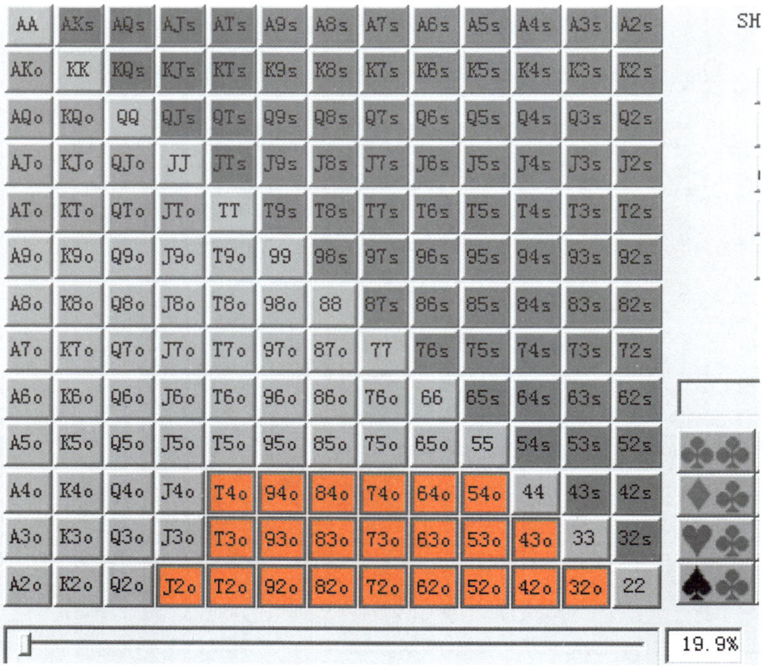

可以通过公式计算我们加注3bb偷盲的最小可实现胜率（E*R）。

EV（偷盲）=1.5*fold%+（6*R*E−2.5）*call%+（−2.5）*3bet%

=1.5*20%+（6*E*R−2.5）*60%+（−2.5）*20%

= 3.6E*R−1.7

偷盲有利可图则EV（偷盲）>0，也就是E*R>0.4722。

由于“疯鱼”翻牌后很凶，所以我们假设我们偷盲之后在翻牌后的胜率实现率R比较低，比如R=75%，要满足E*R>0.4722的条件，那么胜率E>63%，我们的加注量依然是3bb，需要vs“疯鱼”60%跟注范围的胜率达到63%。

下图是“疯鱼”跟注的60%范围。

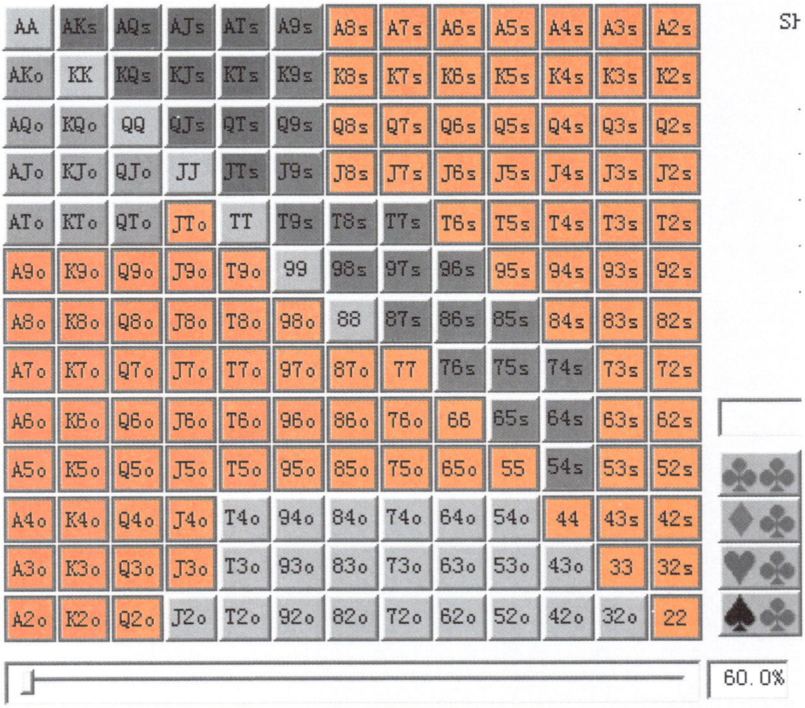

什么样的牌 vs 这个60%的范围能达到63%胜率呢?

通过计算每一手牌分别vs这个60%的范围，统计所有胜率能达到63%以上的牌。最终结果显示满足上面条件的牌有11.3%，如下图所示

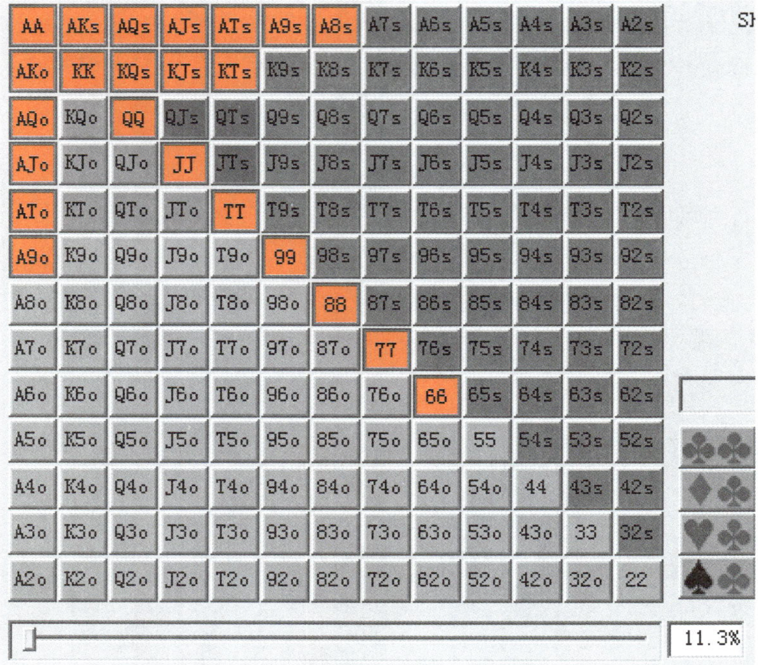

其他88.7%的牌vs这个60%范围胜率都低于63%，如下图所示

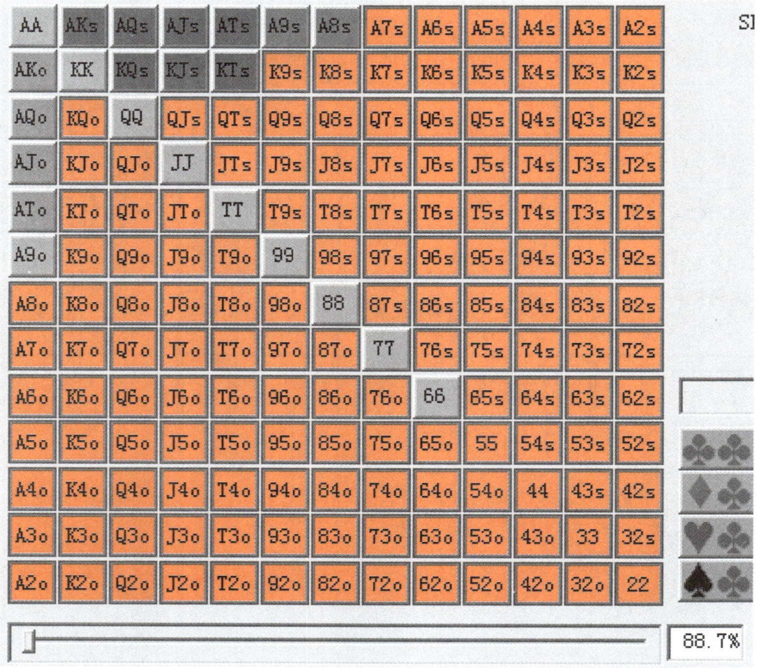

那么面对“疯鱼”，我们在小盲位置加注11.3%的牌偷盲，丢掉88.7%的牌。

vs“疯鱼”我们在小盲位置的加注3bb偷盲的牌很少，只有11.3%，导致我们不得不玩得很紧。如果想玩得松一点，其实可以采取加注量更小一点的偷盲策略，或者混合的平跟进池策略（见7.2章小盲位置激进的平跟玩法）。

这里我们详细讨论一下我们缩小加注量，改为加注2bb偷盲。“疯鱼”玩家的抵抗策略依然是20%弃牌，60%跟注，20%再加注。

可以通过公式计算我们加注2bb偷盲的最小可实现胜率（E*R）。

EV（偷盲）=1.5*fold%+（4*R*E−1.5）*call%+（−1.5）*3bet%

=1.5*20%+（4*E*R−1.5）*60%+（−1.5）*20%

= 2.4E*R−0.9

偷盲有利可图则EV（偷盲）>0，也就是E*R>0.375。

由于“疯鱼”翻牌后很凶，所以我们假设我们偷盲之后在翻牌后的胜率实现率R比较低，比如R=75%，要满足E*R>0.375的条件，那么胜率E>50%，我们的加注量是2bb，需要vs“疯鱼”60%跟注范围的胜率达到50%。

下图是“疯鱼”跟注的60%范围。

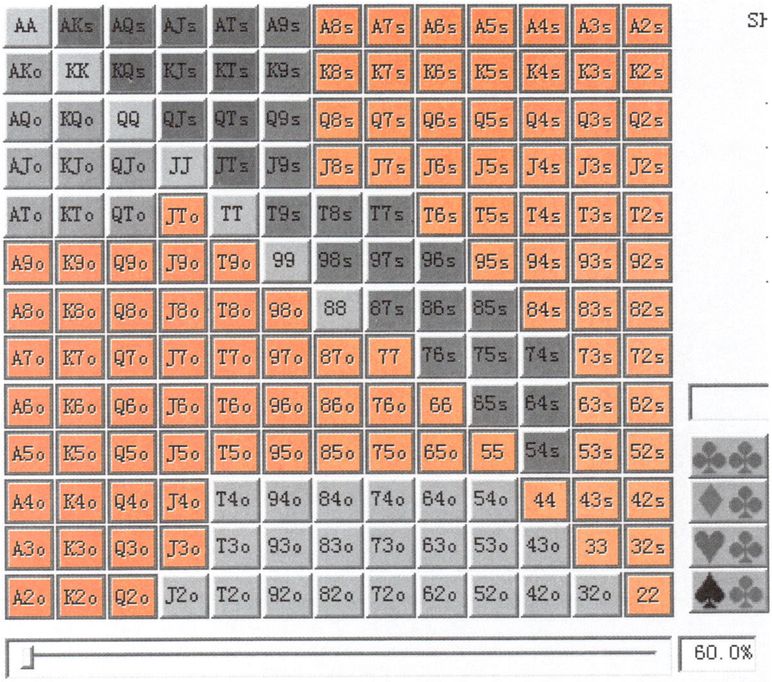

什么样的牌 vs 这个60%的范围能达到50%胜率呢？

通过计算每一手牌分别vs这个60%的范围，统计所有胜率能达到50%以上的牌。最终结果显示满足上面条件的牌有47.2%，如下图所示

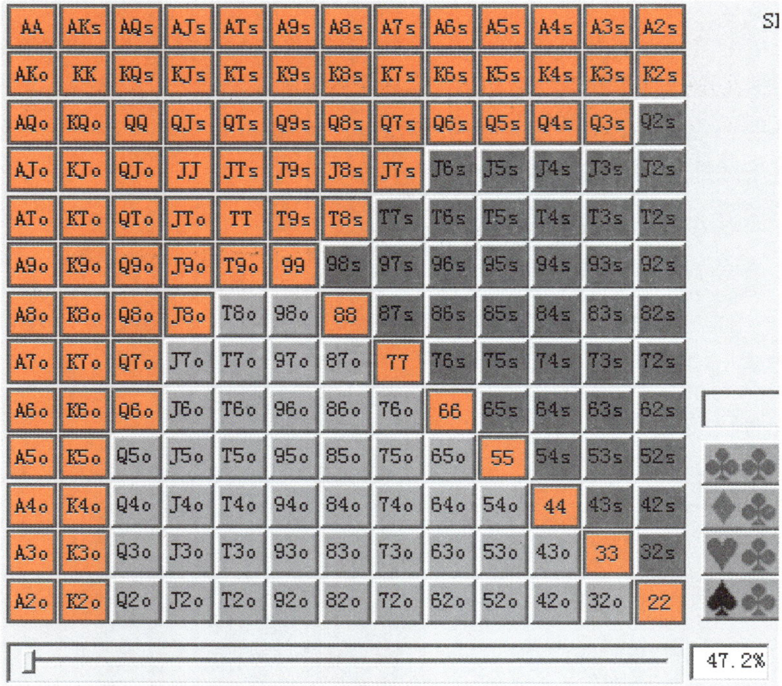

其他52.8%的牌vs这个60%范围胜率都低于50%，如下图所示

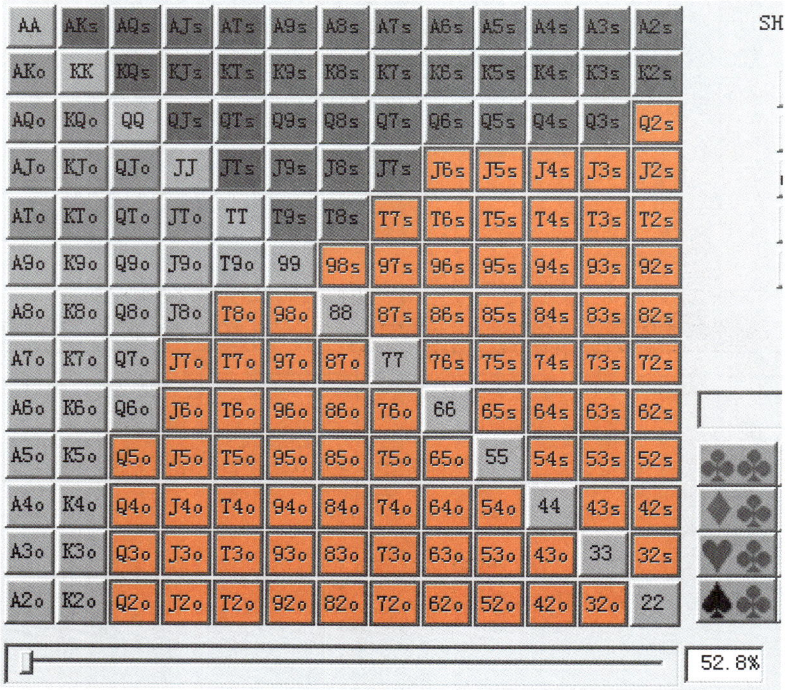

那么面对“疯鱼”，我们在小盲位置用47.2%的牌加注2bb偷盲，丢掉52.8%的牌。

从上面的计算结果得知，vs“疯鱼”如果我们可以缩小加注量，我们将会有更多的牌可以加注。当然这个过程会导致疯鱼的跟注范围，再加注范围和弃牌范围发生微小的变化，我们也要提前估计“疯鱼”变化之后的范围构成，然后计算出理想的有利可图的加注范围。

（5）顶级水平玩家

顶级水平玩家抵抗小盲玩家加注的策略一般为45%概率弃牌，40%概率跟注，15%概率再加注。下图为某顶级玩家的“大盲位置vs小盲位置”加注范围构成，3bet范围15%左右，跟注范围为40%左右，弃牌范围为45%左右。

3bet范围15%左右

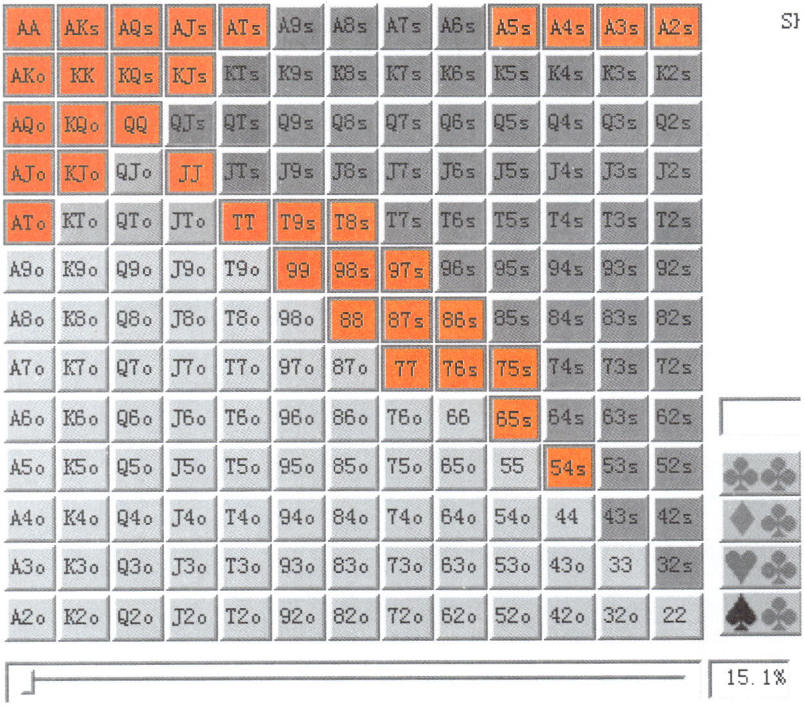

跟注范围为40%左右

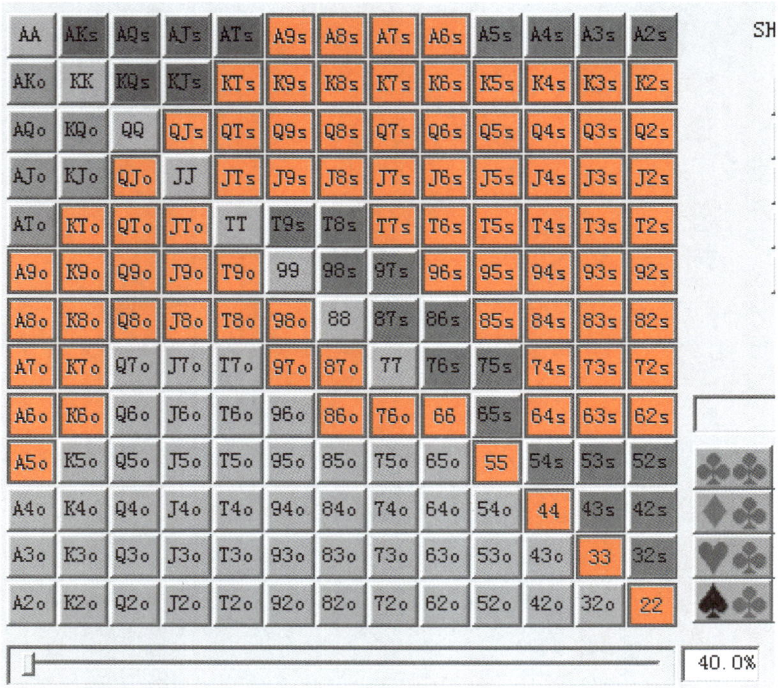
AA AKs AQs AJs ATs A9s A8s A7s A6s A5s A4s A3s A2s
AKo KK KQs KJs KTs K9s K8s K7s K6s K5s K4s K3s K2s
AQo KQo QQ QJs QTs Q9s Q8s Q7s Q6s Q5s Q4s Q3s Q2s
AJo KJo QJo JJ JTs J9s J8s J7s J6s J5s J4s J3s J2s
ATo KTo QTo JTo TT T9s T8s T7s T6s T5s T4s T3s T2s
A9o K9o Q9o J9o T9o 99 98s 97s 96s 95s 94s 93s 92s
A8o K8o Q8o J8o T8o 98o 88 87s 86s 85s 84s 83s 82s
A7o K7o Q7o J7o T7o 97o 87o 77 76s 75s 74s 73s 72s
A6o K6o Q6o J6o T6o 96o 86o 76o 66 65s 64s 63s 62s
A5o K5o Q5o J5o T5o 95o 85o 75o 65o 55 54s 53s 52s
A4o K4o Q4o J4o T4o 94o 84o 74o 64o 54o 44 43s 42s
A3o K3o Q3o J3o T3o 93o 83o 73o 63o 53o 43o 33 32s
A2o K2o Q2o J2o T2o 92o 82o 72o 62o 52o 42o 32o 22
SH
40.0%

弃牌范围为45%左右

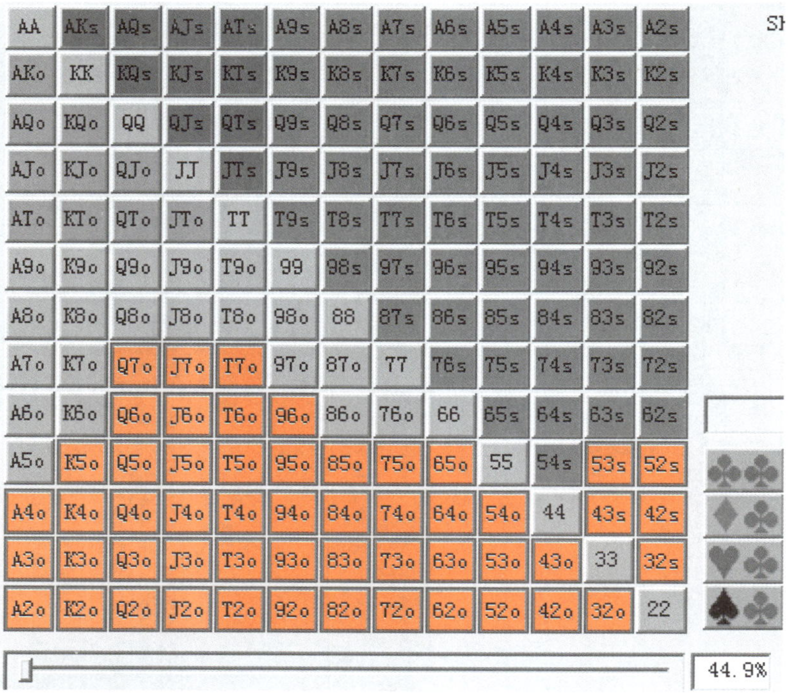
AA AKs AQs AJs ATs A9s A8s A7s A6s A5s A4s A3s A2s
AKo KK KQs KJs KTs K9s K8s K7s K6s K5s K4s K3s K2s
AQo KQo QQ QJs QTs Q9s Q8s Q7s Q6s Q5s Q4s Q3s Q2s
AJo KJo QJo JJ JTs J9s J8s J7s J6s J5s J4s J3s J2s
ATo KTo QTo JTo TT T9s T8s T7s T6s T5s T4s T3s T2s
A9o K9o Q9o J9o T9o 99 98s 97s 96s 95s 94s 93s 92s
A8o K8o Q8o J8o T8o 98o 88 87s 86s 85s 84s 83s 82s
A7o K7o Q7o J7o T7o 97o 87o 77 76s 75s 74s 73s 72s
A6o K6o Q6o J6o T6o 96o 86o 76o 66 65s 64s 63s 62s
A5o K5o Q5o J5o T5o 95o 85o 75o 65o 55 54s 53s 52s
A4o K4o Q4o J4o T4o 94o 84o 74o 64o 54o 44 43s 42s
A3o K3o Q3o J3o T3o 93o 83o 73o 63o 53o 43o 33 32s
A2o K2o Q2o J2o T2o 92o 82o 72o 62o 52o 42o 32o 22
SH
44.9%

可以通过公式计算我们加注3bb偷盲的最小可实现胜率（E*R）。

EV（偷盲）=1.5*fold%+（6*R*E-2.5）*call%+（-2.5）*3bet%

=1.5*45%+（6*E*R-2.5）*40%+（-2.5）*15%

= 2.4E*R-0.7

EV（偷盲）>0则偷盲有利可图，即E*R>0.292。

顶级玩家一般技术比较高，又有位置优势，所以这里设置R=0.65，则E>44.92%（0.292/0.65）。那么，vs顶级玩家40%的跟注范围胜率达到44.92%以上的牌有哪些呢？

通过计算每一手牌分别vs这个40%的范围，统计所有胜率能达到44.92%以上的牌。最终结果显示满足上面条件的牌有52.6%，如下图所示

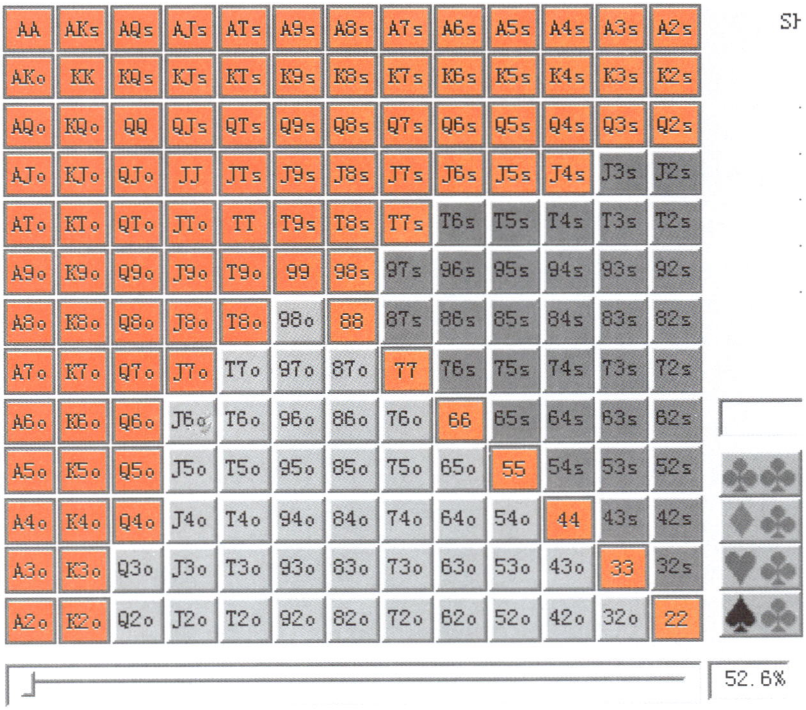

其他47.4%的牌vs这个40%范围胜率都低于44.92%，如下图所示

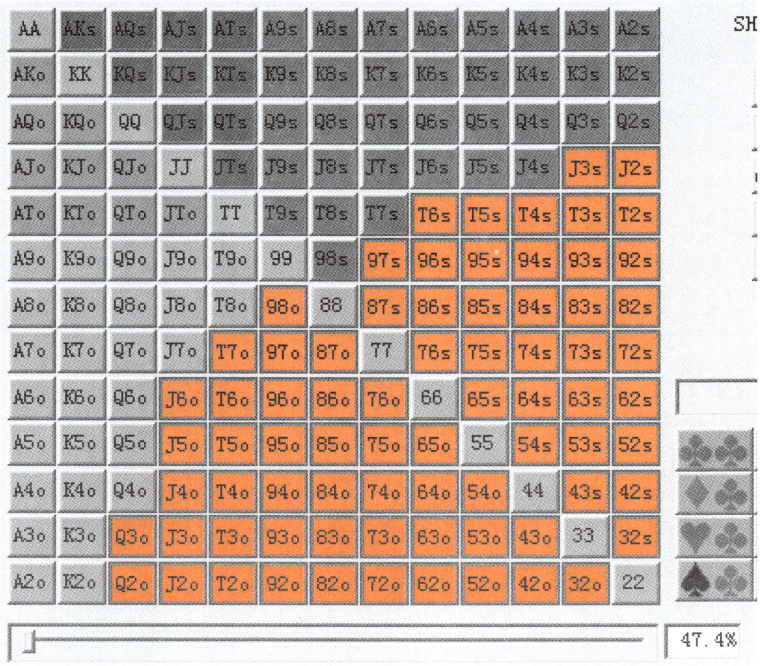

那么面对顶级，我们在小盲位置用52.6%的牌加注3bb偷盲，丢掉47.48%的牌。也就是说即使面对大盲位置非常厉害的玩家，我们也可以用上图所示52.6%的牌加注3bb偷盲。而据我所知，中等级别职业玩家在小盲位置偷盲概率达到52.6%的玩家非常少，大部分中等级别玩家小盲位置偷盲概率为25%~35%，显然中等级别职业玩家在小盲位置普遍存在偷盲不足的漏洞。

TIPS

我自己有一个简单的“大盲位置vs小盲位置”的范围设定，设置小盲玩家加注偷盲百分比为x，那么我们抵抗的比例为1.2x，在这个抵抗范围内，3bet的比例为x/3，跟注抵抗的比例1.2x–x/3，剩下的都是弃牌的。

比如，小盲玩家超级紧，只加注10%的牌偷盲，那么我们会用1.2*10%=12%的牌去抵抗，其中有10%/3=3.3%的牌用来3bet抵抗，这些牌是非常强的牌，如JJ+、AK。另外用10%*1.2−3.3%=8.7%的牌去跟注抵抗，88%弃牌。

比如，小盲玩家超级松凶，用80%的牌加注偷盲，那么我们会用1.2*80%=96%的牌去抵抗，其中有80%/3=26.7%的牌用来3bet抵抗，另外用80%*1.2−26.7%=69.3%的牌去跟注抵抗，仅仅4%弃牌。

比如，小盲玩家紧凶，用30%的牌加注偷盲，那么我们会用1.2*30%=36%的牌去抵抗，其中有30%/3=10%的牌用来3bet抵抗，另外用30%*1.2−10%=26%的牌去跟注抵抗，64%弃牌。

这个经验公式非常有用，能让我快速知道该用什么牌去抵抗小盲位置的玩家，而且抵抗的范围根据小盲玩家的不同而不同。1.2倍的抵抗来源于位置优势，如果技术优势很大，比如小盲玩家很差，甚至可以用1.5倍的牌来抵抗。另外，其中x/3的3bet抵抗中，如果小盲玩家爱跟注3bet，我们就用“强牌+中强牌”混合的3bet范围构成，如果小盲玩家面对3bet要么弃牌要么4bet，我们就用两级分化的“强牌+诈唬牌”混合的3bet范围构成，一般来说我们的强牌和诈唬各占一半。

3. “按钮位置 vs 小盲大盲”的数学概率

下面介绍所有人弃牌到按钮位置，按钮位置加注偷盲的情况。

（1）假设加注3bb偷盲

冒着3bb的风险去博1.5bb的盲注死钱，需要的成功率至少是3/4.5=66.67%，

换句话说，“小盲抵抗频率+大盲抵抗频率”只要低于33.33%（1−66.67%），

我们在按钮位置100%频率偷盲都是有利可图的。

举个例子，小盲位置玩家抵抗频率15%，大盲位置玩家抵抗频率25%，实际上大小盲综合抵抗频率<40%（15%+25%），原因是有大概7.1%的情况下小盲和大盲都会抵抗（因为牌太好都会玩），也就是会形成多人彩池。

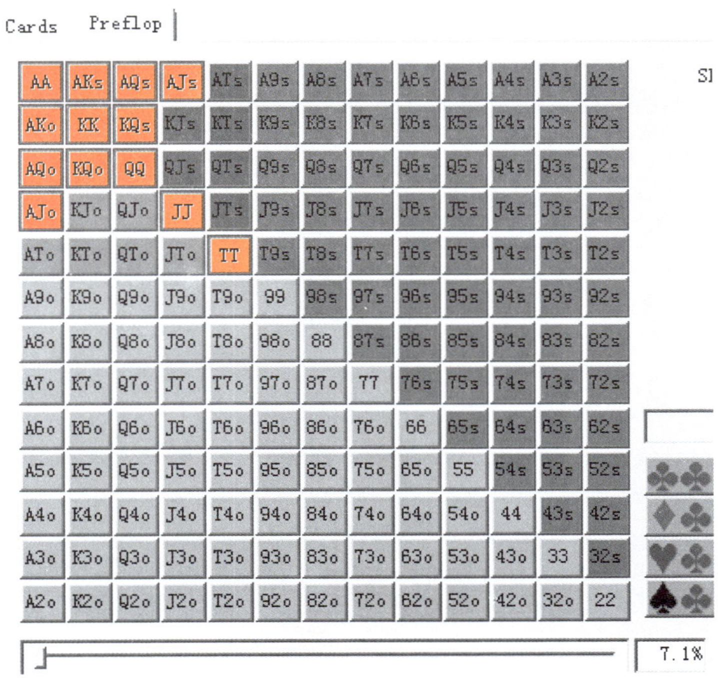

这部分小盲位置玩家和大盲位置玩家都抵抗形成多人彩池的情况就会导致频率重合，对于按钮位置玩家来说，大小盲玩家综合抵抗的频率会小于15%+25%。

简单说来，大小盲抵抗的综合频率如下：

小盲抵抗*大盲不抵抗+小盲不抵抗*大盲抵抗+小盲抵抗*大盲抵抗

因为存在7.1%大小盲同时抵抗，导致综合抵抗频率<40%，小盲位置玩家和大盲位置玩家综合频率大概为32.9%（40%-7.1%）。也就是说，这个时候我们在按钮位置可以100%频率加注3bb偷盲。

假设32.9%的综合抵抗里面有1/3是再加注、2/3是跟注，按钮位置3bb加注偷盲EV=综合弃牌%*1.5+跟注抵抗%*（6.8*ER-3）-再加注抵抗%*3。

如果大盲跟注抵抗，那么跟注之后彩池大小是6.5bb。

如果小盲跟注抵抗，那么跟注之后彩池大小是7bb。

TIPS

因为小盲玩家抵抗的频率更低（15%），大盲抵抗频率更高（25%），所以跟注抵抗最终彩池的大小是6.5 bb~ 7bb，因为大盲抵抗更高，可以估计综合下来跟注之后平均彩池为6.8bb。

如何模拟我们在按钮位置100%偷盲？

很简单，只要计算最差的起手牌72o偷盲都是正期望值，那么100%偷盲频率都是有利可图的。

计算可知，72o vs 对手跟注范围（对手抵抗范围的32.9%减去3bet范围，即32.9%-7.1%就是对手的3bet强牌范围）的胜率是29.88%左右，也就是说跟注抵抗的话，彩池中依然还有29.88%的筹码我们会收回，毕竟我们有29.88%的股份，也就是胜率E=29.88%。当然，也要考虑胜率实现率R，真实的股份是29.88%乘以R值。

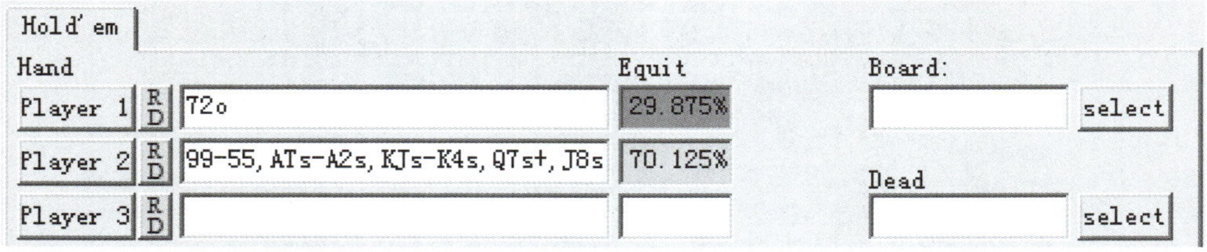

跟注抵抗%=2/3的综合抵抗范围=2/3*32.9%=22%

再加注抵抗%=1/3的综合抵抗范围=1/3*32.9%=11%（7.1%强牌+3.9%的诈唬）

带入公式EV=综合弃牌%*1.5+跟注抵抗%*（6.8*E*R-3）-再加注抵抗%*3

=（1-32.9%）*1.5+21.9%*（6.8*29.88%*R-3）-11%*3

=0.0195+0.44497R

可知只要R值>0，则EV>0，当R=0，EV=0.0195。

从上述翻牌前的期望值计算中可知，如果小盲位置玩家抵抗频率为15%，大盲位置玩家抵抗频率为25%的时候，那么按钮位置玩家加注任何牌偷盲都是正期望值，也就是说即使我们的手牌是72o也可以加注3BB偷盲，因为大小盲玩家弃牌过多让我们用任何牌偷盲获得太多的盲注死钱了，另外大小盲玩家抵抗时，我们最差的牌“72o vs 大小盲的抵抗范围”的29.88%低胜率输掉的钱比我们偷盲获得要少得多，所以可以100%加注偷盲。

TIPS

如果大小盲玩家都是跟注鱼，那么按钮位置就不能100%最小加注偷盲，他们的综合抵抗频率肯定要高于33%，那么调整策略就是在按钮位置加注更少的牌，但是加注量更大，比如加注30%的牌，但是加注量是3.5bb ~5bb，这样在翻牌前范围优势的情况下，尽量做大彩池。

如果碰到高手，在小盲位置抵抗频率为25%，大盲位置抵抗频率为60%，那么综合频率大概是75%（重复抵抗范围10%）。

假设我们在按钮位置依旧100%频率最小加注偷盲，72o vs 75%抵抗范围扣去10%价值再加注范围（也就是大小盲注玩家跟注抵抗的范围）胜率大概为32.8%。

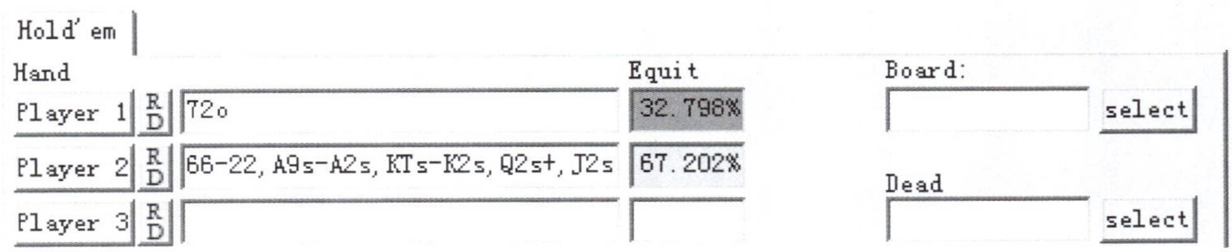

假设再加注抵抗频率占综合抵抗频率1/3，跟注抵抗频率占综合抵抗频率2/3：

3bet%=1/3*75%=25%

Call%=2/3*75%=50%

带入期望值计算公式，按钮位置3bb加注偷盲EV=综合弃牌%*1.5+跟注抵抗%*（6.8*ER-3）-再加注抵抗%*3=（1-75%）*1.5+50%*（6.8*32.8%*R-3）-25%*3。

最后算出R>168%时，EV>0。

虽然我们有位置优势，也有翻牌前加注的进攻者先手优势，但是R还是无法达到168%这么高，那么vs大小盲注75%的综合抵抗频率，在按钮位置用72o加注3bb偷盲是负期望值的。所以如果我们依然100%频率加注3bb按钮偷盲，那么翻牌前的EV<0，也就是说我们翻牌前的偷盲是亏损的。面对大小盲位置抵抗非常频繁的玩家，我们不能继续最小加注100%范围。

我总结了一个简单的经验公式：

按钮位置最低加注偷盲频率=1.5*（1-大小盲位置综合抵抗频率）

比如大小盲位置综合抵抗频率为30%，那么按钮位置最小加注偷盲频率=1.5*

（1-30%）=105%，超过100%，也就是说100%频率加注3bb偷盲是可以的。

再比如大小盲综合抵抗频率为80%，那么按钮位置最小加注偷盲频率=1.5*（1-80%）=30%，也就是按钮位置30%范围加注3bb偷盲是可以的。

下表是按钮位置玩家加注3bb偷盲的频率（红色部分为不合理部分，该部分数据不能用，其他都可以用）。

按钮位置玩家加注3bb偷盲频率	大小盲位置综合抵抗频率
100%	10%
100%	20%
100%	30%
97.5%	35%
90%	40%
82.5%	45%
75%	50%
67.5%	55%
60%	60%
52.5%	65%
45%	70%
37.5%	75%
30%	80%
22.5%	85%
15%	90%
7.5%	95%
0%（显然不合理，至少5%超强牌会加注）	100%

TIPS

实际上大小盲位置抵抗高于80%基本代表大小盲为很松的“鱼”，所以我们会降低加注频率，提高加注量。比如加注30%的牌，加注量3.5bb~5bb，所以上表大小盲综合抵抗频率85%~100%没有意义，因为如果大小盲综合抵抗频率高于80%我们不会加注3bb，而是会加注3.5bb或者更多。综合来说，只要大小盲综合抵抗频率为80%以上，我们都会采用加注3.5bb~5bb、加注范围为30%的固定策略。上表中大小盲综合抵抗频率为0~80%时，按钮位置3bb加注频率按表中左列数据操作。

（2）假设加注2bb偷盲

冒着2bb的风险去博1.5bb的盲注死钱，需要的成功率至少是2/3.5=57.14%，

换句话说，“小盲抵抗频率+大盲抵抗频率”只要低于42.86%（1-57.14%），

我们在按钮位置100%频率偷盲都是有利可图的。

其实当今的高额桌扑克里面，顶级玩家在按钮位置基本都是最小加注偷盲（加注2bb），因为大多数玩家在盲注抵抗的频率并没有42.86%，他们由于不适应在没有位置的情况下玩得非常松，而倾向于在盲注位置玩得紧。这个紧的盲注防守策略是存在漏洞的，会让按钮位置玩家翻牌前的最小加注是正期望值，也就是说不考虑翻牌后技术差异，仅仅翻牌前的加注偷盲都是+EV的。2bb加注的另一个好处是面对3bet我们可以有更好的赔率跟注。

举个例子，小盲位置玩家抵抗频率18%，大盲位置玩家抵抗频率30%，实际上大小盲综合抵抗频率<48%（小盲抵抗频率+大盲抵抗频率）。

原因是有大概7.1%的情况下小盲和大盲都会抵抗（因为牌太好都会玩），也就是会形成多人彩池。

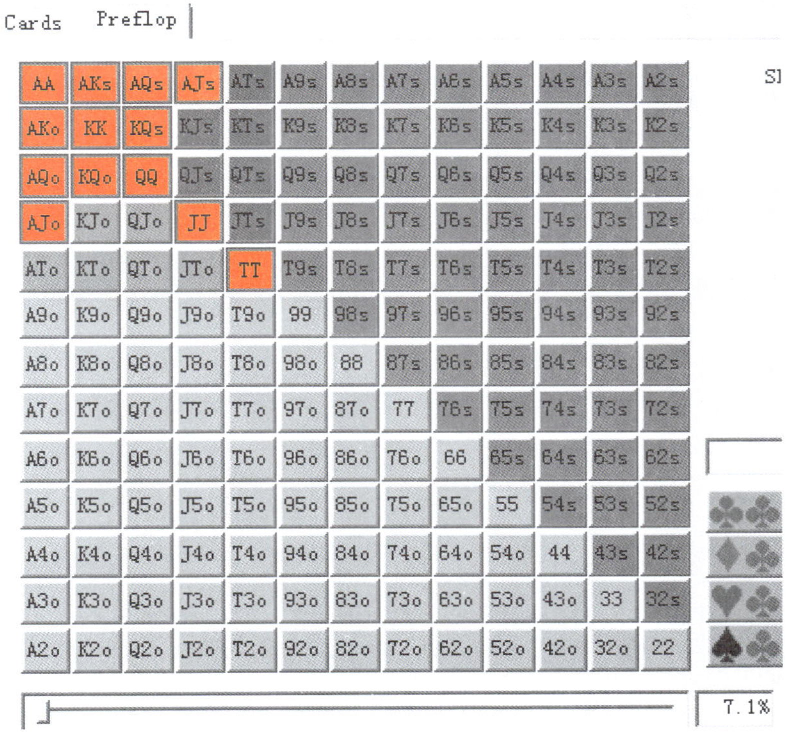

这部分小盲大盲都抵抗形成多人彩池的情况就会导致频率重合，对于按钮位置玩家来说大小盲玩家综合抵抗的频率会小于18%+30%。简单说来，大小盲抵抗的综合频率如下：

小盲抵抗*大盲不抵抗+小盲不抵抗*大盲抵抗+小盲抵抗*大盲抵抗

因为存在7.1%概率大小盲同时抵抗，导致综合抵抗频率<48%。小盲位置玩家抵抗频率18%，大盲位置玩家抵抗频率30%，他们的综合频率大概是41%（48%-

7.1%）。也就是说小盲位置玩家抵抗频率18%，大盲位置玩家抵抗频率30%的时候，我们在按钮位置依然可以100%频率加注2bb偷盲。

按钮位置加注2bb偷盲EV计算为：小盲位置玩家抵抗频率18%，大盲位置玩家抵抗频率30%的时候，大小盲综合抵抗频率为41%，假设综合抵抗里面有1/3是再加注，2/3是跟注，按钮位置加注2bb偷盲EV=综合弃牌%*1.5+跟注抵抗%*（4.8*ER-2）-再加注抵抗%*2。

如果大盲跟注抵抗，那么跟注之后彩池大小是4.5bb。

如果小盲跟注抵抗，那么跟注之后彩池大小是5bb。

因为小盲玩家抵抗的频率低（18%），大盲抵抗频率高（30%），所以跟注抵抗最终彩池的大小是4.5bb~5bb，因为大盲抵抗高，我们可以估计综合下来跟注之后平均彩池为4.8bb。

（3）如何模拟我们在按钮位置100%偷盲

很简单，只要计算最差的起手牌72o偷盲都是正期望值，那么我们100%偷盲频率都是有利可图的。

计算可知“72o vs 41%扣掉7.1%再加注起手牌”之后的胜率为30.4%。

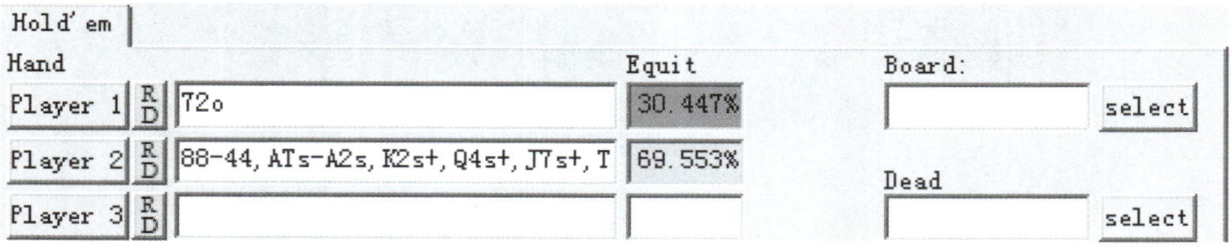

也就是最差的起手牌“72o vs 跟注抵抗范围”也有30.4%的胜率，E=30.4%。

跟注抵抗%=2/3的综合抵抗范围=2/3*41%=28%

再加注抵抗%=1/3的综合抵抗范围=1/3*41%=13%

带入公式：

EV=综合弃牌%*1.5+跟注抵抗%*（4.8*E*R-2）-再加注抵抗%*2

=（1-41%）*1.5+28%*（4.8*30.4%*R-2）-13%*2

最终计算可得，只要R>0，EV就大于0。其实即使R=0（当然R不可能这么低），EV=+0.065bb>0。

从上述翻牌前的期望值计算中可以得知，如果小盲位置玩家抵抗频率18%，大盲位置玩家抵抗频率30%的话，那么按钮位置玩家加注任何牌偷盲都是正期望值，这就是“翻牌前的偷盲获益”。

在大多数中等水平牌局中，大小盲抵抗的频率都是不够的，所以高额玩家在按钮位置的策略都是高频率的加注2bb偷盲。

TIPS

> 如果大小盲玩家都是“跟注站”，那么按钮位置就不能100%最小加注偷盲，他们的综合抵抗频率肯定要高于42.86%，那么调整策略就是在按钮位置加注更少的牌，但是加注量更大，比如加注30%的牌，但是加注量是3.5bb~5bb，这样在翻牌前范围对抗优势的情况下，尽量做大彩池。

如果碰到同样的高手，在小盲位置抵抗频率25%，大盲位置抵抗频率70%，那么综合频率大概是85%（重复抵抗范围10%，越是松凶激进的牌局，77~99等中间牌价值越高，就进入了3bet的重复抵抗范围）。

假设我们在按钮位置依旧100%频率最小加注偷盲，“72o vs 85%抵抗范围去掉15%价值再加注范围”的胜率约33.7%。

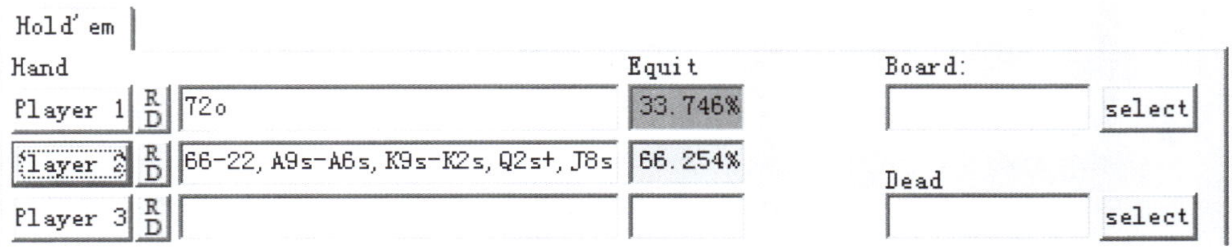

假设再加注抵抗频率占综合抵抗频率1/3，跟注抵抗频率占综合抵抗频率2/3：

3bet%=1/3*85%=28%

Call%=2/3*85%=57%

带入期望值计算公式：

EV=综合弃牌%*1.5+跟注抵抗%*（4.8*E*R−2）−再加注抵抗%*2

EV=（1−85%）*1.5+57%*（4.8*33.7%*R−2）−28%*2

最后得出R>160%时，EV>0。

虽然我们有位置优势，也有翻牌前加注的进攻者先手优势，但是R还是无法达到160%这么高。所以如果我们依然100%最小加注按钮偷盲，那么翻牌前的EV<0，也就是说我们翻牌前会自动输钱。面对大小盲位置抵抗非常频繁的玩家，我们不能继续最小加注100%范围，而是最小加注40~50%的牌偷盲。

我总结了一个简单的经验公式：

按钮位置最小加注偷盲频率=1.7*（1−大小盲位置综合抵抗频率）

比如大小盲位置综合抵抗频率为30%，那么按钮位置最小加注偷盲频率=1.7*（1−30%）=119%，超过100%，也就是说100%频率最小加注偷盲都是可以的。

再比如大小盲综合抵抗频率为80%，那么按钮位置最小加注偷盲频率=1.7*（1−80%）=34%，也就是按钮位置34%范围加注2bb偷盲都是可以的。

下面表格是按钮位置玩家最小加注偷盲的频率（红色部分为不合理部分，红色部分数据不能用，其他都可以用）

按钮位置玩家最小加注偷盲频率	大小盲位置综合抵抗频率
100%	10%
100%	20%
100%	30%
100%	40%
93.5%	45%
85%	50%
76.5%	55%
68%	60%
59.5%	65%
51%	70%
42.5%	75%
34%	80%
25.5%	85%
17%	90%
8.5%	95%
0%（显然不合理，至少5%超强会加注）	100%

TIPS

实际上大小盲位置抵抗高于80%基本上代表大小盲为很松的“鱼”，所以我们会降低加注频率，而提高加注量。比如加注30%的牌，加注量3bb~5bb，所以上表大小盲综合抵抗频率85%~100%那四行没有意义，因为如果大小盲综合抵抗频率高于80%我们不会加注2bb，而是会加注3bb或者更多。综合来说，只要大小盲综合抵抗频率为80%以上，我们都会采取加注3bb~5bb、加注范围为30%的固定策略。上表中大小盲综合抵抗频率为0~80%时，按钮位置2bb加注频率按图中左边一列数据操作。红色内容是综合抵抗频率在85%~100%的部分，此部分不合理，不能使用，也就是说这个表格只适合大小盲玩家综合抵抗频率为10%~80%。

（4）小盲位置抵抗按钮位置偷盲

所有人弃牌到按钮位置，按钮位置加注偷盲的情况：

❶ 假设按钮位置加注3bb偷盲，小盲位置跟注彩池赔率是2.5bb/7bb=35.7%。

❷ 假设按钮加注2bb偷盲，小盲位置跟注彩池赔率是1.5bb/5bb=30%。

小盲位置是个非常特别的位置，实际上无法以很高的频率抵抗按钮位置偷盲，原因是在高额桌大盲位置压缩再加注的频率特别高（压缩再加注也叫Squeeze，高额桌玩家大盲位置Squeeze频率介于10%~15%，Squeeze也就是按钮位置玩家加注3BB，小盲玩家跟注，大盲玩家Squeeze到13BB）。

如果我们用口袋22跟注按钮位置最小加注，大盲有15%的概率有Squeeze直接导致我们的跟注是负期望值。第一，15%的概率，我们口袋22面对Squeeze没有太多办法，跟注没有赔率，再加注全压牌力又不够，第二，85%的概率大盲没有Squeeze，进入翻牌后，我们每条街第一个行动，相对位置很差，同时22经常中不了三条只能在翻牌圈过牌或弃牌。

所以高额桌中当大盲位置是高手的时候，小盲位置是没有跟注抵抗这一说的，也就是说小盲位置策略是要么再加注，要么弃牌，绝对不跟注。

如图所示，19.6%的再加注范围，其他部分则是弃牌范围。

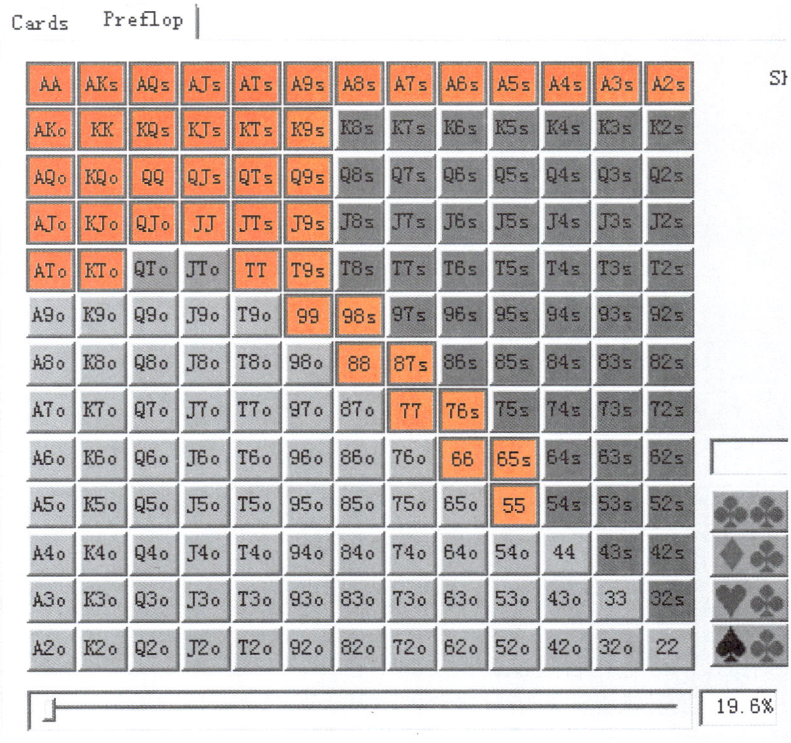

之所以用Axs，以及小同花连牌混合3bet，而弃掉22~44的小对子，原因是22~44的小对子击中翻牌圈的概率特别低，大概13%（1/7.5）在翻牌圈击中三条，也就是说翻牌后半诈唬的机会太少，87%概率没有中三条的翻牌就基本不具备可操作性，成为胜率为0的纯诈唬。

而Axs和小同花连牌因为翻牌经常能中对子或者听牌而具有25%~36%的胜率，翻牌后还是有抓诈唬或者半诈唬的可操作性，作为3bet诈唬再好不过了，一旦3bet被跟注，翻牌后依然可以操作。

当然如果大盲位置不是喜欢Squeeze的玩家，或者是被动“鱼”，那么小盲位置就可以跟注抵抗按钮位置，抵抗频率也会高于20%，比如25%~30%的小盲抵抗范围中有跟注抵抗，也有再加注抵抗。

小盲再加注抵抗的数学计算：翻牌前按钮位置加注2bb偷盲，小盲位置玩家3bet到8.5bb，按钮位置玩家4bet的量是20bb。可以看出按钮位置玩家4bet的时候，冒着18bb的风险去博彩池里面的11.5bb（1bb+8.5bb+2bb）。

按钮位置玩家4bet的成功率至少是18/(18+11.5)=61%，面对按钮位置玩家的4bet，小盲位置玩家至少用39%（1−61%=39%）的频率抵抗，也就是说小盲玩家3bet范围中至少有39%的强牌3bet范围，61%的诈唬3bet范围。

7.1%是强牌，那么诈唬为7.1%*（0.62/0.38）=11.58%。下图为小盲位置vs按钮位置超高频率2bb加注偷盲的7.1%强牌3bet范围。

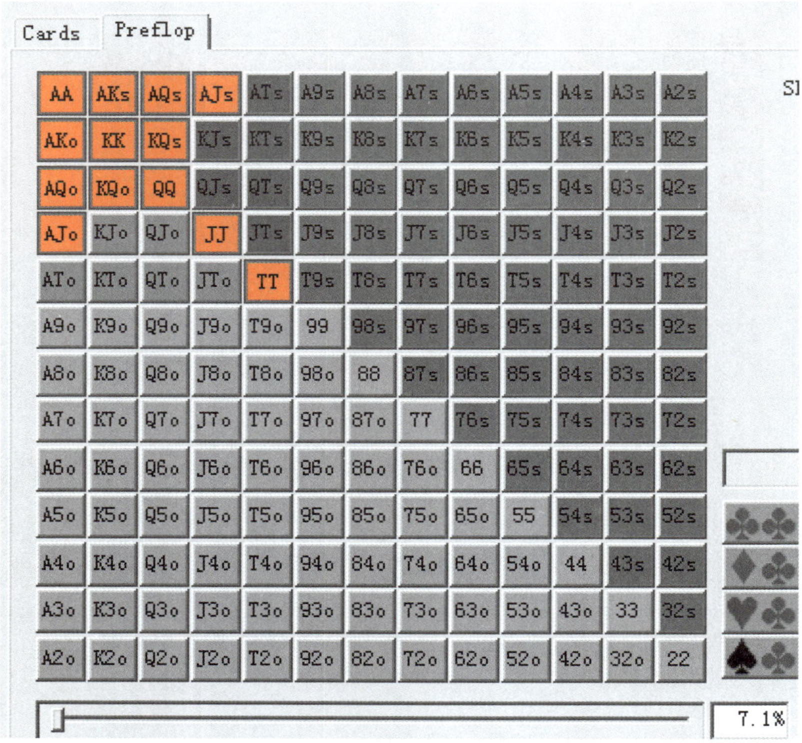

小盲翻牌前3bet%=强牌3bet%+诈唬3bet%=7.1%+11.58%=18.68%。

考虑到按钮位置玩家有一定的频率跟注3bet，而不是每次都4bet，所以小盲位置抵抗策略是要么3bet，要么弃牌，没有跟注抵抗范围，那么小盲位置3bet范围至少要大于18.68%，如果低于18.68%就是错误。

再考虑到按钮位置玩家有一定频率跟注3bet，而不是每次都4bet，那么小盲的实际3bet%可以提高到20%左右，如下图所示。

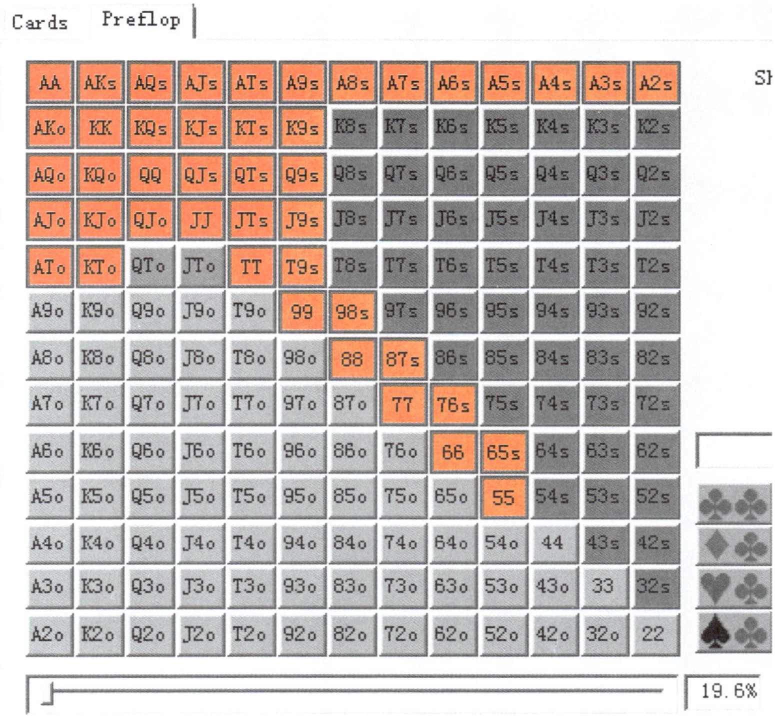

（5）大盲位置抵抗按钮位置偷盲

❶ 所有人弃牌到按钮位置，按钮位置加注偷盲的情况。

假设按钮位置加注3bb偷盲，小盲玩家弃牌，大盲位置跟注彩池赔率是2bb/6.5bb=30.77%。可以看到，当按钮玩家加注的时候大盲玩家跟注的赔率还不错，是30.77%，另外不存在被Squeeze而弃牌的情况（大盲跟注了，翻牌前这条街就结束了），所以大盲位置和小盲位置完全不同，大盲位置玩家可以用很宽的范围跟注，甚至可以抵抗35%~50%的牌。

下面分析一下，面对按钮位置玩家100%频率加注3bb偷盲，如果大盲位置玩家100%频率抵抗按钮位置玩家，按钮位置玩家加注的最差牌“72o vs 大盲位置100%范围”胜率大概为34.6%。

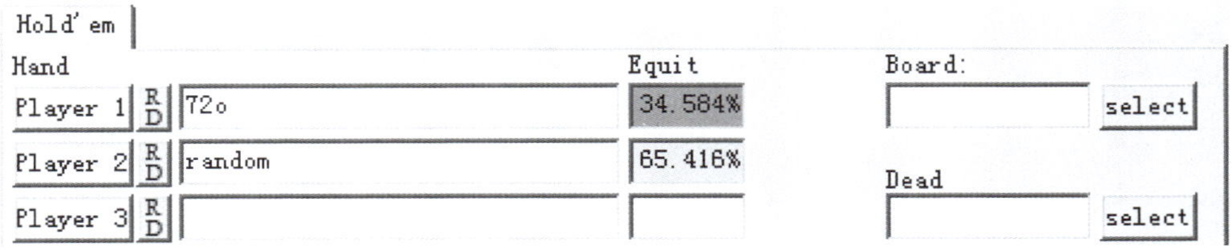

假设大盲玩家1/3抵抗再加注=1/3*100%=33%，2/3抵抗跟注=2/3*100%=67%，弃牌概率=0。带入公式：

按钮位置偷盲EV=综合弃牌%*1.5+跟注抵抗%*（6.5*E*R-3）-再加注抵抗%*3=0+67%*（6.5*34.6%*R-3）-33%*3

按钮位置偷盲EV=0的时候，按钮位置72o的R=199%。

也就是说，除非按钮位置玩家加注72o，并且胜率实现率R>199%，按钮位置偷盲EV才为正，而大家都知道R>199%根本不可能，所以在大盲位置抵抗范围为100%的时候，按钮位置玩家无法100%频率加注3bb偷盲（因为按钮位置最差的牌“72o vs 大盲位置100%的抵抗范围”期望值为负）。

我们知道德州扑克是零和博弈，对手输，我们就赢。所以按钮位置偷盲期望值为负值，大盲位置抵抗期望值就是正值。也就是“大盲位置100%频率抵抗 vs 按钮位置100%频率加注3bb偷盲”的策略是正期望值。

我总结了一个简单的经验公式：

大盲位置抵抗频率=1.2*按钮位置加注3bb偷盲的频率，抵抗频率中有1/3是再加注抵抗，2/3是跟注抵抗。而再加注抵抗中又有1/3是强牌，2/3是半诈唬的中等偏弱牌（比如Axs、Kxs或者小同花连牌等）。

下面表格是大盲位置玩家抵抗按钮位置加注3bb偷盲的抵抗范围构成（红色部分为不合理部分，红色部分数据不能用，其他都可以用）

	大盲位置玩家弃牌%	大盲位置玩家跟注%	大盲位置玩家再加注%（其中1/3强牌，2/3诈唬）
按钮位置0%频率加注3bb偷盲	100（不合理，显然我们不会丢掉AA KK等5%的强牌）	0	0
按钮位置5%频率加注3bb偷盲	94	4	2
按钮位置15%频率加注3bb偷盲	82	12	6
按钮位置20%频率加注3bb偷盲	76	16	8
按钮位置25%频率加注3bb偷盲	70	20	10
按钮位置30%频率加注3bb偷盲	64%	24%	12%
按钮位置40%频率加注3bb偷盲	52%	32%	16%
按钮位置50%频率加注3bb偷盲	40%	30%	20%
按钮位置60%频率加注3bb偷盲	28%	48%	24%
按钮位置70%频率加注3bb偷盲	16%	56%	28%
按钮位置80%频率加注3bb偷盲	4%	64%	32%
按钮位置90%频率加注3bb偷盲	0	67%	33%
按钮位置100%频率加注3bb偷盲	0	67%	33%

TIPS

实际上按钮位置加注3bb频率低于30%基本上代表按钮位置为很紧的“鱼”，所以我们采取23.1%固定抵抗策略（不会因为按钮位置20%或者10%偷盲频率改变而改变）。2.5%的3bet范围（QQ、KK、AA、AK），22~88跟注投机三条，AJ、AQ、KQ跟注企图中顶对主宰对手踢脚，同花牌跟注投机顺子或者同花。

当按钮位置加注3bb偷盲频率低于30%时候，我们的固定抵抗范围如下图所示。

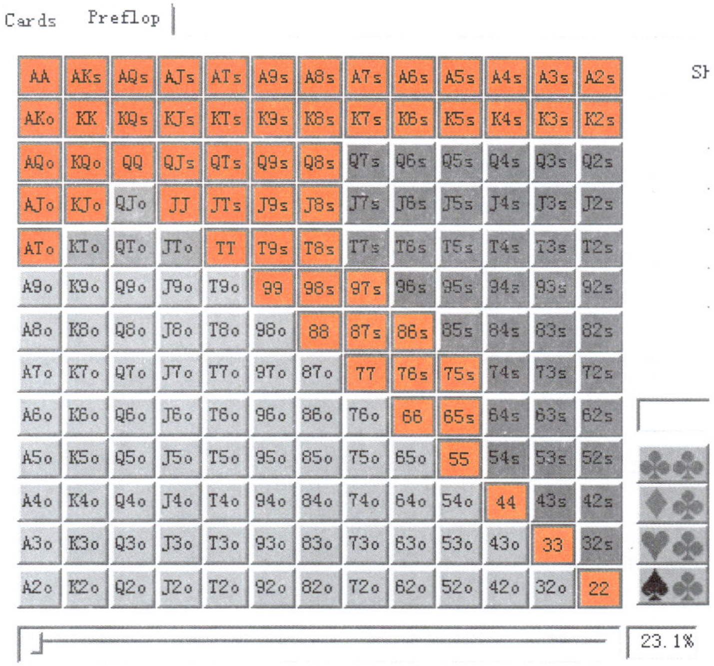

❷ 假设按钮位置玩家加注2bb偷盲，小盲位置玩家弃牌，大盲位置玩家跟注彩池赔率是1bb/4.5bb=22.22%。

可以看到当按钮玩家最小加注的时候大盲玩家跟注的赔率实在太好了，22.22%，另外不存在被Squeeze而弃牌的情况（大盲跟注了，翻牌前这条街就结束了），所以大盲位置和小盲位置完全不同，大盲位置玩家可以用很宽的范围跟注，甚至可以抵抗70%左右的牌。

下面分析一下，面对按钮位置玩家100%频率2bb加注偷盲，如果大盲位置玩家100%抵抗按钮位置玩家最小加注偷盲，按钮位置玩家加注的最差牌“72o vs 大盲位置100%范围”胜率大概为34.6%。

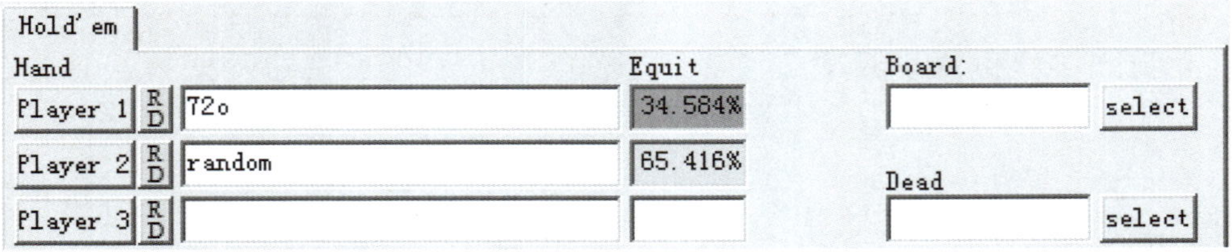

假设大盲玩家1/3抵抗再加注=1/3*100%=33%，2/3抵抗跟注=2/3*100%=67%，弃牌概率=0。带入公式：

按钮位置偷盲EV=综合弃牌%*1.5+跟注抵抗%*（4.5*E*R−2）−再加注抵抗%*2=0+67%*（4.5*34.6%*R−2）−33%*2

按钮位置偷盲EV=0的时候，按钮位置72o的R=192%。

也就是说，除非按钮位置玩家加注72o，并且胜率实现率R>192%，按钮位置偷盲EV才为正，而大家都知道R>192%根本不可能，所以在大盲位置抵抗范围为100%的时候，按钮位置玩家无法100%频率最小加注偷盲（因为按钮位置最差的牌“72o vs 大盲100%的抵抗范围”期望值为负）。

德州扑克是零和博弈，所以按钮位置偷盲的期望值为负值，大盲位置抵抗的期望值就是正值。也就是“大盲位置100%频率抵抗vs按钮位置100%频率最小加注偷盲”策略是正期望值。

我总结了一个简单的经验公式：

大盲位置抵抗频率=1.3*按钮位置2bb加注偷盲的频率，抵抗频率中有1/3是再加注抵抗，2/3是跟注抵抗。而再加注抵抗中又有1/3是强牌，2/3是半诈唬的中等偏弱牌（比如Axs、Kxs或者小同花连牌等）。

下面表格是大盲位置玩家抵抗按钮位置最小加注偷盲的抵抗范围构成（红色部分为不合理部分，数据不能用，其他都可以用）

	大盲位置玩家弃牌%	大盲位置玩家跟注%	大盲位置玩家再加注%（其中1/3强牌，2/3诈唬）
按钮位置0%频率加注2bb偷盲	100（不合理，显然我们不会丢掉AA KK等5%的强牌）	0	0
按钮位置5%频率加注2bb偷盲	93.5	4	2.5
按钮位置15%频率加注2bb偷盲	81.5	13.5	6
按钮位置20%频率加注2bb偷盲	73	18	8
按钮位置25%频率加注2bb偷盲	67.5	21.5	11

续表

	大盲位置玩家弃牌%	大盲位置玩家跟注%	大盲位置玩家再加注%（其中1/3强牌，2/3诈唬）
按钮位置30%频率加注2bb偷盲	61%	26%	13%
按钮位置40%频率加注2bb偷盲	48%	35%	17%
按钮位置50%频率加注2bb偷盲	35%	44%	21%
按钮位置60%频率加注2bb偷盲	22%	52%	26%
按钮位置70%频率加注2bb偷盲	9%	61%	30%
按钮位置80%频率加注2bb偷盲	0	67%	33%
按钮位置90%频率加注2bb偷盲	0	67%	33%
按钮位置100%频率加注2bb偷盲	0	67%	33%

TIPS

实际上按钮位置最小加注频率低于30%基本上代表按钮位置为很紧的“鱼”，所以我们采取27.3%固定抵抗策略（不会因为按钮位置20%或者10%偷盲频率改变而改变）。2.5%的3bet范围（QQ、KK、AA、AK），22~88跟注投机三条，AJ、AQ、KQ跟注企图中顶对主宰对手踢脚，同花牌跟注投机顺子或者同花。

当按钮位置最小加注偷盲频率低于30%时候，我们的固定抵抗范围如下图所示。

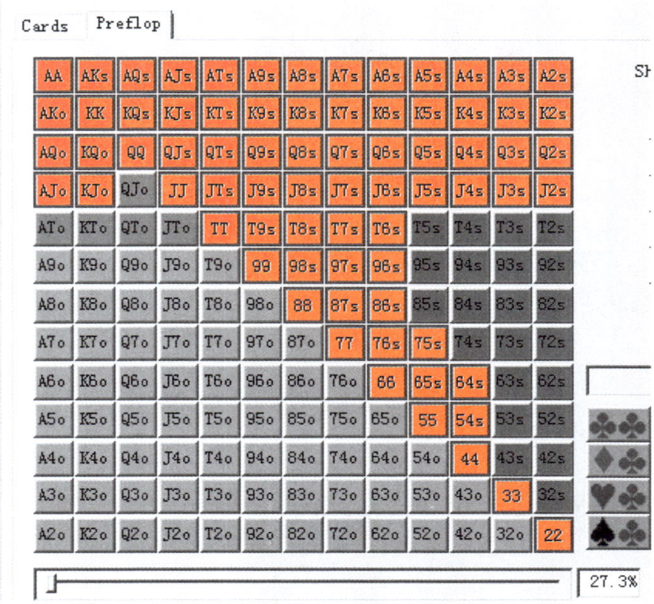

3.3 彩池大小控制

当我们翻牌前的手牌选定之后，翻牌后的牌面胜率就确定了，但是我们可以控制彩池大小，我们可以在胜率占优的时候做大彩池，在胜率劣势的时候控制彩池滚动速度，这样就能赢大彩池，输小彩池。即使有时候胜率是劣势，但是如果每次都赢大彩池，输小彩池，最终的结果可能是我们用胜率劣势的牌盈利。

控制彩池有两个方面：第一，尽量让自己赢更大的彩池，也就是价值下注，让对手第二好的牌付出更大的代价；第二，尽量让自己输更小的彩池，也就是控制彩池，让自己第二好的牌付出更小的代价。

1. 尽量让自己赢更大的彩池——价值下注

【例3-1】NL1000，6人桌，有效筹码量2 000。

我们在按钮位置用7h8h加注30，大盲位置2 000筹码量玩家3bet到100，我们跟注。

翻牌（彩池205）：

大盲位置玩家下注160，我们跟注。

转牌（彩池525）：

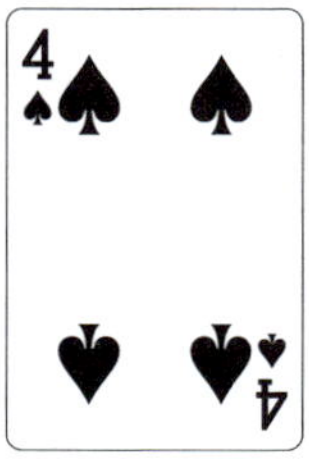

大盲位置玩家过牌，我们跟着过牌。

河牌（彩池525）：

大盲位置玩家过牌，我们下注450，大盲位置玩家跟注，底牌为KdAs。

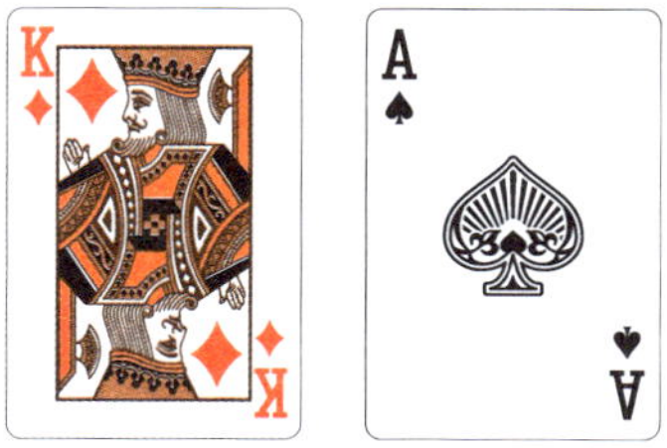

这手牌我们在河牌进行了薄的价值下注，而且下注量很大，如果对手和我们的角色转换过来，对手不会用对子7在河牌下注450获得价值，所以我们赢了更大彩池。

我们河牌圈的下注量很大，几乎下注了一个彩池，在对手的眼里我们河牌圈的下注要么就是超强牌，要么就是诈唬，而翻牌后所有的同花听牌和顺子听牌都错过了，强牌只有三条9或者葫芦，概率很低。所以对手选择用AK在河牌抓诈唬。我们获得了450额外的价值，赢了更大彩池。

在这手牌，我们的范围中有很多破产听牌，所以可以薄的价值下注，引诱对手抓诈唬。

【例3-2】NL1000，6人桌，有效筹码量2 000。

按钮位置玩家加注30，我们在大盲位置用AhTh跟注。

翻牌（彩池65）：

我们过牌，按钮位置玩家下注60，我们跟注。

转牌（彩池185）：

我们过牌，按钮位置玩家下注180，我们跟注。

河牌（彩池545）：

我们过牌，按钮位置玩家下注500，我们全压，按钮位置玩家跟注，底牌为AsJd。

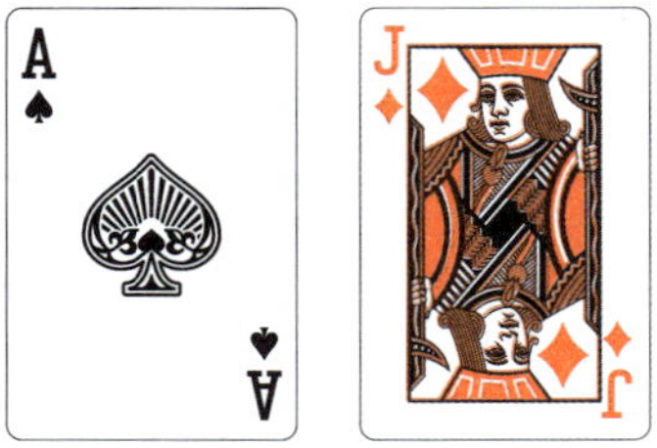

这手牌我们在河牌圈没有用最大牌主动价值下注，而是选择过牌加注全压。原因是对手的范围明显是有AKQJT的顺子，而且翻牌后没有同花听牌，对手不会太担心同花存在，所以如果我们过牌，对手一定会用最大的顺子价值下注，那么我们的过牌加注全压会比自己主动在河牌圈下注要好得多。如果我们主动在河牌圈下注500，那么对手只会跟注，不会加注全压，因为我们下注的范围要么就是和他一样的顺子，要么就是同花，对手不会傻到加注。但是我们过牌，对手一定会下注，我们再加注全压，对手就有很高概率跟注我们的全压，而赢一个更大的彩池。

2. 尽量让自己输更小的彩池——控制彩池

【例3-3】NL1000，6人桌，有效筹码量2 000。

关煞位置玩家加注30，我们用AsAc在按钮位置3bet到100，关煞位置玩家跟注。

翻牌（彩池215）：

关煞位置玩家过牌，我们下注150，关煞位置玩家跟注。

转牌（彩池515）：

关煞位置玩家过牌，我们过牌。

河牌（彩池515）：

关煞位置玩家下注450，我们用AA跟注，关煞位置玩家持有5h5d。

我们在转牌圈过牌让我们少输了很多，过牌的原因是这个玩家是个不错的玩家，比较谨慎，不会用顶对Qx跟注三条街，最多只会跟注两条街，给我们两条街的价值，而这个翻牌几乎没有任何听牌存在，所以不用担心对手有类似8个outs、9个outs的听牌，对手的Qx最多只有5个outs，我们在转牌圈过牌给一张免费牌是可以接受的。

过牌之后，在河牌圈对手主动下注，我们肯定要跟注，因为在对手的眼里我们的牌很像AK，所以即使对手是KQ、AQ这样的对顶也会价值下注，河牌圈我们只能跟注。

对手击中了三条5，我们转牌圈的过牌少输很多，将彩池控制在比较小的规模。另外，如果对手真是KQ这样的牌，对手下注，我们跟注河牌圈，或者对手过牌，我们下注河牌圈，依然可以获得两条街的价值。下注翻牌圈、过牌转牌圈、加注河牌圈的做法要比下注翻牌圈、下注转牌圈、过牌河牌圈要好，主要原因是同样获得两条街的价值，前者控制了彩池，后者等到河牌圈对手主动下注的时候会比较难办，很容易跟注而输一个相对大的彩池。

3.4 胜率实现率

当我们翻牌前的手牌选定之后，翻牌后确定牌面，胜率就确定了，除了控制彩池大小以外，还有一个我们可以控制的，就是对手和自己的胜率实现率（Equity Realization Ratio），简称R，我们可以在适合的时候发动诈唬，打走对手，让对手放弃自己的胜率，同时我们又可以避免被对手打走，而提高自己的胜率实现率。

胜率实现率是指玩家手牌能坚持到河牌摊牌的概率，如果胜率实现率R=100%，也就是说，玩家的底牌不会在翻牌前、翻牌圈、转牌圈、河牌圈这4条街中弃牌，比如某些“鱼”拿到AA，就不会弃牌了，不管什么情况都会跟注到底，这是R=100%的例子，另外，翻牌前的全压也是R=100%的例子，全压了就完全拼胜率了，都不会弃牌。

在初级教程里我们通常在计算中使用胜率E，但是在高级教程里我们会使用胜率乘以实现率，也就是E×R作为真实的可实现胜率。

比如“32o vs 对手3%的范围（JJ+、AK）”胜率为21.8%，但实际中，如果用32o去跟注3%超强范围的加注，翻牌后是无法一直坚持到河牌圈摊牌的，也就是说大多数时候，32o在翻牌圈、转牌圈或者河牌圈的某一条街弃牌了，这时真实的可实现胜率不是21.8%，而是R×21.8%。当我们的牌如32o这么差的时候，很容易在某一条街弃牌，所以R会远小于1，可能只有0.5。

1. 影响胜率实现率的因素

（1）起手牌强度

一般来说，当我们手上的起手牌越强，R值就越高，比如当我们拿到AA时就不那么容易弃牌了。但是当我们拿到像72o的垃圾牌，就很容易在4条街中的某一条街弃牌，导致部分胜率没有实现，R值就小于100%。

（2）潜在形成强牌的可能性

在《德州扑克从新手到高手》一书中，我提到过，在没有位置的时候要玩成牌快、成牌强的牌，这是为什么呢？因为成牌弱的牌即使成了牌也容易被打走；而成牌慢的牌，还没有形成强牌之前就会被打走。比如72o这种牌没有成为顺子、同花、暗三条的可能，经常不会中牌或者即使中牌也是一个中小对子弱踢脚，容易被打走。正是因为72o潜在的成牌弱，导致R值很小，甚至小于50%。而小对子翻牌中了三条就成了坚果牌，R值几乎100%，小对子就有潜在投机成坚果的可能性，所以R值也相对较高。还有像K5o顶对弱踢脚的牌也容易形成弱牌，R值也相对较小。

（3）位置

有位置的玩家总是在其他玩家行动之后再行动，做决策之前能得到很多信息，信息优势使得有位置的玩家能充分实现自己手牌的胜率，同时又能常常诈唬走对手，降低对手手牌的胜率实现率。所以有位置的玩家胜率实现率R值可能高于100%，特别是在经常能打走对手的情况下，有位置的玩家赢了很多本该输掉的彩池，导致R值大于100%。

（4）先手

翻牌前的最后一个加注者，也就是进攻者，往往会有先手优势。对手跟注只是在防守，属于被动防守方。作为进攻方的优势是，拥有无上限的范围，也就是说进攻方的手牌范围里面有AA、KK、QQ等超强牌。但是作为被动防守方的手牌范围往往都是有上限的，里面很少有AA、KK、QQ。进攻方在翻牌圈经常可以通过持续下注打走防守方。

（5）玩家的技术差异

技术好的玩家和“鱼”对抗的时候，R值通常都会很高，因为“鱼”不太会发动太聪明的诈唬来打走技术好的玩家。比起技术差的玩家，技术好的玩家R值会更高。

（6）对手的激进程度

对手越是激进，下注和加注的频率越高，我们底牌的胜率实现率就相对更低，所以对抗“疯鱼”的时候，我们的R值会比较低，通常只能等一手好牌然后一直跟注“疯鱼”到底，而不是拿一手弱牌去和“疯鱼”对抗，因为“疯鱼”经常能打走这些“弱牌”，导致R值非常低。

（7）对手的风格

跟注倾向越高的玩家，他们的R值越高，比如“跟注站”，不容易打走他们，他们会一直跟注到底。弃牌倾向越高，他们的R值越低，比如“胆小鱼”，很容易就能打走他们。

通常R值为0.5~1。起手牌越弱、位置越差、对手越凶，翻牌前作为被动防守方越会降低R值。一般水平相当的玩家之间对抗时R值为0.6~0.8。如果有位置优势、技术优势，还有先手优势，往往R值会大于100%，比如，我们在按钮位置加注偷盲，盲注位置两个玩家都是“鱼”，我们有位置、有技术还有先手优势，R值当然会特别高。

2. R值的意义

将起手牌、位置、先手、技术，以及对手的风格、激进程度所有因素综合得到R值，然后对翻牌前的胜率E进行修正，这个R值乘以胜率E，就是实际的胜率修正。

（1）先手优势

❶ 作为进攻方，起手牌范围是没有上限的。也就是说，进攻者的起手牌范围里确实会有一些弱的起手牌在偷盲或者3bet诈唬，但是绝对也有AA、KK、QQ、AK这样的超强牌，起手牌范围没有上限。但是作为被动防守方的范围更加趋近于中间牌，防守方的手牌范围是有上限的，里面很少有AA、KK、QQ、AK这样的超强牌，所以在类似于AK3r的翻牌圈，防守方过牌，进攻方不管中没中翻牌都可以通过持续下注拿下彩池。因为进攻方的起手牌范围里面有A和K这样的大高牌，很有说服力。

❷ 成为首先全压的玩家。在很多牌局对抗的时候，进攻方和防守方的牌力胜率很多都是五五开或者六四开，谁先全压，谁就拥有打走对手的可能性，也就是除了自身胜率外，还有打走对手的弃牌率。比如，作为进攻方的AK，翻牌前3bet对手的99到10BB，对手用99再4bet到23BB，AK再5bet全压，对手的99很容易被打走，但是实际上对手的99胜率在54%左右。这是翻牌前的例子，翻牌后也有很多例子，比如同花顺听牌打走对手的顶对、A同花听牌打走对手的中等对子等。

（2）位置优势

位置优势来源于三个方面：信息优势、免费牌、每条街最后一个下注的权利。

❶ 信息优势：就是每条街在看到对手行动之后再行动，那么我们可以参考的信息比对手更多，做出的决策肯定就更好。

❷ 免费牌：有位置的玩家可以很轻易地过牌免费看到下一个张牌而实现胜率，而没有位置的玩家过牌往往得到的就是有位置玩家的一个下注，没有位置的玩家想看到免费牌实现胜率太难。

❸ 每条街最后一个下注的权利：这个优势实在太大了，每条街对手都要看有位置玩家的脸色，其他位置玩家要造多大的彩池，说了不算，最终还是要有位

置的玩家点头才行。想过牌让彩池保持小一点，要问一下有位置玩家答不答应，有位置的玩家可以过牌，也可以下注，反正他最后一个行动，拥有控制每条街彩池大小的特权。这样一来，有位置的玩家总是会让彩池大小保持在对自己有利的水平，更容易赢大彩池，输小彩池。因为有读牌信息优势，偶尔还能诈唬偷几个彩池。

总体来说，胜率实现率平时都是靠自己去估计，在评估自己的手牌、位置、先手、技术，以及对手激进度之后，估计大概的R值，然后把R值代入EV公式，算出估计的EV值之后再做决策。随着玩的牌局越多，对R值的估计会越来越准，估算的EV值就更加接近真实的EV值。

EV公式是数学和艺术的完美结合，数学是彩池赔率以及胜率，艺术是通过读牌读人读到对手的手牌范围，然后考虑位置、技术、起手牌等因素之后估算R值。

例如，我们在小盲位置加注3BB偷盲，大盲位置玩家抵抗策略是两极分化的3bet范围是15%、跟注范围是35%、弃牌范围是50%，我们偷盲的EV计算公式如下：

期望值EV（偷盲）=1.5×fold%+（6×R×E−2.5）×call%+（−2.5）×3bet%

fold%=50%、call%=35%、3bet%=15%。

下图为大盲位置玩家的范围构成，红色部分为3bet范围（里面有诈唬也有强牌），深灰色部分为跟注范围，白色部分为弃牌范围。

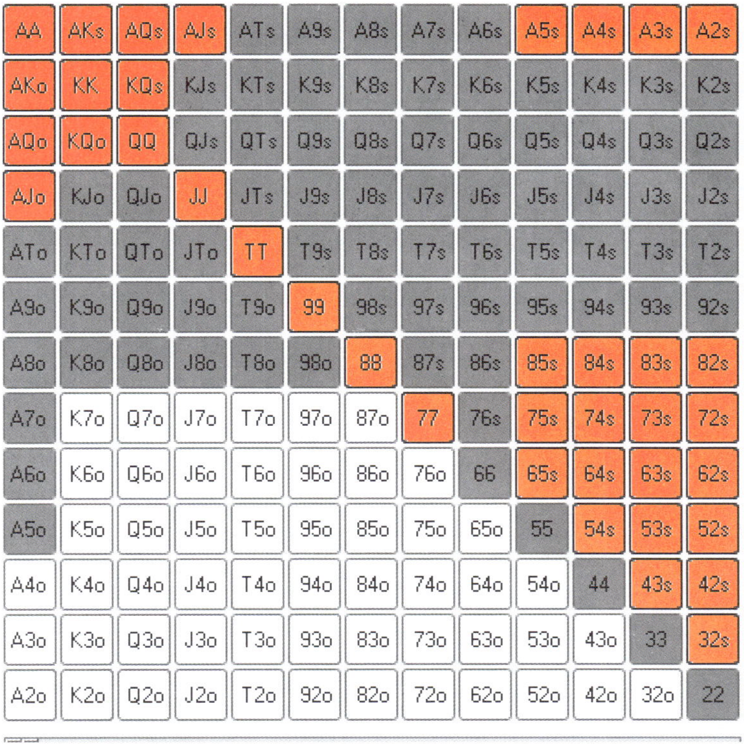

我们是怎么得到这个对手手牌范围构成的呢?

通过艺术性的读人读牌!

通过对以往的牌局以及对手习惯的思考，可以估计出对手回应我们偷盲使用的手牌范围构成。虽然有估计错的时候，但是没关系，汲取教训，通过不断评估、不断汲取教训，最终估计的范围就会比较准确。

另外，我们会考虑所在小盲位置的劣势、大盲位置玩家对位置优势的利用能力、我们的技术优势和先手优势，以及对手的激进度和风格等来估计R值，这个估算R值的过程也是艺术性的。

当然，期望值EV（偷盲）=1.5×fold%+（6×R×E−2.5）×call%+（−2.5）×3bet%中有1.5、6、2.5这些都是一眼就能看出的彩池死钱，大盲位置玩家跟注之后总彩池大小以及我们加注所冒的风险等，这些又属于数学范畴。

综合来说，EV是数学和艺术的结合，而德州扑克里EV又是一切决策的根本标准，所以德州扑克也是数学和艺术的结合。

在计算中我们能轻易发现一个临界点，低于这个临界点，大盲位置玩家就是自动送我们筹码。

3. 降低对手R值的案例

【例3-4】NL1000，6人桌，有效筹码量1 000。

关煞位置玩家加注30，我们在按钮位置用6s5s跟注，大小盲位置玩家弃牌。

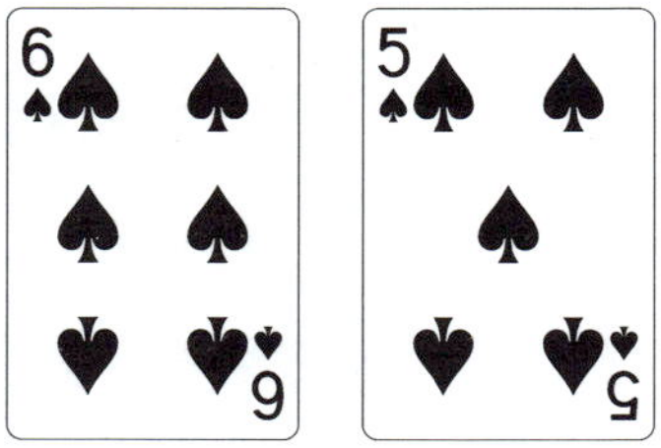

翻牌（彩池75）：

关煞位置玩家下注50，我们跟注。

转牌（彩池175）：

关煞位置玩家下注100，我们跟注，剩下820。

河牌（彩池375）：

关煞位置玩家下注240，我们全压820，关煞位置玩家想了一下弃牌，其底牌为KsQs。

这手牌我们在河牌圈发动了加注全压诈唬，我们代表的范围是慢玩的三条以及JQ两对。这手牌从对手的角度来看，我们几乎没有诈唬，因为翻牌几乎没有听牌，唯一的听牌就是65顺子听牌，其他的类似52，我们不会翻牌前跟注52这么弱的牌。另外，因为翻牌牌面几乎没有听牌存在，我们如果有三条，慢玩的概率也很高，毕竟加注容易打草惊蛇。所以到了河牌圈，我们加注全压的诈唬组合只有3个同花的65s，包括6s5s、6c5c、6d5d，但是全压的价值范围组合有11个，包括3个44、3个33、3个JJ以及2个JQs，从对手的角度来看诈唬的组合很少，价值的组合很多，对手丢掉KQ合情合理。

这手牌到了河牌圈对手的顶对Q肯定战胜了我们的底对5，但是我们诈唬走了对手，对手放弃了100%的胜率。

4. 提升自己R值的案例

【例3-5】NL1000，6人桌，有效筹码量600。

我们在按钮位置用7h8h加注30，有600筹码量的中筹码玩家在大盲位置跟注。

翻牌（彩池65）：

大盲位置玩家过牌，我们下注50，大盲位置玩家跟注。

转牌（彩池165）：

大盲位置玩家过牌，我们跟着过牌，大盲位置玩家剩下520筹码。

河牌（彩池165）：

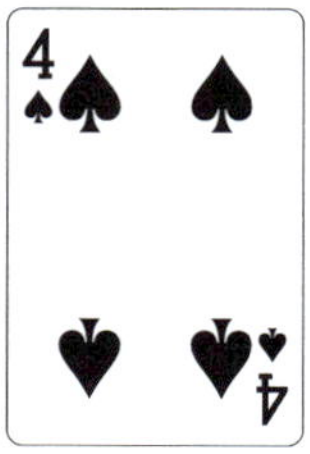

大盲位置玩家下注150，我们全压，大盲位置玩家跟注，底牌为KsQd。

这手牌我们在转牌圈选择了跟着过牌而没有下注，原因是对手的筹码很适合在转牌圈过牌加注全压。如果我们在转牌圈向165的彩池下注120，对手还剩下520的筹码是非常适合用顶对K全压的，而对手全压，我们是跟不动的。因为我们需要跟注400去博彩池中的805，需要的最低成功率为33.3%，而我们的15个outs听牌在转牌圈有30%的胜率。如果我们下注转牌圈，一旦被全压，就不得不放弃胜率，而过牌的话就可以最大化实现自己的胜率，提高自己的R值。

河牌圈我们幸运地击中了听牌，轻松清空了对手，但是如果我们在转牌圈下注，很有可能面对对手的过牌加注全压而放弃31.8%的胜率。

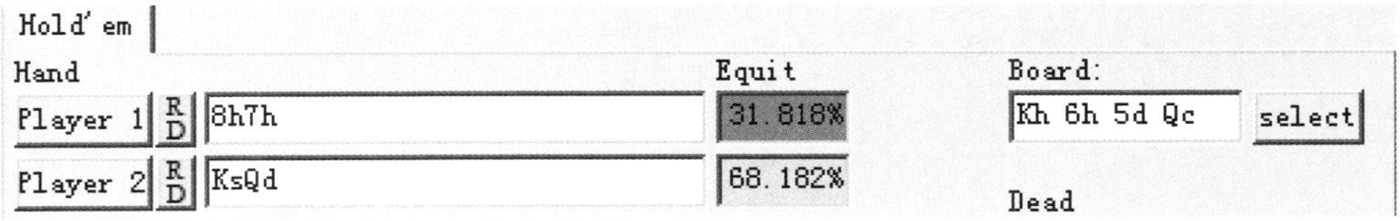

Chapter 4 即扫即看

德州扑克博弈论

KEY POINT

扑克和石头剪刀布游戏，以及经济学活动等一切博弈一样，是人与人之间的决策博弈，假设参与博弈的所有人都是完完全全理性的，那么整个博弈就存在最优解，这个最优解叫GTO（Game Theory optimal，博弈最优解）。

4.1 扑克的博弈论

所谓GTO就相当于玩石头剪刀布的两个玩家都是绝顶高手，为了不让对手找到漏洞，采取理想的无漏洞打法，也就是33.3%的石头、33.3%的剪刀、33.3%的布。同理，扑克中的GTO打法，和石头剪刀布游戏里各1/3的策略一样，都是无漏洞策略，虽然无法被对手找到弱点，但是也无法赢对手，属于最佳防守策略。截止到2017年，全球的人工智能在德州扑克领域也一直按照扑克GTO策略制作机器人，2017年来自卡内基梅隆大学的目前世界第一德州扑克人工智能Libratus，已经在少量手牌交战中战胜了4位人类高手。之所以能赢人类高手，也是因为短期的波动比较大，人工智能刚好短期走运而已，当然Libratus的GTO策略只能保证不输，类似于石头剪刀布各1/3的GTO策略。

下面我们通过计算石头剪刀布游戏的GTO策略，来直观地看看GTO策略的特征。

4.1.1 GTO策略的特征

在石头剪刀布中要想赢对手，就必须看到对手策略中的漏洞，我们采取偏离GTO策略的克制对手策略来盈利。

例如，一个玩家采取GTO策略（石头剪刀布各1/3）和我们玩石头剪刀布游戏，我们是无法获利的。

（1）如果我们改变策略，36%出石头、32%出剪刀、32%出布，下注量为100，对手策略不变，情况如下：

❶ 我们36%的概率出石头的时候，对手有1/3的概率出石头，平局；1/3的概率出剪刀，我们赢100；1/3的概率出布，我们输100。

❷ 我们32%的概率出剪刀的时候，对手有1/3的概率出石头，我们输100；1/3的概率出剪刀，平局；1/3的概率出布，我们赢100。

❸ 我们32%的概率出布的时候，对手有1/3的概率出石头，我们赢100；1/3的概率出剪刀，我们输100；1/3的概率出布，平局。

可以发现，我们和对手都没有盈利。

无论我们怎么调整策略，“石头:剪刀:布=32:36:32”也好，“石头:剪刀:布=32:32:36”也好，甚至“石头:剪刀:布=100:0:0”，我们最终的盈利都为0，也就是说当对手采取GTO策略的时候，我们是无法获利的，当然对手也无法获利。

（2）如果对手不采取GTO策略，也就是说对手有漏洞，比如“石头:剪刀:布=35:33:32”，我们就可以采取更多布的策略，完整克制对手的多石头策略。

❶ 如果我们的策略是“石头:剪刀:布=0:0:100”，也就是最大化地利用对手的漏洞，此时我们100%出布，对手35%出石头，我们最终得到200（两个人各下注100，彩池为200），对手33%出剪刀我们得到0，对手32%出布我们平局，拿回100。那么：

$$EV（100\%剪刀）=200\times0.35+0\times0.33+0.32\times100-100=+2$$

EV为正，说明我们的做法是盈利的。

EV公式解释：我们最终拿回的102（200×0.35+0×0.33+0.32×100）减去我们之前下注的100，就是我们最终的盈利EV。

另外需要说明的是，当我们采取最大化利用对手的漏洞时，对手很容易发现我们的策略（毕竟100%出布很明显，对手也不是傻子）而采取反制策略，所以一般我们不会采取最大化利用策略，而采取平衡的混合利用策略。

100%出布的策略虽然是+EV，但是容易被对手发觉，然后对手调整石头剪刀布的比例，我们的策略就会失效。

❷ 如果我们应用混合策略“石头:剪刀:布=32:33:35”，因为对手剪刀没有偏向，33%差不多1/3，我们剪刀也33%，对手的石头有2%偏多的倾向，我们布对应也应该有2%偏多，对手的布有1%的偏少倾向，我们的石头也应该有1%的偏少倾向。假设彩池里面有200，我们和对手都投入了100，赢者拿下彩池。上面策略的量化计算如下：

- 我们出石头概率为32%，有35%概率碰到对手的石头而平局拿回100，有33%概率碰到对手的剪刀而赢拿回200，有32%概率碰到对手的布而输拿回

0，计算石头的输赢分布，即0.32×（0.35×100+0.33×200 +0.32×0）=32.32。

- 我们出剪刀概率为33%，有35%概率碰到对手的石头而输拿回0，有33%概率碰到对手的剪刀而平局拿回100，有32%概率碰到对手的布而赢200，计算剪刀的输赢分布，即0.33×（0.35×0+0.33×100+0.32×200）=32.01。
- 我们出布概率为35%，有35%概率碰到对手的石头而赢拿回200，有33%概率碰到对手的剪刀而输拿回0，有32%概率碰到对手的布而平局拿回100，计算布的输赢分布，即0.35×（0.35×200+0.33×0+0.32×100）=35.07。

综合起来，32.32+32.01+35.07=100.03，扣除开始投入的100，EV=+0.03，也就是如果对手的“石头:剪刀:布=35:33:32”，我们用“石头:剪刀:布=32:33:35”的策略对抗，那么我们的EV=+0.03，长期是可以盈利的，这种混合策略不容易让对手发现而改变其最初的比例。

当然，上面只是一个混合策略，我们也可以采取“石头:剪刀:布=20:33:47”，或者“石头:剪刀:布=20:20:60”等，只要我们的布占33%以上，石头占33%以下，就是可以获利的。

布越多，石头越少，EV值就越高，也就是越利用对手的漏洞，最极端的针对是“石头:剪刀:布=0:0:100”，这样的极端策略针对初级玩家是可以的，比如在《德州扑克从新手到高手》一书的2.1节中我们学习了静态博弈，也就是说对手是新手不会改变策略，或者说改变策略的概率很低，因为他不知道怎么调整打法。

目前100个大盲以及以下筹码量的德州扑克GTO策略已经被完全解决，而筹码特别深比如300个大盲以上的筹码深度的GTO策略依然没有解决。所以人工智能想要在深筹码的情况下战胜人类还是非常困难的。

4.1.2 如何攻克德州扑克的GTO策略

我想可以从两个方面入手，即经验和数学。

1. 经验

我们可以通过6个世界顶级高手在6人桌上无限手牌的对抗，最终获得每个玩家的所有数据，然后得出近似的GTO策略。因为顶级高手之间彼此优势很小，可以忽略不计，那么彼此之间对抗的时候，打法必然会非常接近GTO策略，否则太偏离GTO策略的玩法会有损失（类似于石头剪刀布游戏中偏好某一个就容易被其他顶级高手利用）。这种根据经验的方法容易得出非常近似的GTO策略。

下面是我根据自己在高额桌和其他高手之间对抗的数据综合分析得出的100BB筹码深度的GTO策略。

（1）枪口位置

前面所有人弃牌，我们第一个加注开牌的范围是15%。

面对3bet弃牌的概率是53%。

面对3bet，我们4bet的概率是10%（面对5bet全压，我们弃牌的概率是75%，跟注全压的概率是25%）。

面对3bet，我们跟注的概率是37%。

（2）中间位置

前面所有人弃牌，我们第一个加注开牌的范围是19%。

面对3bet弃牌的概率是51%。

面对3bet，我们4bet的概率是7%（面对5bet全压，我们弃牌的概率是75%，跟注全压的概率是25%）。

面对3bet，我们跟注的概率是42%。

3bet范围是6%，弃牌范围是94%。

（3）关煞位置

前面所有人弃牌，我们第一个加注开牌的范围是29%。

面对3bet弃牌的概率是47%。

面对3bet，我们4bet的概率是13%（面对5bet全压，我们弃牌的概率是75%，跟注全压的概率是25%）。

面对3bet，我们跟注的概率是40%。

3bet范围是7%，弃牌范围是91%。

前面有人加注，而且有人跟注了加注，我们压缩的范围是7%。

（4）按钮位置

前面所有人弃牌，我们第一个加注开牌的范围是49%。

面对3bet弃牌的概率是51%。

面对3bet，我们4bet的概率是11%（面对5bet全压，我们弃牌是概率是75%，跟注全压的概率是25%）。

面对3bet，我们跟注的概率是38%。

3bet范围是7%，弃牌范围是87%。

前面有人加注，而且有人跟注了加注，我们压缩的范围是8%。

（5）小盲位置

前面所有人弃牌，我们第一个加注开牌的范围是45%。

面对3bet弃牌的概率是54%。

面对3bet，我们4bet的概率是9%（面对5bet全压，我们弃牌的概率是75%，跟注全压的概率是25%）。

面对3bet，我们跟注的概率是37%。

3bet范围是10%，弃牌范围是85%。

前面有人加注，而且有人跟注了加注，我们压缩的范围是8%。

（6）大盲位置

3bet总频率为10%（其中面对关煞位置玩家的加注我们在大盲位置3bet的范围是8%，面对按钮位置玩家是11%，面对小盲位置玩家是14%）。

如果3bet之后被4bet，我们弃牌给4bet的频率是40%，跟注4bet和全压的频率加起来是60%，弃牌范围是85%。

前面有人加注，而且有人跟注了加注，我们压缩的范围是8%。

TIPS

下面是我们面对各个位置加注玩家的3bet数据。

	面对枪口位置加注15%开牌的玩家	面对中间位置加注19%开牌的玩家	面对关煞位置加注29%开牌的玩家	面对按钮位置加注49%开牌的玩家	面对小盲位置加注45%开牌的玩家
我们3bet的范围	6%	7%	9%	12%	13%

（7）翻牌圈

持续下注的频率是53%

持续下注面对加注，我们弃牌的频率是28%，跟注和再加注的频率是72%。

面对持续下注：弃牌的频率是42%，跟注的频率是53%，加注的频率是5%。

如果是翻牌前再加注过的彩池，持续下注的频率是69%。持续下注面对加注，我们弃牌的频率是22%，跟注和再加注的频率是78%。

面对持续下注：弃牌的频率是41%，跟注的频率是56%，加注的频率是3%。

（8）转牌圈：持续下注的频率是48%。

持续下注面对加注，我们弃牌的频率是36%，跟注和再加注的频率是64%。

面对持续下注：弃牌的频率是44%，跟注的频率是50%，加注的频率是6%。

如果是翻牌前再加注过的彩池，持续下注的频率是46%。持续下注面对加注，我们弃牌的频率是31%，跟注和再加注的频率是69%。

面对持续下注：弃牌的频率是30%，跟注的频率是65%，加注的频率是5%。

（9）河牌圈：持续下注的频率是48%。

持续下注面对加注，我们弃牌的频率是69%，跟注和再加注的频率是31%。

面对持续下注：弃牌的频率是50%，跟注的频率是38%，加注的频率是12%。

如果是翻牌前再加注过的彩池，持续下注的频率是52%。持续下注面对加注，我们弃牌的频率是50%，跟注和再加注的频率为是50%。

面对持续下注：弃牌的频率是41%，跟注的频率是55%，加注的频率是4%。

注意事项：

（1）这个GTO策略适用于100BB的有效筹码深度，翻牌前按钮位置加注量为2.5BB，其他位置加注量都是3BB。3bet量为9BB，4bet量为22BB，5bet全压为100BB。

（2）GTO策略随着我们加注量大小的变化而变化，比如我们在小盲位置加注3BB，大盲位置玩家3bet到10BB，我们4bet到25BB，大盲位置玩家全压，对手全压是用90BB去博彩池中的35BB，对于大盲位置玩家的5bet全压，需要的最低成功率为90/（90+35）=72%，也就是说，如果我们面对这个全压弃牌的概率超过72%，大盲位置玩家的全压就是盈利的。所以在小盲位置的我们弃牌的最大概率不能超过72%。所以这里我们面对5bet全压的GTO策略是28%的概率跟注，72%的概率弃牌。

但是如果我们改变一下各自的加注量，比如我们在小盲位置加注3BB，大盲位置玩家3bet到8.5BB，我们4bet到22BB，大盲位置玩家全压，对手全压是用91.5BB去博彩池中的30.5BB，对于大盲位置玩家的5bet全压，需要的最低成功率为91.5/（91.5+30.5）=75%，这里我们面对5bet全压的GTO策略是25%的概率跟注，75%的概率弃牌。

（3）如果在小盲位置频繁使用平跟策略，大盲位置的策略也会发生变化。具体的计算和整个推理过程见7.2节。

（4）这个GTO策略适用于100BB筹码深度，如果对手是小筹码或者中筹码玩家，这个GTO策略就不适用了。因为小筹码和中筹码玩家起手牌范围不一样，而且翻牌前加注量、3bet、4bet、5bet量的大小都不一样，范围也不一样。所以，小筹码、中筹码玩法的GTO策略会不一样。比如，小筹码玩家比起T9s，更喜欢A9o，原因是A9o的高牌价值对于小筹码来说更加重要，筹码太小不具有投机性。而对于100BB的玩家来说，T9s在大多数时候价值比A9o要高，因为T9s在翻牌后和牌面的联系性的概率更高，胜率也会更加平滑，胜率经常会在25%～75%之间（比如中一个对子，或者顺子听牌、同花听牌，或者后面顺子听牌+高牌、后面同花听牌+高牌等），而A9o经常是要么中了对子胜率很高，要么什么都没中导致胜率很低，胜率比较两极分化，要么很高，60%以上（比如中了顶对A或者顶对9），要么很低，15%以下（比如KQx、T85这样的翻牌圈胜率就很低），导致A9o在深筹码的时候翻牌后可操作性下降。所以筹码深度越深，越是喜欢T9s这样的平滑胜率的牌。而小筹码策略就更喜欢A9o这样的牌，翻牌前用来全压也很好用。对于35～60BB的中筹码策略来说，筹码越小越喜欢A9o这样的翻牌前胜率高的牌，筹码越大越喜欢T9s这样的翻牌后可操作性高，同时胜率平滑的牌。

（5）持续下注就是延续之前激进的动作。比如，翻牌圈持续下注的频率为53%，那么这个玩家一定是翻牌前的主动加注者（也就是进攻者身份），这个玩家转牌圈持续下注的频率为48%，那么这个玩家就一定是下注了翻牌圈，接着下注转牌圈。以此类推，河牌圈的持续下注就是连续下注翻牌前、下注翻牌圈、下注转牌圈，接着再下注河牌圈的频率。这里GTO策略就是如果翻牌前加注被对手跟注了，我们会继续下注翻牌圈53%的频率、转牌圈48%的频率、河牌圈48%的频率。如果中途某一条街过牌了，后面街的下注就不叫持续下注了。

（6）翻牌前被再加注的彩池和普通加注跟注的彩池不一样，被再加注过的彩池，玩家的范围会更强（比普通加注跟注的彩池玩家的范围强很多），所以持续下注的频率会不一样，会高很多。

2. 数学

我们也可以通过数学计算出精确的GTO策略。

比如，我们在按钮位置加注2.5BB，小盲位置玩家弃牌，大盲位置玩家3bet到8.5BB，我们4bet到21BB，大盲位置玩家全压100BB。大盲位置玩家全压是用91.5BB去博彩池中的8.5+0.5+21=30BB，需要的最低成功率为91.5/(91.5+30)=75.3%，也就是我们只要面对大盲位置玩家的5bet弃牌概率大于75.3%就会被大盲位置玩家利用，所以我们面对5bet弃牌的频率为75.3%，跟注的频率为24.7%。可以看到，我们通过计算得出的弃牌给5bet的频率为75.3%，与我们经验里面总结的小盲位置玩家弃牌给5bet的频率为75%，非常接近。

数学有数学的好处，数学可以精准地计算出面对所有不同筹码量、不同加注量的不同GTO策略。比如，我们在按钮位置加注2BB，小盲位置玩家弃牌，大盲位置玩家是50BB筹码量的中筹码玩家并3bet到6.5BB，我们4bet到13BB，大盲位置玩家全压50BB。大盲位置玩家的5bet全压是用43.5BB去博彩池中的6.5+0.5+13=20BB，需要的最低成功率为43.5/(43.5+20)=68.5%。那么这里我们面对这个筹码量玩家的5bet，我们的GTO策略是弃牌的频率为68.5%，跟注的频率为31.5%。

所以通过数学计算，我们几乎可以得到对付所有不同类型玩家、不同类型加注量的GTO策略。但是数学也有数学不好的地方，就是不太明显，而且有点麻烦。但是如果你要立志成为世界顶级玩家，那么请用心计算每一个GTO策略，那将会帮助你知道怎么玩至少能不输（无论你面对多么厉害的玩家）。

本书其实还有很多计算GTO策略的章节，比如在第3章，我们计算了“小盲位置 vs 大盲位置”的GTO策略，“按钮位置 vs 小盲大盲”的GTO策略；比如在第7章非常规打法理论里面，我们计算了小盲位置激进的平跟玩家的GTO计算；比如在第8章翻牌前的再加注里面，我们计算了大盲位置再加注3bet的GTO策略。鉴于篇幅有限，我们不详细演算每一种情况下的GTO策略，因为一本书也写不完。如果读者对GTO计算非常感兴趣，可以仔细观看上面4个重点计算GTO策略的章节，学习计算GTO的思路，有了思路之后就可以自由地计算所有GTO策略啦！

4.2 GTO策略和现实的扑克

4.2.1 GTO策略的价值

GTO策略告诉我们，在什么位置能有利可图地玩什么牌，告诉我们某一个行动的频率百分比，我们可以借此构建自己行动的合理手牌范围，而且很难被对手利用。要想成为顶级玩家，彻底研究GTO策略是必经之路，它能告诉我们至少可以不败的策略。

德州扑克GTO策略教给了我们“金钟罩铁布衫”，毫无破绽的打法，类似于石头剪刀布游戏里面的各1/3策略。当我们非常了解GTO策略之后，我们就能轻易观察到对手的某一些偏离GTO策略的频率，也就是漏洞，我们就能采取对应的办法去利用对手的漏洞。比如，我们在每一条街跟注和弃牌都是有GTO频率的，如果一个玩家跟注频率远远高于GTO频率，那么这个玩家就是“跟注站”，我们可以利用对手跟注频率过高的漏洞，采取多价值下注，少诈唬的方法来克制对手。所以现实中我们会通过读牌读人找到对手策略中偏离GTO的地方，然后采取相应办法，达到利用对手的目的。

GTO策略的假设前提是所有玩家都是顶级高手，彼此之间没有优势，必然会采取GTO策略，也就是假设所有参与游戏的人都是完全理性的智者，正如很多经济学理论里面都假设参与的人都是理性人。但是现实中不是，人都是有倾向的，都会或多或少地偏离GTO策略，偏离GTO策略越远的玩家，越是差劲的玩家，当然即使是高手也会有少量稍微偏离GTO策略的时候。所以在最难对付的顶级玩家交战的时候，刚上桌一般都会采取GTO策略，至少不要被对手利用。然后边玩边观察其他玩家，找到其他玩家偏离GTO策略的漏洞，然后再采取克制这个漏洞的打法。当然，最关键的一点，当你利用别人漏洞的时候，你也偏离了GTO策略，这时候也是你最脆弱的时候，要防止第三者此时进入利用你的漏洞。用石头剪刀布游戏来阐述就是，当其他玩家出现明显漏洞的时候，比如出石头比较多，远大于33.3%，这时候我们采取的克制办法肯定是出布比较多，也远大于33.3%，此时我们也出现了偏离GTO的漏洞，此时其他厉害的玩家也可能会利用我们的漏洞。用英雄联盟或者DOTA的话来说，就是当我们特别执着想要追杀别人的时候，也是最容易被对面支援反杀的时候，因为此时我们的倾向太过于明显，走位也太过于可预测。

玩扑克的目的是利润最大化，在“永远不败而且不能盈利的GTO策略”和“偏离GTO但是利润最大化的策略”之间，我们肯定会选择利润最大化的策略。当然，利润最大化的时候也是偏离GTO最严重的时候，比如，当一个玩家石头剪刀布的比率是2:1:1，我们利润最大化的策略就是100%出布，同时我们这个策略也最大化地偏离1:1:1的GTO策略。如果对手有观察能力的话，肯定会知晓，进而减少出石头的频率，增加出剪刀的频率，这样我们利润最大化的策略就会被反利用。但是在扑克中偏离GTO策略不会像100%出布那么显眼，比如面对“跟注站”的“鱼”，我们100%价值下注，中等偏弱和很弱的牌就过牌，“鱼”也不会发现。所以在扑克中面对最初级的“鱼”，最大化地利用是毫无问题的。但是如果我们的对手不是“鱼”，而是有一定水平的玩家，或者水平很高的玩家，那么我们就不能采取利润最大化的打法，因为这样很容易被发现，所以我们会混合我们的范围，平衡打法，比如面对一个很厉害但是跟注倾向稍微偏高的玩家，我们就会在下注范围的构成中采取“强牌+中强牌+少许诈唬”的混合（加入了薄价值下注范围），而不采取“强牌+诈唬”的混合（两极分化的范围）。

4.2.2 如何利用对手的漏洞

GTO策略指出了中性的毫无破绽的玩法，但是现实中基本上不存在100%按照GTO玩法的玩家。即使是最顶级玩家也会有少量偏离GTO的打法，我们通过读牌读人找到这个漏洞，然后采取克制玩法。当然顶级玩家的嗅觉非常灵敏，当我们利用漏洞而采取偏离GTO的时候，对手也经常能知道这一点，而改变策略，反过来利用我们偏离GTO策略的漏洞。所以我们经常听人说“最顶级的玩家之间的较量就是看谁调整地更快”。还是用石头剪刀布为例，当一个顶级玩家出现稍微的漏洞，比如这个玩家策略是36：32：32的石头剪刀布出牌比例，我们就可以采取32：32：36的克制策略。如果这个玩家及时发现了我们的打法漏洞，他就会改变自己的策略，变成32：36：32这样的策略，当然如果我们发现及时，我们也会改变策略为36：32：32如此循环往复。顶级的玩家往往是调整最快的。

举例：当我们在按钮位置用49%的范围加注2.5BB偷盲，小盲位置玩家弃牌，大盲位置玩家3bet到8.5BB。大盲位置玩家再加注3bet是用7.5BB去博彩池中的1+0.5+2.5=4BB，需要的最低成功率为7.5/(7.5+4)=65.2%，也就是我们只要面对大盲玩家的3bet弃牌频率大于65.2%就会被大盲位置玩家利用。

这个玩家非常了解我们错误地认为他在大盲位置3bet的频率很低，所以面对3bet时候我们存在弃牌过多的漏洞，比如我们此时面对3bet弃牌的频率为70%，我们就会被大盲位置玩家利用。GTO指出大盲位置玩家3bet面对按钮位置的GTO 3bet频率为12%，而此时这个大盲位置玩家就能利用我们面对3bet弃牌过多这个漏洞，而采取3bet频率为14%的打法。打完这手牌，我们意识到面对3bet是不是弃牌过多了呢？大盲位置玩家是不是在提高3bet频率呢？然后心里想着下次大盲位置玩家再3bet，我们就采取弃牌频率少于65.2%的策略，比如采取弃牌频率为60%的策略。然后，这个玩家又一次3bet了，这时候他提前调整了3bet范围，这时候他变紧了，只用10%的范围3bet，比GTO频率12%少，而我们此时还减少弃牌，增多对抗的范围，那么此时我们又会被对手利用。

所以在德州扑克里，我们一定要通过读牌读人收集更多的信息来评估对手的倾向和频率，同时和GTO策略的频率做对比，找到偏离GTO策略的漏洞，然后采取相应的克制策略。同时，如果对手调整了策略，我们也要及时观察到，然后再一次调整策略。其实高级别的对抗就是这么回事儿，但是要做到更多地克制对手，更少地被对手克制其实是很难的，像《三国演义》中的诸葛亮那样每次都神奇地克制对手，基本上属于科幻故事了。在扑克中我们常常会诈唬走对手，也常常被对手诈唬走，常常抓到对手的诈唬，也常常被对手抓诈唬，所以被抓到诈唬也不要觉得没面子或者尴尬，这就是这个游戏的本质，你来我往，只是看谁的成功率更高而已。

在德州扑克中不管是高手还是“鱼”都是有弱点的，但是“鱼”会偏离GTO更多，观察力也不够，即使被最大化地利用，“鱼”也经常不会发现。所以谁能最大化地利用“鱼”的弱点，谁盈利的速度就最快。

4.3 最大化利用“鱼”的弱点

要想最大化地利用“鱼”的弱点，首先我们得在有“鱼”的桌子上，所以选择牌桌是非常重要的。即使是最厉害的玩家也会全世界地寻找“鱼”，不然那些玩家飞来飞去是为了什么，不就是找“鱼”吗?

记住：*选择牌桌比我们的扑克技术还要重要，选择我们能战胜的牌桌，选择有“鱼”的牌桌是我们战胜德州扑克的关键。*

大部分“鱼”都喜欢翻牌前平跟进池，而且是很松的平跟，这时候我们可以采取隔离打法最大化地利用鱼。在德州扑克中我们的盈利90%来自“鱼”，所以我们会有意识地加注或者3bet隔离“鱼”，希望和“鱼”单挑，这样“鱼”的损失都会成为我们的盈利，不会有第三个玩家分享。

根据“鱼”偏离GTO的倾向不一样，隔离“鱼”有三种情况。

4.3.1 隔离容易弃牌的“胆小鱼”

“胆小鱼”翻牌前平跟很多，面对我们加注，他们很可能会翻牌前直接弃牌，或跟注之后在翻牌前面对持续下注弃牌。所以我们隔离“胆小鱼”会非常广，主要追求弃牌率，翻牌前和翻牌圈两条街“胆小鱼”都有可能弃牌。

我们并不希望跟着“胆小鱼”平跟，然后引来后面的玩家都平跟，形成多人彩池，比如4人彩池，“鱼”损失任何筹码，我们只能赢1/3，因为彩池中还有其他两位职业玩家存在。所以我们更希望加注隔离“胆小鱼”，这样“鱼”的损失全部归我们所有。多跟“鱼”交手，是德州扑克盈利的不二法则。

【例4-1】NL1000，6人桌，有效筹码量1 000。

关煞位置的“胆小鱼”平跟10，我们在按钮位置加注到40，大小盲位置职业玩家弃牌，我们持有5s5c。

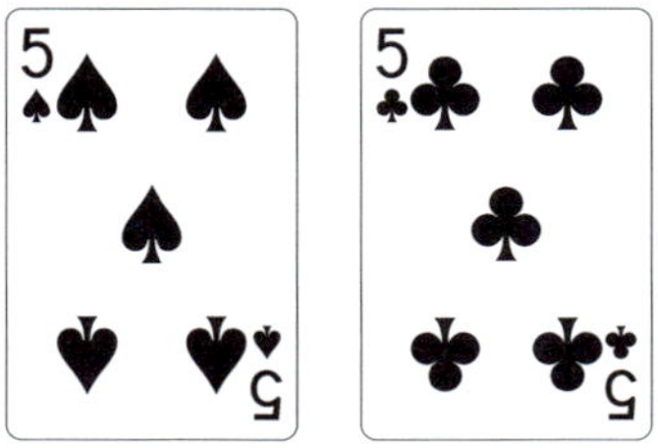

翻牌（彩池95）：

关煞位置“胆小鱼”过牌，我们下注65，“胆小鱼”弃牌。

首先我们的起手牌5s5c不是很强，翻牌前加注40并不是为了榨取价值，而是在追求弃牌率。翻牌前“胆小鱼”面对我们40的加注有可能弃牌，然后翻牌圈面对我们65的下注，“胆小鱼”也有概率弃牌。这样两条街的弃牌率足够我们用大部分牌加注隔离，然后持续下注盈利了。再加上我们的5s5c有一定价值，万一翻牌击中三条，还有可能赢大彩池，当然投机三条并不是这手牌最重要的目的，最重要的目的是争取两条街的弃牌率。盈利来自于弃牌率，而不是胜率。

很多玩家会用5s5c翻牌前也平跟，这样会导致大小盲位置的职业玩家平跟进来，导致这个KsQh9h的翻牌我们无法持续下注诈唬了，“胆小鱼”的损失也会被三位玩家平分。我们加注隔离之后，能独自享有“胆小鱼”的损失，这样盈利会最大化。

也有玩家会担心盲注位置玩家会再加注我们的隔离，这点不用太担心，原因是：

❶ 即使后面位置玩家拿到像99、KQ、AT这样的中等偏强牌，他们也只能跟注，很难再加注，毕竟我们的隔离中也是有强牌存在的，对手担心再加注之后遭遇4bet会非常尴尬。

❷ 他们再加注的范围最多也就是10%左右（5%强牌+5%诈唬），两个玩家加起来不超过20%（实际上小于20%，因为很多时候大盲和小盲同时拿到10%的起手，会有重合部分），也就是说80%的时候我们的隔离都会成功。

❸ 我们隔离加注的成功率超过80%，同时还有两条街的弃牌率，另外，我们的

5s5c还有一定价值。综合考虑这三点，翻牌前加注40隔离要比平跟更好。

在翻牌圈我们并不需要持续下注很大，往95的彩池中下注65就够了，只要“胆小鱼”平跟的牌是小对子或者小同花连牌，Ax面对65也好，面对85也好，一样会弃牌，所以我们在翻牌持续下注的量只需要65就够了，不需要更多。

另外，我们也可以采取翻牌前隔离更大，然后在翻牌“偷”更大彩池的方式，提高盈利速度。比如，翻牌前我们加注50，翻牌圈我们持续下注从“胆小鱼”身上盈利就是50，而不是之前的40。一方面，翻牌前加注大一点，会让“胆小鱼”觉得我们的牌力很强，毕竟“胆小鱼”的心理是偏悲观的；另一方面，在翻牌圈我们的持续下注经常会拿下更大的彩池。

【例4-2】NL1000，6人桌，有效筹码量1 000。

关煞位置的“胆小鱼”平跟10，我们在按钮位置加注到50，大小盲位置职业玩家弃牌，我们持有Ks8s。

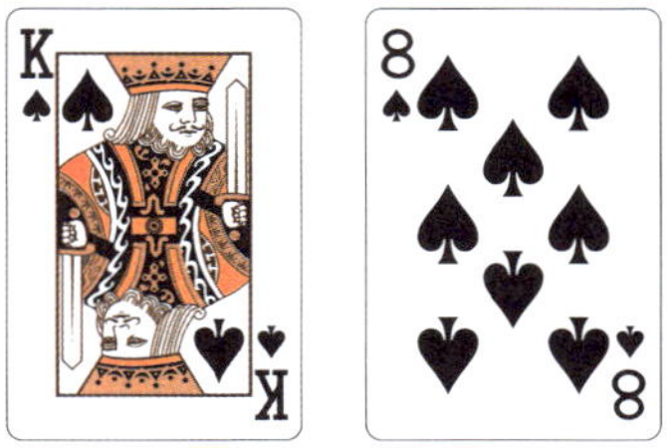

翻牌（彩池115）：

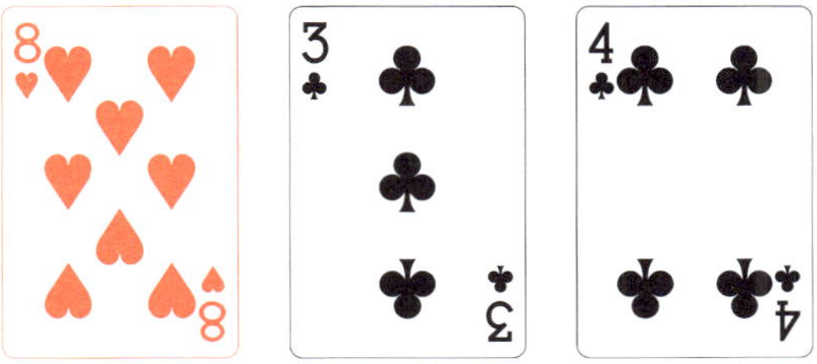

关煞位置“胆小鱼”过牌，我们下注80，“胆小鱼”跟注。

转牌（彩池275）：

关煞位置“胆小鱼”过牌，我们下注180，“胆小鱼”过牌加注全压，我们秒跟注。

“胆小鱼”玩家持有8d7d。

我们翻牌前用Ks8s加注到50并不是价值下注，而是在隔离“胆小鱼”。在翻牌圈中了顶对8之后我们价值下注，“胆小鱼”跟注。在转牌圈我们中了三条之后继续价值下注，“胆小鱼”过牌加注全压的范围里面有很多比我们三条8小的牌存在，毕竟我们的K8三条踢脚是第二好，仅次于A8，而且“胆小鱼”翻牌前会玩很多8Js～86s这样的同花连牌，所以我们秒跟注全压。

如果转牌不是8或者K，我们可以下注转牌圈，然后在河牌圈过牌。这种牌面对“胆小鱼”最多只有两条街的价值，如果“胆小鱼”在河牌圈主动下注，我们就弃牌。如果“胆小鱼”过牌河牌圈，我们也会跟着过牌，两条街的价值就够了，毕竟我们的牌力不强，而且“胆小鱼”并非“跟注站”玩家，他们跟注的质量还是比较高的。

【例4-3】NL1000，6人桌，有效筹码量1 000。

关煞位置的“胆小鱼”平跟10，我们在按钮位置加注到50，大小盲位置职业玩家弃牌，我们持有Ah5d。

翻牌（彩池115）：

关煞位置“胆小鱼”过牌，我们也跟着过牌。

转牌（彩池115）：

关煞位置“胆小鱼”过牌，我们下注90，“胆小鱼”过牌加注到360，我们弃牌。

“胆小鱼”玩家底牌是7s7d。

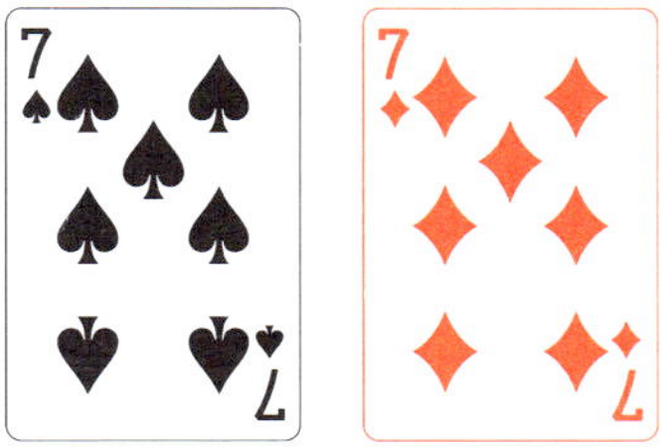

翻牌前Ah5d属于很差的起手牌，但是我们依然加注了50隔离“胆小鱼”玩家，实际上隔离“胆小鱼”玩家我们的底牌并不重要，用100%的范围加注隔离都是可以的，我们玩的不是自己的底牌，而是“胆小鱼”玩家身上过高的弃牌率。这个弃牌率足够让我们翻牌前隔离，翻牌圈持续下注而自动盈利。

然后实际中我们并没有用100%的范围隔离“胆小鱼”，原因是如果我们每次都隔离“鱼”，盲注位置的职业玩家会注意到，会开始3bet我们的隔离。我们隔离“胆小鱼”唯一需要担心的就是后面位置还没有行动的职业玩家。所以实际中我们并不能用100%的范围闭上眼睛隔离“胆小鱼”，毕竟还有其他玩家没有行动，不要做得太过分。

这手牌我们翻牌中了顶对A弱踢脚，如果面对“跟注站”玩家，我们在翻牌圈肯定会价值下注，但是面对“胆小鱼”是可以过牌控制彩池大小的。“胆小鱼”玩家跟注的质量要比“跟注站”玩家高很多，跟注的牌也很强。所以这里我们用A几乎最差的踢脚过牌控制彩池大小。

转牌圈“胆小鱼”过牌，好像安全了，我们就价值下注，希望“胆小鱼”玩家用顺子听牌、Qx、同花听牌跟注我们。但是意外的“胆小鱼”玩家过牌加注了，我们这里可以很安心地弃牌，原因是“胆小鱼”玩家十分重视自己的筹码，不愿意冒风险，所以他们的加注都是值得尊重的。我们秒弃牌。“胆小鱼”玩家秀出底牌是三条7，我们真是读到他的灵魂啊！

4.3.2 隔离“跟注站”的“鱼”

“跟注站”的“鱼”跟注倾向会特别高，所以隔离“跟注站”不是为了追求弃牌率，而是在追求价值。我们会用比较紧的牌去加注隔离“跟注站”，然后在翻牌后榨取薄的价值。隔离“跟注站”玩家的牌会比较不错，不能超过28%的起手牌。

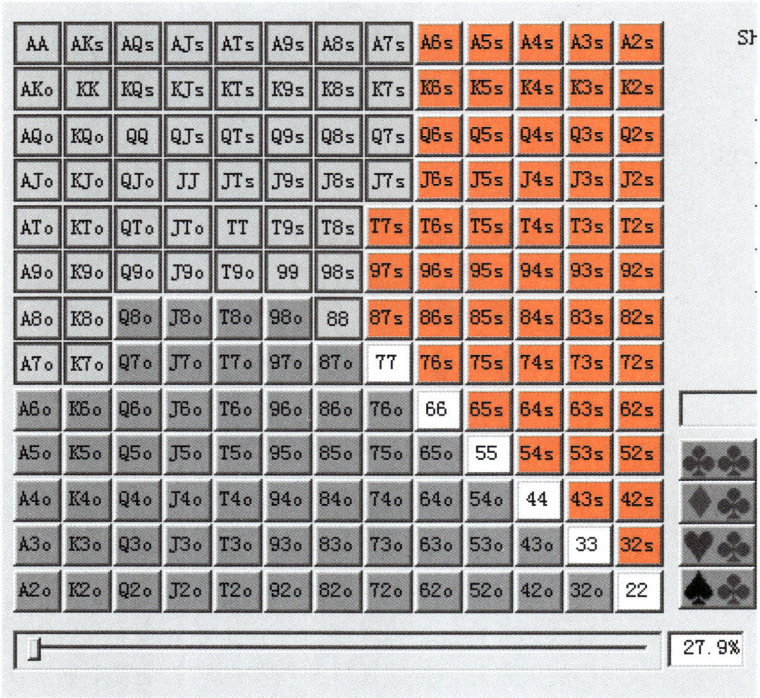

【例4-4】NL1 000，6人桌，有效筹码量1 000。

关煞位置“跟注站”平跟10，我们在按钮位置加注到40，大小盲位置职业玩家弃牌，我们持有Kh8h。

翻牌（彩池95）：

关煞位置“跟注站”过牌，我们下注80，关煞位置玩家跟注。

转牌（彩池275）：

关煞位置“跟注站”过牌，我们下注180，关煞位置玩家跟注。

河牌（彩池540）：

关煞位置“跟注站”过牌，我们也跟着过牌，关煞位置玩家持有8c9c。

❶ K8s面对“跟注站”玩家是很有优势的，因为“跟注站”玩家特别爱玩同花连牌，起手牌范围内有很多86s~8Ts，而这些牌都被K8s主导，另外K8s算比较大的同花，如果发出同花牌面，我们就是第二大同花，“跟注站”玩家经常会中小同花，使得我们会赢一个很大的彩池。

❷ 在翻牌圈我们中了中等对子8，第二大踢脚K，这里面对“跟注站”玩家

是一个很简单的价值下注，“跟注站”玩家会用很多比我们弱的牌跟注。如果对手是“胆小鱼”，我们就应过牌，因为“胆小鱼”玩家不会用比K8还差的牌跟注我们翻牌圈的下注，所以中等对子是无法从“胆小鱼”身上榨取价值的，下注只会将“胆小鱼”牌中比K8更差的牌打走，“胆小鱼”跟注的范围都会比K8强。

❸ 在转牌圈我们继续价值下注，计划河牌圈不中8或K就过牌。因为牌面依然有很多听牌存在，比如97、98、8T、Q8，甚至A9、AT、QT、Q9，而且红心同花听牌都是“跟注站”玩家跟注的范围，价值空间还是有的，所以转牌圈继续价值下注。

❹ 河牌圈出现A，我们就过牌控制彩池大小，不能再继续价值下注，我们的对子已经是第三大对子了，价值空间不大。

【例4-5】NL1000，6人桌，有效筹码量1 000。

关煞位置“跟注站”平跟10，我们在按钮位置加注到40，大小盲位置职业玩家弃牌，我们持有AhKs。

翻牌（彩池95）：

关煞位置“跟注站”过牌，我们下注80，关煞位置玩家跟注。

转牌（彩池275）：

关煞位置“跟注站”过牌，我们下注180，关煞位置玩家跟注。

河牌（彩池540）：

关煞位置“跟注站”过牌，我们下注320，关煞位置玩家用AdTd跟注。

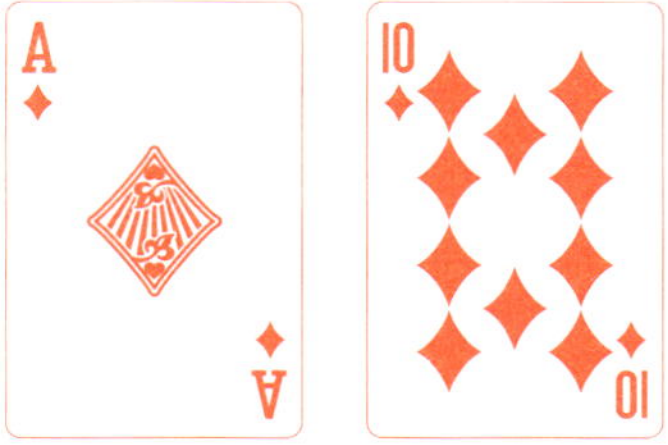

我们用AK隔离，翻牌中了顶对顶踢脚，面对“跟注站”玩家就是简单的价值下注三条街，除非牌面变得很“恶心”，比如三张连牌或者三张同花，我们才可能变得谨慎。如果转牌和河牌出现T或者红心，更要价值下注三条街。“跟注站”玩家跟注的范围内有很多Ax、同花听牌甚至Jx，他们牌力偏弱的时候就是check call check call这种打法，一旦过牌加注，我们再重新考虑他们的牌力。他们太容易暴露自己的牌力大小，中等牌或者弱牌就是一直过牌跟注，强牌就是过牌加注，所以对付他们就是默认价值下注三条街，直到遇到反抗为止。

4.3.3 隔离“疯鱼”

“疯鱼”类型玩家特别喜欢下注、加注诈唬，和他们对抗波动会比较大，但是盈利速度也很快，简单来说就是期望值EV最大，同时波动的方差也最大。我们也会隔离“疯鱼”，毕竟和他们单挑盈利速度会更快。但是我们只会用不错的牌去隔离“疯鱼”，毕竟“疯鱼”在翻牌后比较激进，我们的牌一定要能扛得住三条街甚至全压。

隔离“疯鱼”玩家，我们需要再加注隔离，其他的“鱼”都是平跟进池，而“疯鱼”都是自己加注，所以类似AQ这种不错的牌，我们就3bet隔离“疯鱼”，翻牌后中了A或者Q就是玩到全压的节奏了。通常来说，我们隔离“疯鱼”的范围是“强牌+中强牌”，比如TT以上的对子、A9+，还有任何两张T以上的高牌，比如JT、QT、KQ、KJ，用这些牌隔离的好处是我们经常是顶对，“疯鱼”再怎么下注、下注、全压，我们也不会弃牌。如果我们用76s这种牌去隔离“疯鱼”，经常只是有一个听牌或者底对子，“疯鱼”一旦激进起来，我们很难扛得住三条街，更不用说全压了。

【例4-6】NL1000，6人桌，有效筹码量1 000。

关煞位置的“疯鱼”加注30，我们在按钮位置再加注到90，大小盲位置职业玩家弃牌，“疯鱼”跟注，我们持有KsQh。

翻牌（彩池195）：

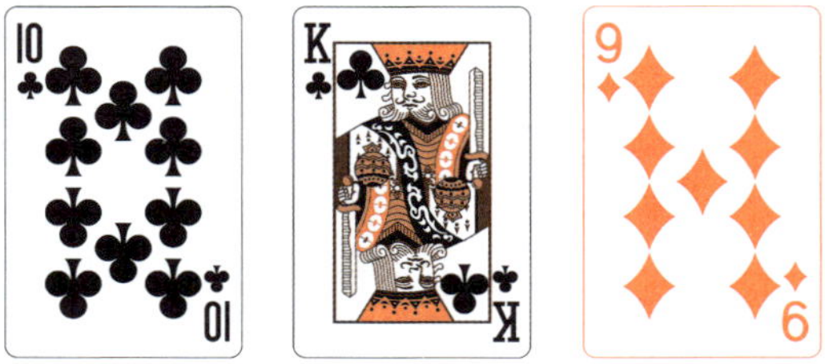

关煞位置“疯鱼”过牌，我们下注150，关煞位置“疯鱼”加注全压910，我们跟注。关煞位置“疯鱼”持有KdJd。

我们用KQo翻牌前3bet隔离“疯鱼”，翻牌中了“顶对+卡顺听牌”，“疯鱼”过牌加注全压翻牌圈，我们都不用思考，秒跟注就好。原因是“疯鱼”全压的范围非常广，有9J、9Q这样的“底对子+卡顺听牌”，有同花听牌，有QT、JT这样的“中等对子+卡顺听牌”，也有KJ、KQ这样的“顶对+卡顺听牌”，甚至还有一些顶对弱踢脚，比如K8都是有可能的。当然也有QJ顺子、两对（9T、K9、KT）、三条9、三条T的存在。

综合来看，我们的“KsQh vs 这个过牌加注全压范围”胜率为56.5%，而我们跟注760去搏彩池中的1255，跟注需要的成功率仅为760/(1255+760) =37.7%，而我们的胜率为56.5%，所以当“疯鱼”过牌加注全压的时候，我们秒跟注，胜率远高于跟注需要的最低成功率。

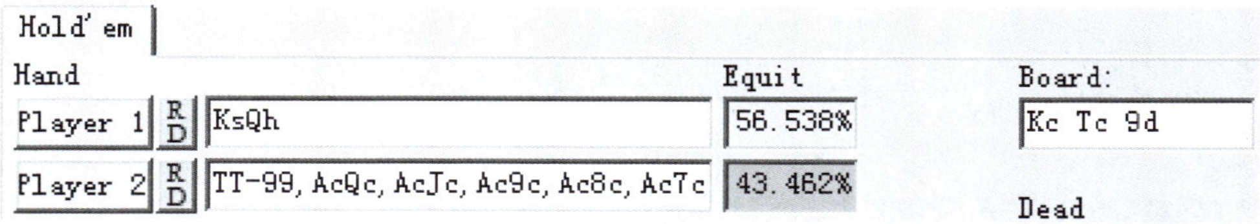

总结：

❶ 隔离“鱼”是最大化盈利的方法，要多争取和“鱼”玩牌，最好是单挑。这样“鱼”所有的筹码都会输给我们，不会有第三者分享。

❷ 隔离不同的“鱼”需要的起手牌不一样，隔离“胆小鱼”，几乎可以用任何两张牌，但是隔离“跟注站”的“鱼”和“疯鱼”就需要选择起手牌，不能用太差的牌去隔离这两种“鱼”。

❸ 有时候再加注也是一种隔离，当“鱼”加注的时候，我们也会3bet来隔离“鱼”。

❹ 隔离通常发生在自己有位置的时候，比如自己在按钮位置或者大盲位置，对手在小盲位置，如果我们本身位置很差，比如“鱼”在按钮位置平跟，我们在小盲位置，就不能用很差的牌隔离。即使对手是“鱼”，在没有位置的情况下，我们也不能进行诈唬式隔离。在没有位置的时候，我们只能用中等偏强以上的牌力去隔离“鱼”。

❺ 如果彩池中平跟的人数过多，我们也不要诈唬式隔离，比如前面有4个玩家平跟，就不要用垃圾牌隔离了，被反抗的概率很高。

Chapter 5

即扫即看

翻牌前的再加注

KEY POINT

翻牌前的再加注（3bet），跟注3bet、4bet，以及跟注4bet、5bet全压决策是所有中等水平玩家内心永远的痛，因为里面涉及复杂的数学，很多玩家都不知道该用什么牌跟注抵抗偷盲，也不知道用什么牌3bet别人的偷盲，3bet范围里该混合多少诈唬多少强牌，面对对手的3bet该怎么办，有多大的概率去跟注3bet，用什么牌去跟注3bet，多大概率4bet，用什么牌4bet，以及面对4bet该用什么牌去5bet全压诈唬。

5.1 翻牌前再加注的数学演算

数学不会骗人，能告诉我们所有扑克动作后面的动机，用最朴实的语言诠释每个激进的扑克决策。为了简单起见，只计算大小盲注之间的3bet、4bet和5bet，这样后面没有没行动的玩家，理解起来简单一些。

1. 大盲位置玩家3bet范围的数学计算

小盲位置玩家加注3BB，大盲位置玩家3bet到10BB，小盲位置玩家4bet到24BB，大盲位置玩家全压100BB。

先看看如果小盲位置玩家面对大盲位置玩家的3bet，会4bet诈唬到24BB，也就是说小盲位置玩家冒着21BB（24−3）的风险去4bet抢彩池中的13BB，那么小盲位置玩家的4bet诈唬最小成功率为21/(21+13) =61.8%，即如果大盲位置玩家的3bet范围面对小盲位置玩家的4bet弃牌率超过61.8%，小盲位置玩家就无风险4bet获得利润。

为了不让小盲位置玩家4bet无风险获利，大盲位置玩家面对4bet弃牌率要小于61.8%，也就是说“大盲位置玩家 vs 小盲位置玩家的4bet”抵抗概率要不小于38.2%，如果“大盲位置玩家 vs 小盲位置玩家的4bet”策略是5bet全压或弃牌，没有跟注4bet的范围，那么大盲位置玩家5bet全压频率最少要38.2%。

如果大盲位置玩家抵抗4bet策略里面有5bet全压，也有跟注4bet打翻牌后，那么大盲位置玩家抵抗4bet的概率应该远高于38.2%，因为一旦跟注4bet打翻牌后，小盲位置玩家的4bet诈唬牌也会有一定的实现胜率，而不是像面对5bet全部弃牌。既然小盲位置玩家的4bet诈唬范围在翻牌后能得到部分实现胜率，那么我们跟注抵抗不代表一定会拿下彩池，所以抵抗的范围要高于38.2%，准确来说应该抵抗45%~50%。

小盲位置玩家4bet的EV公式如下：

EV=13*大盲弃牌%-21*大盲5bet全压%+（48*E*R-21）*大盲跟注4bet%

公式解释：大盲位置玩家面对4bet弃牌，那么小盲位置玩家获得彩池中的13BB死钱。大盲位置玩家5bet全压，那么小盲位置玩家就损失4bet诈唬的21BB（24BB的4bet量扣去之前已经投入的3BB偷盲的死钱，注意：已经投入彩池的死钱不再属于我们此次4bet决策的风险投资，此次4bet的风险投资为21BB），大盲位置玩家跟注4bet之后彩池总量为48BB，小盲位置玩家在48BB的总彩池中占的股份为“胜率E*实现率R”，自己在最终彩池48BB之中占的股份减去21BB的4bet投资风险就等于跟注4bet彩池中的纯利润。

从上面的公式中可以看出，如果大盲位置玩家只会5bet或者弃牌，不会跟注4bet，公式最后的大盲跟注4bet%为0，只剩下公式前面的5bet%和弃牌%。如果大盲位置玩家抵抗的策略是5bet和跟注4bet，那么公式的最后一部分就存在了，小盲的4bet诈唬范围的胜率也得到了部分实现，那么大盲抵抗率就应该高于38.7%，一般说来应该抵抗45%~50%，为了方便记忆，我们默认抵抗50%。这个50%的抵抗概率告诉我们在大盲位置4bet的范围中有一半诈唬，一半是可以5bet和跟注4bet的范围。

从第3章中我们知道在大盲位置3bet小盲的百分比为小盲加注的1/3，也就是如果小盲加注偷盲的概率为X，那么大盲3bet的概率为X/3，里面有50%的诈唬和50%的中强牌和超强牌。

50%的诈唬或者50%的中强牌和超强牌的3bet范围构成有两种可能性：

❶ 小盲位置玩家面对3bet很少跟注，要么4bet要么弃牌，那么我们3bet的范围里面就不需要有中等强牌，只需要5bet的超强牌和面对4bet弃牌的诈唬牌，也就是说我们的3bet范围会两级分化。面对这类玩家我们3bet范围里面有X/6超强牌和X/6纯诈唬。

❷ 小盲位置玩家面对3bet会频繁跟注，很少4bet，那么我们3bet的范围里面就没有诈唬，多一些中等强牌和超强牌。面对这些玩家我们3bet范围里面有X/6超强牌和X/6中强牌。

2. 小盲位置玩家应对大盲位置玩家3bet的数学计算

假设小盲位置玩家加注偷盲的概率为40%，加注大小为3BB，大盲位置玩家3bet到10BB，小盲位置玩家4bet到24，大盲位置玩家全压100。

大盲位置玩家的5bet全压诈唬的EV公式如下：

EV=34*小盲弃牌%+（200*E−90）*小盲跟注5bet%

公式解释：小盲位置玩家面对5bet弃牌，那么大盲位置玩家获得彩池中的34BB（24+10）死钱。小盲位置玩家跟注5bet之后彩池总量为200BB，大盲位置玩家的5bet诈唬牌在200BB的彩池中占的股份为胜率E，自己在最终彩池200BB之中占的股份减去90BB的5bet投资风险就等于小盲跟注5bet彩池中的纯利润。

小盲位置玩家4bet准备跟注全压的牌是5.1%的范围，也就是99+、AQ+，大盲位置玩家5bet全压诈唬范围为Axs和小对子，“Axs和小对子 vs （99+、AQ+）”胜率为33.7%。

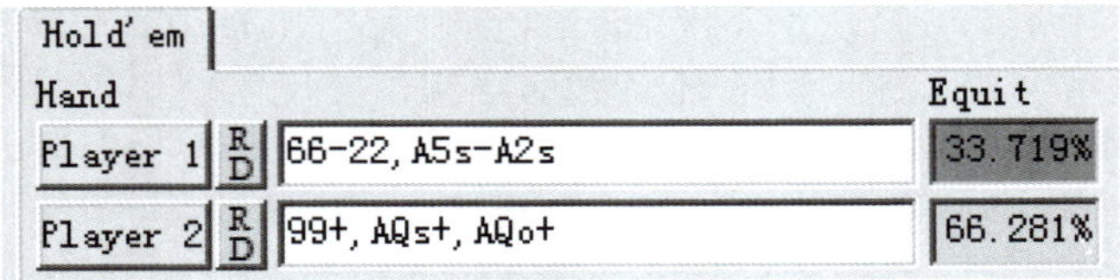

假设小盲位置玩家面对5bet全压弃牌的概率为X，那么跟注5bet的概率就是（1−X）。

大盲位置玩家5bet全压诈唬的EV=34X +（200*0.337−90）*（1−X）。

大盲位置玩家5bet全压诈唬的EV=0（临界点）时，X=40%。

也就是说，只要小盲位置玩家面对5bet全压弃牌率大于40%，那么大盲位置玩家的诈唬5bet就有利可图，即5bet获利无风险。

所以，小盲位置玩家跟注5bet的概率为40%以上，为了方便记忆，我们就记住4bet之后面对5bet全压，有50%概率跟注。

这个跟注5bet的50%概率说明了小盲位置玩家4bet范围中一半是诈唬，一半是能跟注全压的。

我们再回到大盲位置玩家3bet小盲位置玩家翻牌前的3BB加注，大盲位置玩家3bet到10BB诈唬，需要小盲位置玩家最少9/13=69%的概率弃牌，大盲位置玩家的3bet诈唬才有利可图。

小盲位置玩家抵抗3bet频率要高于31%，因为抵抗的范围中有跟注抵抗和4bet抵抗，而跟注抵抗又让大盲位置玩家的3bet诈唬牌实现了部分胜率，所以小盲位置玩家抵抗3bet频率要高于31%，实际上在40%~50%，为了方便记忆，我们也简单记住50%抵抗3bet就行了。

实际中，“小盲位置玩家 vs 大盲位置玩家3bet”的抵抗范围构成为4bet强牌范围为5.1%（99+、AQ），4bet诈唬范围为5%（4bet范围中一半是诈唬，一半是能跟注全压的），还有40%*50% − 5% −5%=10%的跟注3bet范围（因为我们翻牌前加注范围为40%，抵抗3bet频率为50%，那么抵抗范围就为40%*50%=20%，其中有5%的4bet强牌范围和5%的4bet诈唬范围，还剩下10%的跟注3bet范围）。

我们4bet诈唬的范围为跟注3bet范围的底端，也就是40%的加注范围中最次的20%的牌面对3bet弃牌，然后是5%的牌4bet诈唬，中间10%的牌跟注3bet，顶端5%的牌4bet准备全压。

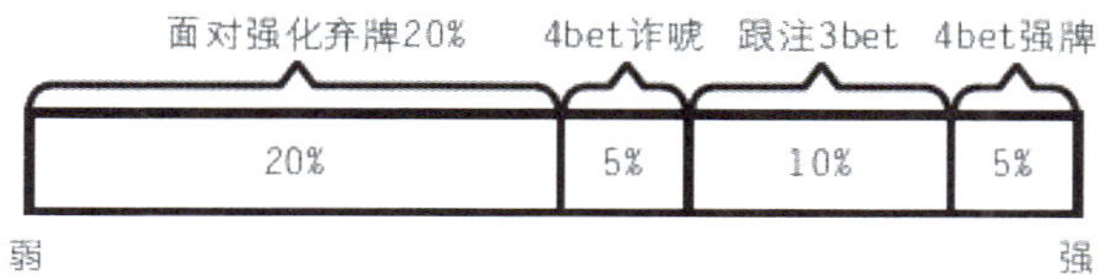

40%起手牌范围

最终我们得出：

❶ 小盲位置玩家偷盲起手牌全范围构成是40%加注偷盲3BB，60%弃牌。面对3bet的话，会丢掉20%的弱牌，用20%的牌抵抗3bet，其中中间10%用来跟注3bet，顶端5%用来4bet准备全压，下面5%的中等偏弱牌用来4bet诈唬。

❷ 大盲位置玩家面对小盲位置40%的范围偷盲3BB，会用1.2*40%=48%的范围抵抗，其中有40%/3=13.3%的3bet范围，还有48% － 13.3%=34.7%的跟注范围。剩余的52%的弱牌面对3BB偷盲就弃牌。大盲位置玩家用13.3%的范围3bet之后，如果小盲位置玩家4bet，大盲位置玩家就用13.3%中一半的牌全压，一半的牌弃牌，也就是说大盲位置玩家13.3% 的3bet范围中也有一半是强牌，一半是诈唬。但是“vs喜欢跟注3bet很少4bet的玩家”，大盲位置玩家的3bet范围就是一半强牌，一半中强牌，没有诈唬。

TIPS

以上的计算为GTO策略计算，也就说我们假设大盲位置玩家和小盲位置玩家都是完美的高手。比如，在计算小盲位置玩家4bet的范围时，我们代入了大盲位置玩家3bet的范围为小盲位置玩家加注范围的1/3，即我们直接假设了对手是高手。如果大盲玩家水平比较低，小盲玩家是可以加注40%以上，甚至达到60%以上，以上计算是假设小盲和大盲都是顶级高手的前提下，偷盲，再加注3bet，再加注4bet以及5bet全压达到的纳什均衡最优解。所以，上面计算的结果是理论上没法被对手利用的GTO范围，也就说vs这个范围构成，无论对手怎么打都无法盈利。但是当我们发现对手偏离这个GTO策略，比如面对3bet弃牌过多，我们就3bet多一点，高于13.3%；比如面对加注偷盲弃牌高于50%，我们就可以用超过40%的牌加注3BB偷盲等等。

5.2 现实偏离GTO的例子

❶ 如果小盲位置玩家的偷盲概率为40%，加注量为3BB，面对3bet弃牌的概率为70%，有20%概率跟注，10%的概率4bet。我们3bet的比例应该为多少？

在GTO理论中，我们3bet到9BB，对手只要弃牌率高于8/12=66.7%，我们的3bet就是有利可图的。

GTO理论告诉我们，小盲位置玩家面对3bet弃牌的GTO概率为50%（40%加注偷盲范围中丢掉最差的20%），跟注3bet的GTO概率为25%（40%加注偷盲范围中跟注中间胜率的10%），4bet的GTO概率为25%（40%加注偷盲范围中，4bet诈唬范围为5%、4bet强牌范围为5%）。

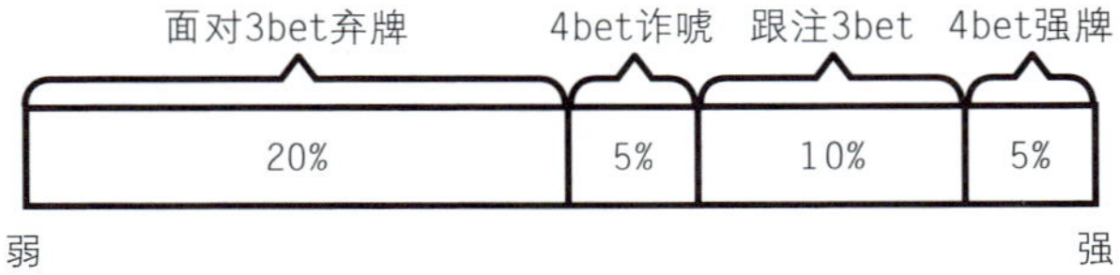

40%起手牌范围

当对手的实际弃牌率远高于GTO弃牌率50%，我们应该多一些3bet。本来我们GTO策略的3bet范围为40%/3=13.3%，但是实际中，我们面对这个明显存在漏洞的玩家，会采取高于13.3%的3bet策略，比如用18%的手牌范围3bet小盲位置玩家。

当然我们18%的3bet范围也偏离GTO，只不过我们是利用了对手的漏洞，所以当对手的策略偏离GTO的时候，我们为了克制对手的策略，也会相应偏离GTO策略。

最极端的情况是，对手是超级“鱼”的玩家，面对3bet几乎100%弃牌，我们就几乎100%来3bet，最大化地利用对手的漏洞。

TIPS

只要偏离GTO策略，就是存在漏洞的。为了利用对手偏离GTO的漏洞，我们自己也会偏离GTO策略，当然最好的情况是，我们通过读牌读人读到对手的漏洞，后手采取针对策略。一般刚上桌，我们会采取GTO策略，读到对手的倾向和漏洞之后再采取克制策略，后发制人。

❷ 如果小盲位置玩家的偷盲概率为40%，加注量为3BB，面对3bet弃牌的概率为20%，跟注3bet的概率为40%，4bet概率为40%。我们3bet的比例应该为多少?

在GTO理论中，我们3bet到9BB，对手只要弃牌率高于66.7%，我们的3bet就是有利可图的。

GTO理论告诉我们，小盲位置玩家面对3bet弃牌的GTO概率为50%（40%加注偷盲范围中丢掉最差的20%），跟注3bet的GTO概率为25%（40%加注偷盲范围中跟注中间胜率的10%），4bet的GTO概率为25%（40%加注偷盲范围中，4bet诈唬范围为5%、4bet强牌范围为5%）。实际上这个玩家面对3bet弃牌的概率为20%，远低于GTO弃牌概率50%，我们应该减少3bet，同时减少3bet诈唬。本来我们GTO 策略的3bet范围为13.3%，其中6.6%是诈唬，6.6%是强牌，但是面对这个超级凶又不爱弃给3bet的玩家，我们3bet的范围应该从GTO的13.3%变为10%，其中5%是超强牌（99+、AQ+），5%是中强牌（KTs、KJs、KQs、KJo、KQo、AJo、AJs、ATs、QJs以及88）。

我们在大盲位置抵抗偷盲的范围依然为40%×1.2=48%，但是只会用10%的牌去

3bet这个超级凶的小盲位置玩家，其中5%是超强牌，5%是中强牌。另外有38%的范围是跟注小盲加注的范围，还有52%的弃牌范围。

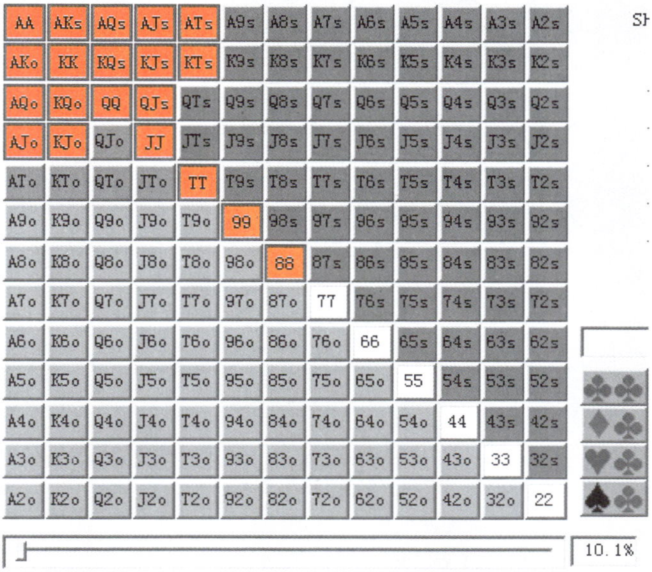

我们的策略当然也是偏离GTO策略的，但是我们先读到对手策略的漏洞，采取后手克制的策略，就能实现盈利。

5.3 再加注的动机

我们再加注对手一定是有好处才会这么做，那么哪些好处值得我们去3bet对手呢？

1. 隔离“鱼”

当一个玩家水平很差，我们对他有位置，可以3bet他，然后让后面没有行动的玩家15%以下的起手牌都弃牌，让我们可以经常和“鱼”单挑而最大化盈利，毕竟扑克最大的利润来自于“鱼”，多和“鱼”玩牌是永恒的原则。

【例5-1】NL1000，6人桌，1 000筹码量。

关煞位置的“鱼”加注30，我们拿着AsQs在按钮位置3bet到100，“鱼”跟注，小盲位置玩家的7s8s弃牌，大盲位置玩家的3s3d弃牌。

❶ 翻牌（彩池215）：

“鱼”过牌，我们持续下注120，“鱼”跟注。

转牌（彩池455）：

我们过牌，“鱼”下注200，我们跟注。

河牌（彩池855）：

我们过牌，“鱼”全压580，我们秒跟注。

“鱼”的底牌是：

可以从这手牌中看到，和“鱼”单挑的好处是我们很容易读到“鱼”的牌，当我们知道我们牌力领先时能够赢大彩池。

❷ 翻牌（彩池215）：

“鱼”过牌，我们持续下注120，“鱼”跟注。

转牌（彩池455）：

“鱼”下注300，我们弃牌。

可以从这手牌中看到，和“鱼”单挑还有一个好处是：我们很容易知道牌力落后了，输一个小彩池。

2. 拿到主动权

在德州扑克中有主动权的玩家在翻牌后会更有优势，这个叫先手优势，作为进攻方，手牌范围顶端有AA、KK、AK、QQ、JJ、AQ等非常强的牌，在很多高牌的牌面，可以合理发动诈唬。被动跟注3bet的防守方手牌范围里强力牌很少，在某些高牌的牌面很难代表有强牌，容易被打走。换句话说，主动权的进攻方范围里是包括超强牌的，被动防守方范围里很少有超强牌，一般只是中强牌而已。

【例5-2】NL1000，6人桌，1 000筹码量。

按钮位置玩家加注30，我们用KhQh在小盲位置3bet到100，大盲位置玩家弃牌，按钮位置玩家跟注。

❶ 翻牌（彩池210）：

我们过牌，按钮位置玩家下注110，我们加注到300，按钮位置玩家弃牌。

按钮位置玩家持有7s8s，翻牌中了对子7，面对我们的KhQh有48%的胜率，但是为什么会弃牌呢？就是因为我们翻牌前的3bet范围里面能合理代表有AA、KK、QQ、JJ等超对，对手知道我们翻牌过牌加注，转牌就是全压，所以才放弃跟注翻牌的加注。

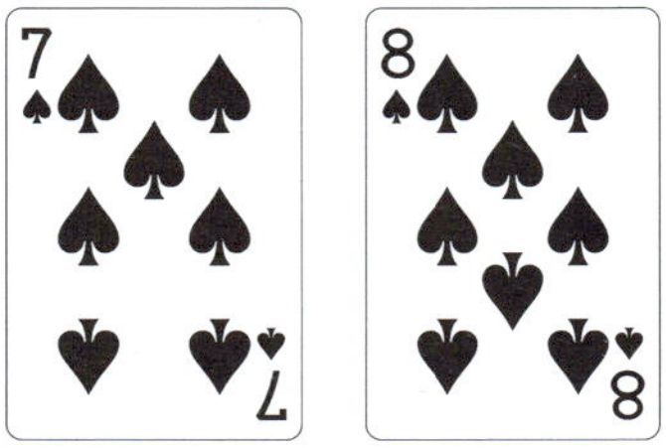

❷ 翻牌（彩池210）：

我们持续下注120，按钮位置玩家弃牌。

因为这个翻牌击中了3bet范围中太多的高端范围AK、AQ、JJ，对手只能在翻牌圈弃牌。毕竟我们作为进攻方的手牌范围没有上限，而对手作为防守方的手牌是有上限的。另外，进攻方不仅能利用手牌的胜率，还能争取到很多弃牌率。

3. 平衡自己的范围

我们不能让自己的3bet范围全部都是JJ、QQ、KK、AA和AK，这样对手太容易知道我们3bet范围太强，3bet时他们很容易丢掉AQ，如果我们将87s、A5s等牌混合到3bet范围中，对手的决策就没那么容易了。

另外，如果我们3bet范围太偏向于高端牌，那么当翻牌发出三张小牌时，对手可以100%加注翻牌圈诈唬我们，而且面对加注，我们的超对都是非常难打的，毕竟对手知道我们的3bet范围偏向于高端强牌，翻牌前就用很多小牌跟注我们，三张小牌的牌面能合理代表顺子、两对、三条。

【例5-3】 NL1000，6人桌，1 000筹码量。

按钮位置玩家加注30，我们用8s7s在小盲位置3bet到100，大盲位置玩家弃牌，按钮位置玩家跟注。

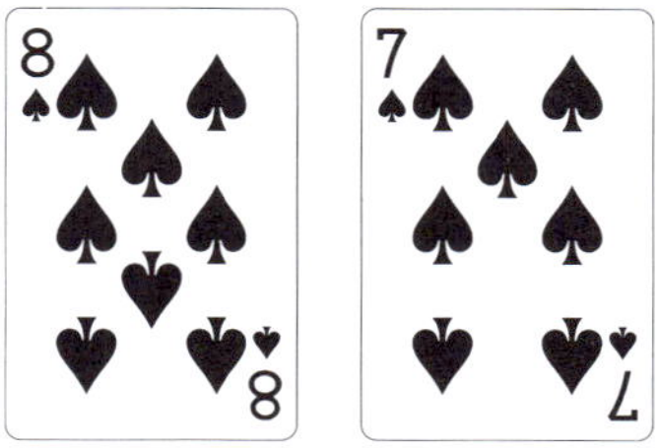

❶ 翻牌（彩池210）：

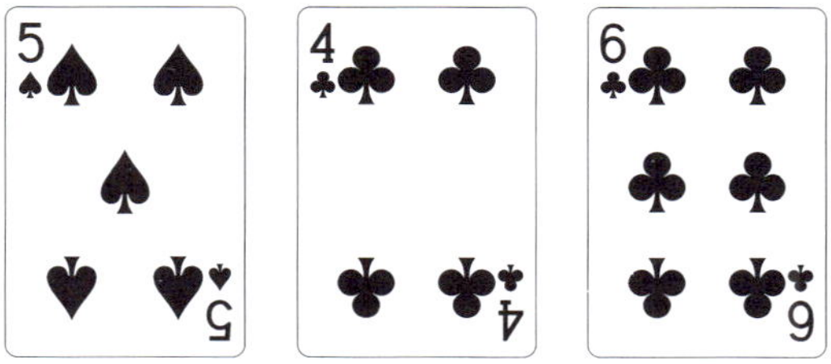

我们持续下注120，按钮位置玩家加注到300，我们跟注。

转牌（彩池810）：

我们过牌，按钮位置玩家全压，我们秒跟注。

按钮位置玩家持有：

为什么按钮位置玩家敢于在翻牌圈加注，是因为认为我们的3bet范围偏高牌，

在三张小牌的牌面最多只有一个超对，即使是超对，面对这个牌面的加注都是非常麻烦的。转牌出现一张完美的诈唬牌3的时候，按钮位置玩家毫不犹豫发动诈唬。因为转牌这张3完成了太多顺子听牌，对于超对来说几乎是噩梦一般的存在，一般超对都会在这个转牌圈过牌弃牌。

❷ 翻牌（彩池210）：

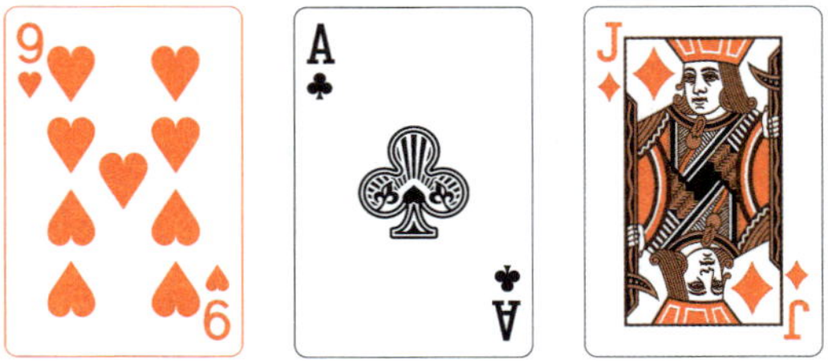

我们持续下注120，按钮位置玩家跟注。

转牌（彩池450）：

我们继续下注240，按钮位置玩家丢掉KcQc。

为什么我们在翻牌圈和转牌圈下注能得到尊重？因为我们的3bet范围里有很多AQ、AK、AA和JJ存在，我们能合理代表有这些牌，所以对手不太敢加注诈唬我们，也不太敢继续缠打我们。

高低端混合的3bet范围给我们带来很多好处，我们在低端牌面不再那么害怕对手加注，在高牌牌面也能很有说服力地发动诈唬。

4. 促使对手情绪化

面对职业玩家或者容易情绪化的玩家，我们会有意调整3bet频率，就像在第1章中介绍“心理偏差”时讲的那样，调整自己的3bet频率找到让对手情绪化的机会。比如，刚刚上桌我们用8s7s来3bet一个玩家，过了4手牌，我们非常幸运地拿到了AA，这时候我们继续3bet这个玩家，这个玩家就很容易4bet反抗我们。如果连续30手牌都没有拿到JJ+、AK，我们就不再3bet这个玩家。

这个设局式的3bet的好处是靠天吃饭，如果运气好，对手很容易认为我们在乱来或者认为我们在欺负他，而采取过激的4bet以及5bet全压策略让我们赢得巨大彩池。这种打法对那些自视甚高、自尊心很强的玩家非常管用，经常能让他们情绪化，用平常会弃牌的牌跟我们全压。

【例5-4】NL1000，6人桌，1 000筹码量。

按钮位置玩家加注30，我们用8s7s在小盲位置3bet到100，大盲位置玩家弃牌，按钮位置玩家弃牌。

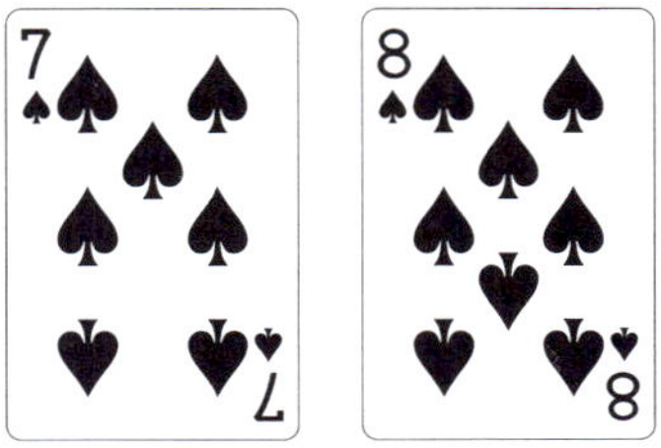

到了第5手牌，还是这个玩家在关煞位置加注30，我们在按钮位置3bet到100，这个玩家4bet到240，这次我们用AsAd跟注。

翻牌（彩池495）：

这个玩家下注300，我们全压760，这个玩家秒跟注，玩家持有KsQc。

平常情况下这个玩家都不会用KsQc这种牌4bet，即使4bet也只是认为自己在4bet诈唬，翻牌后会比较谨慎，翻牌中了Q也是过牌看情况。但是我们连续在5手牌内3bet这个玩家两次，使得这个玩家带有情绪了，迫不及待想要反击我们，这时候他忘记了KsQc只是4bet诈唬的，翻牌中了Q之后，认为自己无法弃牌了，索性下注300，导致自己只剩下460的筹码，当我们全压之后，彩池里面有1555，这个玩家手上只剩下460，已经无法弃牌了。

5. 对手面对3bet弃牌过多

还是刚才的例子，小盲位置玩家的偷盲概率为40%，加注量为3BB，面对3bet弃牌的概率为70%，有20%的概率跟注，有10%的概率4bet。

本来Q7s不在GTO策略3bet的13.3%范围中，但是由于对手面对3bet弃牌太多，达到70%，远远偏离了50%的GTO策略，我们的3bet范围就从13.3%增加到18%，Q7s就是新增的3bet诈唬的牌。

5.4 压缩打法

前面有一个玩家加注，后面有玩家跟注，然后我们再加注，就称为压缩（squeeze）打法，squeeze和3bet差不多，唯一的不同是squeeze是多人之间，3bet是两个人之间。

【例5-5】NL1000，6人桌，100倍有效筹码量。

我们在枪口位置用9h9d加注30。

按钮位置玩家跟注30，小盲位置玩家squeeze到140，大盲位置玩家弃牌，此时我们怎么办?

小盲位置玩家的squeeze打法让我们的99非常尴尬，如果我们全压，又担心碰到JJ+的对子，毕竟这些牌都在squeeze范围中，而且对手squeeze的大小是14BB，我们100BB筹码量需要跟注11BB投机三条，而且按钮位置玩家还没有行动，有可能我们跟注之后，按钮位置玩家再加注全压，我们跟注的11BB就打水漂了。

1. 我们用哪些牌squeeze

一般我们喜欢用在多人彩池中不好打的牌来squeeze，比如AQo，前面一个玩家加注，一个玩家跟注，我们拿着AQo，跟注不是特别好打，因为AQo一般只能中一个顶对，在多人彩池中单个顶对不是特别强的牌，所以AQo不太适合多人彩池。

但是小对子55在多人彩池中就表现很好，一旦翻牌中了暗三条，基本是最大的牌了。所以，我们一般倾向于用AQo来squeeze，用55 跟注来玩多人彩池。

还有一些牌既可以单挑，又可以多人彩池，所以squeeze和跟注都是可以的，比如76s、J9s、ATs、9Ts等同花连牌适合squeeze之后单挑，也适合跟注打多人彩池。

下图为一个正常玩家的squeeze范围，大概10%的范围。

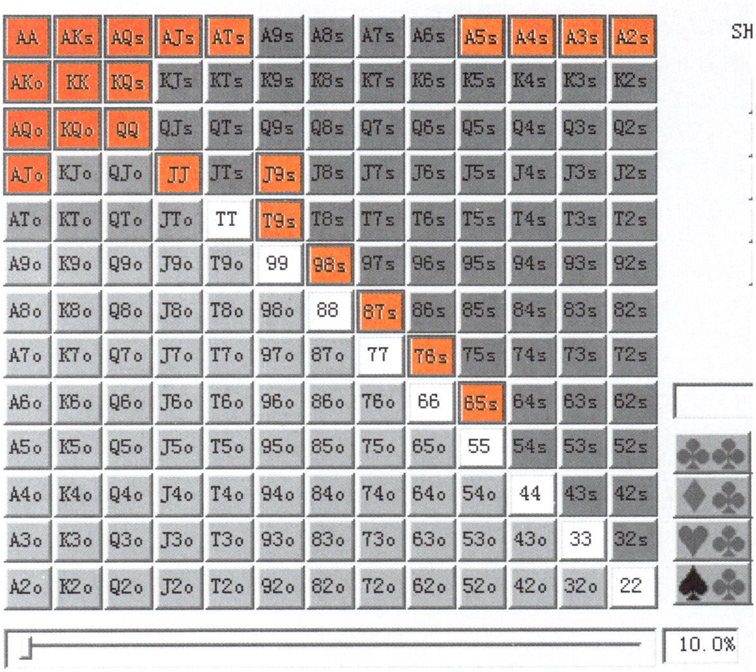

当然图中有些牌我们是squeeze之后准备全压的，比如QQ+、AK，而AQo、AQs、JJ算是中等牌力，如果一个玩家面对我们的squeeze全压很多，我们就用AQo、AQs、JJ也跟注全压。

还有一些牌是半诈唬牌，比如AJo、KQo、AJs、ATs、A2s~A5s以及小同花连牌，这些牌都是希望玩家弃牌或者跟注打翻牌后，最不愿意看到玩家再加注或者全压。

在高额桌里，很多玩家在小盲位置甚至从不跟注其他人的加注，也就是说，小盲位置没有冷跟注的范围。比如，前面有一个玩家加注，小盲位置的手牌范围构成为15%的3bet范围、85%的弃牌范围、0%的跟注范围。如果大盲位置玩家特别喜欢squeeze，这样的小盲范围构成是没有问题的。如果在小盲位置还是很松的跟注，面对大盲位置玩家的squeeze就特别难打，即使在小盲位置拿着KJo跟注按钮位置玩家的加注，大盲位置玩家squeeze到13BB，还是会很难打，如果跟注，翻牌后就没有位置，KJo也不是特别好的牌，如果再加注诈唬到26BB，大盲位置玩家也有很好的赔率跟注打翻牌后，如果全压，一旦被跟注胜率就非常低了。

【例5-6】NL1000，6人桌，1 000筹码量。

按钮位置玩家加注30，小盲位置玩家跟注，我们拿着AsQd在大盲位置squeeze到130，按钮位置玩家弃牌，小盲位置玩家跟注。

翻牌（彩池290）：

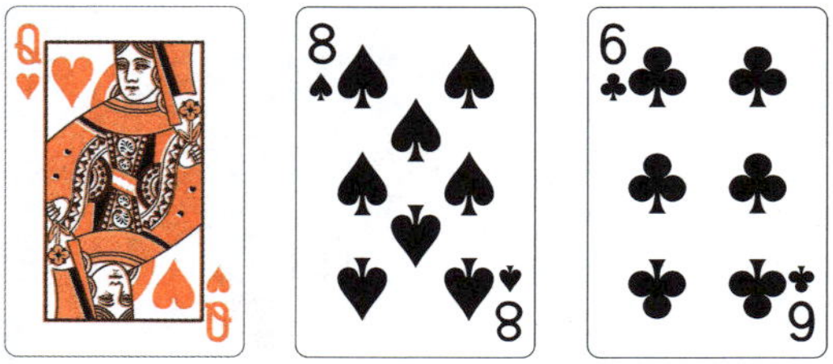

小盲位置玩家过牌，我们下注140，小盲位置玩家跟注。

转牌（彩池570）：

小盲位置玩家过牌，我们下注240，小盲位置玩家跟注。

河牌（彩池1050）：

小盲位置玩家过牌，我们全压490，小盲位置玩家用JsQs跟注。

AQo这种牌在三人彩池里不是特别好打，原因是经常中不了对子，而且跟注之后相对位置很差，被夹在两个玩家中间，即使中了对子，在多人彩池里顶对也不一定是最好的。像顶对这种牌适合玩低筹码彩池比的彩池，翻牌前投入的筹码多，筹码量是彩池的几倍，就很好打了，如果筹码量是翻牌彩池的几十倍，顶对就不是很好打。

这里我们用AQo在大盲位置squeeze之后，有几个好处：

❶ 取得了位置优势，squeeze之后，小盲位置玩家和我们的大盲位置单挑。

❷ 创造了一个筹码彩池比SPR=5左右的彩池，这种低SPR的彩池很适合AQo这样的高牌。

❸ 因为有先手优势，在很多牌面不中的话，也能持续下注诈唬拿下彩池。

2. 如何应对其他玩家的squeeze

先深入了解一下squeeze打法的数学计算。

假设按钮位置玩家加注3BB，我们在小盲位置用55跟注，大盲位置玩家squeeze到13BB，按钮位置玩家弃牌，100BB筹码量的我们怎么办？

❶ 如果大盲位置玩家squeeze之后跟注我们全压的范围为JJ+、AK，即3%的范围，我们的“55 vs 3%的跟注全压范围”胜率为33.2%。

Hand			Equit
Player 1	RD	55	33.217%
Player 2	RD	JJ+, AKs, AKo	66.783%

假设大盲位置玩家面对我们全压弃牌的概率为X，那么跟注的概率就是$1-X$。大盲位置玩家弃牌时，我们获得彩池中的19BB。大盲位置玩家跟注时，我们依然有33.2%的概率赢106BB，还有66.8%的概率输97BB。

$$EV=X\times 19+(1-X)\times(0.332\times 106-0.668\times 97)$$

可以算出X>61%时，EV>0。

因为跟注的范围为3%，跟注的概率为1−61%=39%，那么squeeze的概率为0.03/0.39=7.7%，也就是说，对手squeeze范围里除了3%的超强牌外还混合至少4.7%

以上的诈唬，我们的55全压才有利可图。

❷ 如果大盲位置玩家 queeze之后跟注我们全压的范围为99+、AQ+，即5.1%的范围，我们的“55 vs 5.1%的跟注全压范围”胜率为35.5%。

Hand			Equit
Player 1	R D	55	35.525%
Player 2	R D	99+, AQs+, AQo+	64.475%

$$EV=X\times 19+(1-X)\times(0.355\times 106-0.645\times 97)$$

可以算出$X>56.8\%$时，EV>0。

因为跟注的范围为5.1%，跟注的概率为1−56.8%=43.2%，那么squeeze的概率为0.051/0.432=11.8%，也就是说，对手squeeze范围里除了5.1%的超强牌外还混合至少6.7%以上的诈唬，我们的55全压才有利可图。

一般来说，面对suqeeze，我们会用AQo、TT、JJ跟注squeeze打翻牌后，会用22~99诈唬全压（如果对手的squeeze里超过一半的牌是诈唬的话，就可以用22~99全压100BB），当然AA、AK、KK、QQ面对squeeze一般可以全压100BB。

另外，如果知道后面有一个玩家特别喜欢squeeze，我们会用JJ+、AK跟注前面的加注，等着后面的玩家squeeze，然后全压。这种打法叫冷跟注引诱squeeze。

5.5 跟注4bet

如果100BB筹码量，我们在按钮位置3bet关煞位置玩家的3BB加注到10BB，对手4bet到23BB，我们持有As5s能跟注吗?

1. 跟注的理由

❶ 跟注赔率很好，用13BB去博彩池里的34.5BB，从彩池赔率来说只需要27.4%的胜率就可以跟注。

❷ 跟注有位置优势，利用位置优势翻牌后读牌会更好，而且每条街最后一个行动，能找到机会偶尔发动半诈唬。

❸ 跟注在翻牌圈有很好的赔率，因为4bet翻牌圈持续下注量一般只有半个彩池，如果中了对子或者听牌，翻牌圈可以继续跟注。

2. 不能跟注的理由

❶ 胜率劣势，面对对手的4bet范围，As5s肯定是落后的，大概只有31%的胜率。

❷ 翻牌后筹码彩池比很小，容易粘池。

3. 评估是否跟注

假设关煞位置玩家4bet范围内完全没有诈唬，只有3.5%的强牌范围（TT+、AK），“As5s vs 3.5%范围”胜率为31%。

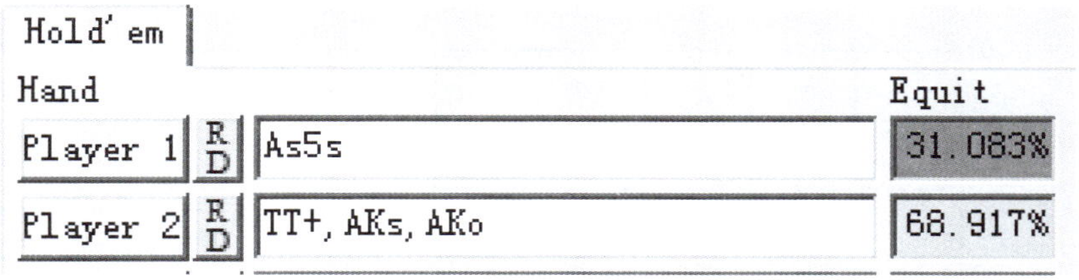

我们可以再仔细看看“As5s vs 3.5%范围”击中翻牌的详情，评估我们的As5s是否适合在有位置的情况下跟注4bet。

下图为“As5s vs 3.5%范围”的击中翻牌胜率详情（利用ProPokerTools计算）。

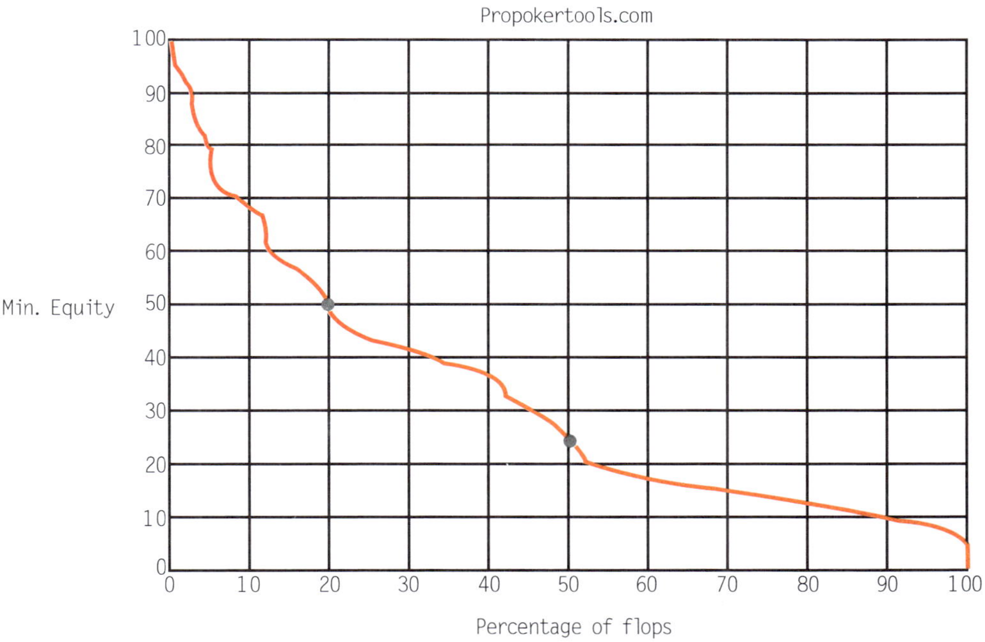

从图中我们可以得知:

❶ 胜率70%~100%的翻牌圈有8%，也就是说有8%的翻牌会让As5s击中超强牌，拥有绝对优势，可能是两对、三条、顺子以及“顶对+同花听牌”。

❷ 胜率30%~100%的翻牌圈有44%，也就是说在翻牌后具有可玩性的翻牌圈占44%，有56%的翻牌圈胜率过低，不具备可玩性。

4. 跟注4bet的牌型

我们来看看大家喜欢跟注4bet的牌型：对子55、小同花连牌7s8s以及大同花连牌KsQs。

（1）“55 vs 3.5%范围”的击中翻牌胜率详情

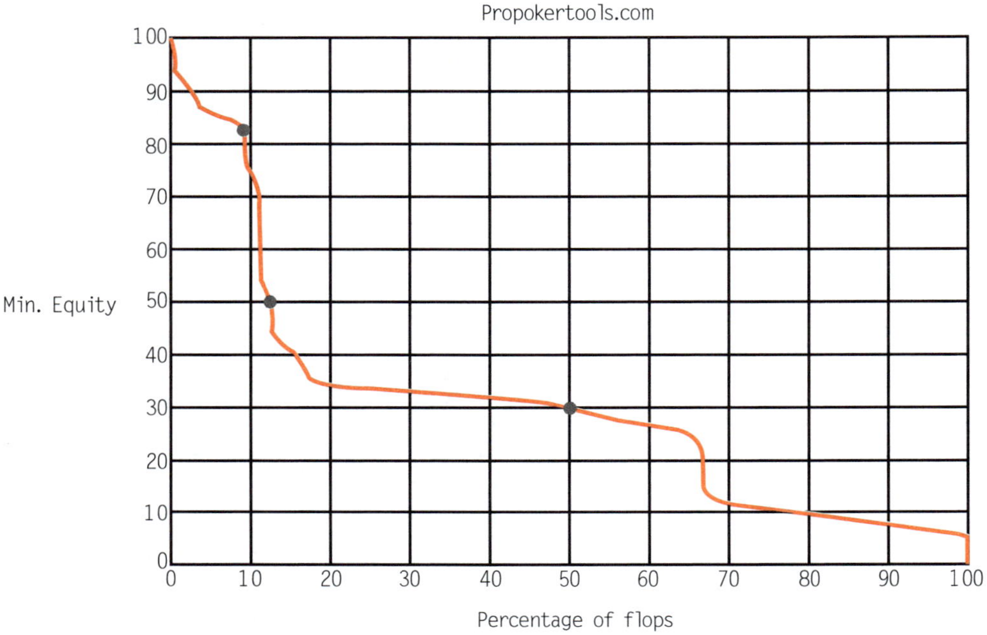

从图中我们可以得知：

❶ 胜率70%~100%的翻牌圈占11%，也就是说，有11%的翻牌会让55击中超强牌，拥有绝对优势，应该是击中三条的概率是11%。

❷ 胜率30%~100%的翻牌圈占50%，主要原因是很多翻牌让AK没有击中A和K，55就有了50%+的胜率，但是并不代表具有可玩性，毕竟大部分翻牌有很多高牌，55翻牌后没法玩。

小对子跟注4bet的话，翻牌后要么击中超强牌三条，要么是空气牌只能弃牌，这在100BB筹码量时投机赔率是不够的，如果是200BB的筹码量，由于有隐含赔率还是可以跟注的，所以在100BB筹码量下小对子不适合跟注4bet，毕竟翻牌后没中三条就是空气牌，很难做出一些半诈唬的打法，基本没有可操作性，位置优势也就不那么有用了。

（2）“7s8s vs 3.5%范围”的击中翻牌胜率详情

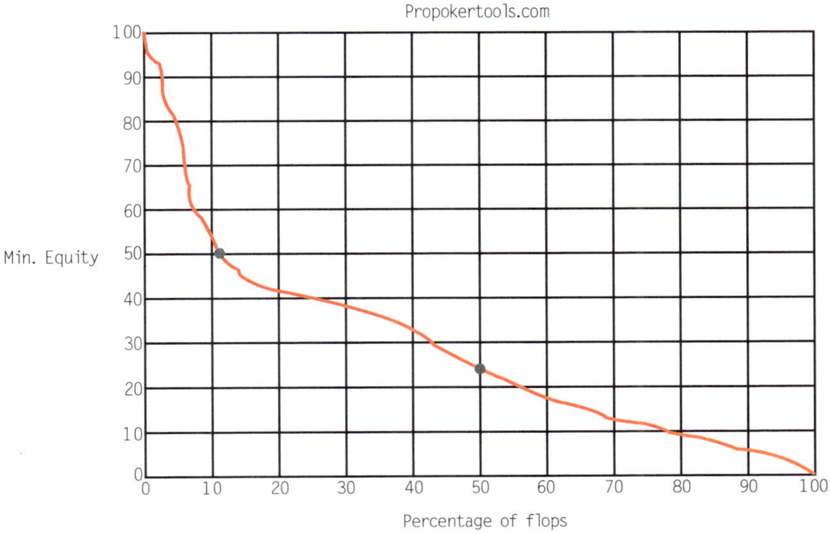

从图中我们可以得知：

❶ 胜率70%~100%的翻牌圈占6%，也就是说，有6%的翻牌会让7s8s击中超强牌，拥有绝对优势，应该是击中两对、三条、成牌顺子、成牌同花。

❷ 胜率30%~100%的翻牌圈占42%，也就是说，有42%的翻牌会让7s8s击中对子或者同花听牌或者顺子听牌，而在翻牌圈拥有30%以上的胜率，这些牌可操作性不错，翻牌后位置可以发挥很大的作用。

（3）“KsQs vs 3.5%范围”的击中翻牌胜率详情

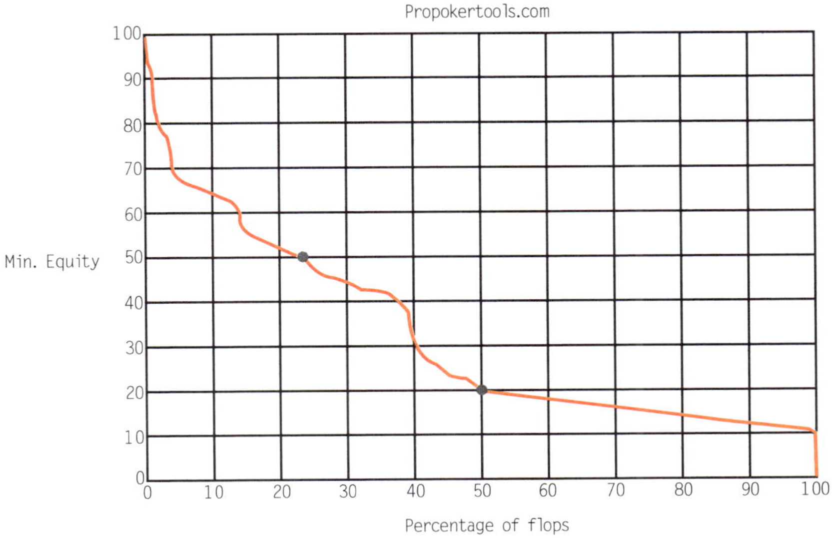

从图中我们可以得知：

❶ 胜率70%~100%的翻牌圈占4%，也就是说，有4%的翻牌会让KsQs击中超强牌，拥有绝对优势，应该是击中两对、三条、成牌顺子、成牌同花。

❷ 胜率30%~100%的翻牌圈占40%，也就是说，有40%的翻牌会让KsQs击中对子或者同花听牌或者顺子听牌。

总的来说，KsQs不太适合跟注4bet，原因是：和3.5%的范围撞车了，很容易被主宰。如果中了K，担心被AK主宰踢脚，如果有了顺子听牌，很容易让对手成三条，所以KQ这样的中高牌不适合跟注对手特别高端的4bet范围。

（4）从上面的击中翻牌之后可操作性分析，100BB筹码量跟注4bet的顺序是"小同花连牌>A同花>对子>中高牌"，其中：

❶ 小同花连牌比较适合在有位置的情况下跟注4bet，毕竟翻牌前赔率很好，翻牌后经常能中，常常能缠打，找好时机发动半诈唬抢彩池。

❷ A同花一方面有同花听牌的可能性，另一方面击中A可以轻松赢下TT、JJ、QQ、KK，还有一点因为有A的阻挡牌，翻牌出现A的概率很低，因此对手的AK在翻牌击中顶对A的概率也很低，所以我们的A同花甚至能最小加注诈唬没有A的翻牌，从AK手上抢走彩池。

❸ 小对子要么击中三条，要么是空气，翻牌圈有5个outs以上听牌的可能性几乎为0，所以翻牌后不具备可操作性，没有多少通过半诈唬拿下彩池的机会。

❹ KQ等高牌由于和3.5%的范围重合度过高，容易被主宰踢脚，而且，如果有听牌就需要AJT这三张牌中的两张，而这三张牌都容易击中对手的3.5%的范围，所以KQ等高牌不适合跟注4bet。

5. 强牌范围击中翻牌的可能性

下面我们再分析一下对手3.5%的范围击中各种翻牌的可能性，针对击中概率低的翻牌我们可以发动诈唬或半诈唬。

对手3.5%范围构成是：AK（16种组合）、AA（6种组合）、KK（6种组合）、QQ（6种组合）、JJ（6种组合）、TT（6种组合）。

如果我们持有As5s，对手范围里面AK击中顶对的概率为28.7%。

德州扑克总共52张牌，现在知道了4张牌，我们的As、5s以及对手的A、K，翻牌必须从剩下的48张牌中发出，其中有2张A和3张K，即A和K共有5张，没有A和K的牌有43（48−5）张，3张翻牌中没有A也没有K的概率为（43/48）×（42/47）×（41/46）=0.713，那么翻牌发出A或者K的概率是1−0.713=28.7%。

简单来说，由于我们持有As5s阻挡了一个A，导致AK击中翻牌的概率更低了，在某些没有A和K的翻牌，我们可以加注翻牌圈诈唬或半诈唬。

【例5-7】NL1000，6人桌，1 000筹码量。

关煞位置玩家加注30，我们拿着As5s在按钮位置3bet到100，关煞位置玩家4bet到230，我们跟注。

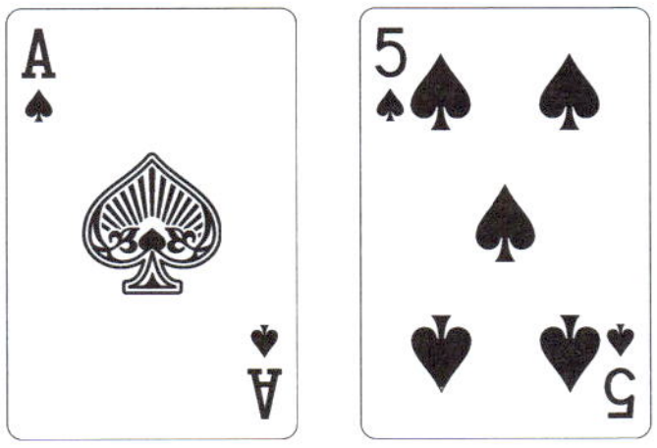

❶ 翻牌（彩池475）：

关煞位置玩家持续下注200，手上还剩下570，我们可以全压770。

我们用770去博彩池中的675，对手会用QQ（3种组合）、KK（6种组合）、AA（6种组合）跟注，JJ有50%概率（3种组合）、TT有50%概率（3种组合）跟注。那么对手跟注的概率为(3+6+6+3+3)/46=45.6%，“As5s vs 对手跟注范围”胜率为13.9%，对手跟注的话，我们有13.9%的概率赢675+570=1245，有86.1%的概率输770。

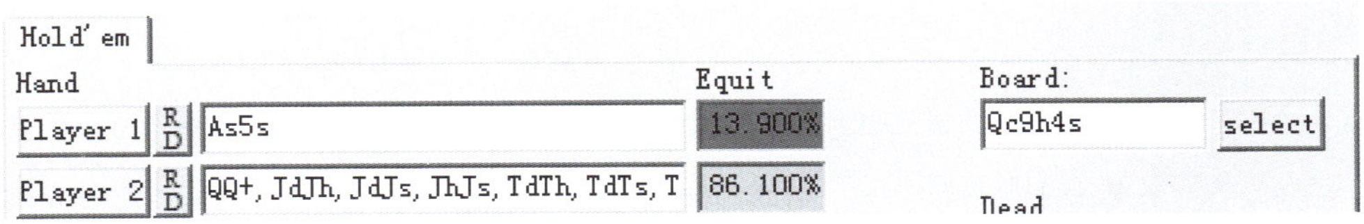

对手有1-45.6%=54.4%的概率弃牌，让我们拿下彩池675。

EV=0.456×(0.139×1245-0.861×770)+0.544×675=+143.8

也就是说，在Qc9h4s的翻牌圈，我们的As5s全压是+EV，会净赚143.8。

❷ 翻牌（彩池475）：

关煞位置玩家持续下注200，我们怎么办？

出现A的翻牌时，对手范围中的KK、QQ、JJ、TT共52%的牌会很难打，如果对手是100%持续下注，也就是用KK、QQ、JJ、TT也会持续下注翻牌圈，那么我们可以用翻牌最小加注打法或者全压打法，毕竟翻牌圈听牌特别多，对手的KK、QQ、JJ、TT可能会跟注。

面对有思考力的玩家，我们如果在翻牌圈最小加注到400，对手很可能怀疑我们是听牌而跟注翻牌圈，转牌圈由于粘池而跟注我们全压。

当然也有人会问，这里中了顶对A弱踢脚具有摊牌价值，属于中等牌力，为什么要加注翻牌圈呢？我认为，面对对手的AK，我们很难弃牌，即使对手在转牌圈继续下注，我们多半也会跟注。我们目前能做的就是让对手的KK、QQ、JJ、TT付出最大代价。翻牌加注是一个很好的代表诈唬的打法，能让很多思考性玩家抓我们诈唬。

假设对手的KK、QQ、JJ、TT有50%的概率抓诈唬，我们翻牌圈最小加注相当于全压了770，毕竟任何转牌圈都会全压。

我们用770去博彩池中的675，对手会用QQ（3种组合）、KK（3种组合）、JJ（3种组合）、TT（3种组合）、AA（3种组合）、AK（8种组合）跟注。那么对手跟注的概率为(3+3+3+3+3+8)/46=50%，“As5s vs 对手跟注范围”胜率为54.9%，对手跟注的话，我们有54.9%的概率赢675+570=1245，有45.1%的概率输770。

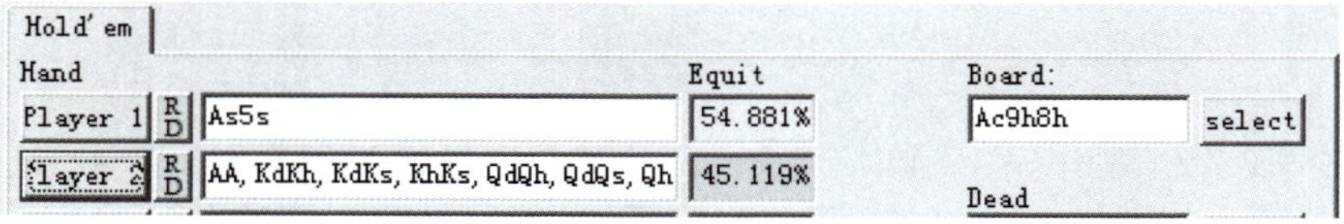

对手有50%的概率弃牌，我们拿下彩池675。

$$EV=0.5\times(0.549\times1245-0.451\times770)+0.5\times675=+505$$

也就是说，在Ac9h8h的翻牌圈，我们的As5s加注全压是+EV，会净赚505。

这个EV计算是基于对手会100%在翻牌圈持续下注200，而且面对我们最小加注会用50%的KK、QQ、JJ、TT抓诈唬。如果对手是那种翻牌没有中A就过牌的玩家，我们会在翻牌圈、转牌圈或者河牌圈其中一条街下注半个彩池，试图从对手的KK、QQ、JJ、TT中榨取价值。如果对手用AK过牌加注全压翻牌圈，其他的牌过牌弃牌，我们就跟着过牌翻牌圈，如果转牌是7或者T就主动全压，试图诈唬走AK。

❸ 翻牌（彩池475）：

关煞位置玩家持续下注200，我们可以全压770半诈唬。

这样的翻牌击中我们的跟注4bet范围，虽然只是中了一个对子5，但是这个牌面很吓人，很容易让我们击中两对、顺子、三条，对手的超对面对这个牌面很多都会弃牌，如果全压被跟注我们也有30%的胜率。

【例5-8】NL1000，6人桌，1 000筹码量。

关煞位置玩家加注30，我们拿着8s7s在按钮位置3bet到100，关煞位置玩家4bet到230，我们跟注。

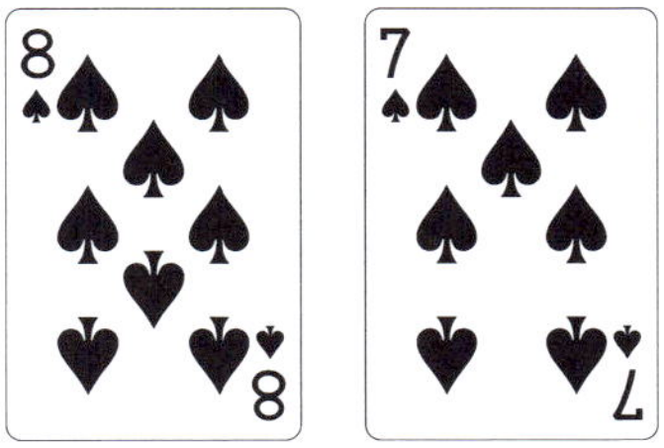

❶ 翻牌（彩池475）：

关煞位置玩家持续下注200，手上还剩下570，我们可以全压770。

我们用770去博彩池中的675，对手会用QQ（3种组合）、KK（6种组合）、AA（6种组合）跟注，JJ有50%（3种组合）、TT有50%（3种组合）概率跟注。

那么对手跟注的概率为(3+6+6+3+3)/46=45.6%，“8s7s vs 对手跟注范围”胜率为30.7%，对手跟注的话，我们有30.7%的概率赢675+570=1245，有69.3%的概率输770。

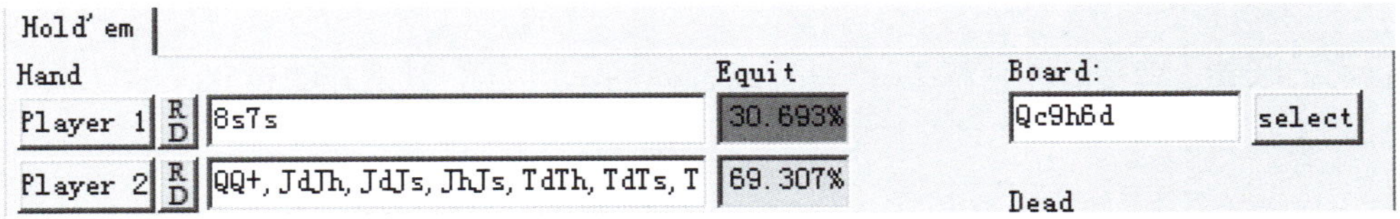

对手有1−45.6%=54.4%的概率弃牌，我们拿下彩池675。

$$EV=0.456\times(0.307\times1245-0.693\times770)+0.544\times675=+298.5$$

也就是说，在Qc9h6d的翻牌圈，我们的8s7s全压是+EV，会净赚298.5。

❷ 翻牌（彩池475）：

关煞位置玩家持续下注200，我们怎么办？

在这个翻牌圈8s7s胜率很低，只有20%，毕竟AK中了顶对，TT~KK都比对子8大，所以胜率只有20%。在这个翻牌圈要么弃牌，要么加注翻牌圈诈唬倾向于持续下注TT~KK后面对加注弃牌特别高的玩家，跟注的话转牌圈半诈唬的机会不是很多，所以跟注不是很好。

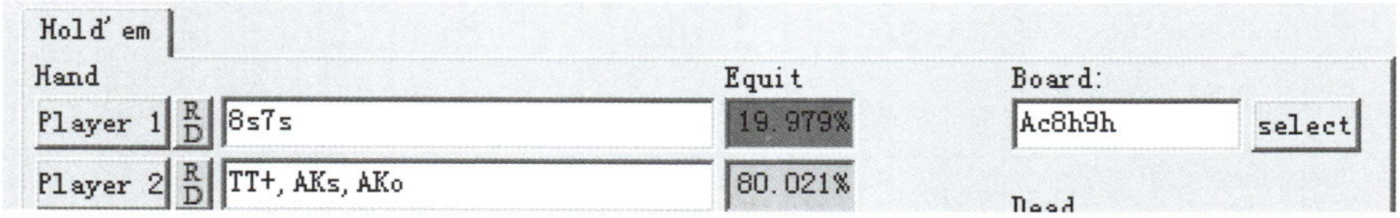

❸ 翻牌（彩池475）：

关煞位置玩家持续下注200，我们可以全压770半诈唬。

这样的翻牌击中我们的跟注4bet范围，虽然只是中了一个对子7+顺子听牌，但是这个牌面很吓人，很容易让我们击中两对、顺子、三条，对手的超对面对这个牌面很多都会弃牌，如果全压被跟注我们也有56%的胜率。

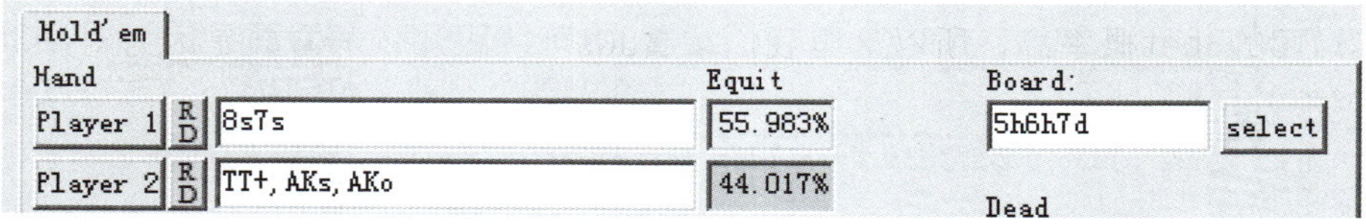

当然，我们不是只用A同花、小同花连牌跟注4bet，我们也会用AK、AA、KK、QQ跟注4bet，这些超强牌混合A同花以及小同花连牌的范围就构成了我们的跟注4bet范围，这样会让我们的翻牌加注全压更具有说服力，毕竟我们很多时候确实翻牌前慢玩了QQ、KK、AA以及AK，使我们能在Axx以及Qxx的翻牌可以很有说服力地发动半诈唬。

5.6 再加注彩池的翻牌后打法

【例5-9】NL1000，6人桌，1 500筹码量。

我们在按钮位置拿着JsQs加注30，大盲位置玩家3bet到100，我们跟注。

翻牌（彩池205）：

小盲位置玩家持续下注130，我们跟注。

转牌（彩池465）：

小盲位置玩家过牌，我们下注198，小盲位置玩家弃牌。

这手牌，因为我们的筹码量是1500，有150BB的筹码深度，对手3bet比较多，要比GTO的3bet概率高，所以这里我们拿着JQs可以跟注，一方面是因为对手3bet多，“QJs vs 对手的3bet范围”有36%以上的胜率，另一方面是我们既有150BB筹码深度，又有位置，翻牌后可以利用位置做很多事情，比如找到时机发动诈唬，或者中了顶对之后将彩池控制在对我们有利的大小。

翻牌是QT9r，我们中了“顶对+两端顺子听牌”，面对对手130的下注，我们只能跟注，原因是如果加注，不能让更好的牌弃牌，比如KQ、AQ、KK、AA、KJ、9T、QT以及暗三条、两对都是不会弃牌的，另外对于这些牌，我们的“顶对+两端顺子听牌”有34.8%的胜率，胜率不错，但是从150BB的筹码深度来说，一旦对手再加注，我们就处在非常尴尬的境地，全压会让我们处于34.8%的胜率劣势，弃牌的话34.8%的胜率也会被打走，很不甘心。

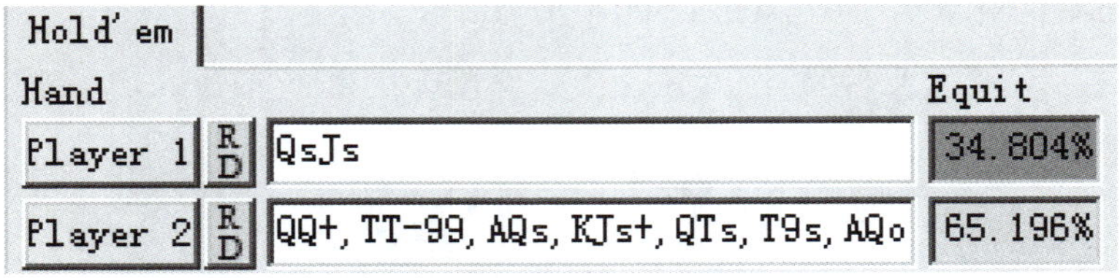

所以，我们跟注对手的130持续下注更好，加注是很差的选择。

转牌让我们中了三条Q，对手过牌，我们下比1/2彩池更小一点的注，原因是转牌圈有很多同花听牌、顺子听牌，以及对手的KK、AA、JJ、JT、9J会在转牌圈过牌跟注控制彩池大小，所以我们在转牌圈下注量要小，希望这些牌能继续跟注我们，也不让听牌看到免费牌。

最后对手弃牌了，对手应该是拿着AK或者65s之类的牌。

【例5-10】NL1000，6人桌，1 500筹码量。

关煞位置玩家加注30，我们用5s4s在大盲位置3bet到100，关煞位置玩家跟注。

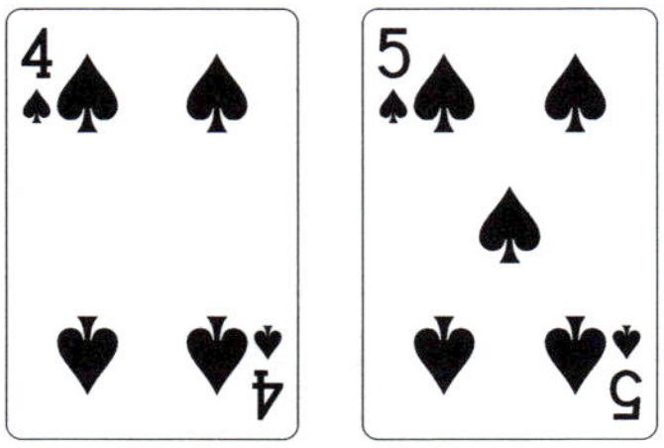

翻牌（彩池205）：

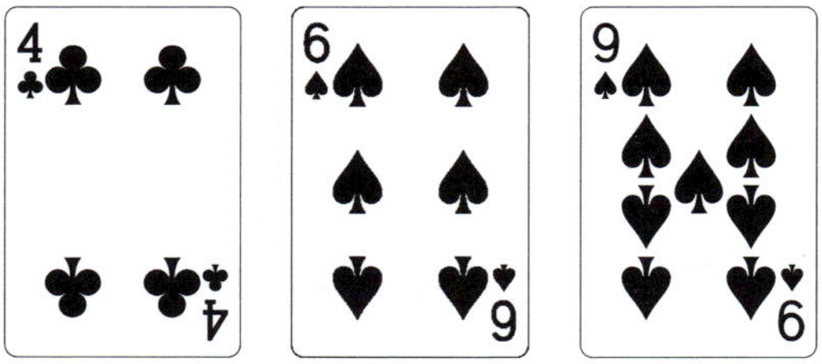

我们下注140，关煞位置玩家弃牌。

翻牌前45s在我们的跟注范围底端，也就是说，在我们3bet诈唬的范围中，因此我们选择了3bet诈唬，对手跟注。

翻牌对我们非常有利，即使对手是顶对或者超对，我们的“对子+同花听牌”也有50%左右的胜率，问题是我们在翻牌圈要下注还是过牌？

下注有两个好处：

❶ 我们能继续代表AA、KK、QQ等超对。如果过牌多半代表没有这些牌，而且过牌跟注会暴露只是中了一个对子。

❷ 能直接拿下彩池，打走对手不错的胜率。比如对手有TJ的时候，面对我们的“对子+同花听牌”有20%的胜率，不算太低，能打走这样的胜率也是不错的。

如果我们翻牌过牌也有一点好处，就是能引诱对手发动诈唬。比如对手的底牌是JTo，如果我们过牌，对手会下注，我们过牌跟注抓诈唬，另外也可以让对手自己去扮演同花听牌，毕竟我们有同花听牌的话会主动持续下注，不会过牌，当转牌或者河牌出现黑桃的时候，对手会疯狂发动诈唬来扮演同花。

所以决策的依据在于对手的倾向，如果对手翻牌后比较直接不是特别疯狂，那么我们下注比过牌跟注好，因为常常能直接拿下彩池，打走对手不错的胜率，即使对手加注，我们依然可以跟注或者全压。如果对手翻牌后的风格是特别疯，那么我们应该过牌跟注，给对手一个机会来诈唬，我们一旦中了两对、三条或者同花，对手会付给我们一大笔筹码。

如果翻牌不是4c6s9s，而是5c8s9s呢？

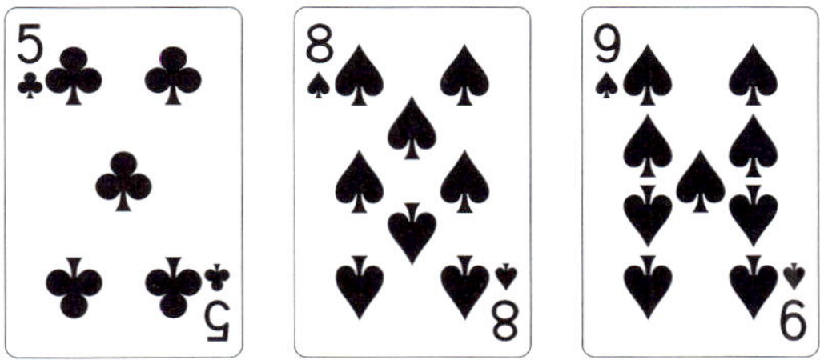

5c8s9s的牌面联系性高，对手中牌的概率也高。另外，从对手的角度来看，在这个牌面，如果我们的底牌是KQ、AQ、AJ、AK之类的牌，我们翻牌没有中牌会直接过牌弃牌，而不会持续下注。所以鉴于我们在这个牌面的过牌弃牌倾向比较高，如果我们翻牌过牌，对手诈唬这个牌面的概率也比较高。

所以，这里选择过牌，对手如果也跟着过牌，我们也不亏，毕竟拿着听牌能看到免费牌。如果对手下注，我们就过牌加注到500，任何转牌都全压，原因是我们的过牌加注能打走很多8x、9x、5x的单纯对子，比如A5看到我们过牌翻牌会下注，但是面对我们的过牌加注500，对手的A5会弃牌，实际上A5面对我们的4s5s有56%的胜率，同样，9x、8x面对我们的4s5s也有50%左右的胜率，能打走这些牌是相当不错的。

有些牌面我们过牌加注对方会非常难打，比如TJ顺子听牌和77、66的卡顺听牌，其实这些牌面对我们的4s5s胜率都不低，但是很容易被我们打走，即使打不走，转牌全压时我们的胜率也完全不用担心。

从对手翻牌前的整个范围来看，击中翻牌成对子9x、8x、5x或者77、66、JT顺子听牌这些牌的组合，要远比中超强牌顺子、三条、两条的组合多得多，所以我们翻牌选择过牌加注会非常好。

【例5-11】 NL1000，6人桌，1 000筹码量。

按钮位置玩家加注30，我们用4h5h在小盲位置3bet到100，大盲位置玩家弃牌，按钮位置玩家跟注。

翻牌（彩池210）：

我们选择过牌，按钮位置玩家也跟着过牌。

转牌（彩池210）：

我们继续过牌，按钮位置玩家下注110，我们加注到400，手上还剩500筹码，按钮位置玩家跟注。

河牌（彩池1010）：

我们全压，按钮位置玩家秒跟注。

按钮位置玩家持有9c7c，在河牌中了两对。

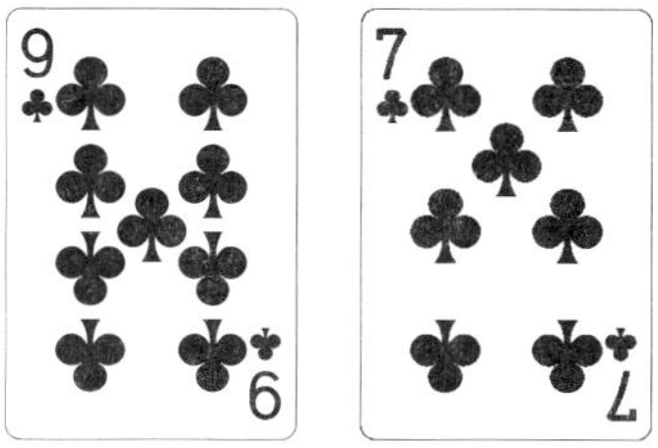

这手牌，我们在翻牌圈选择了过牌，准备过牌跟注，原因是按钮位置玩家是个不错的玩家，如果我们下注翻牌圈，一旦被加注会非常尴尬，特别是我们的筹码量只有100BB，彩池中已经有21BB，如果下注12BB，对手加注到36BB，基本上就是逼着我们用“底对子+后面同花听牌”打全压了。如果我们的筹码更深一点，比如200BB，可以下注然后跟注下注，或者我们的筹码更浅一点，比如40BB，我们下注翻牌圈并且会和任何加注全压。

鉴于我们的筹码量，如果下注翻牌圈，很容易让对手抢到一个加注并且威胁我们所有筹码的时机，我们并不想给对手这个机会。所以我们过牌，对手很多牌比如QJ、KQ、KJ、78、J8等顺子听牌都会在这个翻牌圈下注诈唬，所以我们可以跟注抓诈唬，然后在转牌圈再评估自己的牌力，决定是否继续跟注。

对手在翻牌圈也跟着过牌了，对手这时候肯定没有纯诈唬牌，因为纯诈唬牌在翻牌圈是一个很好的下注半个彩池诈唬的时机，所以对手的过牌从表面看有一定的牌力，但是牌力不是特别强，可能是顺子听牌或者Tx、9x、5x这样的中小对子，也可能是88、77、66这样的对子。

转牌我们中两对，这时候面临决策：下注、过牌跟注还是过牌加注？三个决策中，过牌加注最好，因为这个玩家水平不错，当我们连续过牌两条街，对手会认为如果我们有超对，即使在翻牌圈准备过牌加注的计划失败之后在转牌圈也一定会下注，所以会用Tx、9x以及顺子听牌在转牌圈下注，而这些牌面在我们过牌加注后会非常尴尬，因为我们的打法很没有道理，对手会觉得我们是在诈唬，比如翻牌圈准备用QJ过牌下注半诈唬，失败之后在转牌圈准备过牌加注半诈唬。所以面对我们转牌圈的过牌加注，对手很可能会跟注或者用听牌全压。

结果是对手跟注转牌圈的过牌下注后彩池已经有1010了，我们手上还剩下500，只要河牌牌面不出T和9淹没我们的两小对，我们在河牌圈都会全压。如果河牌是T或者9，我们就只好过牌，再评估对手听牌诈唬的概率高不高，如果觉得对手在河牌圈的下注偏向于破产听牌，我们就过牌跟注河牌圈，如果不是就过牌弃牌。

对手在河牌圈秒跟注我们了，运气不错，中了河牌的7，对手的9c7c成了两对。

德州扑克就是这样，即使做了完美的决策，运气不好也只能继续下一局咯，想想我们在转牌圈过牌下注的决策非常完美，比起主动下注转牌圈获得了最大化的价值，心理就豁然开朗了。

TIPS

阿基米德说：“给我一个支点，我就能撬起整个地球。”在德州扑克里很多时候一个小的注就能威胁到对手所有的筹码。这个主要是与彩池滚动速度以及彩池的SPR有关。我们要时刻警惕这样的情况，不能给对手这样的机会，特别是当我们持有25%~40%胜率牌的时候，要坚决不给对手这么做的机会。当对手的底牌只有25%~40%胜率的时候，要想办法做到这一点，用很少的筹码威胁到对手所有的筹码。如果要我给这个打法起个名字，就叫“杠杆威胁”吧。

【例5-12】NL1000，6人桌，1 000筹码量。

枪口位置玩家加注25，我们用AhQh在按钮位置3bet到90，枪口位置玩家跟注。

翻牌（彩池195）：

枪口位置玩家过牌，我们下注100，枪口位置玩家跟注。

转牌（彩池395）：

枪口位置玩家过牌，我们也跟着过牌。

河牌（彩池395）：

枪口位置玩家下注150，剩下660，我们全压810筹码，枪口位置玩家考虑很久之后用AsQs跟注。

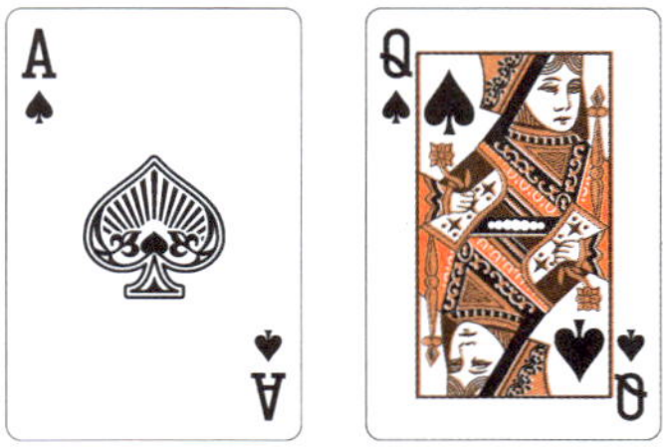

（1）翻牌前：枪口位置玩家加注的范围是20%，面对这个范围，我们在按钮位置用AhQh再加注，原因是我们有A和Q的阻挡牌，阻挡了1/2的AA组合、1/4的AK组合、1/2的QQ组合，对手有QQ+、AK这样的牌4bet我们的概率大约降低了1/3。我们的AhQh与对手跟注我们的3bet范围相比，至少有40%的胜率，而且我们有位置，还是很好打的。

（2）翻牌圈：我们持续下注半个彩池，准备在转牌圈过牌，毕竟只有中等对子。翻牌圈的下注是价值下注，企图从KQ、JQ、JJ以及顺子听牌中获得价值。

（3）转牌圈：转牌的J让对手击中了很多两对，比如KJ、QJ，也可能让JJ击中三条J，AT击中顺子，而且转牌圈我们有了“卡顺听牌+同花听牌”，如果下注转牌圈，对手加注的话威胁到了我们的筹码，而我们的胜率大概只有30%，对手转牌圈的“杠杆威胁”加注让我们非常难受。所以转牌圈我们选择过牌，最大化地实现胜率，当然这是有位置的好处，读牌、控制彩池、实现胜率更容易。

（4）河牌圈：河牌红心5让我们成了同花，对手下注很小，约1/3彩池。对手这样下注有几种可能：

❶ 薄的价值下注。比如用AT顺子、Kx顶对、三条5x在进行薄的价值下注。

❷ Qx在做阻挡下注。对手用类似AQ之类的牌过牌的话，如果面对很大的注会很难受，所以主动下注1/3，希望我们的弱牌Jx和Qx跟注。

❸ 葫芦JJ在做引诱下注。扮演薄的价值下注或者阻挡下注，引诱我们加注。

从整体来说，我们仅仅落后于JJ葫芦，面对其他所有的牌我们都是领先的。而且我们如果全压的话，很难合理代表我们有强牌，毕竟在对手眼里我们不会用AK

在河牌圈全压，所以河牌圈的加注全压要么是同花，要么是空气牌。因为如果河牌圈我们有葫芦，转牌圈我们的三条一定会下注；如果河牌圈我们有同花，转牌圈的同花听牌会半诈唬，毕竟同花听牌没有摊牌价值，唯一的例外是“同花听牌+Q对子”会在转牌圈过牌，没有对子的同花听牌都会因为没有摊牌价值而下注转牌圈半诈唬，而“同花听牌+Q对子”的组合很少，只有AhQh，QhTh、Qh9h，而且QhTh、Qh9h这两个组合我们3bet枪口位置的概率太低，一般不会这么做。所以从对手的角度来看，我们河牌圈的全压很没有道理，唯一说得通的就是我们拿着AhQh或者5x。

对手考虑到我们河牌圈全压的合理组合太少，只有AhQh和56s、45s、57s的少数组合，而对手下注河牌圈很像是阻挡下注或者薄的价值下注，我们面对薄的价值下注和阻挡下注是有可能诈唬的，所以对手考虑很久用第二大对子Q跟注。

可能外行看到对手用中等对子Q跟注觉得是“鱼”，但是站在对手的角度考虑，跟注抓诈唬是合理的。毕竟我们所有Kx只会在河牌圈跟注，不会加注，我们全压的诈唬牌全部比AQ要小。

TIPS

所谓摊牌价值，就是从目前的牌力看，河牌如果是类似2之类的空白牌，双方的牌都不变，我们的牌通过摊牌赢得彩池的概率很高。这手牌中，我们的AhQh在转牌圈有同花听牌，同时也有对子Q，对子Q是有摊牌价值的，即使河牌没有中同花，我们依然可以在河牌圈摊牌比大小而赢得彩池。如果我们是单纯的同花听牌，比如7h6h，因为没有摊牌价值，河牌不中同花的话只是7高的单牌，没有摊牌价值，所以我们倾向于在转牌圈争取更多弃牌率，半诈唬下注转牌圈。拿着7h6h会下注转牌圈，拿着AhQh的“对子+同花听牌”反而会过牌转牌圈。

【例5-13】NL1000，6人桌，1 000筹码量。

关煞位置很凶的玩家加注25，我们用AhAc在按钮位置3bet到90，小盲位置玩家弃牌，大盲位置很凶的玩家4bet到220，关煞位置玩家跟注220。

我们是跟注，还是最小加注，还是全压？

我们手上剩余筹码910。

❶ 如果我们跟注，形成三人彩池，彩池大小为665，筹码彩池比SPR=1.37，剩下的筹码和彩池差不多大，那么翻牌几乎就是全压的节奏了。

❷ 如果我们最小加注到440，大盲位置玩家和关煞位置玩家都会有赔率去跟注，我们5bet到440，那么彩池中就有885，对于大盲位置玩家来说只需要额外跟注

220去博彩池的885，即需要20%的胜率就可以跟注，几乎所有用来4bet的牌都可以跟注这个最小加注。对于关煞位置玩家来说，大盲位置玩家跟注之后，彩池大小为1105，只需要跟注220就可以博彩池的1105，即需要16.7%的胜率就可以跟注，几乎所有的牌在三人彩池中都有16.7%的胜率。另外最小加注5bet的坏处就是，我们的范围被挑明了，不是AA就是KK，对手在翻牌圈的决策会非常简单，几乎相当于看到我们的底牌，很容易知道自己是落后或者领先。

❸ 如果我们全压，将迫使对手用所有的筹码来跟我们全压。对于大盲位置玩家来说，需要用剩下的780去博彩池中的1445，即需要的最低胜率为54%。全压的好处是，把对手的跟注范围往高端牌方向赶，比如AQ、AK、KK、AA、QQ、JJ、TT，而AA常常主宰这个高端牌范围，有巨大的胜率优势。另外，全压可以争取单挑彩池，我们知道AA在单挑彩池中表现比三人彩池要好。

全压和跟注的决策差别是：全压可以争取单挑，然后把对手的范围往被AA主宰的高端牌赶，使得AA更有优势。即使三个人翻牌前全压，也比翻牌前我们用AA跟注，导致三人进入彩池大小为665的翻牌圈要好，毕竟我们的AA已经粘池了。而对手看到三张翻牌再跟我们全压，会让对手得到很多有用的信息。比如，对手的底牌是5s6s，我们要是翻牌前和对手全压，要比让对手看到3s5c6c的翻牌再全压要好得多。

综合考虑，全压要比跟注好很多。当然，最小加注是最差的决策了，因为会让对手知道我们的底牌为AA或者KK，而且让对手看到了翻牌，对手的范围依然很广，依然有小牌，那么对手的决策变得非常高效而简单。

通过上面的分析，我们在翻牌前全压，大盲位置玩家和关煞位置玩家都弃牌了。

大盲位置玩家是看到我们和关煞位置玩家翻牌前的3bet很多，认为我们在3bet诈唬，而进行的一次4bet诈唬尝试，估计是用As5s、KsQc之类的带阻挡牌的底牌进行了4bet诈唬。关煞位置玩家估计拿着AQ或者TT、99之类的中等牌跟注4bet。我们全压之后，大盲位置玩家秒弃牌，关煞位置玩家考虑了很久最后还是弃牌了。

虽然这手牌很简单，步骤很少，翻牌前就结束了，但是背后的思考很多。

【例5-14】NL1000，6人桌，1 000筹码量。

我们在按钮位置用QdKd加注到30，小盲位置玩家3bet到100，大盲位置玩家弃牌，我们跟注。

翻牌（彩池210）：

小盲位置玩家过牌，我们跟着过牌。

转牌（彩池210）：

小盲位置玩家过牌，我们跟着过牌。

河牌（彩池210）：

小盲位置玩家过牌，我们过牌，小盲位置玩家持有9cJc。

❶ 翻牌前：我们跟注了小盲位置玩家的3bet，主要是因为小盲位置玩家翻牌后玩得不是特别好，我们有翻牌后的技术优势，有位置优势，底牌QdKd面对小盲位置玩家大概12%的两极分化的3bet范围大概有47.7%的胜率。

Hold'em

Hand			Equity
Player 1	RD	KdQd	47.741%
Player 2	RD	99+, AJs+, A5s-A2s, KQs, J9s-J8s, T	52.259%

翻牌前我们跟注70去博彩池中的140，只需要33.3%的胜率就行，因此我们跟注。

❷ 翻牌圈：对手选择过牌，我们也跟着过牌，毕竟我们的对子Q有摊牌价值。而且不想被过牌加注，所以过牌将彩池控制小一点。

❸ 转牌圈：对手继续过牌，我们可以下注也可以过牌，这里选择过牌。

❹ 河牌圈：对手过牌，我们考虑到能获得价值的牌不多，偶尔JJ、QJ、QT会跟注我们的河牌圈下注，另外对手的手牌范围中有三条5，翻牌圈和转牌圈用5x过牌是很合理的，而且对手翻牌前会用56s、57s、45s的牌3bet诈唬。综合考虑，我们河牌圈选择过牌。

让我们感到惊讶的是对手的底牌是9cJc，毫无摊牌价值，而且在最适合诈唬的一条街——翻牌圈都没有发动诈唬。毕竟翻牌AQx这样的结构非常有利于3bet玩家，3bet玩家的范围构成里有太多Ax，比如Ax同花、AQ、AK以及QQ、AA，所以AQx的翻牌是3bet玩家极好的诈唬时机，而对手没有选择下注诈唬。转牌圈对手依然过牌，河牌圈也过牌。

从这里我们明白了，对手从心底就是虚的，也就是说对手怕我们。面对这样的对手我们可以适当提高一点点跟注他们3bet的概率，原因是他们翻牌后经常会很直接地过牌弃牌，让我们的手牌胜率实现率R值很高，而他们自己的手牌胜率实现率R值很低，而且他们的直接导致我们翻牌后读牌非常容易，控制彩池大小也非常容易。所以，我们可以稍微多加一点跟注3bet的范围，但是也不能加太多，毕竟垃圾牌对抗3bet范围还是不明智的。

TIPS

玩家的心理状态是我们决策的一个很重要的依据，从对手的底牌9cJc可以看出对手面对我们是心虚的，所以我们在彩池大小控制节奏以及胜率实现率R值上占了便宜，翻牌前手牌稍微低一两个百分点没有关系，可以稍微加一点牌进GTO跟注3bet范围中。

5.7 5bet全压

1. 关于5bet全压的数学计算

假设小盲位置玩家加注3BB，我们在大盲位置3bet到10BB，小盲位置玩家4bet到23BB，我们5bet全压。

假设小盲位置玩家4bet范围里面有50%的强牌准备全压（强牌范围为3.5%，也就是TT+、AK），另外50%的牌是诈唬。那么我们5bet全压，对手有50%的概率弃牌，我们获得彩池里的33BB，同时对手有50%的概率跟注，我们的胜率是E，我们有E的概率会赢彩池里的110BB，还有1-E的概率会输掉5bet全压的90BB。

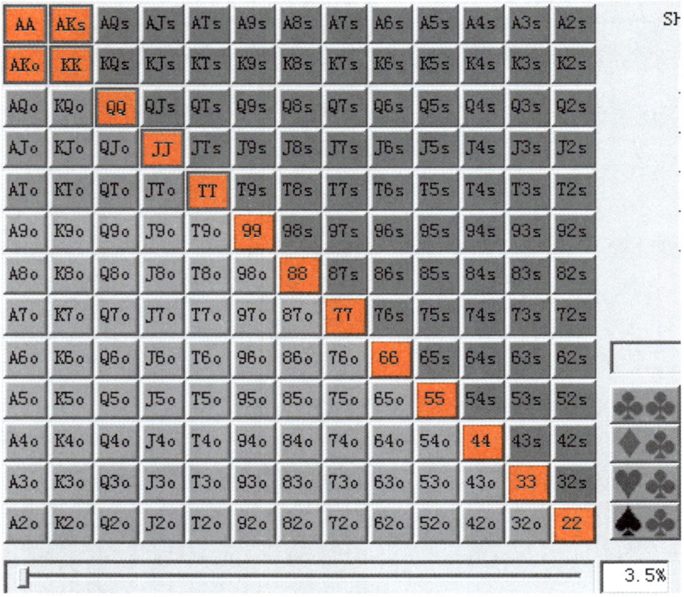

我们5bet全压的牌面对3.5%范围胜率为E，那么：

$$EV=0.5\times(E\times110-(1-E)\times90)+0.5\times33$$

如果EV>0，5bet全压有利可图，此时胜率E>28.5%。

也就是说，只要我们5bet全压的牌面对小盲位置玩家跟注5bet的3.5%范围胜率大于28.5%，全压就有利可图。

2. 各种牌型面对对手跟注5bet强牌范围的胜率

下面列出各种牌型面对3.5%强牌范围的胜率。

	AQo	55	KQo	JTs	78s
vs 3.5%胜率	30.6%	31.4%	28.3%	29%	28%
	A5s	45s	A8o	AJs	22
vs 3.5%胜率	31%	28.6%	25.9%	32.2%	29.9%
	AKo	AQs	TT	99	AKs
vs 3.5%胜率	40.4%	34.4%	34%	31.2%	43.4%

从上面的胜率表可以看出，面对3.5%范围胜率高于28.5%的牌有小A同花、小对子、AQo和AJs。JTs比较勉强，刚刚超过28.5%胜率，78s小同花连牌以及A8o的Ax非同花、KQ非同花高牌，胜率都很低，不适合用来5bet全压诈唬。

一般来说，我们比较喜欢用A2s~A5s、小对子~中对子5bet全压诈唬，因为这些牌对抗对手跟注5bet的范围有30%以上胜率，加上能打走对手4bet范围里的诈唬，用这些牌全压是有利可图的。而AQo、AJs可以跟注4bet利用位置打翻牌后，也可以5bet全压诈唬。

3. 跟注4bet还是5bet全压

玩家4bet量越小，我们越倾向于跟注4bet，因为跟注赔率更好，利用位置打翻牌后更好，而5bet全压抢的死钱更少，这样就要求我们的胜率更高，5bet诈唬全压就不再具有特别大的吸引力了。

比如小盲位置玩家加注2.5BB，我们在大盲位置3bet到9BB，小盲位置玩家4bet到18BB，小盲位置的范围依然是7%的4bet范围，其中有3.5%的强牌范围，3.5%的诈唬范围。

$$EV=0.5\times(E\times 109-(1-E)\times 91)+0.5\times 27$$

当E>32%时，EV>0。

更加极端的例子是，小盲位置玩家加注2BB，我们在大盲位置3bet到8BB，小盲位置玩家4bet到16BB，小盲位置玩家的范围依然是7%的4bet范围，其中有3.5%的强牌范围，3.5%的诈唬范围。

$$EV=0.5\times(E\times 108-(1-E)\times 92)+0.5\times 24$$

当E>34%时，EV>0。

可以看出小盲位置玩家加注量越少，4bet量也越少，彩池里死钱也就越少，而我们5bet全压抢死钱需要的胜率就越高，极端时我们的5bet全压诈唬范围面对3.5%的范围要达到34%以上的胜率，EV才大于0。从上面的胜率表可以看出，胜率高于34%的牌只剩下TT、JJ、QQ、KK、AA、AK、AQs了，这个也基本算是我们的价值5bet全压范围了，也就是我们5bet范围里面不存在诈唬了。

4. 跟注4bet的EV数学计算

假设小盲位置玩家4bet范围是7.4%。

❶ 小盲位置玩家加注2.5BB，我们在大盲位置3bet到9BB，小盲位置玩家4bet到18BB，我们跟注需要9BB，假设我们的胜率实现率R=0.7，那么跟注的EV计算如下：

$$EV=36\times R\times E-9=25.2E-9$$

当E>35.7%时，EV>0。

EV计算解释：我们跟注之后最终彩池大小为36BB，那么最终彩池中我们的股份为E×R，即胜率的实现部分，然后减去我们跟注需要的9BB投资，得出EV，即最终回报减去跟注投资。

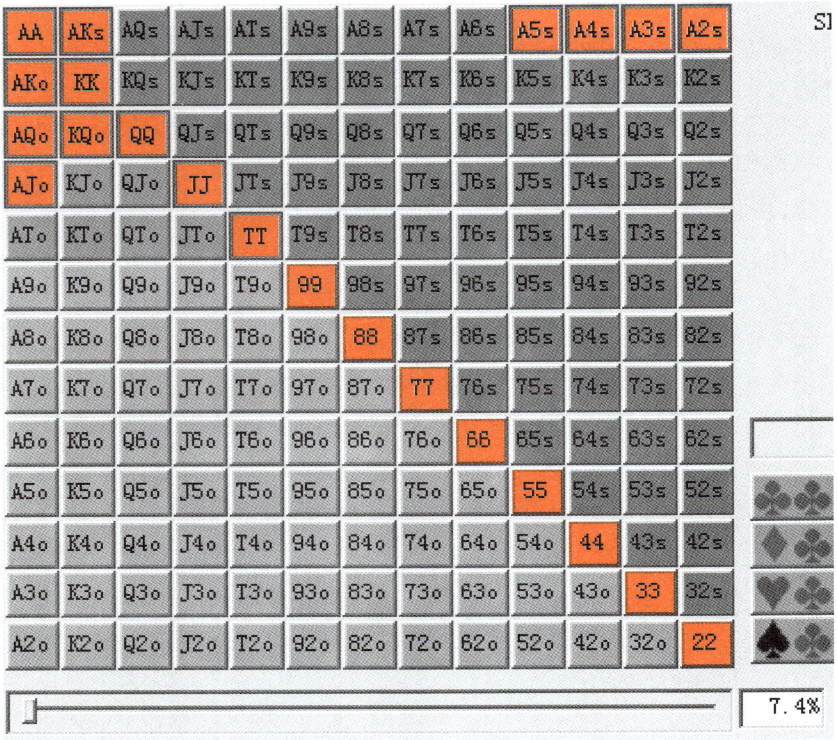

❷ 小盲位置玩家加注2BB，我们在大盲位置3bet到8BB，小盲位置玩家4bet到16BB，假设我们的胜率实现率R=0.7，那么跟注的EV计算如下：

$$EV=32\times R\times E-8=22.4E-8$$

当E>35.7%时，EV>0。

❸ 小盲位置玩家加注3BB，我们在大盲位置3bet到10BB，小盲位置玩家4bet到23BB，假设我们的胜率实现率R=0.7，那么跟注的EV计算如下：

$$EV=46\times R\times E-13=32.2E-13$$

当E>40.3%时，EV>0。

❹ 小盲位置玩家加注3.5BB，我们在大盲位置3bet到11BB，小盲位置玩家4bet到25BB，假设我们的胜率实现率R=0.7，那么跟注的EV计算如下：

$$EV=50\times R\times E-14=35E-14$$

当E>40%时，EV>0。

5. 各种牌型面对对手4bet范围的胜率

下面列出各种牌型面对7.4%范围的胜率。

	AQo	55	KQo	JTs	78s
vs 7.4%胜率	49.5%	44.8%	34%	35.3%	35.4%
	A5s	45s	A8o	AJs	22
vs 7.4%胜率	39.1%	34.7%	36%	44.2%	41.3%
	AKo	AQs	TT	99	AKs
vs 7.4%胜率	57.9%	52%	48.6%	45.8%	59.9%

也就是说，当小盲位置玩家采取更小加注量的时候，只要我们的跟注4bet范围面对7.4%的4bet范围胜率超过35.7%，跟注4bet打翻牌后就有利可图。

表中列出的牌面对7.4%的范围胜率都超过了35.7%，都是可以用来跟注4bet的。小对子和A8o在翻牌后很难打，虽然胜率够了但可操作性太小，翻牌时的R值要远小于0.7，导致小对子和小Axo要弃牌，跟注的策略不好。但是AQ、KQ、AJs、JTs、78s、A5s以及中等对子都可以跟注4bet。

当小盲位置玩家加注3BB或者3.5BB的时候，我们跟注4bet的范围面对7.4%的4bet范围胜率应超过40%。满足40%以上胜率的牌是AQ、A5s、AJs、99、AK等，一些小对子、JTs、78s和A8o都是要丢掉的。

所以，对手4bet量越大，彩池中的死钱越多，5bet全压诈唬就越有利可图；对手4bet量越小，彩池中的死钱越少，跟注4bet就越有利可图。不要被对手很大的4bet量吓到，要仔细思考对手4bet的范围，如果对手4bet范围广而量很大，我们就可以用更多的牌全压了。

Chapter 6

即扫即看

下注量的艺术

KEY POINT

在德州扑克里，下注量不光决定能赢更大的彩池或者输更小的彩池，很多时候甚至能够改变一手牌的胜负结果。初级玩家经常关心某一个决策是下注好还是过牌好，而高级玩家关心如果下注，下注量为多少才能达到最大EV。

6.1 SPR的运用

在德州扑克里，每个筹码量都有相应的职业策略，比如筹码量10~30BB为职业小筹码策略、30BB~50BB为职业中筹码策略、90~150BB为职业大筹码策略、150BB以上为职业深度筹码策略。这些策略都是基于筹码量设计的，比如在筹码很小时就不适合玩投机牌，或者筹码很深时适合玩很多投机牌等，为了便于理解这种不同筹码量导致的不同决策，玩家发明了SPR。

1. SPR的概念

SPR（Stack to Pot Ratio）是筹码量相对于翻牌圈彩池大小的倍数，是Ed Miller在他的书籍《Professional No Limit Holdem:Volume Ⅰ》中首先提出的概念。

比如，在NL1000的游戏中，一个玩家在按钮位置加注30，我们在大盲位置跟注，目前彩池有65，按钮位置玩家起始筹码量有400，我们的起始筹码量有1000，那么之间对抗的有效筹码量是400，筹码彩池比SPR=（400−30）/65=5.7。换句话说，有效筹码量只有彩池的5.7倍。SPR也能代表风险回报比，比如5.7的SPR，代表冒着5.7的风险去博1的回报。

2. SPR的作用

不同的筹码量、不同的起手牌对SPR的要求不一样，我们希望翻牌前的行动能控制有利于我们的SPR。

更小的SPR对于大对子和高牌有利，比如彩池里面有500，我们手上有750，SPR为1.5，那么AA是非常简单的决策。但是当彩池里面有50，我们手上有2000，SPR为

40，AA就不那么容易打了，特别是当翻牌圈对手过牌加注我们的AA时，AA就会面临非常困难的决策，因为在深度筹码量时翻牌圈的超对并非强牌，是不足以在没有任何读牌的情况下用来打全压的，但是当SPR很小的时候AA就非常简单，任何翻牌圈都可以打全压。

对于AK之类的高牌，SPR就比较有趣了。如果SPR=1，翻牌圈不管中不中A或K，都可以全压AK。但是当SPR=3，如果翻牌圈没有中A或K，AK就非常难打，下注对手全压，我们没法跟注，导致自己的AK在翻牌圈下注也不是，不下注放弃又不甘心，这样的SPR为3的情况对于AK来说是非常尴尬的。

对于口袋对子、同花连牌、AXs这类投机牌来说，SPR当然是越大越好，翻牌前投入的投机成本只是占总筹码量的一点儿，但是投机成功了能够赢很多筹码。比如200BB筹码量，一个玩家加注3BB，我们拿着55，可以跟注投机三条，SPR为32.8，潜在隐含赔率很高。

总体来说，翻牌前胜率越高的牌，希望SPR越小、对手翻牌前投入的筹码越多，这样对手翻牌前投入的投机成本高，但投机回报低。翻牌前越是胜率低的投机牌，希望SPR越大，这样翻牌前付出的投机成本低，潜在回报高。

3. SPR的指导意义

- 小SPR：0~6。
- 中等SPR：7~16。
- 大SPR：17+。

❶ 对于超对QQ~AA来说，小SPR更有利于超对发挥，所以超对QQ~AA偏向于翻牌前3bet做大彩池，一方面让SPR更有利于自己，另一方面也是让对手丢掉一些低端牌，把对手的范围往高端牌赶，导致对手的牌被主宰的概率更高。

❷ 对于小对子22~66、小同花连牌、AXs来说，大SPR对自己更有利，翻牌前投入的投机成本低，翻牌后的隐含赔率高，所以这些牌总是希望翻牌前便宜投机。比如小对子在100BB筹码量时不能跟注对手10BB的3bet，如果跟注，SPR就只有5，翻牌前投入10%的筹码投机三条，而翻牌圈中三条的概率只有13%，何况中了三条也不一定每次都能清空对手。

❸ 对于AK这样的高牌，SPR在0~1.5时非常简单，任何翻牌圈全压就行，但是当SPR在2~3.5时就非常尴尬，翻牌圈没中的话直接全压冒得风险过高，过牌弃牌也可能浪费，毕竟经常有6个高牌outs，胜率24%不是特别低。SPR在4~7时，AK又比较容易打了，因为有了很多可以开两枪的机会，同时放弃也不是那么可惜，毕竟手上筹码相当于彩池来说比较大。

❹ AQ、KQ这样的牌也是投机顶对的，希望SPR在比较小的范围，如果SPR过大，即使AQ、KQ中了顶对，也常常会被对手的三条、顺子、同花打得很狼狈。所以在多人彩池里，AQ、KQ常常会squeeze，比如前面一个玩家加注3BB，按钮位置玩家跟注3BB，大盲位置玩家拿着AQ、KQ常常会再加注到12BB，而不是跟注，原因是跟

注的话SPR=10.7，即使中了顶对也不敢随意价值下注，压缩的话SPR=3.3，中了顶对就是坚果牌，操作起来就更加容易了。

4. 调整SPR的方式

通过调整加注量大小或者再加注别人来调整更有利于自己的SPR。

比如，100BB筹码量，翻牌前可以加注2BB，也可以加注2.5BB或3BB，甚至加注5BB。我们在按钮位置拿着55，最小加注2BB，即使对手3bet到8BB，我们依然可以跟注投机三条，但是如果我们加注3.5BB，对手3bet到11BB，我们就没法用小对子跟注投机三条了。

下面是运用SPR的案例。

【例6-1】NL1000，6人桌，有效筹码量440。

中间位置小筹码职业玩家（440筹码量）加注22，我们在关煞位置（1 100筹码量）拿着9h9s跟注，大盲位置玩家跟注。

翻牌（彩池71）：

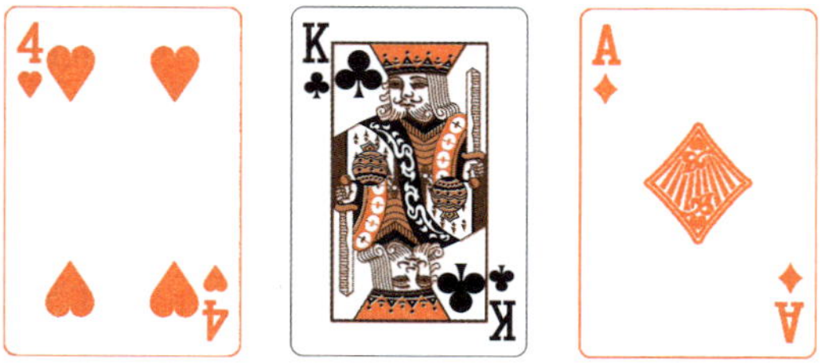

大盲位置玩家过牌，小筹码职业玩家下注28，我们加注到60，大盲位置玩家弃牌，小筹码职业玩家跟注。

转牌（彩池191）：

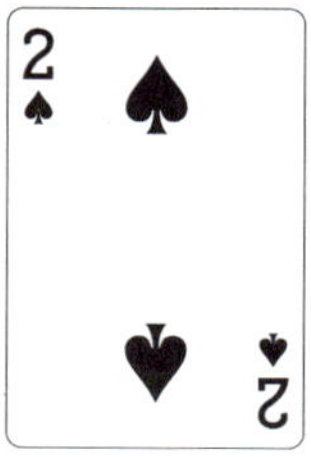

小筹码职业玩家过牌，手上还有358，我们下注52，小筹码职业玩家跟注，剩下306筹码量。

河牌（彩池295）：

在河牌圈，小筹码职业玩家过牌，我们全压。小筹码职业玩家很快就弃牌了。

先理一下整手牌的思路：中间位置的小筹码职业玩家20BB上桌，刚刚和一个玩家全压筹码翻倍了，有44BB筹码。

❶ 翻牌前：我们翻牌前的跟注范围十分强劲，毕竟是跟注小筹码玩家，不会拿着投机牌，至少是中等以上对子，或者KQ、AJ、AQ、AK这样的大高牌，很多时候是AA、KK、QQ、AK。因为如果我们翻牌前3bet小筹码职业玩家，这个玩家全压的范围非常紧，特别是在翻倍之后就更加谨慎了。所以我们的超强牌会在翻牌前跟注，希望后面有玩家压缩再加注。

❷ 翻牌圈：小筹码职业玩家持续下注这个翻牌圈，如果我们最小加注的话，很容易让小筹码职业玩家觉得我们是AK、AA、KK等慢玩的牌，翻牌圈中了两对、三条，同时最小加注也希望让小筹码职业玩家慢慢粘池。对于小筹码职业玩家，翻牌圈被加注，手上剩下390筹码，彩池中有159筹码，SPR为2.5，如果小筹码职业玩家只有Kx中等对子或顶对弱踢脚Ax或QT等听牌，以及口袋QQ、JJ等牌，翻牌圈没有选择，全压风险过大，赔率太好，弃牌也不行，只能跟注了。我们在翻牌圈的最小加注令人非常讨厌，小筹码职业玩家如果是AQ、AJ、AT之类的顶对或Kx、QT、QQ等将会非常难打，只能跟注，弃牌觉得不划算，同时再加注诈唬又害怕我们有真的超强牌。这个最小加注由于SPR的关系，让小筹码职业玩家跟注的底牌公开化了，也就是小筹码职业玩家如果跟注这个最小加注，那么小筹码玩家的范围几乎没有强牌了。

❸ 转牌圈：我们在转牌圈下注很小，只下了1/4彩池。小筹码职业玩家剩下一个彩池左右的筹码量，选择了跟注。这里几乎可以肯定小筹码职业玩家没有两对、三条这样的强牌了，因为如果有，转牌圈就会全压了。

❹ 河牌圈：我们剩下一个彩池的有效筹码量，轻松全压。小筹码职业玩家非常快速地弃牌了，也就是说他十分相信我们有AK、AA或者KK。

TIPS

面对刚刚翻倍了的小筹码职业玩家，我们翻牌前会用超强牌跟注，不会3bet，因为对方全压范围很紧了，3bet只会浪费超强牌的价值得到一堆弃牌。另外，我们会用A5s、K9这样的Ax、Kx牌最小3bet这些翻倍了的小筹码玩家，比如，小筹码玩家加注20，我们3bet到50。用Ax、Kx这样的牌的原因是有阻挡牌存在，阻挡了小筹码玩家用来全压的AA、KK、AK的很多组合。3bet到50而不是80的原因是，3bet会让小筹码的全压抢死钱的范围更广，导致我们3bet诈唬投入太多筹码而成为-EV决策。所以对抗刚刚翻倍的小筹码玩家，我们会加大3bet诈唬的频率，另外3bet的量也只有2.5倍，少用超强牌3bet他们，因为他们筹码翻倍之后打法变得谨慎，翻牌前全压比较少。

【例6-2】NL1000，6人桌，1 000筹码量。

按钮位置玩家（180筹码量）加注25，小盲位置玩家弃牌，我们在大盲位置（1 000筹码量）拿着AsKs。

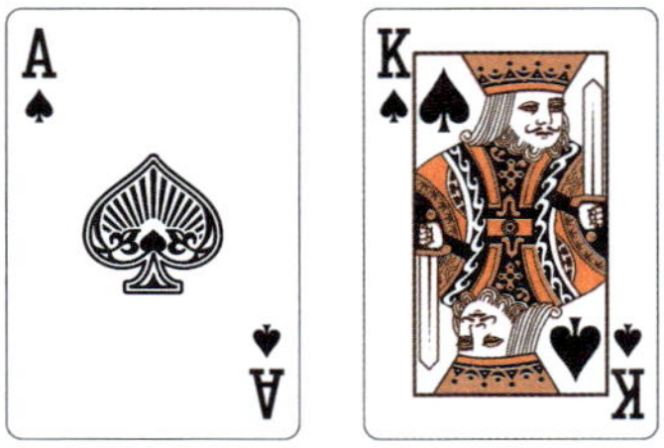

❶ 我们选择跟注。

翻牌（彩池55）：

我们过牌，按钮位置的小筹码玩家下注35筹码，手上还剩120筹码。

如果这里我们过牌加注到全压，那么按钮位置的小筹码玩家需要用120筹码跟注博彩池里的245，也就是说只需要32.8%（120/365=32.8%）的胜率就能跟注。

考虑到我们加注全压的范围里有可能有同花听牌，或者类似AK高牌诈唬存在，小筹码玩家可以用任何7x、8x、Qx的对子跟注（即使是8c9c这样的牌面对我们全压的范围都有32.8%以上的胜率），也能用顺子听牌、同花听牌跟注。也就是说，我们过牌加注几乎没有弃牌率。

如果跟注，显然转牌圈只剩下一个彩池做“鱼”的筹码量，小筹码玩家多半会全压诈唬，AsKs的两张高牌和后门同花听牌肯定不够赔率跟注翻牌圈。

就是因为翻牌前跟注导致我们在翻牌圈处在一个非常尴尬的筹码彩池比，SPR=（180−25）/55=2.8。而AK多半在翻牌圈是中不了对子的，只有1/3的翻牌圈能中顶对，多数翻牌圈没有中对子就很不好打，全压诈唬小筹码玩家的任何对子几乎都是够赔率跟注全压的，弃牌又显得可惜，跟注的话，转牌圈显然又跟不动。

如果我们翻牌前不是跟注，而是3bet到全压呢？

❷ 我们选择3bet到180筹码全压。

对手需要用剩下的155筹码跟注，去博彩池里面的210筹码，需要的最低胜率是42.5%，因为对手不知道我们是用AK还是TT还是AA全压，所以只能估计我们的3bet全压范围。

假设小筹码玩家估计我们的3bet全压范围如下图所示。

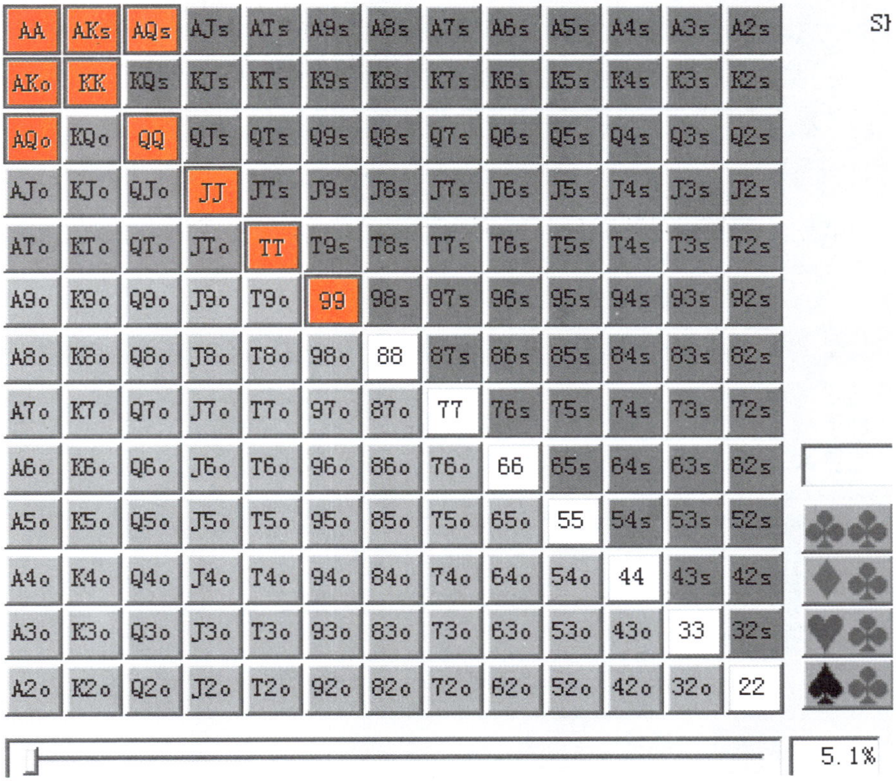

面对这个范围胜率超过42.5%的牌有哪些？

TT、JJ、QQ、KK、AA以及AKo、AKs，为3.5%的范围，而这个小筹码玩家翻牌前加注的范围是30%。

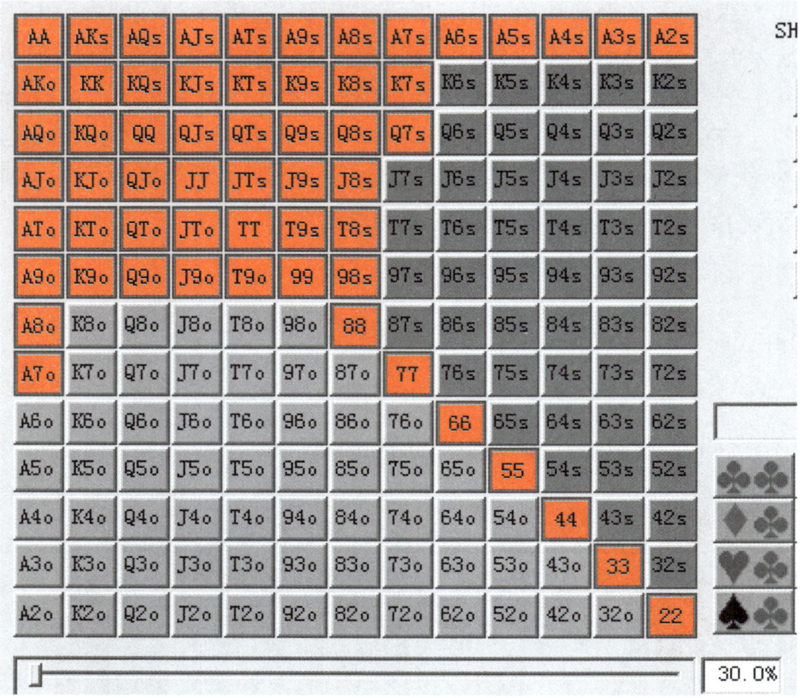

也就是说，小筹码玩家丢掉了30%范围中了26.5%，只能用3.5%跟注，而丢掉的26.5%范围占30%范围的88%，也就是说，面对我们的AsKs 3bet全压，小筹码玩家有88%的概率弃牌，12%的概率跟注。

其实“丢掉的26.5%范围 vs AsKs”胜率并不低，达到33.1%，我们用AsKs 3bet全压之前的彩池为40筹码，这40筹码的彩池中26.5%范围占有33.1%的股份，也就是0.331×40=13.24的股份是属于对手的26.5%范围的，但是对手弃牌了，我们免费拿下这13.24。也就是用AsKs全压让我们赢了13.24，相当于小筹码玩家180筹码量的7.4%，已经不少了，如果每局都能免费拿下对手筹码量的7.4%，那睡觉都会笑醒啊！

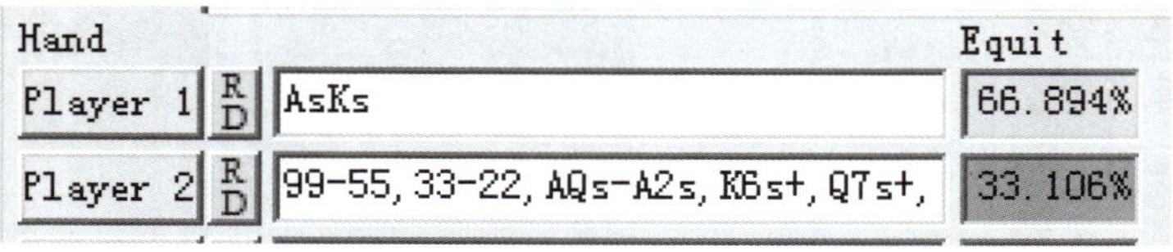

26.5%的范围中有很多牌面对AsKs的胜率非常高，比如22~99 vs AsKs的胜率是51%~53%。

我们在翻牌前的3bet全压对于AsKs来说实现了最完美的SPR，即SPR=0。对于对手来说，用155筹码博210筹码，至少需要42.5%的胜率，这给对手出了一个难题，毕竟面对我们的3bet全压范围，对手能跟注的牌很少很少，88%的牌都需要放弃，让我们有88%的机会能免费获得很多死钱。

❸ 我们选择3bet到55筹码，小筹码玩家跟注，手上还剩下125筹码。

翻牌圈（彩池115）：

筹码彩池比SPR=1.09。

在任何翻牌圈我们的AK都是足够全压的，因为对手有2/3的概率没有击中翻牌圈，我们能拿下115筹码。对手击中翻牌圈的1/3概率中，我们也有1/3概率击中顶对，即使没有击中顶对，我们的AK高牌也有24%的胜率。

所以任何翻牌圈都是全压。

SPR=1.09对于AK来说就代表翻牌前已经全压了，非常简单。

从上面三个动作来看，跟注是最差的选择，3bet到全压或者3bet到55筹码都是很好的选择。而选择背后的决定因素就是SPR。

6.2 筛子理论

在扑克中，对手从翻牌前开始就有手牌范围选择。比如：

❶ 我们加注3BB，对手会从100%的手牌中选择20%的牌来对抗我们的3BB加注。

❷ 在翻牌圈，我们下注一个彩池量，玩家又会去掉20%的起手牌范围中的一部分，比如留下12%的范围跟注或者加注翻牌圈。

❸ 在转牌圈我们继续下注，对手也会丢掉12%的翻牌圈抵抗范围中的一部分，比如留下6%的部分。

❹ 在河牌圈我们继续下注，对手还会丢掉6%的转牌圈抵抗范围中的一部分，比如用3%的范围跟注我们。

随着我们每一条街的下注，对手的手牌范围就像被筛子筛过一样，保留的牌越来越少。我们从翻牌前到河牌圈的所有下注和加注行为，都是在筛选过滤对手的手牌范围。在实际中我们会适度筛选，让对手的跟注范围弱于我们的下注范围（价值下注），或者让对手的弃牌范围强于我们的下注范围（诈唬）。

1. 筛子理论的定义

对手在翻牌前有一个非常多组合的范围，通过每条街、每个动作都可以不断缩小对手的范围。

如果我们在某条街下注加注可以让对手弃掉范围中牌力弱的手牌；如果我们在下一条街继续下注加注就可以让对手弃掉范围里面更多手牌，剩下的牌越少，牌力肯定越强；如果我们直接全压了，对手肯定会用范围里面最强的牌来跟注，而弃掉其他中等牌力的牌。也就是说，对手的范围从翻牌前的非常广，牌力由强、中、弱混合，通过我们一轮一轮的下注加注，而使对手的范围像被筛子一样筛过，慢慢过滤掉弱牌，甚至过滤掉中等牌力的牌，极端时过滤掉几乎所有的次强牌，只剩下超强牌。

如果我们没有下注加注，而是过牌的话，就省掉了一些过滤的步骤，让对手的范围没有被过滤得那么快，那么彻底。也就是过牌保留了对手范围里面更多、更广的牌力，保留了弱到中等牌力的牌。

举个容易理解的例子。对手翻牌前跟注我们加注的范围为30%，以下是我们设置筛子的几种模式：

- 翻牌圈，我们下注一个彩池大小，对手弃掉10%的牌，跟注20%的牌；转牌圈，我们继续下注一个彩池大小，对手弃掉10%的牌，跟注10%的牌；河牌圈，我们继续下注一个彩池大小，对手跟注5%的牌，丢掉5%的牌。
- 如果我们下注量更小一点。翻牌圈，我们下注70%彩池大小，对手弃掉8%的牌，跟注22%的牌；转牌圈，我们继续下注70%彩池大小，对手弃掉8%的牌，跟注14%的牌；河牌圈，我们继续下注70%彩池大小，对手跟注7%的牌，丢掉7%的牌。
- 如果我们下注量更小一点。翻牌圈，我们下注50%彩池大小，对手弃掉6%的牌，跟注24%的牌；转牌圈，我们继续下注50%彩池大小，对手弃掉7%的牌，跟注17%的牌；河牌圈，我们继续下注50%彩池大小，对手跟注10%的牌，丢掉7%的牌。
- 如果我们下注量更小一点。翻牌圈，我们下注30%彩池大小，对手弃掉4%的牌，跟注26%的牌；转牌圈，我们继续下注30%彩池大小，对手弃掉4%的牌，跟注22%的牌；河牌圈，我们继续下注30%彩池大小，对手跟注18%的牌，丢掉4%的牌。
- 如果我们在某一条街过牌。翻牌圈，我们过牌，对手依然保留30%的牌到转牌圈；转牌圈，我们下注70%彩池大小，对手弃掉10%的牌，跟注20%的牌；河牌圈，我们继续下注70%彩池大小，对手跟注10%的牌，丢掉10%的牌。
- 如果我们在某两条街过牌。翻牌圈，我们过牌，对手依然保留30%的牌到转牌圈；转牌圈，我们继续过牌，对手依然保留30%的牌到河牌圈；河牌圈，我们下注70%彩池大小，对手跟注20%的牌，丢掉10%的牌。
- 如果翻牌圈，我们过牌加注很大，对手会保留10%的范围，丢掉20%的范围；转牌圈我们全压，对手会跟注5%的范围，丢掉5%的范围。

可以列举的筛子模式很多，总体来说，下注量越大，对手弃掉弱牌越多，留下的牌越强。下注的街越多，对手弃掉的牌越多，留下的牌越强。过牌可以保留对手上一条街所有的范围到下一条街，保留对手手牌范围中的弱牌。

2. 筛子理论的运用

首先我们要读自己的牌有多强，然后估计要将对手的范围过滤多少次，多大强度的过滤才能保证对手的范围里依然有一些落后我们的牌，并且我们能在这些落后的牌中获得行动和价值。（下注加注街越多，过滤次数越多，下注加注数量越大，过滤强度越大。）

下面是常见的筛子理论运用实例。

【例6-3】NL1000，6人桌，1 000筹码量。

按钮位置玩家加注30，小盲位置玩家弃牌，我们拿着QhJs在大盲位置3bet对手到100。

对手在按钮位置加注30，偷盲的范围很广，大概为40%。

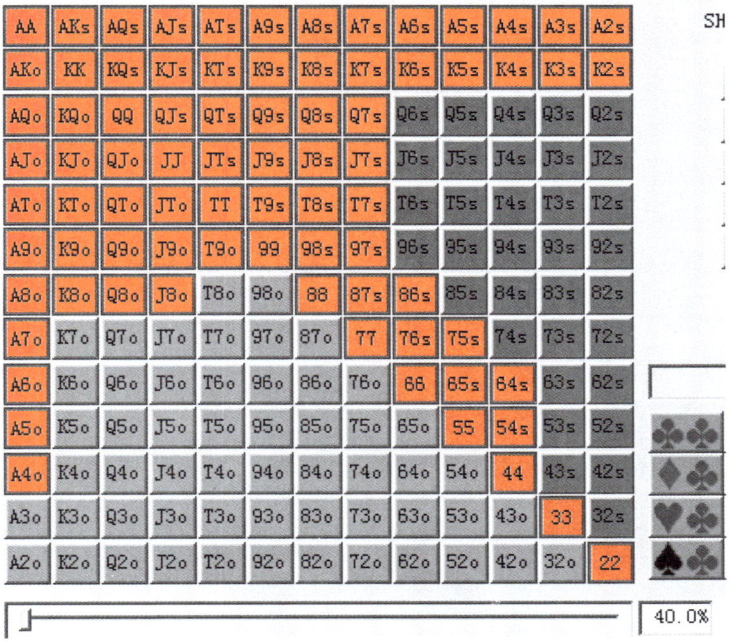

虽然我们的QhJs属于15%的范围，要强于40%偷盲范围的大部分。但是如果我们用QhJs 3bet按钮位置玩家40%的范围，按钮位置玩家会丢掉JT、J9、J8、QT、Q9、Q8、Q7，只会用KQ、AQ、KJ、AJ跟注我们，也就是说，我们翻牌前的3bet打

走了被我们主宰的牌，留下了对手范围中主宰我们的牌，即我们的3bet赶走了那些能让我们盈利的牌，而留下了那些能让我们输筹码的牌，而且做大了彩池，中了顶对会很难丢掉。

所以从筛子理论的角度来说，QhJs这个3bet是非常失败的，过滤过度了，将对手范围过滤得只剩下比我们强的牌。

如果我们的底牌不是QhJs，而是5s4s，3bet到100就有意义了。

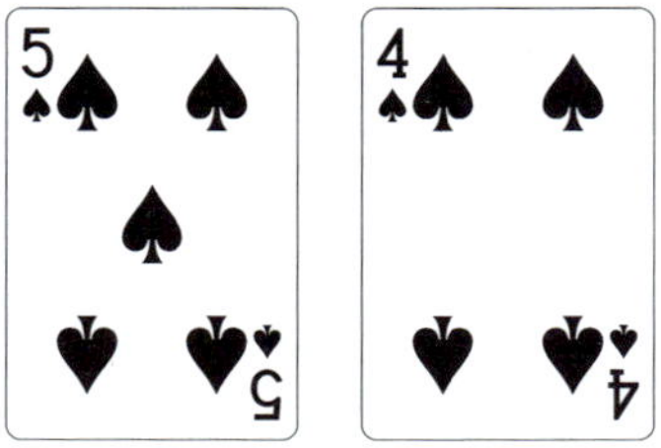

我们赶走了对手40%范围中的大部分低端牌（对手不会用低端牌跟注我们的3bet，只会用中高端牌跟注），那么在类似于367、458这样的三张小牌的翻牌圈，我们具有很大的优势。我们的翻牌前3bet筛走了低端牌，让对手的范围里只剩下T、J、Q、K、A等牌。这个3bet就很有意义。

如果我们的底牌是AsAc，3bet到100也是很有意义的。

首先，我们赶走了对手40%范围中的大部分低端牌，而中高端牌被AsAc主宰的概率很高，这些牌面对AA胜率很低，比如AQ vs AA只有8.6%。其次，创造了一个有利于AA的小SPR，3bet到100之后，SPR=4.5，避免了翻牌前对手的同花连牌、小对子、Axs过于便宜地投机。

【例6-4】NL1000，6人桌，1 000筹码量。

我们拿着QhKc在按钮位置加注30，小盲位置玩家弃牌，大盲位置玩家跟注。

翻牌（彩池大小65）:

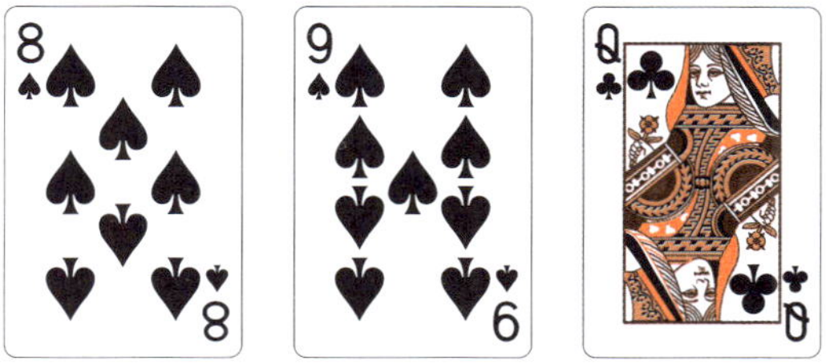

大盲位置玩家过牌，我们下注50，大盲位置玩家加注到150。这时大盲位置玩家用来过牌加注这样的翻牌圈的范围大概是JT、QQ、99、88、89、同花听牌、QJ和QT的顶对以及顺子听牌。很多人这时候选择3bet到全压。这是一个很大的错误，因为KQ和对手范围相比，要么远远落后（顺子、三条、两对），要么稍微领先（对子加卡顺、同花听牌）。如果一旦3bet到全压，就把对手范围里面稍微落后我们的范围赶走了，只剩下远远领先我们的牌。因此这时再加注就过度筛选了对手的范围。这里要么跟注，将对手过牌加注范围中的弱牌保留在其中，要么弃牌。再加注全压是最差的选择。

【例6-5】NL1000，6人桌，1 000筹码量。

中间位置玩家加注30，按钮位置喜欢3bet的玩家3bet到100，我们在大盲位置拿着JsJc。

很多人可能会用JsJh来4bet到240，毕竟按钮位置玩家3bet很多，里面有一些诈唬。

确实是，按钮位置玩家3bet范围里面有诈唬，我们3bet会打走这些诈唬。但是一旦按钮位置玩家5bet全压，我们就跟不动了。因为对手全压的牌只有QQ、KK、AA、AK，我们的4bet打走了JJ、TT、99，对手只会用QQ+的对子回应我们。打走了比我们差的牌，留下了比我们好的牌。所以这个4bet是个错误。

此时我们用JsJh来4bet和As5s这类的纯诈唬4bet没有区别，都是打走了按钮位置玩家的3bet诈唬范围，都是跟不动按钮位置玩家5bet全压的。这样就浪费了JsJh这手牌的价值，把JJ当作纯诈唬来打了，而且JJ没有阻挡A和K，价值甚至不如As5s，至少后者阻挡了一个As，让对手5bet全压的概率变低一点。

【例6-6】NL1000，6人桌，1 000筹码量。

我们在按钮位置拿着QhQc加注30，小盲位置玩家弃牌，大盲位置玩家跟注。

翻牌（彩池大小65）：

大盲位置玩家过牌，我们应该过牌，而不是下注。原因是，对手不会用更差的对子跟我们，比如对手拿着88，那么看到这个两张高牌的翻牌多半会弃牌。对手不会丢掉Kx、Ax等更好牌，QQ在这个牌面多数是领先的，但是这里还是要过牌，因为如果下注，会打走对手范围里面比QQ差的牌，留下对手范围里面比QQ好的牌，用筛子理论的话来说就是过滤过度了。

假设我们的底牌不是QQ，而是3s3c。

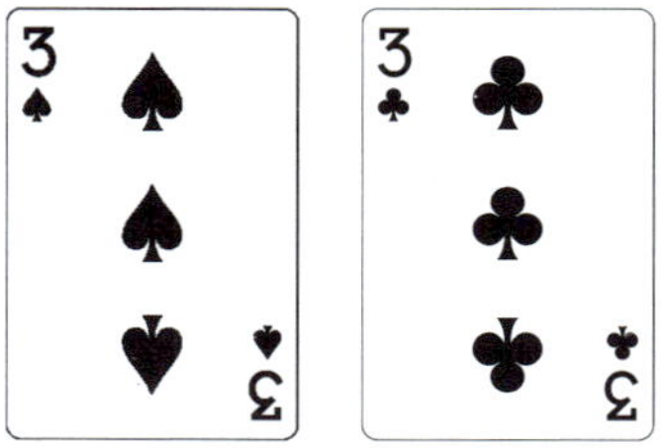

这时我们就可以下注了。因为我们能打走比我们更好的牌，比如对手拿着44~QQ多半会弃牌。所以在高手的眼里，另外一个高手过牌 Axx的翻牌圈是有不错的牌力的，反而下注Axx不一定代表有强牌。

6.3 最佳下注量

即扫即看

1. 3bet过的彩池中翻牌圈的下注量

【例6-7】NL1000，6人桌，1 000筹码量。

枪口位置玩家加注25，我们用AhKc在按钮位置3bet到90，枪口位置玩家跟注。

翻牌（彩池195）：

枪口位置玩家过牌，我们下注100，枪口位置玩家跟注。

转牌（彩池395）：

枪口位置玩家过牌，我们下注250，枪口位置玩家跟注。

河牌（彩池895）：

枪口位置玩家过牌，我们全压560，枪口位置玩家用AcQs跟注。

翻牌圈，我们持续下注半个彩池，而不是3/4彩池或者一个满彩池，是为了平衡自己的持续下注范围。比如，我们不是持有AK，而是78s这样的3bet诈唬，翻牌圈出现A95r，我们的78s也一样会持续下注半个彩池诈唬。87s下注量和AK下注量一样，这样对手就不会从我们的下注量中读到任何关于我们手上牌力的信息。

可能有人会问，既然中了A成了坚果牌，为什么不下注大一点？原因是彩池是3bet过的，我们手上的筹码量相对于彩池量的SPR很小，只有4.67，即使我们在翻牌圈只是下注半个彩池，也很容易在河牌圈达到全压。因此，在翻牌圈我们不需要下注很大，在河牌圈一样可以很容易地达到全压。

综合起来，为了平衡自己的诈唬范围，让自己的3bet诈唬的牌能更便宜地下注翻牌圈诈唬，我们在3bet过的翻牌圈只需要下注半个彩池即可，就算我们真的有很大的牌，也很容易在河牌圈达到全压，毕竟SPR已经很小了。

转牌圈，我们下注250，这个注其实很大，因为对手一旦跟注，就基本粘池了。对手跟注250之后彩池有895，而我们手上只剩下560，差不多只有2/3彩池大小，所以河牌圈很容易全压。

TIPS

在3bet过的彩池中，如果翻牌圈很干燥，没有什么听牌存在，那么翻牌圈下注量默认为半个彩池大小。这样一来不影响河牌圈的全压（如果我们真有强牌），二来会让我们的诈唬更加便宜。但是当翻牌圈听牌特别多的时候，翻牌圈的下注量就会很大。比如，翻牌圈不是A95r，而是As9s8h这样既有同花听牌，也有顺子听牌的翻牌圈，我们会下注一个彩池或至少3/4彩池，防止对手的8个或9个outs的听牌太便宜看到转牌圈，那样会对我们非常不利。

2. 4bet过的彩池中翻牌圈的下注量

【例6-8】NL1000，6人桌，1 000筹码量。

按钮位置玩家加注25，小盲位置玩家3bet到90，我们用7s8s在大盲位置4bet到220，按钮位置玩家弃牌，小盲位置玩家跟注。

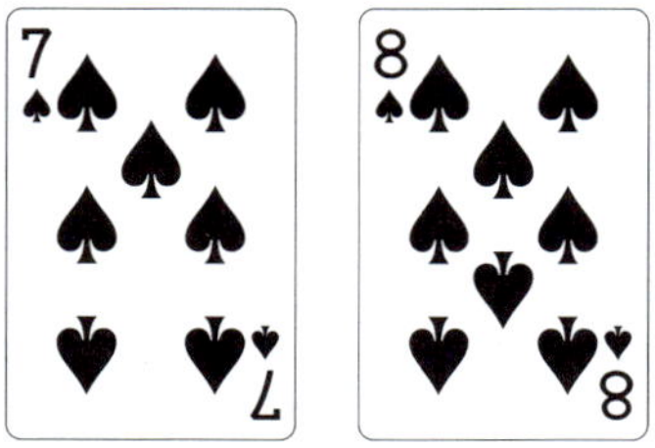

翻牌（彩池465）：

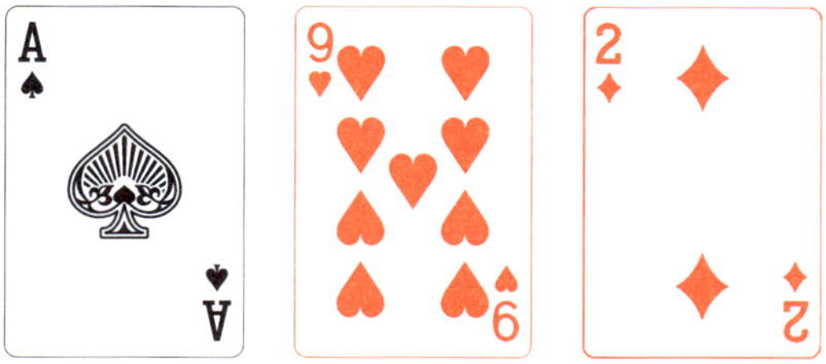

小盲位置玩家过牌，我们下注120，小盲位置玩家弃牌。

❶ 翻牌前：我们在翻牌前的4bet诈唬量220只有对手3bet时90的2.4倍。之所以4bet量会比较小，没有达到3倍即270，原因是小盲位置玩家3bet范围是两极分化的范围，也就是说，要么是超强牌，要么是诈唬。我们不必4bet很大，对手的诈唬3bet面对我们220的4bet或者270的4bet同样都是弃牌，因此我们的4bet诈唬应投入更少的筹码。

如果对手的3bet范围是非两极分化，也就是说，小盲位置玩家3bet范围是“强牌+中强牌”的组合，我们在大盲位置不会4bet诈唬，只会用强牌4bet，而且4bet量要稍微大一点，比如270，原因是我们不想给小盲位置玩家的中强牌太好的跟注4bet的赔率。

❷ 翻牌圈：我们持续下注只有1/4彩池大小，1/4是个非常惊人的数字，看起来非常可笑，实际背后有深度的思考。原因是，在Axx的翻牌圈，对手错过的概率很高，一般对手都是没有顶对的，要么什么都没有中，比如KQ、QJ，要么就是中等对子JJ、TT之类，我们不需要下注很大，1/4彩池足已。对手如果要弃牌，1/4彩池大小一样会弃牌。另外，对手的TT、JJ也会被引诱跟注这个1/4彩池的下注。

如果我们此时是纯诈唬，比如我们手上的7s8s，1/4彩池大小的下注量足以让我们打走对手范围中的中等对子以外的牌，毕竟我们的诈唬很便宜，只需要20%的成功率就可实现+EV。

如果我们有强牌，比如AK，那么1/4彩池大小的下注量会让对手的中等对子以及Ax跟注我们。转牌圈很容易全压，毕竟转牌圈彩池大小为705，而我们手上剩下660的筹码，刚好够一个全压。

TIPS

在4bet彩池中，翻牌圈出现Axx的情况下，我们不必下注很大，1/4的持续下注量就足够达到目的。

3. 3bet下注量的选择

【例6-9】NL1000，6人桌，300筹码量。

小盲位置职业小筹码玩家加注25偷盲，我们用As5c在大盲位置3bet到60，小盲玩家弃牌。

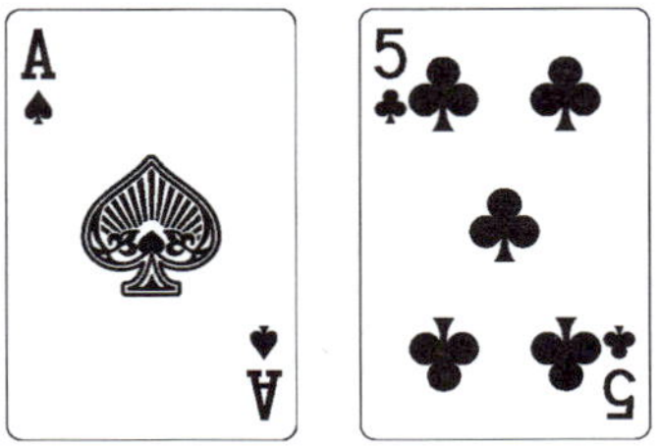

我们不必3bet小筹码玩家很大，因为小筹码玩家偷盲特别多，在小盲位置可能达到60%以上的偷盲频率，我们3bet小盲位置玩家的频率达到20%。小盲位置玩家偷盲的60%范围中大部分是纯垃圾牌，也就是说根本跟不动3bet，小盲位置玩家面对3bet只有两种选择：弃牌或全压，很少跟注。

按照平时，我们会3bet到对手下注量的3倍，如对手下注25，我们3bet到75，但是面对这种要么弃牌，要么4bet过来，完全没有跟注3bet范围的玩家，我们3bet的量就要更小。这样一来，如果我们是超强牌，对手一样会4bet全压，3bet大小不影响全压，如果我们是诈唬牌，比如As5c，对手如果4bet全压，我们3bet的下注量60与正常的75相比节约了15。

其实小筹码玩家最喜欢的就是3bet下注量大的玩家，这会让小筹码玩家用更广的范围去4bet全压，原因是彩池中的死钱变多了，4bet全压变得更加有利可图。

通过计算得知，当我们的3bet范围为20%的牌，而跟注4bet全压范围为10%的牌的时候，我们3bet到60的时候，小筹码玩家4bet全压的+EV范围为14.9%。

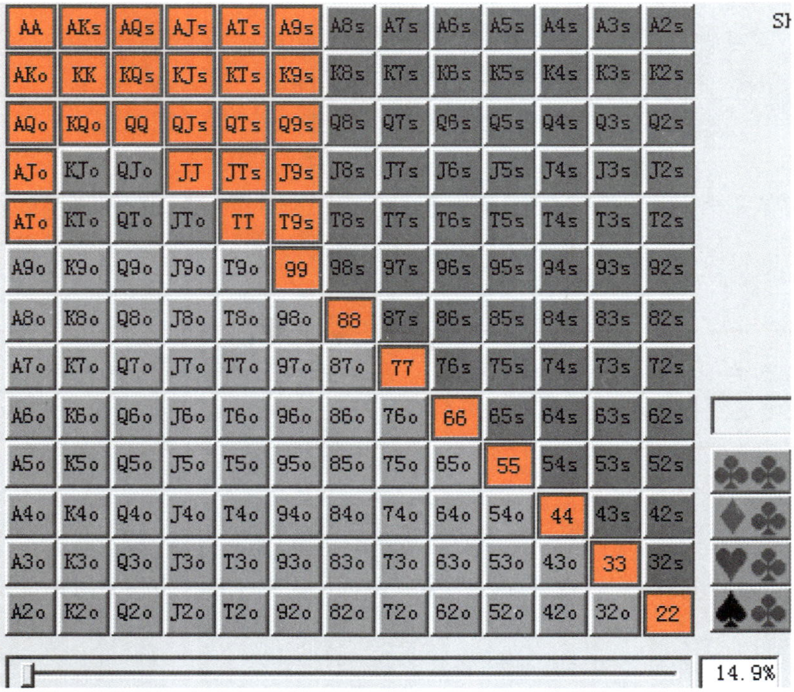

当我们3bet到75的时候，小筹码玩家4bet全压的+EV范围为25.5%。

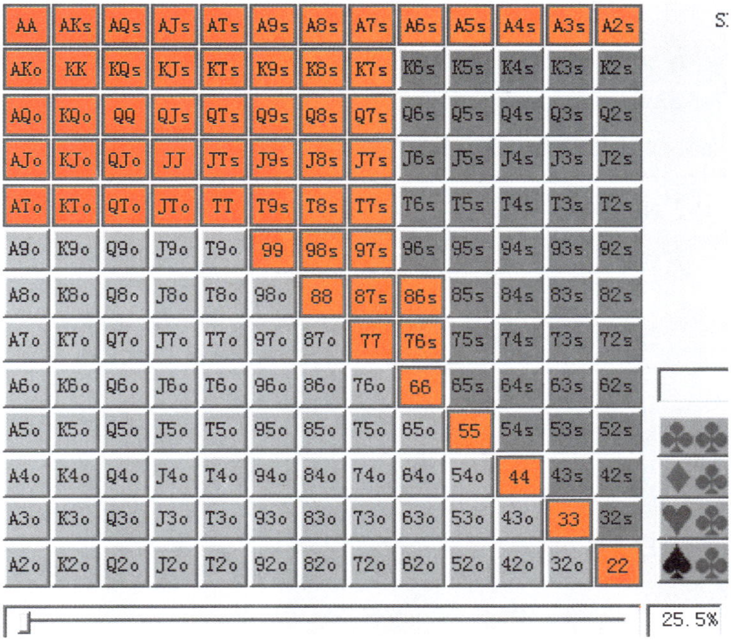

TIPS

当我们3bet小筹码玩家的时候，3bet量会更小，常常是对手加注量的2~2.5倍。

【例6-10】NL1000，6人桌，1 000筹码量。

小盲位置玩家下注30，我们用As4s在大盲位置3bet到80，小盲位置玩家弃牌。

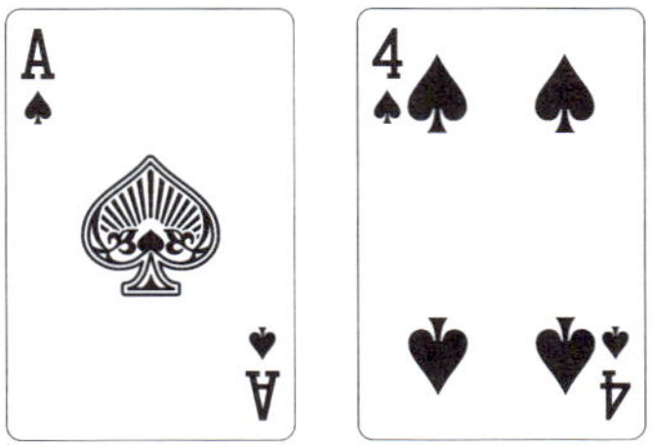

我们知道自己在大盲位置3bet小盲位置范围很广，为小盲位置加注范围的1/3，比如小盲位置玩家加注50%的牌偷盲，我们在大盲位置3bet范围为16.6%，所以我们3bet的频率会非常高，而且小盲位置玩家也知道这一点。

这里不必3bet到平常的3倍量，比如中间位置玩家加注30，按钮位置玩家通常3bet的量是中间位置玩家加注量的3倍，即90。但是在大小盲对抗中，由于大盲位置3bet范围会特别广，频率特别高，所以3bet量可以相对小一点，毕竟我们3bet中有很多诈唬，3bet量小一点会让我们的3bet诈唬更加便宜，另外我们有位置也不介意对手在没有位置的情况下跟注3bet玩翻牌后。

TIPS

平时默认的3bet量为对手加注量的3倍，但是大盲位置3bet小盲位置，或者按钮位置3bet关煞位置时，可以减少3bet量。有位置的时候3bet频率会更高，3bet量也可以相应减少。这像拳击中的刺拳，是一种骚扰和试探。一旦对手被我们的刺拳打得情绪化，或者我们真的拿到一手超强牌，就能很容易得到对手所有的筹码，而我们每次刺拳所付出的代价很小。

【例6-11】NL1000，6人桌，1 000筹码量。

我们在小盲位置用8s6s加注30，大盲位置“鱼”3bet到70，我们跟注。

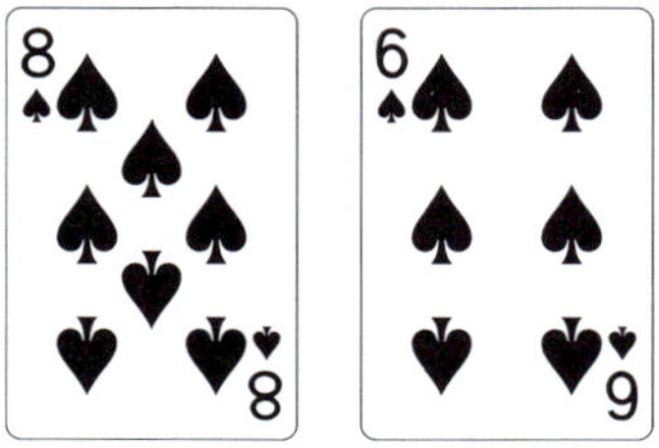

翻牌（彩池140）：

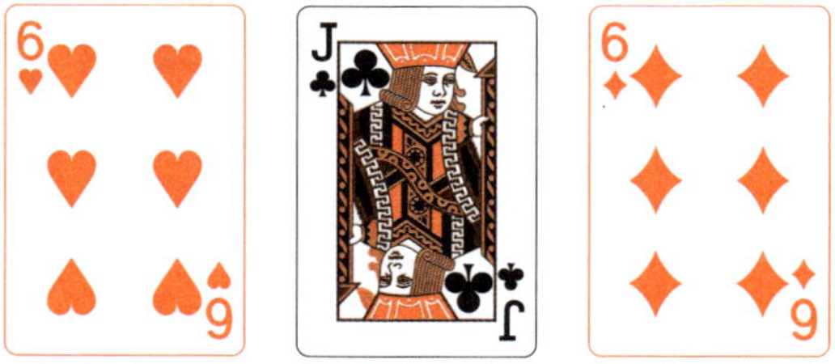

我们过牌，大盲位置玩家下注140，我们加注到380，大盲位置玩家用AcAs全压。

这手牌对手最大的错误是翻牌前的3bet量太小，只有70，也就是说我们只需要跟注40就可以博一个100的彩池，胜率达到28.5%就可以跟注，况且我们筹码很深，还有隐含赔率，实际上胜率达到20%都可以跟注。

可以看到“8s6s vs QQ、KK、AA的超强范围”也有21%的胜率。

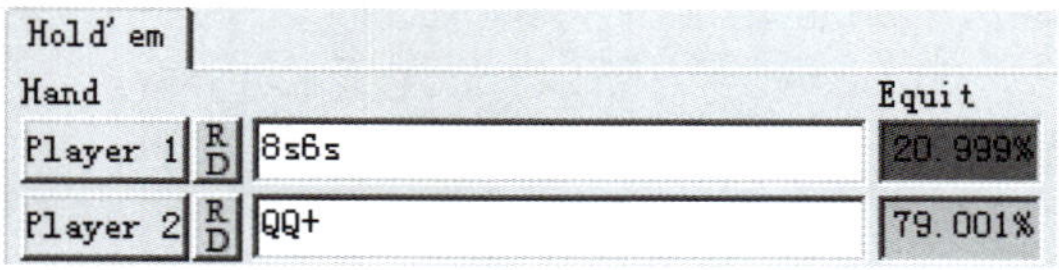

如果对手的范围中还有AK的话，胜率就更高了，达到29.8%。

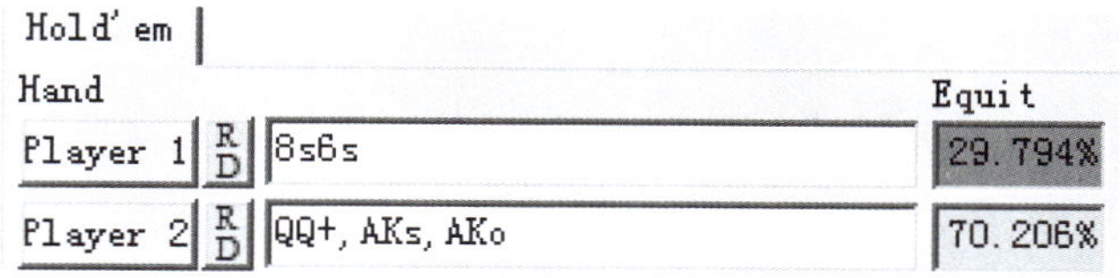

算上翻牌后中了三条、顺子、两对、同花或者同花听牌、顺子听牌，将有很大的隐含赔率，毕竟是100BB的筹码量，跟注70的3bet手上还剩下930筹码量，隐含赔率是非常不错的。

TIPS

对手是比较弱的玩家，没有调整好3bet大小，如果对手3bet到正常的90的量，我们会弃牌，不会跟注3bet，毕竟跟注90的3bet需要至少33.3%的成功率才行。

总结：

❶ 正常情况下3bet量为对手加注量的3倍。

❷ 没有位置的情况下，3bet会更大，比如3.2~3.5倍最佳。

❸ 如果筹码深度是150BB以上，3bet量也会更大，比如3.5~4倍最佳。

❹ 如果对手是中小筹码玩家，我们3bet量可以更小，比如2~2.5倍最佳。

❺ 如果是“大盲 vs 小盲”的3bet，我们的3bet下注量也会小一个盲注，即3倍减去一个盲注为最佳。

❻ 如果对手是跟注站，跟注3bet特别多，我们此时又有强牌，3bet下注量会更大一些，3.5~4倍最佳。

❼ 如果对手很少跟注3bet，基本都是4bet或者弃牌，那么我们也可以相应减少3bet下注量，2.5倍最佳。

4. 便宜地诈唬下注

【例6-12】NL1000，6人桌，1 000筹码量。

关煞位置玩家加注30，我们在按钮位置用JsAs跟注，大小盲位置玩家弃牌。

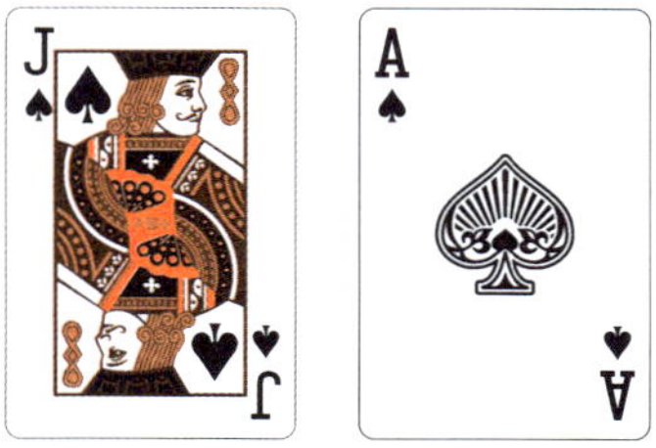

翻牌（彩池75）：

关煞位置玩家快速过牌翻牌圈，我们下注30，关煞位置玩家快速弃牌。

这里我们下注量很小，仅仅为彩池的1/2，原因是这个牌面听牌特别多，对手快速过牌给我们，一般是在这个牌面没有中三条的小对子，准备过牌弃牌，或者偶尔会过牌跟注。鉴于对手一般会过牌弃牌，我们下注半个彩池和下注一个彩池没有区别，对手一样会过牌弃牌，这样我们会节约35。

当然如果我们真的有牌，比如KQ，这时候我们也会下注半个彩池，因为对手的牌力特别弱，稍微有一点牌力的话，对手会自己主动下注，为了让对手跟注我们的价值下注，我们也只能下注小一点，半个彩池刚刚好。如果直接下注很大，对手的弱牌其实也是跟不动的。

5. 面对不可动摇的跟注范围的下注量技巧

【例6-13】NL1000，6人桌，1 000筹码量。

我们在按钮位置用AsAc加注30，小盲位置玩家弃牌，大盲位置玩家跟注。

翻牌（彩池65）：

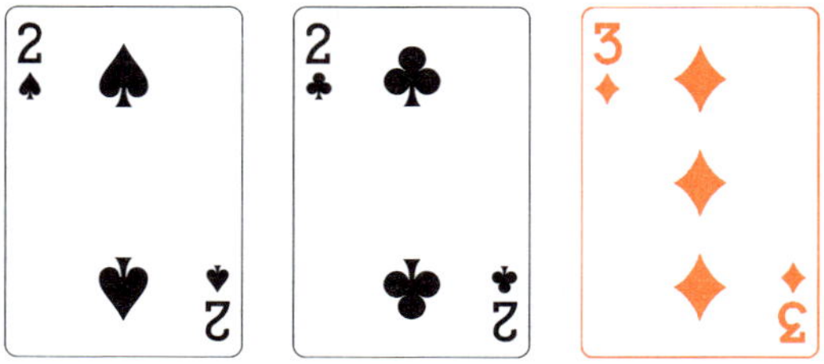

大盲位置玩家过牌，我们下注65，大盲位置玩家跟注。

转牌（彩池195）：

大盲位置玩家过牌，我们下注150，大盲位置玩家弃牌。

在这个翻牌圈我们应该下注大一点，原因是对手的跟注范围是不可动摇的，何为不可动摇？就是如果对手持有44以上的口袋对子，我们在翻牌圈下注30也好，下注45或65也好，对手都会跟注。下注量的大小并不能动摇对手跟注的决心，毕竟对手有超对，一个彩池大小以内的下注，对手都会很轻松地跟注。

所以在这种情况下，我们价值下注就要大一点，以免在转牌圈出现恐吓牌之后对手不再愿意往彩池中投入筹码。

如果我们在翻牌圈下注30，转牌圈下注大一点，对手一样会丢掉44，不如在翻牌圈下注大一点，尽可能地多榨取价值。

6.4 下注量的考虑因素

1. 从听牌中榨取价值

当对手是“跟注站”时，牌面有听牌存在，我们就会默认下3/4到一个彩池大小的注，从对手的听牌中榨取价值，而不给免费牌。

【例6-14】NL1000，6人桌，1 000筹码量。

我们在按钮位置用AsQc加注30，小盲位置玩家弃牌，大盲位置“跟注站”玩家跟注。

翻牌（彩池65）：

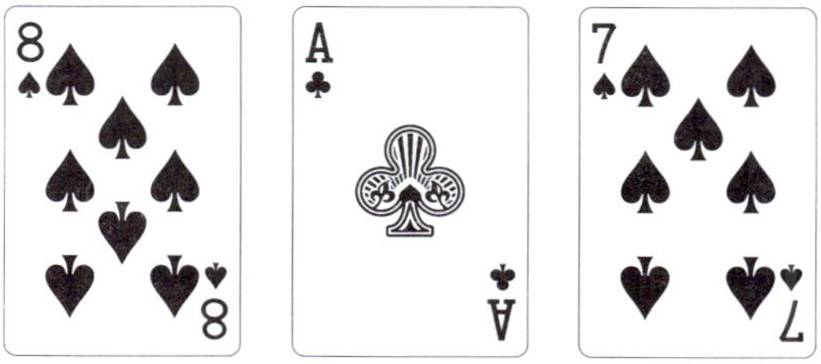

大盲位置玩家过牌，我们下注65，大盲位置玩家跟注。

在这样一个同花听牌、顺子听牌很多的牌面，我们一定要下注大一点，从对手的听牌中最大化地收费，过牌给免费牌是极大的错误。

过牌还是下注?

❶ 在对手面对我们手牌有5个outs以上的时候，下注是最佳选择。

❷ 在对手面对我们手牌只有2个outs的时候，过牌是可以接受的。也就是说，当对手中了中等对子，比如此例中对手拿着8c9h就有5个outs成为两对或者三条，这种情况下给免费牌是极大的错误，毕竟对手有20%的胜率。如果对手有顺子听牌8个outs，胜率达到32%，过牌更是极大的错误。如果对手有同花听牌9个outs，胜率达到36%，更是不能给予免费牌的。

❸ 当对手的胜率有20%以上时，我们默认是要下注的，过牌给免费牌都是错误的。

❹ 当对手只有2个outs，比如此例中对手拿着TcTh时，过牌是可以接受的。毕竟对手只有8%的胜率，如果过牌能引诱对手在后面的街跟注，或者过牌能引诱对手在后面的街发动诈唬，过牌就比下注要好。

2. 最大化地获得价值

记住，最大化地价值下注是基于对手的牌力，而不是我们的牌力。很多读者拿到坚果牌之后就会默认下注很大，这是一个极大的错误，因为我们还要考虑对手是否跟得动这个下注，如果对手的牌力很弱，我们只能下注小一点，也算是最大化地价值下注了。

【例6-15】NL1000，6人桌，1 000筹码量。

我们在按钮位置用KsKc加注30，小盲位置玩家弃牌，大盲位置“跟注站”玩家跟注。

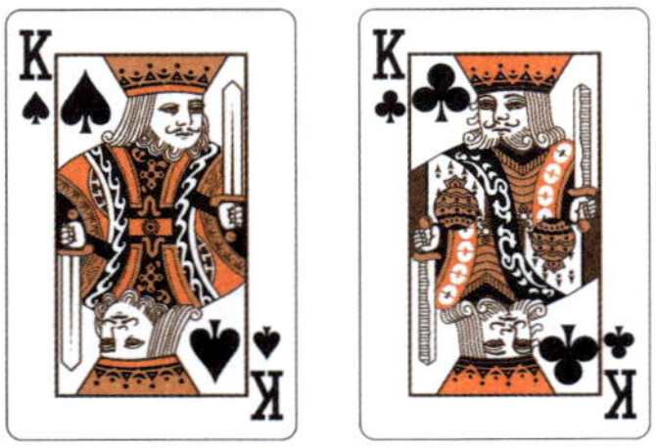

翻牌（彩池65）：

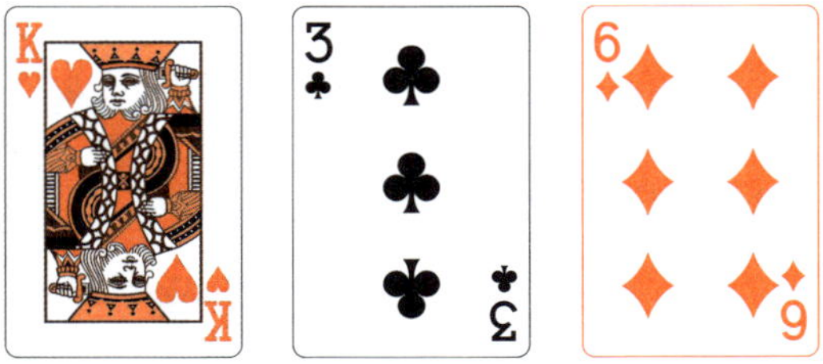

很多初级玩家这里拿到三条K之后就下注很大，但是仔细思考，如果我们下注很大，对手能用什么牌跟注?

❶ 顶对K? 我们已经占用4张K中的3张，对手有K的概率非常低。

❷ 三条3或三条6? 概率太低。如果对手真有三条3或者三条6，我们下注小一点，对手可能会加注我们，在转牌圈和河牌圈一样容易达到全压。

对手能跟很大的注的牌太少了，如果对手只是6x、3x或者中等对子99之类的牌，这些中等偏弱牌是跟不动特别大的注的。

所以，我们翻牌圈下注很大是一个极大的错误，我们过于考虑自己的牌力，而没有考虑对手的牌力。实际上我们价值下注的时候，更多的是考虑对手的牌力。

假设对手此时牌力分布是“强牌:中等牌:弱牌=1:3:6”。

❶ 如果我们下注30，对手会用中等牌和强牌跟注。

❷ 如果我们下注65，对手只会用强牌跟注。

❸ 如果我们下注45，对手会用“强牌+一半的中等牌”跟注。

❹ 如果我们过牌（下注量为0），在转牌圈对手会用所有强牌下注35，所有弱牌诈唬下注35。

那么，我们哪一个下注量能让获得的价值最大化?

❶ 下注30的时候，收获30×40%=12。

❷ 下注65的时候，收获65×10%=6.5。

❸ 下注45的时候，收获45×25%=11.25。

❹ 下注0的时候，收获35×70%=24.5。

从上面的演算可以看出获得的价值大小为：过牌>下注30>下注45>下注65。

从最大化地获得价值来说，过牌是最佳决策。

3. 最大化地诈唬

诈唬的最高境界是使用最少的筹码获得最大化的弃牌率。

【例6-16】NL1000，6人桌，1 000筹码量。

我们在按钮位置用TsJs加注30，小盲位置玩家弃牌，大盲位置“跟注站”玩家跟注。

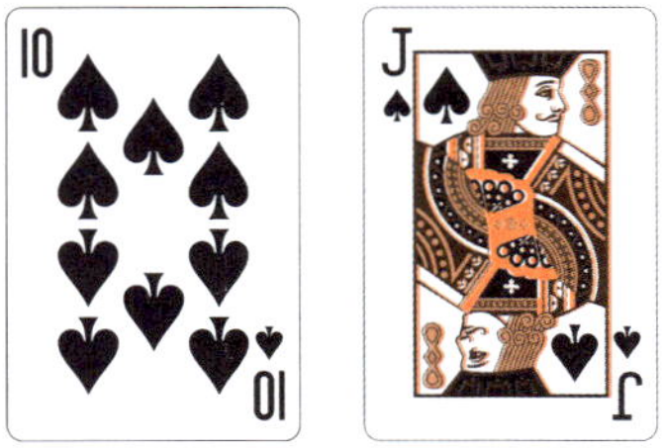

翻牌（彩池65）：

这里我们下注有多种选择，可以下注65、50、40、30。

假设对手是小口袋对子22~88，面对所有下注都会弃牌，对手的9x面对65的下注会弃牌，面对其他下注都会跟注。

对手此时牌力分布是“强牌:中等牌:弱牌=2:2:6”。

强牌是顶对及以上牌力，中等牌为Kx、9x、QQ、JJ、TT，弱牌为22~88以及一些完全没有击中的牌。

❶ 如果我们下注65，对手只会用强牌跟注，为20%。

❷ 如果我们下注50，对手会用“强牌+60%的中等牌”跟注，为20%+12%=32%。

❸ 如果我们下注40，对手会用“强牌+80%的中等牌”跟注，为20%+16%=36%。

❹ 如果我们下注30，对手会用“强牌+100%的中等牌”跟注，为20%+20%=40%。

那么，我们哪一个下注量能让获得的价值最大化?

❶ 下注65的时候，对手弃牌率为=1−20%=80%。

EV（下注量65）=65×80%−65×20%=+39

EV公式显示，面对65的下注量，对手弃牌的概率为80%，我们获得彩池中的65，对手跟注的概率为20%，我们将失去下注的65。

❷ 下注50的时候，对手弃牌率为=1−32%=68%。

EV（下注量50）=65×68%−50×32%=+28.2

❸ 下注40的时候，对手弃牌率为=1−36%=64%。

EV（下注量40）=65×64%−40×36%=+27.2

❹ 下注30的时候，对手弃牌率为=1−40%=60%。

EV（下注量30）=65×60%−30×40%=+27

从上面的演算可以看出弃牌率大小是：下注65>下注50>下注40>下注30。

从最大化地诈唬来说，下注65是最佳决策。

4. 筹码量的考量

【例6-17】NL1000，6人桌，600筹码量。

我们在按钮位置用8s9s加注30，小盲位置玩家弃牌，大盲位置中筹码玩家跟注。

翻牌（彩池65）：

大盲位置中筹码玩家过牌，我们下注60，中筹码玩家跟注。

转牌（彩池185）：

中筹码玩家过牌，我们怎么办？

很多人这里会选择继续下注半诈唬，这是一个错误，原因是中筹码玩家会用顶对K或者以上的牌力100%过牌加注全压。

如果我们下注转牌圈120，中筹码玩家全压510，我们需要跟注390去博彩池中的815，至少需要32.4%的胜率，而我们的“顺子听牌 vs 对手全压的范围”是没有32.4%胜率的，8个outs听牌在转牌圈大概只有16%的胜率。

所以，考虑到筹码量，我们在转牌圈过牌比下注要好。

5. 引诱

【例6-18】NL1000，6人桌，1 000筹码量。

按钮位置玩家加注30，小盲位置玩家弃牌，我们在大盲位置用8h8d跟注。

翻牌（彩池65）：

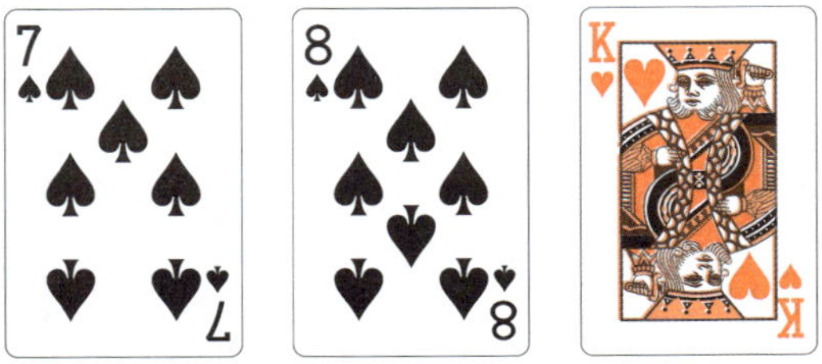

我们主动下注55，按钮位置玩家跟注。

转牌（彩池175）：

我们主动下注120，按钮位置玩家跟注。

河牌（彩池415）：

我们主动下注150，按钮位置玩家想了很久，加注到350。

我们全压，按钮位置玩家跟注，按钮位置玩家持有As5s。

这手牌我们在河牌圈的小下注量是一种引诱，对手在河牌圈击中同花的概率非常高，而我们河牌圈下注量很小，让对手不甘心这么便宜摊牌而加注我们，然后我们用葫芦再加注全压，彩池中有1 560，对手只需要用445跟注全压，彩池赔率太好，而且有最大的同花，使得对手有粘池感，最终跟注了全压。

如果这手牌的河牌圈我们过牌加注的话，对手河牌圈下注300，我们全压，对手极有可能弃牌，因为过牌加注表现得太像葫芦了。比小下注引诱加注打法，过牌加注显得更加强势，对手弃牌的概率更高。

当然如果这手牌我们的底牌是JhTh，那么在河牌圈可以采取过牌加注全压诈唬，毕竟我们的J阻挡了太多的葫芦，比如8J、KJ葫芦被我们阻挡了很多，对手也很少有三条K、三条8、三条7，因为这些牌在翻牌圈和转牌圈都会加注我们。所以JhTh这种三条在河牌圈没有形成葫芦，但是可以扮演葫芦，过牌加注打走对手。

6. 扮演我们有什么样的牌

【例6-19】NL1000，6人桌，1 000筹码量。

按钮位置玩家加注25，小盲位置玩家弃牌，我们在大盲位置用As2s跟注。

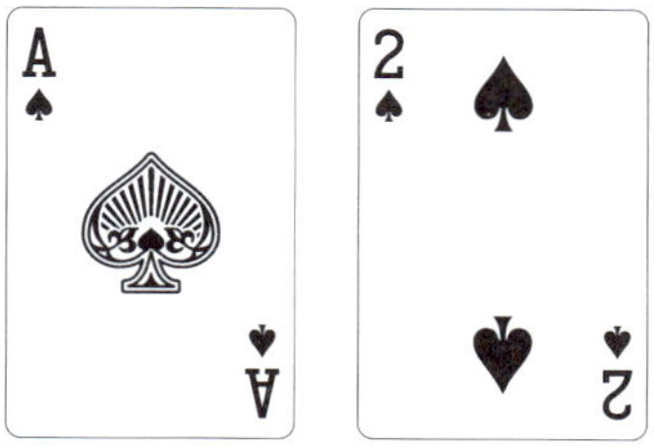

翻牌（彩池55）：

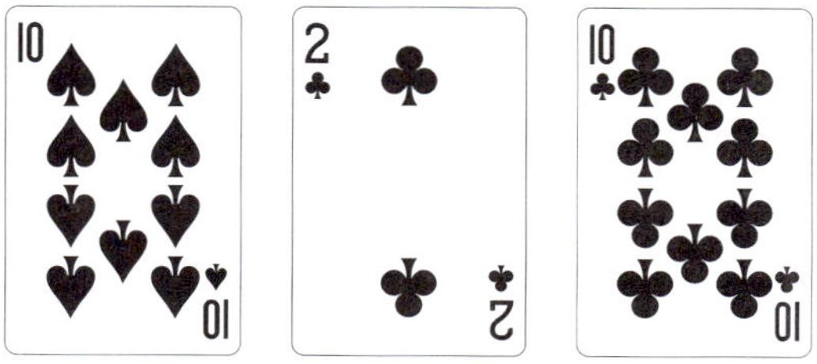

我们过牌，按钮位置玩家下注45，我们跟注。

转牌（彩池145）：

我们过牌，按钮位置玩家也跟着过牌。

河牌（彩池145）：

我们超彩池下注200，按钮位置玩家用9h9d跟注。

我们在河牌圈的超彩池下注代表我们要么是坚果牌，要么是诈唬牌。

在对手的眼里我们这个下注代表有T，或者是破产同花听牌在诈唬，或者是翻牌圈的缠打牌在发动诈唬（比如翻牌圈拿着KQ跟注，转牌圈、河牌圈没有中牌就发动诈唬）。

河牌圈我们的超彩池下注在扮演三条T或者纯诈唬，但是实际上我们是三条2，对手鉴于我们诈唬频率不低，用99选择抓诈唬。事后对手跟我说，如果他手上有一张梅花9就不会跟注我们的河牌圈超彩池下注，毕竟梅花9阻挡了很多破产同花听牌，对手觉得我们在河牌圈很可能是破产同花听牌诈唬，所以才抓诈唬。

如果我们在河牌圈只是下注半个彩池，我们可能扮演5x或者88、99、JJ、QQ、KK、AA之类的对子，但是一旦超彩池下注，扮演的牌力就非常两极分化了，要么坚果要么诈唬，不可能是中间牌。

7. 平衡自己的范围

【例6-20】NL1000，6人桌，1000筹码量。

我们在小盲位置用TsJs加注30，大盲位置玩家跟注。

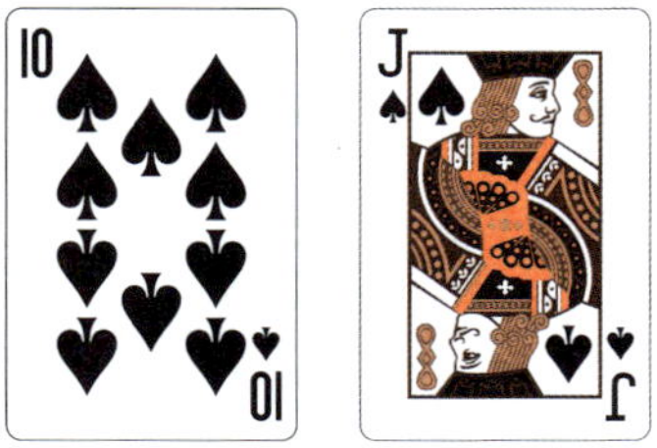

翻牌（彩池60）：

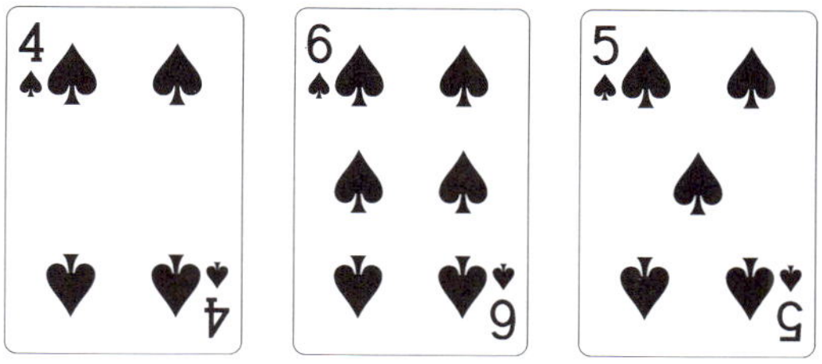

这里我们如注30，主要是为了平衡自己的下注范围。

原因是：当我们纯诈唬或者持有一张黑桃的听牌（比如KsQc、AsTc等）半诈唬都会下注半个彩池。当对手是有观察力的玩家时，我们不能根据自己牌力不同而采取不同的下注量，而是保持下注量一致，不管我们是纯诈唬也好，半诈唬也好，超强牌也好，下注量都一样，对手从我们的下注量中得不到任何关于我们牌力的信息。

当然对手是"鱼"的话，我们就不需要考虑平衡问题，下注大一点就行，"鱼"只会考虑自己的手牌，够跟注就跟注，不够跟注就弃牌，而不会考虑我们的牌。所以"vs 鱼"我们下注量不需要平衡。

6.5 非常规下注量

1. "杠杆威胁"下注量

用很少的筹码就能威胁对手全压，我称之为"杠杆威胁"。

在德州扑克里，很多时候我们不需要全压，仅仅需要投入很少的筹码就能威胁到对手的所有筹码，这种打法是将施加给对手的压力最大化，特别是在河牌圈之前的街，"杠杆威胁"常常非常有效。

【例6-21】NL1000，6人桌，1 000筹码量。

我们在小盲位置用As5s加注30，大盲位置玩家3bet到90，我们4bet到250，对手弃牌。

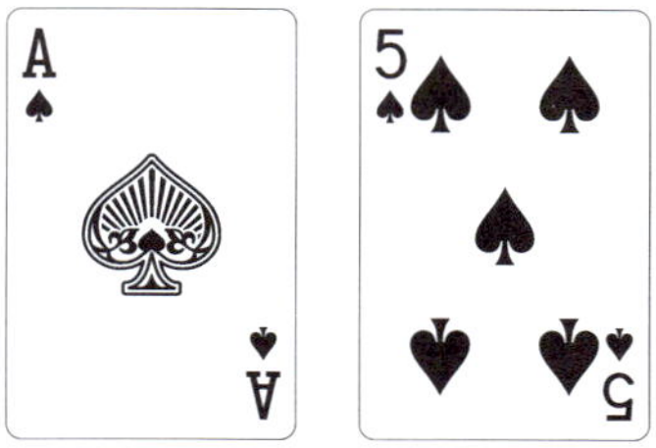

这手牌翻牌前我们并没有全压，却威胁到了对手所有的筹码。因为对手如果跟注我们4bet的250，翻牌圈彩池中将有500，我们和对手都只剩下750的筹码，SPR差不多是1.5，极容易在翻牌圈打全压。

如果我们真的是超强牌，比如AA、KK、QQ、AK，对手的投机牌是没有赔率去投机的，因为多半我们在翻牌圈就全压。所以这里4bet的250筹码量，实际威胁到了对手所有的筹码。我们并没有全压，而是投入了1/4的筹码，对手就面临了一个全压的决策，这种就是“杠杆威胁”下注量。

TIPS

“杠杆威胁”下注量通常指，我们下注或者加注到一个量，对手如果跟注，手上剩下的筹码小于两个彩池大小，即对手如果跟注，剩下筹码的SPR小于2。

【例6-22】NL1000，6人桌，400筹码量。

400筹码量的中筹码玩家加注30，我们在大盲位置用ThJd跟注。

翻牌（彩池60）：

中筹码玩家下注40，我们加注到110，中筹码玩家想了很久弃掉了KdTd。

这手牌我们在翻牌圈加注量很小，比对手下注量40的3倍少一点，但是对手面临一个全压与否的决策。因为对手如果跟注我们的110加注，那么彩池中将有280，对手剩下的筹码为260，也就是转牌圈极有可能是一个全压，而对手在翻牌圈考虑到KdTd中等对子弱踢脚是否有能力跟注转牌圈的全压，在考虑之后觉得中等对子弱踢脚不足以跟注全压，就很不甘心地弃牌了。

TIPS

我们在拿到中等牌的时候，千万不要给对手“杠杆威胁”的机会，要时刻关注对手的筹码量，当我们觉得自己下注被对手加注之后SPR是1~2的时候，最好是过牌，毕竟我们下注后对手一旦加注，我们的中等牌就会被威胁到是否全压。所以要时刻关注彩池大小以及对手的筹码量，尽量避免让自己的中等牌陷入“杠杆威胁”。

2. 筛子的密度

渔民们捕鱼的时候会注意网眼的大小尺寸，网眼太小，小鱼都会被捕上来，导致以后没有鱼可捕，网眼太大，导致能捕捞起来的鱼很少。德州扑克也是一样，我们要时刻注意筛子的密度，尽量捕到我们底牌能吃掉的更差的牌，而避免网眼太密，只剩下比我们强的牌。

【例6-23】NL1000，6人桌，1 500筹码量。

关煞位置加注30，按钮位置玩家3bet到90，小盲位置玩家弃牌，我们用KdKh在大盲位置4bet到250，关煞位置玩家弃牌，按钮位置玩家5bet到550，我们跟注。

我们的底牌KK确实很强，是可以在翻牌前用150BB的筹码量全压的，但是只要我们仔细考虑一下对手的5bet范围，以及对手跟注6bet全压的范围，我们就知道跟注550的5bet要比全压好。

对手的5bet范围是偶尔的Axs利用A的阻挡牌诈唬、AK、KK、AA。这个范围里甚至没有QQ和JJ，因为对手有位置，如果拿着QQ和JJ多半会跟注4bet，而不是5bet，毕竟5bet之后如果我们全压150，对手的QQ和JJ多数是要弃牌的。

对手跟注6bet全压的范围只有AA和KK。即使对手是AK，也很有可能弃牌，毕竟我们的打法太强势，翻牌前4bet，有牌的概率很高，另外面对5bet之后再全压，我们的范围只剩下AK、KK、QQ、AA了，对手的“AK vs 我们的超强范围”占不到优势，面对我们的全压，对手的AK极有可能丢掉，对手跟注全压的范围只剩下AA和KK。

所以如果我们全压，对手的范围AA和KK太强了，比我们的KK强，所以这里全压并不好，不如跟注，将Axs诈唬以及AK保留在对手的范围中。我们跟注，彩池中有1 135，我们手上剩下950，在没有A的翻牌圈，我们很容易达到全压。

比如翻牌是QhTd5c，我们过牌，对手的AK和Axs也极有可能全压诈唬。我们将对手的底牌范围保持在比我们弱的范围，这样将会有更大的优势。

TIPS

任何的下注和加注都是在缩小网眼，大鱼就是弱牌，小鱼就是超强牌，如果我们过度下注和加注导致网眼非常非常小，那么对手剩下的牌都是很小很小的鱼，也就是超强牌，都是比我们大的牌，这样将导致我们持续亏损。

如果这手牌我们不是KK，而是AK，是可以发动全压诈唬的，毕竟我们有一个A和一个K的阻挡牌，对手手上能有的AA和KK的组合非常少，只有6个组合，阻挡了对手能跟注全压的AA和KK的一半组合，而且我们能打走对手的AK、QQ以及所有的5bet诈唬，考虑彩池中的925死钱，我们用1 250全压AK诈唬，“胜率+弃牌率”是足够让EV为正的。

记住，这里的AK全压完全是利用阻挡牌半诈唬，而不是价值下注。

3. 下注量的组合拳

很多时候，我们可以通过变化下注量来精准定义对手的范围，或者将对手的范围限制在某一个小的区间，这样我们就能更好地发动诈唬或者价值下注。

【例6-24】NL1000，6人桌，1 000筹码量。

我们在按钮位置用Ah8h加注30，小盲位置玩家弃牌，大盲位置玩家跟注。

翻牌（彩池65）：

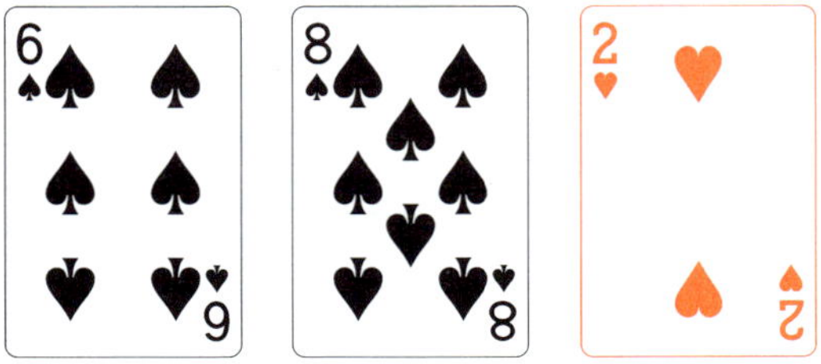

大盲位置玩家过牌，我们下注65，大盲位置玩家跟注。

转牌（彩池195）：

大盲位置玩家过牌，我们下注60，大盲位置玩家跟注。

河牌（彩池315）：

大盲位置玩家过牌，我们下注300，大盲位置玩家想了很久用8d9d跟注。

我们在转牌圈只下注了1/3彩池，一个非常非常小的下注量，让对手彻底暴露了自己的牌力，如果对手有三条、两对或者Qx这样的强牌，一般面对我们转牌圈很小的下注会过牌加注，而不会仅仅跟注，毕竟牌面存在同花听牌和顺子听牌，对手不会让听牌这么容易看到下一张牌。我们在转牌圈的小下注实际将对手的牌力范围限制在对子8以下，河牌圈我们下了一个很大的注，这样奇怪的下注方式（转牌圈下小注，河牌圈高牌K的时候下大注）会让对手觉得我们很像是破产听牌在发动诈唬。所以对手用第三大的对子8跟注，但是我们的A8是对子8中踢脚最大的。

TIPS

在有听牌的翻牌圈下大注，转牌圈高牌出现的时候下小注，河牌圈所有听牌都错过的时候下大注，会让对手觉得我们是破产听牌，这样可以用第二大或者第三大的对子精准地薄价值下注，引诱对手抓诈唬。

在有听牌的翻牌圈下大注，转牌圈高牌出现的时候下小注，河牌圈第三张同花出现的时候下大注，会让我们极为容易地扮演中了同花。在河牌圈下的大注打走了对手翻牌圈时候的顶对、河牌圈时候的第二或者第三大对子。

6.6 下注量和牌力范围的组合体系

【例6-25】NL1000，单挑桌，1 000筹码量。

按钮位置玩家加注30，大盲位置玩家跟注。

翻牌（彩池60）：

大盲位置玩家过牌，按钮位置玩家下注50，大盲位置玩家跟注。

转牌（彩池160）：

大盲位置玩家过牌，按钮位置玩家下注140，大盲位置玩家跟注。

河牌（彩池440）：

大盲位置玩家过牌，按钮位置玩家全压780。

通过数学计算，我们得知大盲位置玩家跟注的赔率为用780去博彩池中的780+440=1 220，跟注所需的最低成功率为39%。如果按钮位置玩家的河牌全压范围没有薄的价值全压，而是两极分化的范围（超强牌和纯诈唬），那么对于大盲位置玩家来说河牌将是一个很容易的跟注。原因是，在这个TsQs5h6h2d的牌面，按钮位置玩家在河牌圈的超强牌只有AA、KK、QQ、TT、AQ、QT、Q5s、T5s、Q6s、T6s、55、66、65s、5s2s、6s2s，总共86个组合，对于大盲位置玩家来说只要按钮位置玩家可能的诈唬组合数超过56个（56个诈唬组合占56+86=142总组合数的比例超过

39%），那么河牌圈就可以+EV地跟注。我们再看看按钮位置玩家的诈唬组合，KJ、J9、所有的两张黑桃听牌、所有的两张红心听牌，总共68个。因为按钮位置玩家的诈唬组合（68个）远远大于大盲位置玩家跟注需要的最低要求（56个），所以河牌是一个很简单的跟注。

如果按钮位置玩家很聪明，知道大盲位置玩家在河牌圈面对超彩池全压的跟注频率比GTO频率更高，那么按钮位置玩家可以在价值范围中加入更多薄的价值组合，比如顶对中等踢脚、KQ、QJ，这样价值组合就多了差不多30个了，这在河牌的博弈中完全利用了大盲位置玩家跟注过多的漏洞。

同理，如果大盲位置玩家在河牌圈面对超彩池全压的跟注频率比GTO频率更低，那么聪明的按钮位置玩家可以在河牌圈的诈唬组合中加入更多的成牌转成诈唬，比如把A5、K5、75等小对子转成河牌圈的全压诈唬，这样就增加了河牌圈的诈唬频率，这在河牌的博弈中完全利用了大盲位置玩家弃牌过多的漏洞。

TIPS

❶ 通过这个例子，我们知道了下注量实际上和下注牌力范围是不可分割的。因为下注量会影响到对手跟注所需的最低成功率，同时也会限制我们价值组合和诈唬组合的比例分配。

❷ 对于大部分中级别玩家来说，面对河牌圈的超彩池全压普遍是弃牌过多，跟注河牌圈的超彩池下注比GTO频率要低太多，这是中低级别玩家的普遍漏洞。所以一般在中低级别，我们会在河牌圈的超彩池全压中稍微多加入一点诈唬组合。

❸ 如果我们在河牌圈不是超彩池全压，而是采取半个彩池量的下注，那么我们河牌圈会增加很多价值组合，我们会把所有顶对弱踢脚甚至包括Q3o这样的牌也加入价值下注范围，导致价值组合从86个变成134个，这也意味着我们在按钮位置的河牌圈可以诈唬的GTO范围组合从56个变成44个，其实依然不少。

❹ 在河牌圈我们下注一个彩池量大小的注的时候，有1/3的概率赢就不亏。如果我们的价值组合有X个，那么我们的诈唬组合就要有$2X$个。我们可以把手牌范围里最弱的部分和带有阻挡牌的部分转成诈唬。当然如果对手的跟注频率高于1/3，比如“跟注站”玩家，我们会用更少的诈唬，甚至没有诈唬的范围下注。如果对手是“胆小鱼”玩家，我们会下注更小的量，然后加注比GTO更多的诈唬组合。

【例6-26】NL1000，6人桌，1 000筹码量。

按钮位置玩家加注30，小盲位置玩家弃牌，大盲位置玩家再加注到100，按钮位置玩家跟注。

翻牌（彩池205）：

大盲位置玩家持续下注65，按钮位置玩家弃牌。

2014年之前，高额桌上大家在这种情形下的持续下注量均为半个彩池，但是到了2015年之后，有玩家开始用1/3彩池的持续下注量下注，而且发现效果比下注半个彩池更好。

下面是具体的分析。

我们为什么能在这个牌面下注这么小，依然能获得很多弃牌率？真实的原因是，在这个翻牌圈，“我们翻牌前的再加注范围 vs 对手的跟注再加注范围”时我们是有胜率优势的。

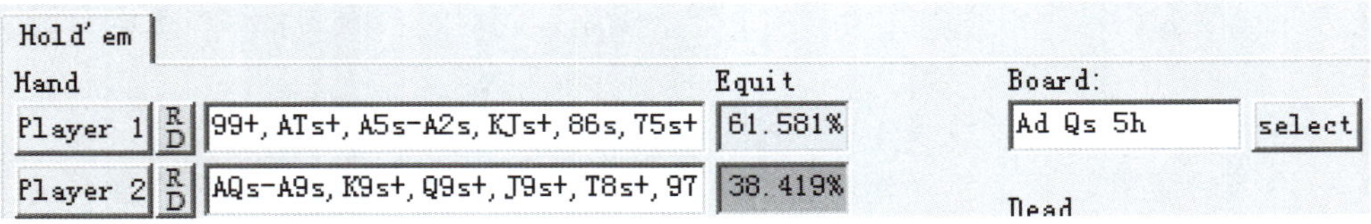

我们翻牌前下注的1/3彩池，不是因为我们自己的底牌，而是因为我们翻牌前的整个再加注范围。我们的范围在这个牌面胜率为61.6%，所以我们下注了。不管我们手上是AA、三条，还是KK、中等对子，或者是KQ，又或者是76s和KJ的纯诈唬，我们都是下注1/3彩池。这个1/3彩池的注只是要打走对手范围中和这个牌面匹配率最差的部分，当然这个部分不少，起码占对手翻牌前跟注再加注范围的30%以上，而我们仅仅下注了1/3彩池，需要的最低成功率为25%，远小于30%。

另外，这个1/3彩池的下注给我们带来了额外的好处。我们更容易构建自己的下注范围，比如以前下注半个彩池，对于我们的KK、JJ、TT来说是非常难受的，因为下注量为102.5还是很大的，下注这么大，对手很难用比KK、JJ、TT更差的牌来跟注我们。使得我们范围中的KK、JJ、TT不得不几乎100%过牌这个翻牌圈，让我们的过牌范围过于透明，对手很容易在转牌圈和河牌圈下注，然后全压，给我们最大压力，因为知道我们的KK、JJ、TT很难跟注。但是1/3的下注量给了我们更大的灵活性，我们的KK、JJ、TT依然可以下注1/3的量，毕竟对手跟注的范围中有很多5x、66～JJ，还有KJ听牌等，我们能获得价值。同时我们1/3下注范围中的Ax、三条、两对能很好地保护KK、JJ、TT。

小的下注量给了我们更好的操作性，越是大的下注量越容易让我们在转牌圈和河牌圈粘池。所以小的下注量让我们的决策有了更多选择。这也是好处之一。

TIPS

不同的下注量对应不同的牌力范围，这是一个对应的体系。比如，我们在再加注彩池的Axx、Kxx、443等高牌和小对子牌面等明显对我们的范围更有利的翻牌圈下注1/3彩池大小，这样我们的翻牌圈范围构成就是100%下注1/3量，0%过牌。

但是，如果我们下注半个彩池，我们就不得不加入过牌的部分，比如KK、JJ、TT，同时为了平衡这个过于弱的过牌范围，我们又不得不把部分强牌混合进去，比如少量Ax、三条等也用来过牌，来保护我们过于弱的过牌范围，防止被对手利用。

其实像这样构建下注与过牌比例的情形无处不在，在扑克中我们要根据自己的再加注范围、对手的跟注范围和翻牌的匹配率，选择不同的下注量和下注与过牌比例，范围里面“强：中：弱”的比例分配也是需要考虑的。所以顶级玩家常常会专门拿出不同的翻牌结构来分析，比如三张同花色的牌面如何构建，KKx、33x、Axx、678、QT8等如何构建，每一个翻牌都是一场考试。希望读者也能在不同的翻牌中思考自己和对手的范围，以及构建自己的下注量和牌力体系。

Chapter 7 即扫即看

非常规打法理论

KEY POINT

在高额桌中有很多非常规打法，这些很新颖的打法看起来并没有什么了不起的，但是如果深入思考过，就会发现里面有大量的数学计算分析，原来司空见惯的决策中含有这么多惊人的思考。

7.1 按钮位置非常规加注量

一般我们在按钮位置加注2.5BB，加注范围的GTO值为49%，但是如果盲注玩家的对抗策略偏离GTO，为了利用对手的漏洞，我们也会采取偏离GTO打法，比如改变我们的加注量和加注范围。

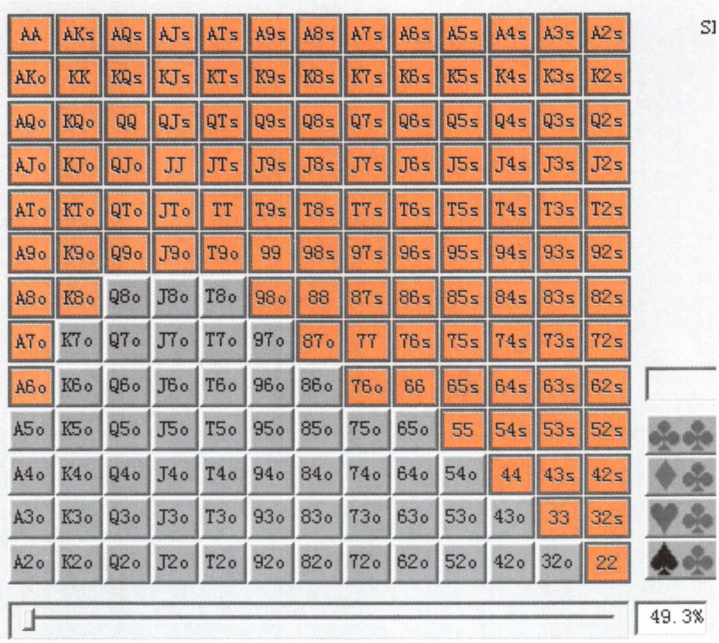

但是如果对手采取很松的跟注方式（远远高于盲注位置跟注GTO频率），那么

我们就可以用更大的加注量，同时加注的范围更窄，来利用底牌的胜率优势榨取更多的价值。

比如，我们会加注3BB，加注范围为40%，或者加注3.5BB，加注范围为35%，当然最大化的利用方式就是加注4BB，加注范围为25%，不过这种打法相当明显了，如果对手有意识的话就能观察到这一点（相当于“石头剪刀布”游戏中，对手出牌的比率为2:2:1，我们出牌的比率为0:0:5）。这样做的好处是，我们的期望值更高，坏处是一旦对手发现，对手就会减少跟注的频率，增加弃牌和再加注的频率。

同理，如果对手是那种弃牌率很高的玩家，远远高于GTO的弃牌率，我们可以利用这一点偷盲。比如GTO中面对不同的加注量，弃牌率如下表所示。

按钮位置加注量	2BB	2.5BB	3BB	3.5BB	4BB
盲注GTO弃牌率	57%	62.5%	66.6%	70%	72.7%

如果这个玩家不知道GTO的弃牌率，面对最小加注量2BB的时候弃牌率更高，比如弃牌率为65%，那么我们就可以采取2BB的加注量，可以更便宜同时高效地偷取盲注，我们加注偷盲的频率也会远远超过GTO值49%，我们会用65%甚至70%的范围加注2BB偷盲。

7.2 小盲位置激进的平跟玩法

从之前的盲注位置数学中我们得知，如果我们在大盲位置，所有人弃牌到小盲位置，小盲位置加注偷盲频率为x，那么我们在大盲位置3bet的频率为0.33x，我们跟注的频率为1.2x−0.33x=0.87x。这时小盲位置玩家将会非常难受。

但是看看下面这个例子中的小盲位置高手怎么玩。

【例7-1】NL1000，6人桌，2 000筹码量。

所有人弃牌到小盲位置，小盲位置玩家平跟（limp），我们拿着6s4c在大盲位置过牌。

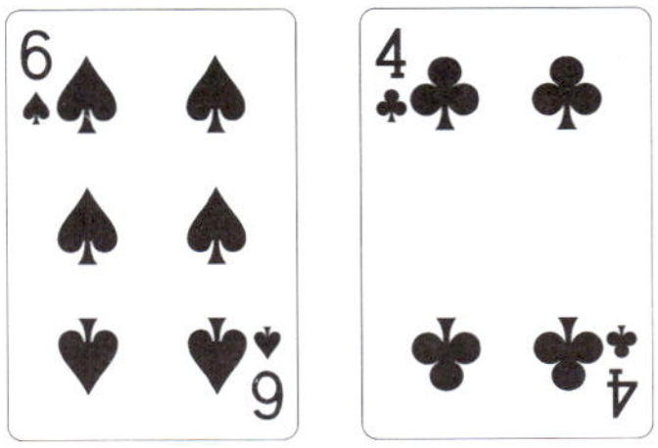

翻牌（彩池20）：

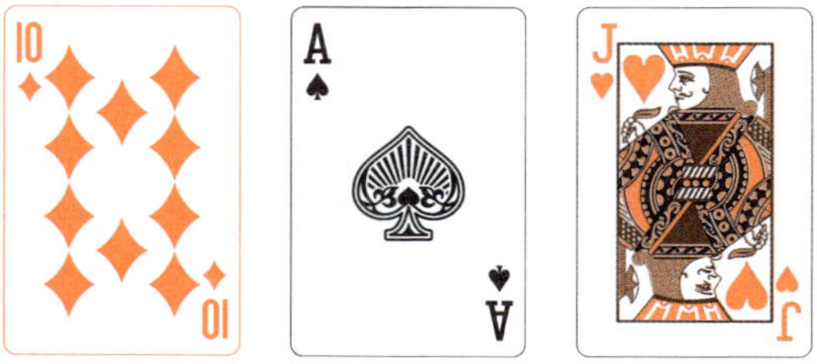

小盲位置玩家主动下注20，我们怎么办？

这手牌翻牌前我们拿到64o，几乎是最垃圾的起手牌，所以没有加注。面对这个技术很好的小盲玩家，我们会用30%的牌加注4bb，然后70%的牌过牌。而64o明显在70%的过牌范围中。

在这个三张高牌的翻牌圈，小盲玩家主动下注，虽然我们知道小盲玩家可能是在利用这个牌面诈唬我们，但是事实上我们也毫无办法。原因在于我们翻牌前过牌的70%范围大部分为中低端牌，类似于97o、34o、J7o，这些牌击中高牌的概率低，毕竟如果我们有Ax、Jx或Tx，则会在翻牌前主动加注4bb，所以这个3张高牌的牌面我们错过的概率极高。小盲玩家甚至都可以不用看自己的底牌，闭上眼睛下注20，我们大部分时候都要弃牌。

知道自己被利用了，但是毫无办法。这个就是小盲玩家limp进池的原因，这种limp不是软弱，而是进攻性非常强的limp。

1. 站在小盲位置的角度用数学分析“小盲位置limp进池vs大盲位置”的胜率

❶ 小盲位置limp的数学赔率为多少？

limp只需要投入0.5BB就能看到一个2BB的彩池，那么limp的彩池赔率为0.5/2=25%。

❷ 只要小盲底牌的可实现胜率> 25%（彩池赔率），那么小盲位置limp的EV就比弃牌高。limp就是更加正确的玩法。

可实现胜率就是这个2BB的limp彩池中小盲玩家的可实现股份，如果这个可实现股份大于25%，那么翻牌前投入的0.5BB就是划算的，因为投入了0.5BB之后的2BB彩池中小盲的可实现股份大于25%，也就是说大于0.25*2BB=0.5BB。下面计算小盲位置玩家limp之后，胜率实现率R的平均值。

假设大盲位置玩家抵抗小盲limp的策略为30%范围加注4BB，70%范围过牌。那么小盲位置玩家的limp至少有70%的概率能看到翻牌，而且大盲玩家这70%的过牌范围实际很弱，所以一旦小盲limp，大盲玩家过牌，这个翻牌后的平跟彩池R=0.80，也就是说由于大盲位置过牌的70%范围偏弱，导致过牌后小盲位置limp手牌能实现80%的胜率实现率。

当然考虑我们有30%的概率面对对手加注4BB弃牌而看不到翻牌，现实中只能看到70%的翻牌，由于翻牌前这个30%概率的4BB加注导致我们的胜率在翻牌前存在一条街的弃牌率大概为30%左右，那么翻牌前胜率实现率R乘以70%等于小盲位置整个limp范围的在翻牌前的胜率实现率，即R=0.70*0.80=0.56。

❸ 知道limp的翻牌前胜率实现率R=0.56，那么胜率E如何计算?

胜率实现率R*E >25%（彩池赔率），那么limp就是有利可图的，即胜率E>0.25/0.56= 44.64%。

❹ 知道了大盲玩家过牌范围70%，小盲玩家limp的牌vs 这个70%的范围胜率大于44.64%，就是有利可图的limp了。

通过计软件算得知，小盲玩家limp的牌vs 大盲玩家70%范围胜率大于44.64%的范围为79.8%。

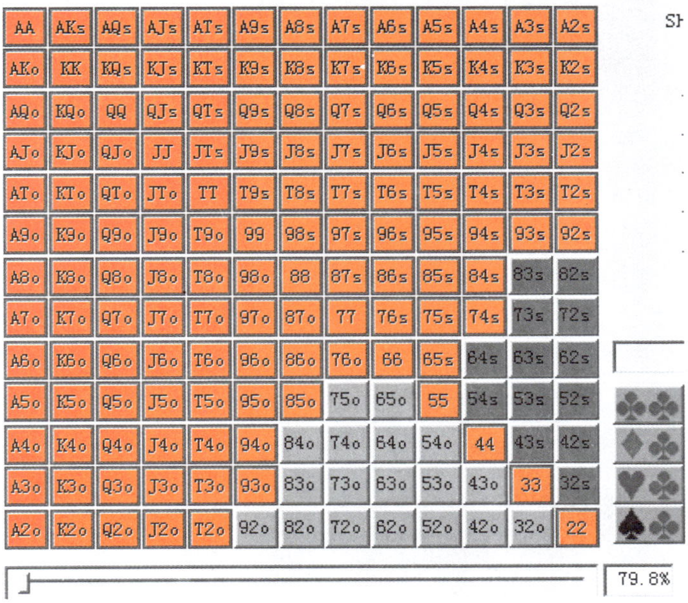

也就是说， vs 大盲玩家30%加注4BB、70%范围过牌的对抗策略，我们可以在小盲位置有利可图地limp 79.8%的牌，当然一旦大盲玩家过牌，我们会闭上眼下注两张以上高牌的翻牌2BB，拿下的概率极高。

❺ 假设大盲玩家抵抗策略是35%的牌加注3.5BB、65%的牌过牌，我们将用什么样的范围limp才是有利可图的呢?

因为对手用顶端范围35%的牌加注，而过牌的范围更弱了，所以实际上这里我们的R=0.9比之前的R=0.8要稍微高一点，另外，由于只能看到65%的翻牌，所以翻牌前limp范围的综合R值=0.9*0.65=0.585。

E*R>彩池赔率，limp就是+EV的，即E>彩池赔率/R=0.25/0.585 =42.7%。

最终计算出vs这个65%范围胜率达到42.7%的范围有85.8%。

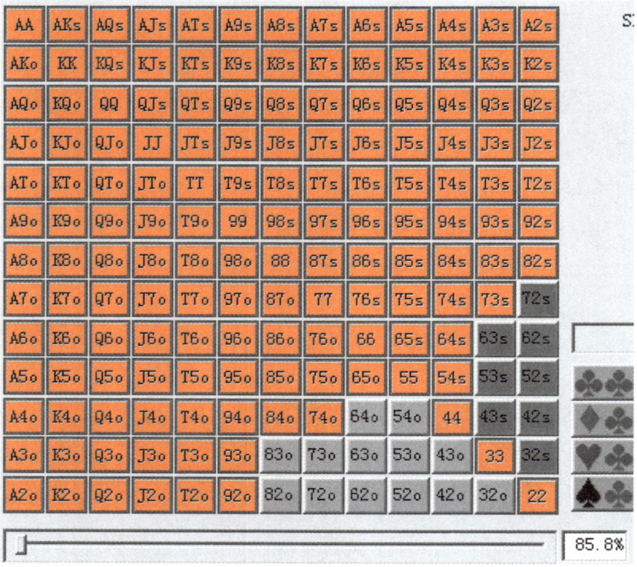

❻ 假设大盲玩家抵抗策略是45%的牌加注3BB、55%的牌过牌，我们将用什么样的limp范围才是有利可图的呢？

因为对手用顶端范围45%的牌加注，而过牌的范围更弱了，所以实际上这里我们的R=0.92比之前的R=0.9要稍微高一点，另外，由于只能看到55%的翻牌，所以翻牌前limp范围的综合R值=0.92*0.55=0.506。

E*R>彩池赔率，limp就是+EV的，E>彩池赔率/R=0.25/0.506 =49.4%。

最终计算出 vs 这个55%范围胜率达到49.4%的范围有74.7%。

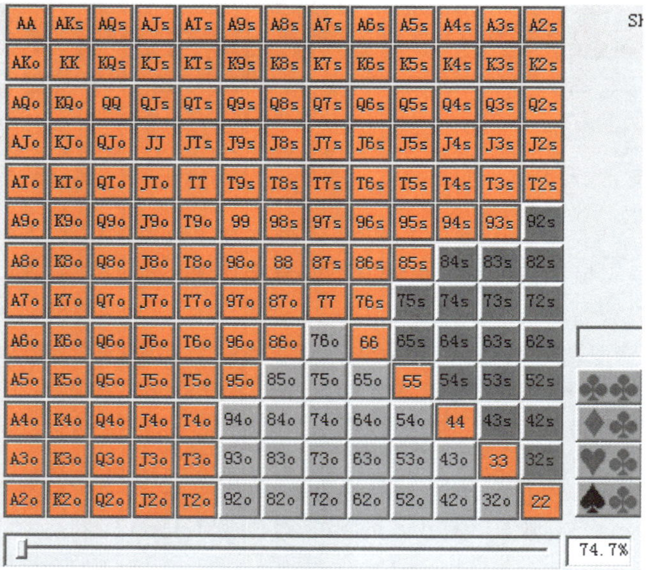

可以从上面的分析得知，随着大盲玩家面对我们小盲位置limp的加注范围增多，过牌范围减少，我们limp的+EV范围也在慢慢缩小，vs 75%过牌范围的大盲，我们可以limp 90%左右的牌，vs 65%过牌范围的大盲，我们可以limp 85%左右的牌，vs 55%过牌范围的大盲，我们可以limp 75%左右的牌。

当大盲位置是一个非常厉害的玩家时，我们是无法通过高频率加注小盲偷盲来盈利的，因为大盲玩家抵抗我们偷盲的范围将会非常广，至少在1.2倍我们偷盲的范围以上，翻牌后我们又没有位置，这样会导致我们非常难打。

对付这样的大盲玩家，我们可以尝试小盲位置limp策略，当然这种limp不是弱，而是非常激进的limp，这个limp范围中是有AA、KK、AK、QQ这样的超强牌存在的，我们的limp范围也分为3个部分：limp fold、limp 3bet以及limp call。limp fold是面对大盲玩家的加注，我们丢掉limp范围中最差的牌，limp 3bet是我们用limp范围中的“强牌+中等偏弱牌”再加注对手（两级分化的3bet范围），或者“强牌+中等偏强牌“再加注对手（非两级分化范围）。limp call是limp然后用中等牌跟注对手的加注玩翻牌后。

2. 小盲位置limp的好处

❶ 我们的limp范围是没有上限的，也就是说limp范围中有超强牌AA、KK存在，而对手的过牌范围是有上限的，毕竟对手肯定会用AA和KK翻牌前加注我们的limp。所以一旦对手过牌，我们可以在很多牌面玩得很激进，比如高端牌面，可以获得很多弃牌率。

❷ limp让我们避免在小盲位置加注，因为加注之后被大盲位置对手频繁3bet和跟注，好的玩家在有位置的时候总是给我们制造很多麻烦。limp可以将这种麻烦降到最低。

❸ 我们在小盲位置limp会失去主动权，当然在limp彩池中主动权是不太重要的。因为主动权的优势在于进攻方的范围是无上限的，可以偷很多高牌彩池，但是limp彩池中双方玩家的范围都很广，而且小盲位置玩家的范围才是无上限的，所以放弃主动权是无所谓的。

当然，如果大盲位置玩家水平不高，不知道大盲位置可以用1.2倍的牌来抵抗小盲，也很少3bet小盲位置玩家，那么我们就不会在小盲位置limp，普通的加注偷盲策略让我们获利更多。limp不过是vs大盲位置高手玩家的衍生打法，用这种非常规打法对付“鱼”显然盈利速度更慢，不如直接加注。

3. 如果我们是大盲位置玩家，如何对抗小盲的limp

假设小盲位置玩家limp范围为75%，我们在大盲位置该用什么样的范围加注4BB？什么样的范围过牌呢？

（1）考虑一下，我们为什么要加注？

用纯粹的扑克思维方式得到的答案是EV（加注）>EV（过牌），也就是说加注让我们赢得更多，所以加注。

（2）在什么样的情况下EV（加注）>EV（过牌）？

❶ 我们胜率奇高，做大彩池当然是让EV更大的方式.

❷ 我们胜率奇低，加注诈唬走对手也会比过牌实现的一点点可怜的胜率要好。

（3）什么样的胜率叫胜率高?

我们认为胜率在50%以上就是有优势了，胜率在55%以上就是优势比较大了，胜率在60%以上就是优势很大了，胜率在65%以上就是优势极大了。

这里我们认为胜率超过60%就可以加注。

（4）vs limp范围75%的范围，哪些牌的胜率会超过60%?

经过计算得出胜率超过60%的范围为9.4%，如下图所示。

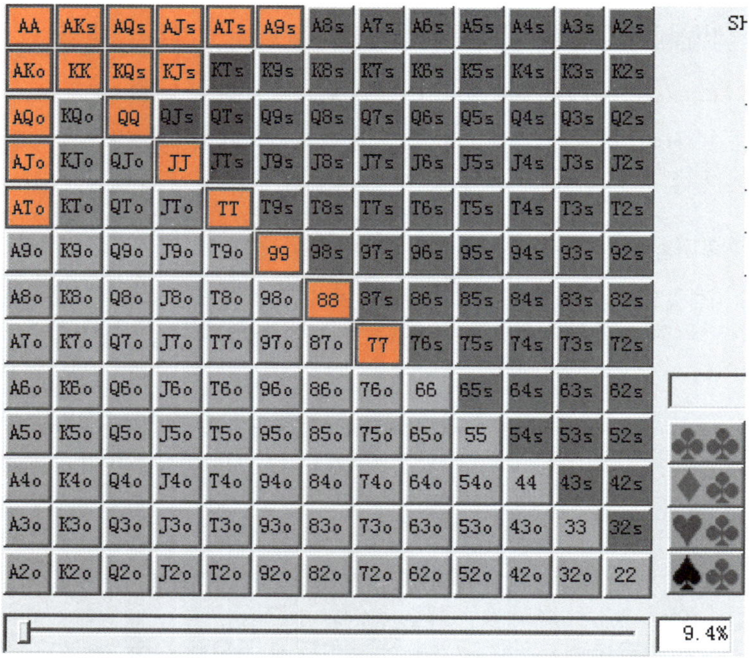

当然本着一半诈唬、一半强牌的精神，这里混合9.4%的诈唬，最终加注范围为18.7%，如下图所示（诈唬部分的9.3%的范围为作者比较喜欢的，读者也可以选择自己喜欢的范围，作者选择这个诈唬范围的原因是这部分牌的胜率太低，希望能诈唬走那些面对3bet弃牌过多玩家的一些中等偏下段的范围）。

对抗那些不是特别喜欢跟注玩翻牌后的小盲玩家，这个两极分化的加注范围会非常有效，因为用最差的牌加注诈唬走对手，能比过牌实现可怜的低胜率获得的EV值更高。除了这18.7%以外的82.3%的牌，我们都会在大盲位置过牌跟小盲位置玩家打翻牌后。

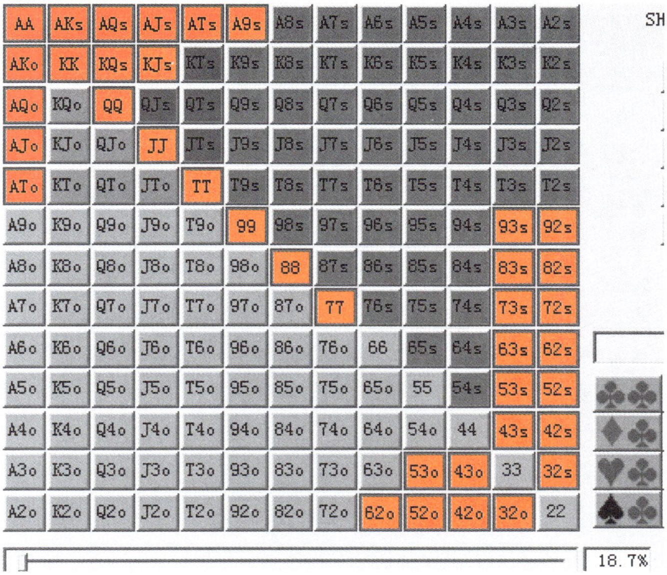

（5）如果小盲玩家是喜欢limp call的玩家，也就是说小盲玩家limp call的范围很广，很少limp fold，那么我们就有必要采取非两极分化的加注范围，纯为了价值而加注。那么我们加注的范围 vs 这个75%的limp范围，胜率为多少则为价值加注？55%的胜率即可，vs 75%范围胜率达到55%的范围为19.9%，如下图所示。

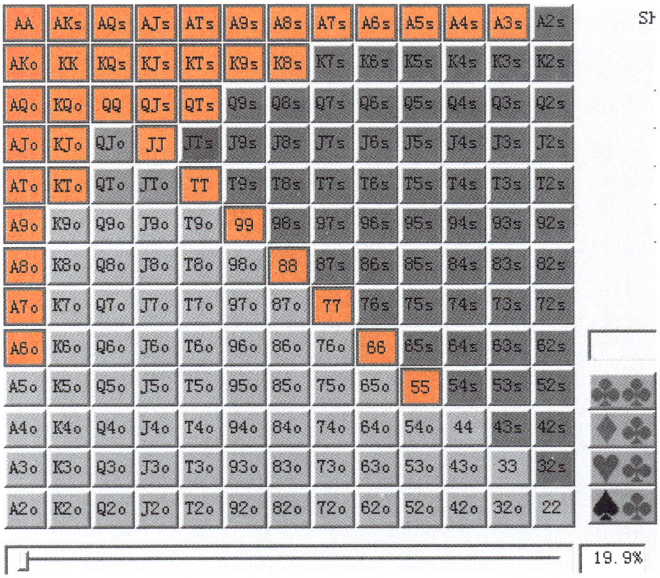

当然，随着小盲玩家的limp范围缩小，我们加注的范围相应也要缩小，毕竟vs 更紧的范围，胜率达到60%的范围肯定也相应更紧。除了这19.9%以外的80.1%的牌，我们都会在大盲位置过牌跟小盲位置玩家打翻牌后。

4. 如果我们在小盲位置limp，之后该如何应对

现实中大部分大盲位置玩家加注的范围都是两级分化的，假设大盲位置加注4BB的范围为38%，那么我们该如何应对呢？

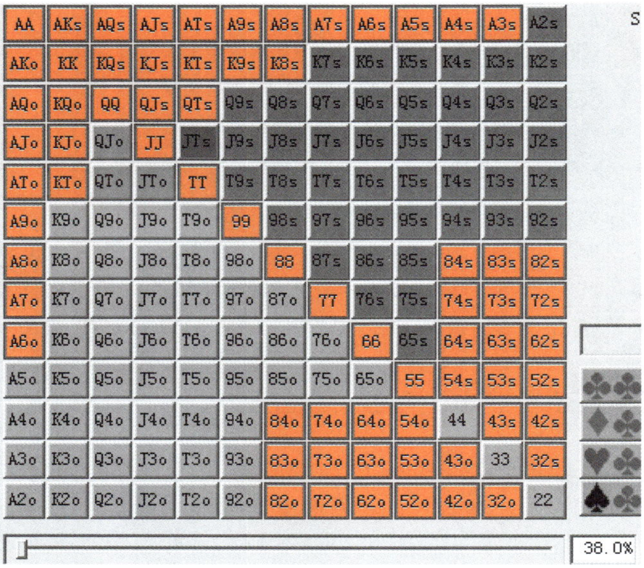

根据之前的数学计算中，我们知道要3bet对手加注范围的1/3，那么38%范围的1/3大约为13%，其中一半是强牌一半是诈唬，那么强牌3bet范围大约为6.5%，诈唬的3bet范围大约为6.5%。

我们在小盲位置limp 3bet的6.3%的强牌范围如下图所示。

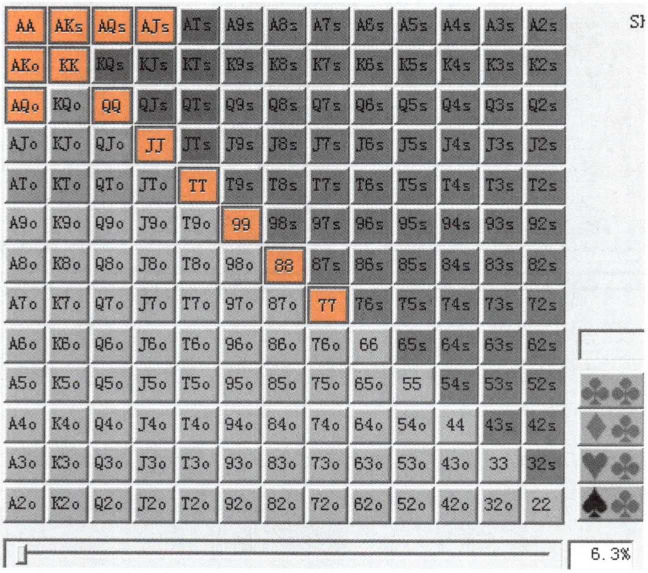

现在要构建6.5%的limp 3bet诈唬范围，这个6.5%的范围就是我们limp call范围的底端6.5%范围，必须先构建小盲位置的limp call范围。

小盲位置limp call的范围构建:

❶ 小盲位置limp call 4BB的加注，需要额外投入3BB（limp投入的1BB不算投入，已经成为彩池中的死钱了）去博彩池中的5BB，彩池赔率为3/8=37.5%。

❷ 只要可实现的胜率R*E>37.5%（彩池赔率），我们就可以limp call。

因为大盲位置玩家加注的范围为38%的两极分化范围不强也不弱，同时考虑到我们翻牌后没有位置，因此跟注的胜率实现率R大概为0.8。

$$E>0.375/0.8=0.468$$

也就是说只要 vs 这个38%的范围胜率高于46.8%，我们就能limp call。而vs这个38%的范围胜率高于46.8%的范围为60.8%。

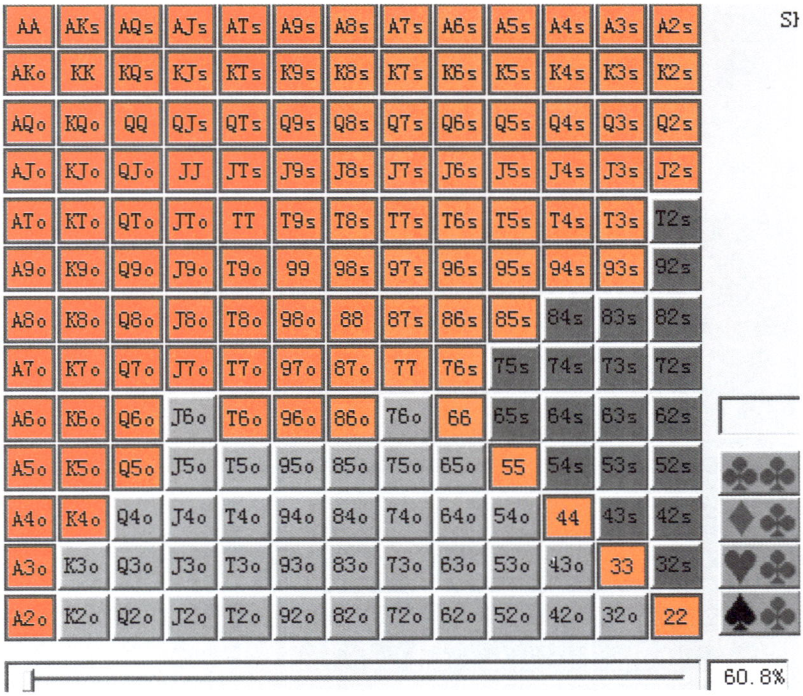

由于60.8%的范围中有6.3% 的limp 3bet强牌范围以及6.7%的limp 3bet诈唬范围，我们将同花以及非同花的A2~A5加入3bet诈唬范围，另外加上J2s，Q2s，K2s，K3s，Q3s，J3s，扣除13%的limp 3bet范围，剩下的就是47.8% 的limp call范围，如下图所示。

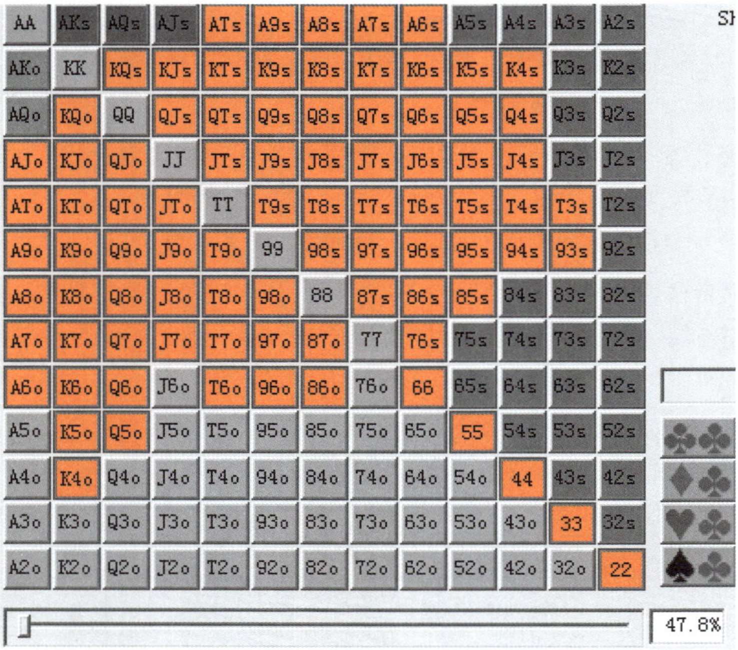

小盲位置13%的两级分化的limp 3bet范围如下图所示。

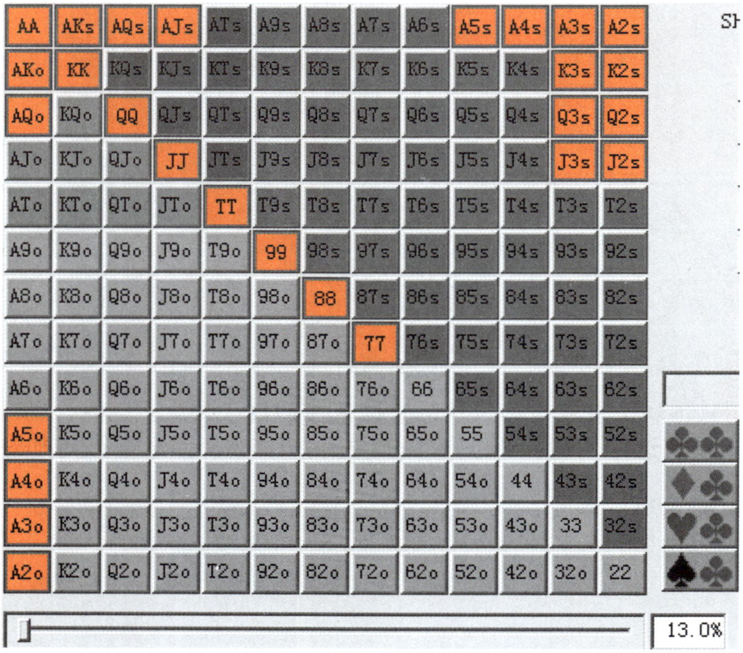

那么对抗大盲位置38%的加注4BB范围，62%的过牌范围，小盲位置应该limp 3bet 13%的范围，limp call 47.8%的范围，limp fold最差的39.2%范围。

7.3 加注更多枪口位置的打法

下表为一个中等级别玩家在各个位置加注开牌的数据。

枪口位置	中间位置	关煞位置	按钮位置	小盲位置
17%	19%	29%	49%	45%

可以看到，当所有玩家弃牌到这个玩家时，这个玩家在各个位置主动加注的范围是随着位置变好而变松，枪口位置仅仅加注17%的牌，而按钮位置加注49%的牌。小盲位置是一个例外，因为所有玩家弃牌到小盲位置，后面只剩下一个大盲位置玩家，后面潜在抵抗的玩家数量比较少，所以偷盲的范围也比较广。

但是如果是高级别玩家，会发现一个有趣的现象，高级别玩家在枪口位置加注范围反而比中间位置更松，下表为一个高级别玩家在各个位置加注开牌的数据。

枪口位置	中间位置	关煞位置	按钮位置	小盲位置
20%	19%	29%	49%	45%

可以看到这个高级别玩家在枪口位置反常地加注了20%的范围，要比中间位置的19%加注更松，他为什么要这么做，或者说这么做有什么好处?

高级别玩家在枪口位置这么做有两个理由.

（1）利用枪口位置掩护自己

能达到高级别的玩家都不是菜鸟，对于位置的重要性大家都十分清楚，普遍都非常尊重前面位置玩家的加注，特别是枪口位置玩家。后面位置很少有玩家会3bet诈唬枪口位置玩家的加注，都会很直接地跟注小对子和同花连牌投机三条或者其他，即使偶尔拿到AA、KK、AK、QQ也只是跟注枪口位置玩家的加注，不会3bet，一来3bet之后暴露了自己的牌力，二来会引诱后面玩家squeeze。

和中间位置不同的是，在枪口位置无论加注什么牌都基本上能看到翻牌，很少会被3bet被迫弃牌。所以枪口位置玩家可以加注A2s、78s之类的牌，而不用担心后面有玩家会3bet导致自己不得不翻牌前弃牌。在枪口位置更多是一种心理保护，利用其他玩家尊重枪口位置的心理来掩护自己开更多的牌。而中间位置、关煞位置则没有这个“枪口保护”，如果开牌很松，会经常被再加注而不得不弃牌。

（2）保护自己枪口位置的范围

一般高级别玩家的枪口位置加注范围为10%~15%，取中间值13%，大概是下图所示的范围。

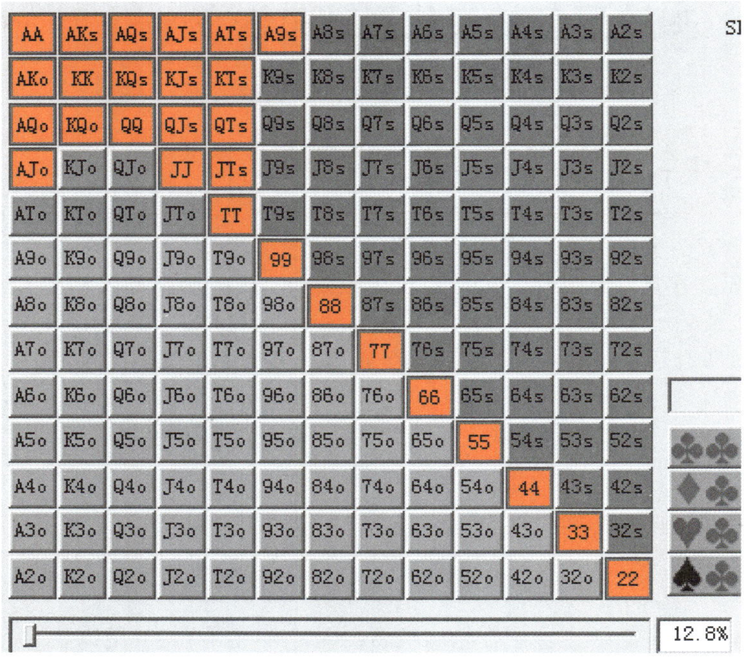

从图中我们会发现，这个枪口位置约12.8%的加注范围里很少有小牌，仅有的几个2345678的小牌都是口袋对子，也就是说，这个范围是极度不平衡的，严重偏向于高牌，那么如果翻牌出现两张小牌或者三张小牌，这个13%加注范围击中这样的偏小牌的翻牌概率过低，导致后面位置聪明的玩家几乎可以100%加注三张小牌的翻牌，枪口位置玩家没有什么太好的办法。

比如翻牌是3s5c6c，枪口位置玩家持续下注，按钮位置玩家加注，枪口位置玩家在这样的翻牌很难有强牌，最多只是一个超对，更多时候是两张高牌，只有极少数是三条。下表为12.8%的起手牌范围在翻牌3s5c6c的击中率。

牌力强度	三条	超对	两张高牌
击中率	5.6%	29.8%	57.1%

面对按钮位置玩家的翻牌加注，即使是超对也没有办法直接打全压，毕竟按钮位置玩家很有可能击中三条、两对甚至顺子。所以枪口位置玩家的超对AA在这里只是一个抓诈唬的中等牌而已，真正能反抗的强牌只有5.6%的三条。

所以对于聪明的玩家来说，中等级别玩家的枪口位置范围是存在严重不平衡的，导致出现三张小牌的翻牌时，聪明的玩家会利用这个微小的漏洞不停加注。当然这个不平衡也导致了聪明的玩家会在按钮位置用小同花连牌跟注枪口位置玩家的加注，在小牌居多的翻牌圈多半有优势，同时也可以做很多半诈唬甚至诈唬的动作。

随着级别提高，高级别玩家很多都知道这个漏洞，会有意识地在枪口位置加注

54s~9Ts、64s~J9s、A2s~A8s，使得自己在小牌居多的翻牌圈也不会太弱。比如，一个20%的枪口位置加注范围如下图所示。

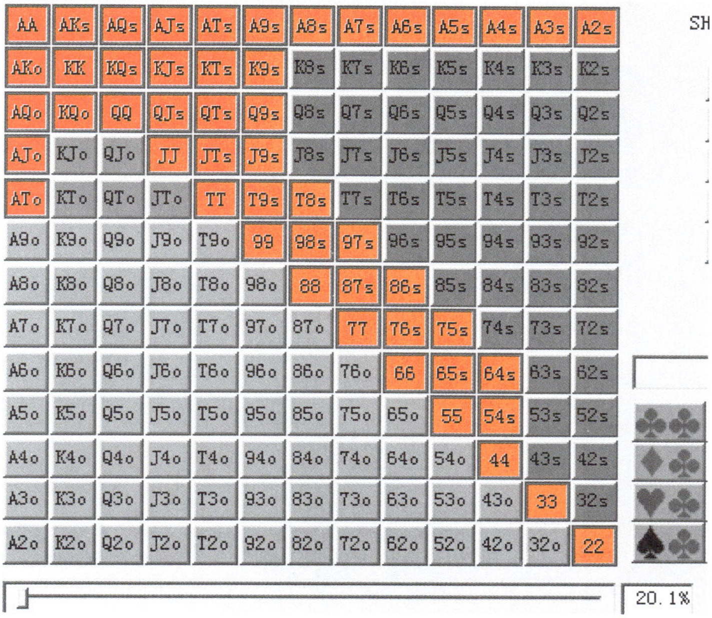

当然，我们在枪口位置加注20%是因为有“枪口保护”，但是我们在中间位置就不能加注这么松了，只能加注19%的牌，在中间位置要丢掉枪口位置的小同花连牌，不然会被3bet得很惨。

理论上来讲，6人桌上枪口位置加注3BB的GTO频率为17%，也就是说，面对其他5个顶级玩家，我们在枪口位置只能让17%的牌实现正期望值，如果我们玩更多的牌，那些牌就会是负期望值的。但是现实中，即使是很好的玩家也不会是完全没有缺点的，他们大多数过于尊重枪口位置，面对枪口位置玩家的加注他们会谨慎很多、弃牌很多，所以我们在枪口位置可以利用对手的这么一个小漏洞，采取稍微偏离GTO的打法，加注20%。

总结：*出于枪口位置保护以及平衡枪口位置范围的考虑，我们在枪口位置会加注比GTO值稍微多的牌，但是总体上依然接近GTO值，也符合随着位置变好而变松的基本原则。*

7.4 进攻和防守互换

在德州扑克中，翻牌前最后一个加注者就是进攻方，翻牌前的跟注者就是防守方。进攻方在翻牌后一般会继续保持进攻态势，因为在德州扑克中击中翻牌圈是件困难的事情，大概只有33%的概率会击中对子，形成听牌的概率也只有25%左右，所以进攻方通常都会在翻牌圈继续下注一条街，这个下注我们称为“持续下注”。当然，作为防守方如果在翻牌圈击中强牌，也希望过牌引诱进攻方进行“持续下注”诈唬，而多赚一个“持续下注”（如果防守方在翻牌圈击中强牌自己主动下注了，就会少赢一个“持续下注”）。作为非常规打法的内容，下面介绍什么时候进攻方会主动放弃进攻，防守方会反客为主主动进攻。

1. 拥有主动权的时候过牌

在拥有主动权的时候我们通常都会“持续下注”而不会选择过牌，除非有特别的理由或者要读牌，才能这么做。特别的理由和读牌有哪些呢？

（1）防守方爱偷彩池

【例7-2】NL1000，6人桌，有效筹码量1 000。

我们在枪口位置加注30，按钮位置玩家跟注。

翻牌（彩池75）：

在这样高牌居多的牌面，面对一般的被动玩家，我们会用AK、AQ主动持续下注，争取从对手更弱的Ax、Jx、8x以及顺子听牌中获得价值。

但是如果按钮位置玩家是那种投机三条，同时看到别人过牌示弱之后就喜欢偷彩池的玩家，我们就会用顶对A过牌跟注，毕竟如果我们下注，对手的77、66、55之类投机三条的口袋对子不会跟注，但是如果我们用AK、AQ、AA、JJ、88过牌，对手会自己下注，我们将获得至少一条街的抓诈唬价值，凶一点的对手甚至会继续下注翻牌圈或河牌圈，以为我们拿着A2、KJ、QJ、KK、QQ之类的牌在过牌控制彩池大小，因此选择三条街的诈唬。

（2）防守方爱攻击听牌较多的翻牌

因为听牌较多的牌面结构击中对手的可能性会更高，所以如果翻牌圈什么都没中，作为进攻方一般都会放弃持续下注，而过牌翻牌圈。所以很多防守方看到进攻方过牌听牌较多的牌面，就会无脑下注，毕竟拿下的概率会非常高。为了防止这一点，我们会用强牌偶尔过牌听牌较多的翻牌，准备过牌加注，或者过牌跟注，也会用听牌半诈唬式的过牌加注这样的翻牌，引诱一个诈唬。

【例7-3】NL1000，6人桌，有效筹码量1 000。

我们在关煞位置加注30，按钮位置玩家跟注。

翻牌（彩池75）：

在这样的翻牌圈，如果我们过牌，按钮位置玩家不管拿着什么牌都会下注。所以我们这里会用9J顺子、三条7、三条8、三条T、78两对、8T两对、同花听牌以及As9c这样的一张As阻挡+顺子听牌过牌加注。

用顶对Tx、超对、89、9T、79下注或者过牌跟注这样的翻牌圈，特别是AsTx是比较好的过牌跟注范围，一方面我们并不担心转牌出现黑桃，毕竟我们有黑桃A，即使转牌圈出现黑桃，我们依然在河牌圈有很多个黑桃outs凑成同花，所以AsTx作为抓诈唬牌是比较理想的。另外9T、89之类对子+顺子听牌的牌也是比较好的过牌跟注范围，这种牌下注被加注会非常难打，毕竟我们不想用这种牌去和对手全压，但是过牌可以引诱对手很多空气牌诈唬，同时也控制了彩池大小。

（3）防守方爱薄的价值下注

【例7-4】NL1000，6人桌，有效筹码量1 000。

我们在按钮位置加注30，小盲位置玩家弃牌，大盲位置玩家跟注，我们持有QsQc。

翻牌（彩池65）：

大盲位置玩家过牌，我们跟着过牌。

转牌（彩池65）：

大盲位置玩家下注50，我们跟注。

河牌（彩池165）：

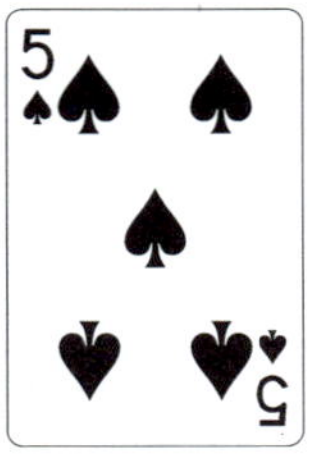

大盲位置玩家下注150，我们跟注，大盲位置玩家持有AcTc。

大盲位置玩家知道我们在翻牌圈没有持续下注，而选择过牌的范围是非常弱的，大概是比顶对A弱的牌，所以大盲位置玩家才能在转牌圈和河牌圈两条街进行薄的价值下注。如果我们提前已经知道了大盲位置玩家有这样的爱薄的价值下注的倾向，我们可以用AK、AQ、AJ这样的牌过牌翻牌，放弃主动权，引诱大盲位置玩家进行薄的价值下注，这样就可以轻松跟注转牌圈和河牌圈。

（4）对手中牌概率太高，我们不得不放弃

在多人彩池或者翻牌圈击中对手概率太高，而我们在翻牌圈什么都没有的时候，将不得不过牌放弃彩池，因为这样的持续下注诈唬失败的概率高于成功的概率，导致持续下注的EV比过牌更低。

【例7-5】NL1000，6人桌，有效筹码量1 000。

我们在按钮位置加注30，小盲位置“鱼”跟注，大盲位置“鱼”也跟注，我们持有KsQs。

翻牌（彩池90）：

小盲位置“鱼”过牌，大盲位置“鱼”也跟注过牌，我们也过牌，放弃持续下注，更希望看到下一张牌。

转牌（彩池90）：

小盲位置“鱼”主动下注90，大盲位置“鱼”跟注，我们用“同花+卡顺”听牌跟注。

河牌（彩池360）：

小盲位置“鱼”过牌，大盲位置“鱼”下注360，我们全压880，小盲位置“鱼”弃牌，大盲位置“鱼”跟注，大盲位置玩家持有Th9h。

在这手牌的翻牌圈，我们并没有持续下注，原因是这个翻牌圈击中两条“鱼”的概率太高，首先“鱼”比正常玩家更爱玩垃圾牌Axo，比如A2o~A5o都是“鱼”喜欢的牌，“鱼”击中A高的翻牌比职业玩家更高；其次“鱼”也喜欢玩小同花连牌，比如65s~T9s都是“鱼”玩家热爱的同花连牌，这些同花连牌的起手牌击中翻牌的8h7h概率也很高。所以综合来看，这个“A高+两个小同花”连牌的翻牌击中两条“鱼”的概率实在太高，而我们手上什么都没有，只有一个“后面同花听牌+一个后面卡顺听牌”，胜率实在太低，所以不能持续下注诈唬。最好的方法是过牌看转牌，希望转牌来一张Js或者Ts这样的完美牌，提高我们的胜率。

转牌果然来了一张Ts，我们有了“同花听牌+卡顺听牌”，小盲位置“鱼”直接下注满彩池，很可能是两对以上的牌力，大盲位置“鱼”也跟注，牌力也是比较强，我们这里不能加注半诈唬，加注对手也不会弃牌，甚至可能会全压，所以这里跟注来实现自己的胜率。

河牌圈我们击中了坚果牌，中了牌面上最大的顺子AKQJT，而牌面中有小顺子的可能性，比如Q9形成QJT98的第二大顺子，9x形成了JT987的第三大顺子。大盲位置“鱼”下注满彩池，我们拿着坚果牌，当然是全压，因为“鱼”不会丢掉第二大或者第三大顺子，此时加注全压最大化地榨取价值。

（5）延迟的持续下注

持续下注通常来说都是+EV的，毕竟对手击中翻牌的概率只有33%左右，67%的翻牌对手都会错过，我们在任何翻牌持续下注彩池大小的75%，那么需要的最低成功率为42.9%，也就是说，即使我们是纯诈唬，对手面对我们的持续下注，只要弃牌率高于42.9%，我们的持续下注就有利可图。实际上，对手错过翻牌的概率为67%，要远高于42.9%，而且我们的持续下注也不全是诈唬，偶尔也会中牌，所以持续下注大多数都是+EV的。但是，“大多数”这样马马虎虎的字眼只能满足一般的玩家，对于顶级玩家来说，怎么能更精准地持续下注，让持续下注诈唬成功率更高呢？延迟的持续下注就是一个不错的办法。什么是延迟的持续下注？很简单，翻牌圈放弃持续下注而过牌，转牌圈对手如果继续过牌，我们再下注。

【例7-6】NL1000，6人桌，有效筹码量1 000。

我们在按钮位置加注30，小盲位置玩家弃牌，大盲位置职业玩家跟注，我们持有KsQh。

翻牌（彩池65）：

大盲位置玩家过牌，我们也过牌。

转牌（彩池65）：

大盲位置玩家过牌，我们下注50，大盲位置玩家弃牌。

翻牌圈我们并没有持续下注，而是等待转牌圈看对手的动作再决定怎么做。原因是如果对手有强牌一般会主动下注转牌圈，比如顶对以上的牌力，毕竟我们在翻牌圈过牌的范围很可能是一些中等牌力的牌在试图控制彩池大小，比如AK的A高牌、22、44或者A5、A3这样的牌力。毕竟这些牌在翻牌圈下注，如果被对手过牌加注将会非常难受。所以这些中等牌力的牌更愿意在翻牌圈过牌。对手看到我们在翻牌圈过牌，在转牌圈依然选择了过牌，说明对手没有类似顶对6、三条5x或者顺子、葫芦之类的中强牌或者强牌。如果对手有牌的话会主动下注转牌圈希望从我们的中等牌力中获得价值，所以当看到对手继续过牌转牌圈，我们就可以放心大胆地持续下注，拿下彩池的概率比翻牌圈直接持续下注更高。毕竟在转牌圈做延迟的持续下注，是在得到了对手牌力很弱的信息之后进行的，更加精准。

2. 作为防守方主动进攻

（1）在对手过牌概率较高的翻牌圈主动下注

某些牌面对手过牌的概率很高，这时候我们如果有强牌依然过牌跟注的话，将失去一条街的价值，所以此时更应该主动下注。

【例7-7】NL1000，6人桌，有效筹码量1 000。

按钮位置职业玩家加注到30，我们在小盲位置用QsJs跟注，希望大盲位置的“鱼”跟注，大盲位置的“鱼”果然跟注，形成三人彩池。

翻牌（彩池90）：

我们在小盲位置主动下注90，大盲位置“鱼”跟注，按钮位置玩家弃牌。

这个翻牌圈我们最好主动下注，原因是这个翻牌圈比较危险，如果我们过牌，大盲位置“鱼”即使有牌大多也会跟着过牌，同时按钮位置玩家在这个危险的牌面也不会持续下注诈唬，常常导致我们的过牌跟注或者过牌加注计划落空。

所以主动进攻会比较好，一方面让大盲位置玩家投入更多的筹码进彩池，另一方面防止大家都过牌情况的发生，而大家都过牌的情况非常普遍，毕竟按钮位置玩家即使有强如JJ这样的牌也会因为担心被过牌加注而选择过牌，所以这个翻牌圈我们在小盲位置主动下注会更好。

（2）转牌圈提高我们击中率的时候主动下注诈唬

很多时候我们翻牌过牌跟注的范围刚好击中了转牌圈发出的牌，此时可以主动进攻，不管这个转牌是否真的击中了我们的底牌，反正这个转牌击中了我们翻牌圈的过牌跟注范围。我们是在玩范围，而不是底牌。对手也没有什么太好的办法，毕竟这个转牌击中我们的概率太高。

【例7-8】NL1000，2人桌，有效筹码量1 000。

按钮位置职业玩家加注到30，我们在大盲位置用QsTh跟注。

翻牌（彩池60）：

我们过牌，按钮位置玩家下注50，我们跟注。

转牌（彩池160）：

我们主动下注140，对手弃牌。

通常来说，如果转牌圈发出公共对子或者连牌都对盲注抵抗者更加有利，原因是盲注区的跟注抵抗者通常范围比较靠中间，不是特别强的牌，也不是特别弱的牌，所以他们的范围会趋向于一些中等偏大的高牌或者连牌，类似于QTo、JTo、A8o、98s、9Ts之类的中间牌，没有AK，也没有AA这么强的牌，当然也没有32o这么弱的牌。所以当盲注区的抵抗者在翻牌过牌跟注的时候，他们的范围通常是击中了对子或者有一个听牌，如果转牌发出公共对子将会增加对子的牌力，或者转牌发出连牌，如果这个例子中转牌是T，也会非常有利于盲注区的抵抗者，因为翻牌前跟注抵抗的范围中“高牌+连牌”比较多，所以这里我们可以100%在J、T、9、6的转牌圈主动下注。即使我们的底牌不一定真的击中这个转牌，但是整个跟注抵抗的范围击中了，对手就会处于猜测和迷茫之中。

（3）为了免费看到转牌和河牌

很多时候我们在翻牌圈的加注是为了更加便宜地看到转牌和河牌，这个加注就是吓唬一下对手，让对手变得谨慎也连续过牌转牌圈，那么我们也会跟着过牌转牌圈，就能免费地看到河牌了。这种加注翻牌圈的打法，比跟注翻牌圈、跟注转牌圈、跟注河牌圈要便宜很多。当然这种打法只有在有位置的情况下才有效，没有位置的时候就没办法这么玩。

【例7-9】NL1000，6人桌，有效筹码量1 000。

关煞位置职业玩家加注到30，我们在按钮位置用As3s跟注，大小盲位置玩家弃牌。

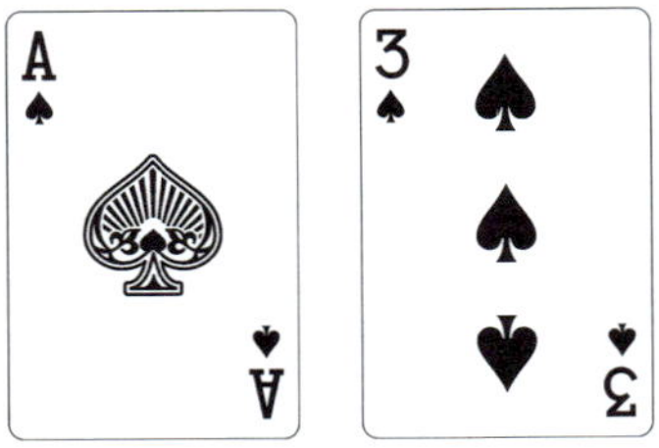

翻牌（彩池75）：

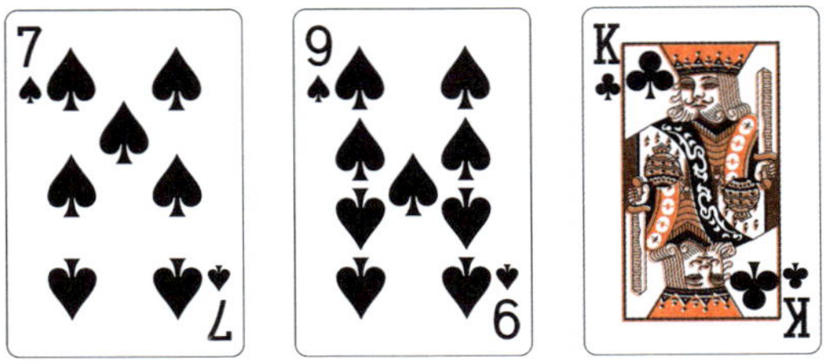

关煞位置玩家下注60，我们加注到200，关煞位置玩家跟注。

转牌（彩池475）：

关煞位置玩家过牌，我们也跟着过牌。

河牌（彩池475）：

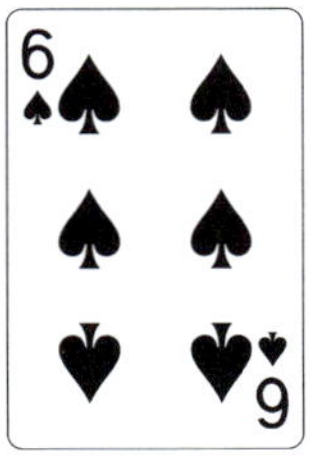

关煞位置玩家过牌，我们下注120，关煞位置玩家用KhQh跟注。

在翻牌圈我们的加注有两个计划。

计划A：如果对手再加注过来，我们就全压，毕竟Axs的坚果同花听牌在100BB筹码深度的时候就是坚果牌，面对对手的顶对我们依然有50%左右的胜率，而且对手再加注的范围内可能有少数诈唬，或者更小的同花听牌存在。

计划B：如果对手跟注我们的加注，那么对手一般会跟着过牌任何转牌圈，我们就可以跟注过牌翻牌圈而免费看到转牌和河牌。

在翻牌圈的加注有几个好处：

❶ 我们加注的量不是特别大，只有200，但是这200通常会让我们免费看到转牌和河牌。如果我们只是跟注翻牌圈，对手继续下注转牌圈和河牌圈，这个数量会远远大于200，毕竟对手在翻牌圈已经下注60，在转牌圈和河牌圈下注的量肯定要大于140，所以用200看到转牌和河牌是非常便宜的。

❷ 如果对手再加注我们，我们也可以很轻松地全压。

（4）为了在河牌圈更便宜地摊牌

很多时候当河牌是很令人恐惧的牌，可能同时让我们和对手都觉得很害怕，这时候如果我们没有位置，而且拿着中等偏强的牌，可以主动在河牌圈下一个小注来获得薄的价值，同时阻挡对手的诈唬。毕竟我们有坚果牌也会这么做。

【例7-10】NL1000，6人桌，有效筹码量1 000。

关煞位置职业玩家加注到30，按钮位置和小盲位置玩家弃牌。我们在大盲位置用QcJc跟注。

翻牌（彩池65）：

我们过牌，关煞位置玩家下注60，我们跟注。

转牌（彩池185）：

我们主动下注150，关煞位置玩家跟注。

河牌（彩池485）：

我们下注100，关煞位置玩家用AsQd跟注。

我们在河牌圈主动下注100，是几乎1/5彩池的超级小注，这里是一个“阻挡下注+薄的价值下注”。原因是，如果我们过牌，可能会面对一个大注，即使这个大注里面有诈唬和强牌同时存在，我们也处于猜测之中。不如我们自己下一个超级小注，如果对手只是顶对，对手也更愿意便宜摊牌，只会跟注这个河牌圈的超级小注。而我们的两对刚好能打掉对手顶对这样的牌，超级小注让我们获得了薄的价值。

如果对手是很聪明的玩家会用任何牌加注这个河牌圈，比如把顶对转成诈唬来加注河牌圈，知道我们在进行阻挡下注也没有关系，我们读到对手这一点倾向之后，下次真正拿到同花的时候，可以在河牌圈也下一个超级小注，引诱对手跟注或者加注我们。这手牌对手有一个黑桃A的阻挡牌，阻挡了几乎一半的同花组合（因为翻牌前我们能玩的同花牌中Axs几乎占据了1/3～1/2的组合），所以对手在河牌圈选择跟注抓诈唬。

7.5 利用坚果阻挡牌引诱三条街然后全压诈唬

在高额桌很多玩家都会有意识地进行薄的价值下注，以及把某些弱的成牌转成诈唬来打，这样会使他们的下注范围不再两极分化，使得他们的牌非常难读，也更加难以对付。其实两极分化的范围是最好读的，对手的牌要么是空气，要么是坚果，而坚果牌的组合用手指头都能数出来，所以牌是很容易读的。顶级玩家一般都会避免自己的下注范围两极分化，会加宽价值下注范围（加入薄的价值下注），也会加宽诈唬范围（把一些弱的成牌转成诈唬）。

对抗这种有意加宽自己范围的高手是非常困难的，但是我们还是有办法。常用的办法就是利用坚果阻挡牌进行河牌的全压诈唬。毕竟这些玩家在河牌圈加宽之后的范围中坚果牌只占很小一部分，如果我们手上有坚果牌的阻挡牌，发动全压诈唬就有利可图。

【例7-11】NL1000，6人桌，有效筹码量1 500。

关煞位置高手玩家加注30，我们在按钮位置跟注，大小盲位置职业玩家弃牌，我们持有TsTh。

翻牌（彩池75）：

关煞位置玩家持续下注60，我们跟注。

转牌（彩池195）：

关煞位置玩家继续下注150，我们继续跟注。

河牌（彩池495）：

关煞位置玩家下注350，我们全压910，关煞位置玩家思考很久后弃牌。

这手牌我们在翻牌圈跟注的原因是关煞位置玩家持续下注这个翻牌圈的概率几乎100%，我们的TT依然领先于对手持续下注的整个范围，所以翻牌圈是几个简单的跟注。

在转牌圈对手继续下注，对手是那种价值下注范围很宽的玩家，对手会在转牌圈用“A9等中等对子+不错的踢脚”继续价值下注转牌圈，然后过牌河牌圈。同时对手也会用JT、78、KT、KJ等顺子听牌继续半诈唬。所以，在转牌圈我们的TT面对对手整个下注范围，依然可以跟注。

在河牌圈对手下注350，这是一个加宽了的下注范围，例如78在没有中听牌时将对子8转成诈唬，或者JT中了顺子价值下注，但是可能性很低，毕竟我们的TT阻挡了大部分JT的组合，也有98两对价值下注，甚至AQ、KQ薄的价值下注。但是如果我们加注全压，对手用来抓诈唬的牌会非常少，T7和JT的顺子（很多组合被我们的TT阻挡）、Q8两对、98两对有时会跟注有时会弃牌，所以对手下注河牌的范围很广，但是能跟注的范围很窄，同时对手跟注全压的很多组合被我们阻挡，所以我们河牌圈的全压非常有利可图。

7.6 免费牌

即扫即看

什么时候该给对手免费牌，什么时候不该给对手免费牌?

❶ 当我们中了顶三条，对手有牌的概率很低，同时牌面又没有听牌存在的时候可以给一张免费牌。

比如，我们的KK在没有同花听牌和顺子听牌的翻牌Kd5s2c中了三条，这种牌面是可以过牌给对手一张免费牌的，对手的单个对子胜率几乎为0。但是，如果是有同花听牌和顺子听牌的翻牌Kd9d8s，即使是顶三条也是需要下注的，毕竟对手的同花听牌有36%的胜率，顺子听牌也有32%的胜率，还是有不小的概率反超我们。

❷ 当SPR<2的时候，就不应该给免费牌，除非我们的胜率为100%。

比如，彩池中有500，我们手上有1 000，持有三条K，牌面为KsQsQd，我们是可以给免费牌的，希望对手的同花听牌击中转牌和河牌，然后我们赢一个大彩池，或者对手看到我们过牌发动诈唬。毕竟我们的KK在KQQ的牌面胜率几乎是100%。

但是如果我们的胜率不是100%，比如这里我们不是三条K，而是AhQh，就必须要下注了，因为对手的同花听牌依然有29%的胜率，Kx依然有8.5%的胜率，口袋对子22~JJ和AA依然有5.5%的胜率，Q小踢脚依然有20%的胜率。彩池已经很大了，筹码彩池比为2，我们剩下的筹码只有彩池的两倍，这里如果过牌给对手一张免费牌，对手在转牌击中他们想要的牌，即使概率不高，但是一旦发生了，我们将会失去全部筹码，毕竟SPR=2的时候我们的三条已经粘池，无法弃牌了，再让对手看免费牌，是绝对不能被原谅的。

❸ 当SPR>5的时候，只要对手outs多于5个，我们就不应该给免费牌。

比如，我们翻牌前加注AdAs，翻牌为Ks9c6d，如果对手是55我们是可以给免费牌的，毕竟对手只有两个outs，胜率不过8%，如果只是给转牌一个免费牌，那么对手在转牌击中5的概率只有4%，为了引诱对手诈唬转牌圈或者对手跟注转牌圈，冒着4%的风险过牌是可以接受的，毕竟SPR>5，我们并没有粘池。但是，如果对手的底牌不是55，而是Kx、9x或者6x这样的对子，就有5个outs形成两对或者三条反超我们，给一张转牌免费牌，那么对手就会免费实现10%的胜率。这个对我们来说是不利的。当然，如果对手是8个outs的顺子听牌或者9个outs的同花听牌，胜率就更高了，给免费牌是绝对不能被原谅的。

Chapter 8

即扫即看

读人和读牌技巧

KEY POINT

读牌就是我们揣测对手可能持有哪些牌，读人就是预测对手持有这些牌时有能力做什么样的事情。读人和读牌的过程类似于间谍战的侦查和反侦查的过程，我们在这个过程中不断收集对手的情报（底牌范围、倾向、情绪等），同时释放误导性的信号干扰对手的读人和读牌，整个过程是心理和智商的博弈。

8.1 读人的技巧

8.1.1 几种典型的玩家风格

花有百样红，人与人不同。从单个个体来看，每个人都有自己独特的性格和特质，但是从大数据来看，人是分为很多类型的，不同类型的人相差很大，同类型的人之间非常相似。通常我在扑克中把玩家归为7种类型，和一个玩家交手的第一件事情就是分析玩家所属的类型，然后采取克制这种类型玩家的打法来对抗这个玩家，直到这个玩家调整自己的策略，变成其他类型的玩家，然后再改变策略，采取克制其他类型玩家的打法，如此循环下去。我们本身是没有风格的，我们的风格就是找到对手的风格，然后采取克制对手风格的风格。

1. 岩石类型玩家

这类玩家玩扑克的理念就是可以输很多小彩池，也可以丢很多不太好的牌，但是一定要赢大彩池，认为扑克就是等待一手好牌，然后赢一个全压。所以岩石类型玩家的起手牌很紧，不会轻易玩麻烦牌，所以翻牌前弃牌较多，比较适合偷他们的盲注，但是他们一旦有动作就是有很强的牌而且丢不掉（毕竟等了那么久才等来一手好牌），导致他们的隐含赔率特别高。所以对付岩石类型玩家的策略很简单，很松很松地偷盲，同时一旦岩石类型玩家反击或者他们主动加注，我们需要一手有隐含赔率的牌，击中之后会非常容易清空他们。

2. 老鼠类型玩家

这类玩家比起岩石类型玩家翻牌前更松，同时翻牌后比较谨慎。大部分新手玩家都是这个类型，翻牌前比较好奇，平跟跛入和跟注参与彩池比较多，但是翻牌后没有中好牌就丢掉。这类玩家的表现是好奇心强，同时胆子小，没有拿到超强牌的时候面对对手的下注就会过于悲观和焦虑，总是认为对手拿到好牌，而丢掉自己不错的牌。对付老鼠类型玩家，我们可以多隔离加注，然后在翻牌圈持续下注，这样可以毫无风险地拿下大部分彩池。老鼠类型玩家的特点是太过于悲观。

3. 疯鱼类型玩家

这类玩家和老鼠类型玩家相反，他们总是过于乐观，总认为对手没有好牌，所以会经常下注、加注迫使对手弃牌。这类玩家参与彩池过于频繁，翻牌前在任何位置加注30%以上的牌，翻牌后不管中不中都会持续下注翻牌圈，如果转牌圈和河牌圈是恐吓牌，比如高牌A和K，或者顺子同花，疯鱼类型玩家都会选择继续下注诈唬或半诈唬。所以对付疯鱼类型玩家的策略就是选择高牌或者对子作为起手牌，中了大的顶对或者三条，就可以一直闭着眼跟注到底，也不要加注他们，加注会“惊醒”他们。而同花连牌和一些Axs都不适合对抗疯鱼，因为这些牌通常只是中一个小对子难以扛住三条街下注，同时同花或者顺子听牌通常要到河牌圈才能成牌，成牌太慢，要跟注几条街才能看到自己是否成牌，这样非常不好。不如AQ、22之类的牌，成牌快，翻牌圈三张牌发出来就知道AQ是否中了顶对，或者22是否中了三条，不用等转牌或者河牌。同时成牌也比较强，AQ中了顶对之后基本没有高牌能威胁到我们，22中了三条也不害怕高牌，所以能经得住三条街的下注。

4. 跟注站类型玩家

这类玩家是娱乐玩家，他们比较好奇自己的牌是否能中，喜欢转败为胜的感觉。他们喜欢玩听牌，翻牌前喜欢用所有的同花牌参与彩池，比如K2s、Q5s都会是他们的起手牌，而且他们会一直跟注到河牌圈，只有看到河牌他们才会死心。所以面对这样的玩家，我们会用顶对或顶对以上的牌力三条街价值下注，但是一旦被他们加注，我们就弃牌。因为跟注站类型的玩家不是很激进，他们听牌一般都是选择跟注，不会加注，加注一般就是代表有强牌了，这样我们是可以轻松丢掉顶对的。另外，当牌面出现三张同花时，我们要非常小心，这类玩家成同花的概率要比一般玩家高，不能给他们太好的隐含赔率。

5. 紧凶类型玩家

大多数职业玩家都是这种类型，他们的起手牌偏紧，或者说比较有选择，每个位置都有特定的起手牌范围，不会玩得太松。但是同时他们一旦选择玩牌，都会非常凶，下注、加注会很多，在价值下注中混合很多诈唬。这类玩家追求效率，很少出手，一旦出手成功率会比较高，不像松凶类型玩家那样参与过多的彩池。

6. 松凶类型玩家

最难对付的玩家就是松凶类型玩家，他们起手牌要比紧凶类型玩家更广，特别注重位置，在后面位置会玩特别特别多的牌。这类玩家的逻辑是利用技术优势和位置优势来弥补少量的起手牌劣势，所以他们在有位置优势的时候，会玩很多牌，比如52s、A2o都会成为他们加注的起手牌，同时翻牌前3bet再加注也会比较多，因为他们认为自己在再加注彩池中的经验更丰富，玩得更好，所以3bet再加注别人比较多，同时他们也利用3bet再加注让对手情绪化。这类玩家会频繁参与彩池，表现出类似于疯鱼类型玩家的样子，但是实际上他们很清醒，一旦玩大型彩池，他们通常都是有很大的牌，使得玩家鉴于他们之前的疯狂形象而选择不相信他们。松凶类型玩家最大的盈利点是大型彩池，小型彩池偷来偷去主要是为了营造疯狂形象。

7. 小球类型玩家

这类玩家认为德州扑克的盈利主要来自于小型彩池的积累，认为全压或者大型彩池双方通常都有很大的牌，也就是说冤家牌，如果双方换位的话同样也是全压，比如“AA vs KK”翻牌前全压，不存在输赢，毕竟当我们持有AA或者KK都会全压。所以小球类型玩家通常会积极参与小型彩池，他们认为玩家不会太重视小型彩池，通常会轻易放弃这些小型彩池，导致他们的盈利缓慢累积。所以小球类型玩家起手牌也会非常广，同时他们也会非常注重位置，但是和松凶类型玩家不同的是，他们更注重小型彩池，而不是大型彩池，他们认为大型彩池是缘分，能赢就赢，不能赢也没有关系，毕竟他们的盈利点主要来自于小型彩池。

8.1.2 玩家眼中牌力的强度

每个人对牌力强度的理解是不一样的，有的玩家认为顶对是很大的牌，有的玩家认为顶对不能玩大型彩池，有的玩家认为起手牌拿到AA就丢不掉了……只要我们知道了对手对牌力的认识，我们就可以有针对性地制订下注计划或跟注计划。

1. 绝对牌力强度

同花顺>四条>葫芦>同花>顺子>三条>两对>一对>高牌

2. 相对牌力强度

在知道绝对牌力强度顺序之后，我们还需要具体问题具体分析，分析当前彩池中的相对牌力强度。

【例8-1】在9s8s7h的翻牌圈，岩石类型玩家持有AcAd。此时，我们如何看待AcAd在9s8s7h牌面的相对牌力强度？

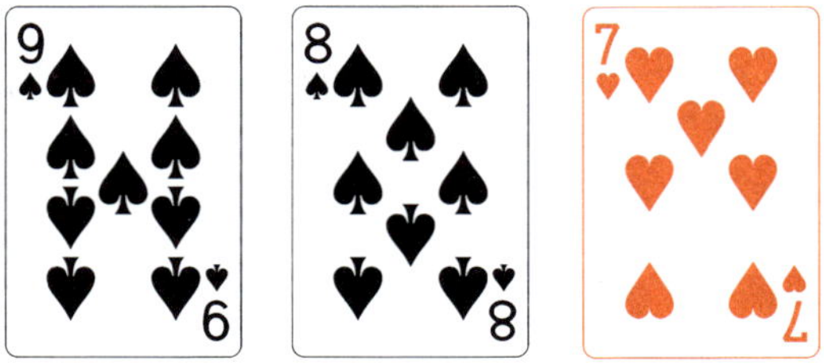

下面我们看看起手牌是同花连牌和口袋对子时，与AcAd的牌力对比。

❶ T9s、67s形成了“对子+两端顺子听牌”，而“对子+两端顺子听牌”的牌力面对AcAd的胜率约为50%。

下图为“T9s vs AcAd”在9s8s7h的翻牌圈的胜率，为46.7%。

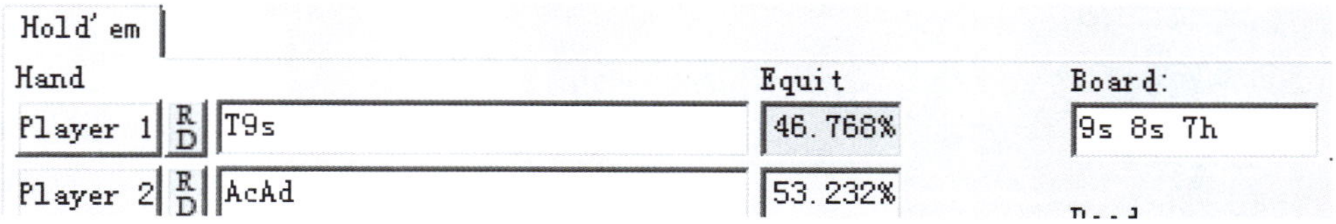

下图为“76s vs AcAd”在9s8s7h的翻牌圈的胜率，为51.7%。

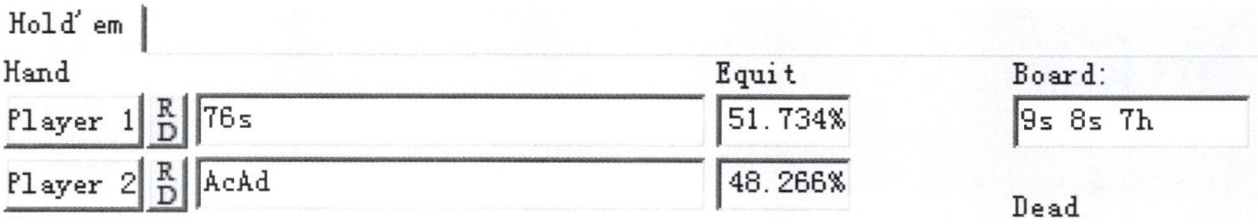

❷ 87s、98s、97s形成了两对，而两对面对AcAd的胜率约为72%，AcAd是巨大劣势。

下图为“87s vs AcAd”在9s8s7h的翻牌圈的胜率，为72.1%。

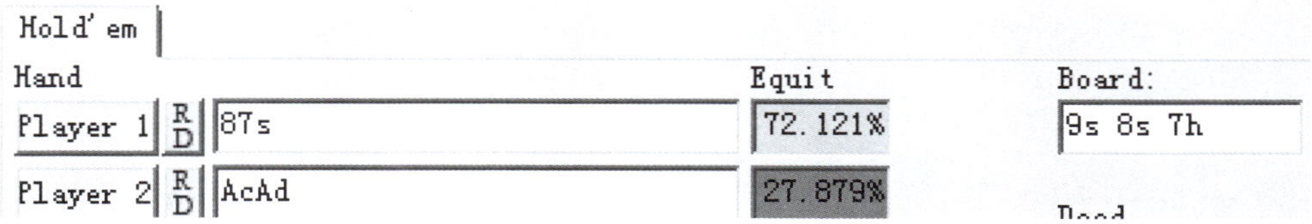

下图为“98s vs AcAd”在9s8s7h的翻牌圈的胜率，为72.5%。

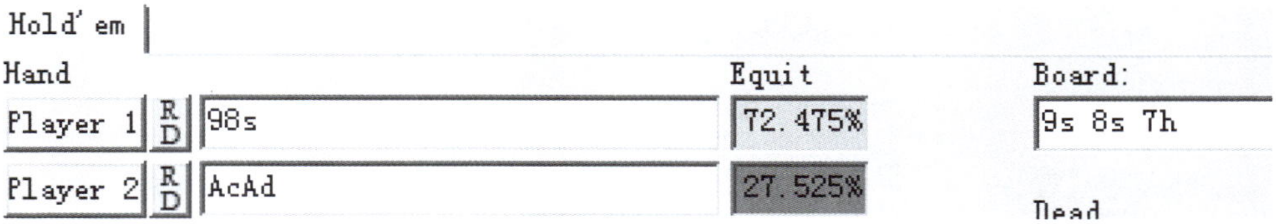

下图为“97s vs AcAd”在9s8s7h的翻牌圈的胜率，为72.1%。

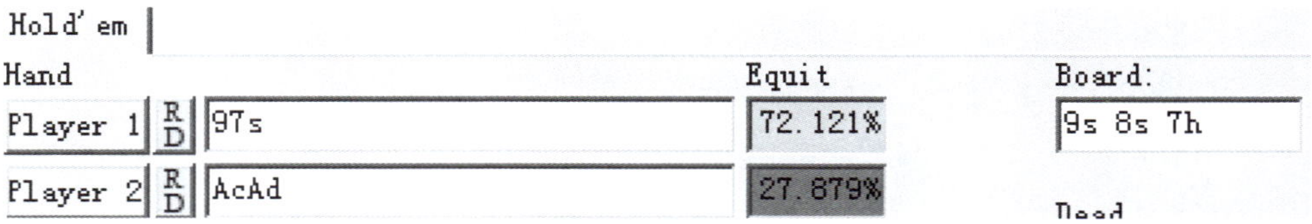

❸ 65s、JTs形成了顺子，而顺子面对AcAd的胜率几乎为100%。

下图为“65s vs AcAd”在9s8s7h的翻牌圈的胜率，为95.5%。

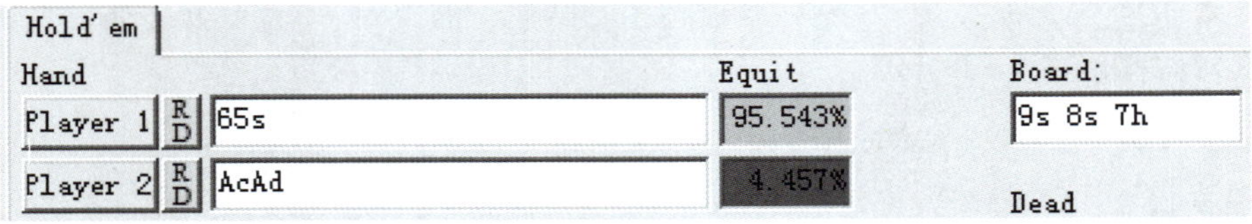

下图为“JTs vs AcAd”在9s8s7h的翻牌圈的胜率，为96.8%。

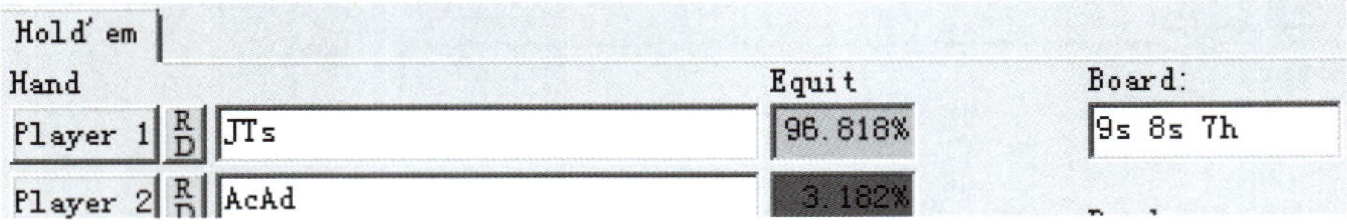

❹ 77、88、99形成三条，而三条面对AcAd的胜率约为89%，AcAd处于巨大劣势。

下图为“77 vs AcAd”在9s8s7h的翻牌圈的胜率，为89%。

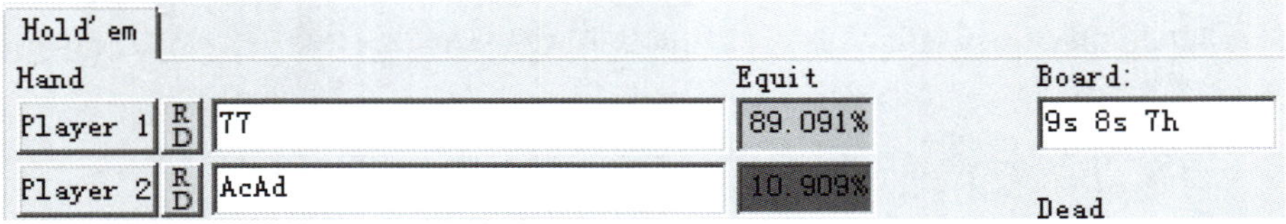

下图为“88 vs AcAd”在9s8s7h的翻牌圈的胜率，为88.7%。

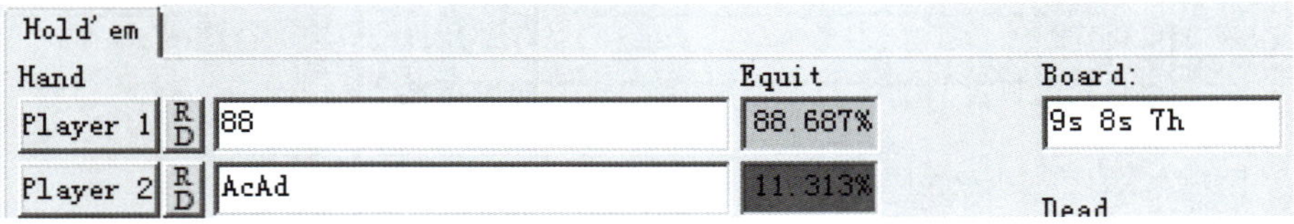

下图为“99 vs AcAd”在9s8s7h的翻牌圈的胜率，为89%。

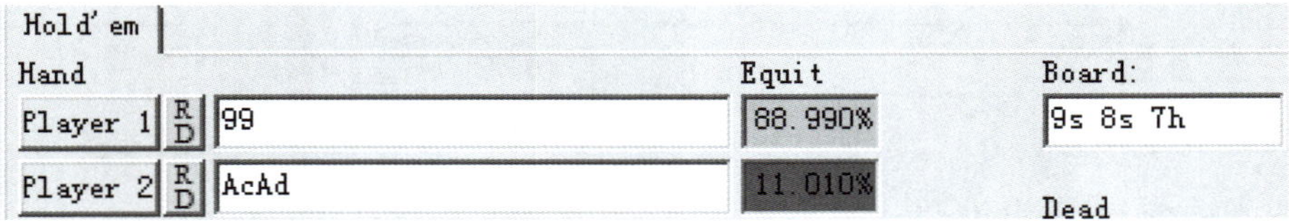

❺ 66、TT形成“对子+两端顺子听牌”，面对AcAd的胜率为40%左右。

下图为“66 vs AcAd”在9s8s7h的翻牌圈的胜率，为39.3%。

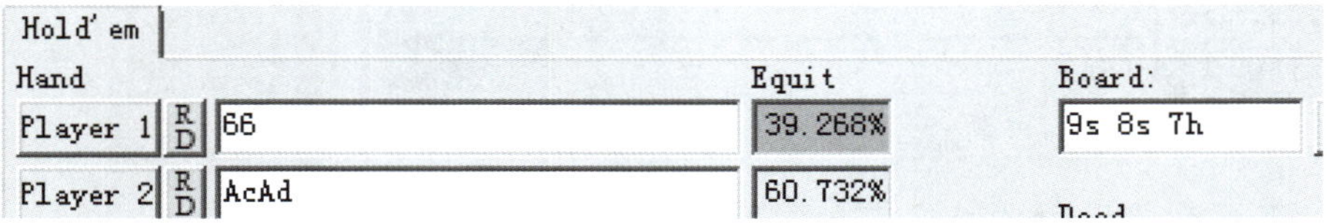

下图为“TT vs AcAd”在9s8s7h的翻牌圈的胜率，为40%。

Hold'em

Hand		Equit	Board:
Player 1	TT	40.051%	9s 8s 7h
Player 2	AcAd	59.949%	

从上面的相对牌力分析可以看出，在9s8s7h三张连在一起同时又有同花听牌的牌面，即使起手牌是AA，也不属于强牌行列。对抗岩石类型玩家的时候，很多玩家喜欢用同花连牌、所有对子、Axs的A同花来跟注投机，一旦碰到这样的翻牌圈，岩石类型玩家手上的AA就会处于很大劣势。但是很多岩石类型玩家一直弃牌，好不容易等到一手AA是绝对不会弃牌的，他们眼中AA就是超强牌，无论如何都是丢不掉的。

从这个例子我们可以看出，每个人对相对牌力的认识是不一样的，有的玩家认为AA就是超强牌，有的玩家认为AA在某些时候相对牌力很一般，甚至属于中等偏弱牌。

每一条街我们都需要对自己手上的牌进行相对牌力评估，随着发出的公共牌不一样，相对牌力也会有巨大变化。

比如，AA在翻牌前是胜率最高的起手牌，谁翻牌前跟我们的AA全压，我们都会非常开心。但是随着翻牌圈发出了三张公共牌，我们就需要对AA的牌力重新进行评估，在9s8s7h、8s9sTh这样听牌成牌特别多的牌面，AA就是中等牌力的牌，而且参与彩池的玩家越多，AA的牌力就越弱，毕竟其中有玩家成顺子、三条或者两对的概率很高。但是，在Ad9s8s的牌面，AA就是最强牌，相对牌力依然最强，我们可以继续下注、加注甚至和对手全压。在Ks2d2h的牌面，AA也是很强的牌，毕竟玩家很少玩带2的牌，此时AA的相对牌力依然处于强牌行列。

TIPS

我们需要在四条街的每一条街分别评估自己的相对牌力，往往公共牌面的变化会深刻影响相对牌力强度，或者当对手进行一些加注或者激进动作时，我们也需要重新评估自己的相对牌力，因为对手加注的范围往往要比跟注或者过牌的范围更强，我们用来对抗的牌也需要相应做出调整。

【例8-2】NL1000，6人桌，1 000筹码量。

枪口位置很紧的玩家加注到30，中间位置很紧的玩家3bet到100，关煞位置玩家弃牌，按钮位置松凶类型玩家4bet到230。我们在小盲位置拿着QdQs。

从翻牌前的绝对牌力强度来说，QdQs是很强的牌，仅次于AA、KK，即使碰到AK也是五五开。通常来说，我们都会乐意翻牌前用QQ和另一个玩家进行100BB的全压。但是这手牌中，我们需要不断评估自己QQ的相对牌力强度。

枪口位置很紧的玩家加注30，此时我们觉得QQ是可以用来跟注或者3bet再加注的，即使枪口位置玩家很紧，我们的QQ也是稍微领先枪口位置玩家的起手牌范围的。所以我们可以跟注玩翻牌后或者3bet，面对枪口位置玩家的4bet再弃牌。

紧接着中间位置偏紧玩家进行了3bet再加注，我们这里就认为手上的QQ不是特别强的牌了。前面位置玩家的加注和再加注让我们静下心来重新评估QQ的相对牌力强度，这两个玩家都是很紧的玩家，诈唬比较少，所以其中有一个玩家有AA或KK的概率不低。我们的QQ这时候最多只能跟注。

接着按钮位置的松凶玩家4bet了，即使按钮位置的玩家风格偏松凶，翻牌前再加注比较频繁，但是面对前面位置的两个很紧玩家的加注再加注，他依然横插一脚，说明按钮位置玩家很有可能持有超强牌AA，连KK的概率都比较低。按钮位置玩家虽然松凶，但是不傻，这种时候进行4bet再加注诈唬，无异于“自杀”。此时，我们重新评估手上QQ的相对牌力，得出的结论是“弱牌”，然后开心地丢掉QQ，一点也不会心疼。

TIPS

从这个例子可以看出，一旦对手做出加注或者激进的动作时，我们需要重新评估自己牌力的相对强度，从刚开始QQ属于翻牌前的强牌，到枪口位置很紧的玩家加注，QQ变成偏强的牌，到中间位置玩家再加注，QQ变成中等牌，到按钮位置玩家再加注，QQ变成了弱牌。

【例8-3】NL1000，6人桌，2 000筹码量。

翻牌前前面位置的玩家弃牌，我们用7s8s在按钮位置加注25，小盲位置偏紧玩家再加注到100，大盲位置玩家弃牌，我们跟注。

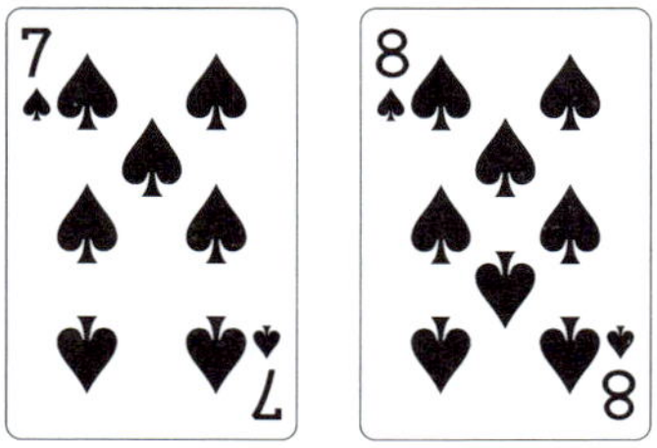

翻牌（彩池210）：

小盲位置玩家下注180，我们跟注。

我们的7s8s在翻牌前属于投机牌，牌力中等，被小盲位置玩家3bet再加注之后，相对牌力为中等偏弱。但是由于我们有200BB的深筹码量，而且有位置，持有一手面对对手8%~10%的3bet范围依然有30%左右胜率的同花连牌，所以我们跟注了3bet。

翻牌圈为Qh8h7h，我们的相对牌力得到了提升，此时牌面上可能存在的最强牌是同花，其次是三条，然后就是两对。我们的87两对属于中等偏强牌。对手下注这个翻牌圈，我们觉得对手会用带A红心或者K红心的同花听牌下注半诈唬，比如AhKs、AsKh，也会用超对KK以及AA下保护性的注（不给免费牌），另外也会用同花、三条下注。综合分析，我们的78两对此时领先于对手的大部分范围，落后于对手的小部分范围。但是如果我们加注，对手落后的范围多半会弃牌，我们得不到太多价值，比如AA和KK都会弃牌。另外，AhKs和AsKh的听牌可能会再加注，让我们非常难办，毕竟对手的再加注范围中有同花和三条存在，所以我们的加注一旦被再加注就非常尴尬了，因此跟注对手的持续下注最合适。

（1）转牌（彩池570）：

转牌的7c是我们最愿意看到的四张牌之一，两张7和两张8对我们的牌力都有极大的提升。首先，转牌的7c让我们成了葫芦，此时我们打败了对手的同花，同时对手的AhKs和AsKh同花听牌已经听死了，胜率几乎为零，唯一能打败我们的只有对手的QQ葫芦，但是我们并不担心对手的QQ葫芦。一来，如果对手有QQ无论如何我们也避免不了全压，即使在转牌圈过牌，对手在河牌圈全压，我们也丢不掉78葫芦了；二来，对手的起手牌范围中绝大部分都落后于78葫芦，QQ只是对手起手牌中很小很小的一部分，所以在转牌圈我们一定要榨取价值。

如果对手在转牌圈过牌我们就下注，如果对手下注，我们就加注。

（2）转牌（彩池570）：

转牌的9h是我们最不愿意看到的几张牌之一，因为牌面就有4张红心，只要对手有一张红心，就能形成同花。而在转牌圈我们的两对面对同花的胜率不足10%。

如果对手下注转牌圈，我们需要丢掉78两对。如果对手过牌，我们要么跟着过牌，要么扮演同花发动一个诈唬。

（3）转牌（彩池570）：

转牌的Qc也是我们不愿意看到的几张牌之一，因为对手的KK和AA会形成更大的两对。转牌的Qc降低了我们的相对牌力强度。此时78两对为弱牌，除了抓对手的纯诈唬以外，没有任何价值。

如果对手下注转牌圈，没有十足的把握确定对手是诈唬的情况下，我们通常都要弃牌。

（4）转牌（彩池570）：

转牌的Ks是一张中性牌，仅仅带来一些小的变化，让AsKh或者AhKs形成了“顶对+听牌”的牌力，不过“顶对+听牌”依然落后于我们的87两对。另外偶尔会让对手的KK形成三条，概率比较低。

对手下注转牌圈，我们依然会跟注，但是不会加注。毕竟对手用AsKh和AhKs会继续下注转牌圈，带一张红心的AA也会继续下注转牌圈，而这些牌都落后于我们的78两对。

TIPS

从上面的例子可以看出，牌力的相对强度是一直在变的，我们的7s8s从翻牌前偷盲的中等牌，在被对手3bet之后变成中等偏弱的牌，翻牌圈形成两对的时候又变成了强牌，但是转牌出现一些牌的时候又变成超强牌、中等牌或者弱牌。每一条街我们都需要重新评估自己的相对牌力强度。

8.1.3 对手有能力做什么

“我这里跟注全压不是因为我的牌力有多强，而是我知道你是什么样的人。”很多玩家抓了对手的诈唬之后都会这么说。因为同样的底牌，不同的人有不同的操作。我们要提前知道对手有能力做什么样的事情，做决策的时候才会心里有数。

1. 阻挡效应

【例8-4】NL1000，6人桌，有效筹码量1 000。

我们在按钮位置加注30，小盲位置玩家弃牌，大盲位置紧而被动的玩家跟注，我们持有AhQc。

翻牌（彩池65）：

大盲位置玩家过牌，我们下注50，大盲位置玩家跟注。

转牌（彩池165）：

大盲位置玩家过牌，我们下注140，大盲位置玩家跟注。

河牌（彩池445）：

大盲位置玩家主动全压，我们是否跟注?

从阻挡效应来看，我们的Ah阻挡了对手河牌价值下注范围的大部分同花组合，因为被动“鱼”会玩所有的AhXh，比如Ah2h~AhKh（12个组合），去掉Ah7h、Ah9h和AhQh这3个组合，AhXh总共有9个组合。其他的同花组合有KhJh、KhTh、JhTh、Jh8h、Th8h、8h6h、6h5h（对手比较紧，不会玩Kh9h以下的垃圾同花，比如Kh8h、Kh2h，也不会玩超级小的同花连牌，比如4h3h，并且去掉所有带Qh、9h、7h的同花连牌），最终对手合理的同花组合只有7个。

本来对手同花组合有16个，为AhXh和KhJh、KhTh、JhTh、Jh8h、Th8h、8h6h、6h5h，其中我们阻挡了AhXh的9个组合，那么合理的范围只剩下7个组合。

所以这里可以跟注抓诈唬，毕竟我们的AQ两对能战胜所有的诈唬。

但实际上，我们每次跟注都能看到对手有KhJh、KhTh、JhTh、Jh8h、Th8h、8h6h、6h5h，毕竟对手是被动玩家，是没有能力发动诈唬的。所以阻挡效应对他们无效。如果一个玩家从来就不会诈唬，那我们绞尽心思去想能阻挡对手下注范围中的多少强牌组合又有什么意义呢？对手的下注范围中压根就没有过诈唬，全是强牌。

所以在读人、读牌之前，我们先要确定对手是否有能力在河牌圈发动全压诈唬，如果没有，我们简单丢掉两对就好。如果对手确实有诈唬全压同花牌面的前科，那么我们就可以在河牌圈考虑跟注抓诈唬，这时候阻挡效应才能发挥作用。

2. 翻牌圈过牌加注范围

【例8-5】NL1000，6人桌，有效筹码量1 000。

所有人弃牌，按钮位置玩家加注30，小盲位置玩家弃牌，我们在大盲位置用Ah8s跟注。

翻牌（彩池65）：

我们过牌，按钮位置玩家下注50，我们过牌加注到180，按钮位置玩家怎么办?

（1）从我们的角度看待这个过牌加注

我们会用弱牌混合超强牌进行过牌加注，比如在Ks9h7h的牌面，我们会用Ah8s这类有一个后门同花听牌、后门顺子听牌，外加一张高牌进行过牌加注，一旦转牌出现红心（10张）我们就有真正的同花听牌，出现6（3张）和T（3张）我们就有真正的顺子听牌，出现A（3张）我们就能形成超过对子K的顶对A，所以转牌我们还有38%的概率发动二次诈唬和价值下注（19张牌）。当然我们的过牌加注范围中混合着超强牌范围，比如79、K9两对，三条7、三条9（没有三条K，因为如果有，翻牌前我们会用KK再加注而不是跟注），过牌加注非常具有说服力，而且转牌能帮助我们继续开枪的牌有19张，也就是说，在翻牌圈过牌加注之后转牌还有38%的概率继续半诈唬，当我们有强牌的时候也会在转牌圈继续打。这种多条街的半诈唬配合超强牌的范围实际上是非常令人头疼的，对手很难知道我们是真的有强牌还是这种多条街的半诈唬。

（2）从按钮位置玩家的角度看待这个过牌加注

❶ 如果按钮位置玩家认为我们有能力用混合范围进行过牌加注的话，那么按钮位置玩家就可以用一些阻挡强牌的牌跟注我们的过牌加注，比如不带红心的对子9x（比如Tc9c之类的），因为9阻挡效应比较大，阻挡了K9两对的许多组合，阻挡了三条9的一半组合，阻挡效应要比K好。同时Tc9c没有红心，没有阻挡我们的半诈唬范围，所以这里Tc9c从阻挡效应的角度出发，跟注抓诈唬是非常有利可图的。

❷ 如果按钮位置玩家认为我们没有能力形成过牌加注诈唬或者半诈唬，那么他应该丢掉所有两对以下牌力的牌。毕竟我们只会用超强牌过牌加注这个翻牌圈，那么我们的范围会非常强，顶对K面对这个范围也是极大的劣势。

总结：观察对手有能力做什么事情，我们需要珍惜每一次摊牌，能看到对手底牌的机会是非常宝贵的，从底牌能看出对手处理这一类牌力的思路，对手混合自己下注、跟注、加注范围的思路，对手在某一个位置的起手牌范围，等等。所以即使在我们没有参与彩池的时候，也要仔细观察其他玩家之间的对抗，当河牌摊牌的时候我们一定要看到对手摊出的底牌，里面包含了所有的信息。

8.2 读人和读牌辅助技术

在读人和读牌的时候，我们会通过观察对手的表情、对手下注时间长短、对手下注模式、对手下注量以及对对手心理的评估，来分析对手最有可能持有的底牌范围，再采取克制这种范围的打法。

8.2.1 表情读取

大部分相关影视剧里过分夸张了表情读取在读人、读牌中的地位，其实对于真正的高手来说，表情读取只是一个辅助技术，并不是主要方式。

顶级玩家即使是诈唬也不会面露惧色，原因有几点：

❶ 顶级玩家的资金管理很谨慎，一个全压诈唬的资金对顶级玩家来说并不是很重要，能输得起，所以不会害怕。

❷ 顶级玩家做的决策都是经过谨慎思考的，要么这里全压诈唬能合理代表很多强牌，要么很有信心对手大部分时候会弃牌，只要对手大部分时候弃牌，跟注是小概率，那么就没有必要害怕。

❸ 顶级玩家经历过的牌局太多，全压诈唬对于他们来说并不是很刺激的事情，面不改色心不跳，习惯了当然也就没有恐惧感了。

所以顶级玩家之间交手的时候表情读取其实只是辅助作用，只会看表情而不懂深层次的扑克数学理论和把握对手的心理节奏是无法玩好扑克的。

当然对抗初级玩家，读取表情就成了非常重要的读人、读牌工具了，因为初级玩家扑克经历得少，要么不太自信，底牌都写在脸上；要么承受不了全压诈唬的刺激，往往眼皮跳、呼吸困难、吞咽唾液；要么资金管理不够好，全压诈唬的资金对于他来说太重要，会过度紧张，眼神躲闪。我们只需要看表情就能大概知道他们的牌力。

顶级玩家常常故意提供一些带有破绽的表情做圈套，在新加坡的某一局牌中，我玩得非常激进，翻牌前再加注过几次。十来手牌之后，我真的拿到了AA，翻牌前枪口位置玩家加注，后面有3个玩家跟注，我选择全压100BB。枪口位置玩家一直盯着我，试图从我的表情中读出我的牌力，我故意做出很紧张的样子，吞咽唾液，低头盯着桌面，表现出躲闪的眼神，加上之前我过于激进的牌桌形象，那个玩家觉得我在诈唬，然后用99跟注了。

其实，高手之间通过读取表情来获得底牌一般都是不太靠谱的，唯一靠谱的是牌局结束的一瞬间对手的表情，这时是对手心态最松懈的时候，往往能露出一些破绽。比如，其他两个玩家之间对抗，一个玩家选择河牌圈全压，另一个玩家弃牌。仔细观察这个全压玩家收取筹码时的表情，因为牌局结束了，如果他是诈唬，往往会不经意间流露出沾沾自喜的表情。所以高手对抗时的表情读取，往往是牌局结束收筹码的那一刻最准确。这样会让我们知道对手在这样的牌面下注全压的范围是存在诈唬的，下一次我们再跟他们对抗的时候，心中就有底了。

其实大部分的读人、读牌还是通过评估对手在每个位置的起手牌范围、对手每条街的动作背后的范围，以及对手有能力用这些范围做哪些事情，结合对手做决策的时间长短和对手的心理状态评估，综合上述一系列的信息，得出对手合理的底牌范围。纯靠看表情来读取对手的内心，那是电视剧，成不了扑克高手。

8.2.2 时间线索

从对手做决策的时间长短，也经常能找到对手牌力信息的线索。比如，在一个听牌非常多的牌面，我们下注，对手很快跟注，至少可以思考以下几点：

❶ 如果对手有超强牌至少会停顿一下，考虑加注还是跟注，毕竟牌面听牌特别多，两对、三条等超强牌容易在转牌圈被听牌反超。作为两对、三条这样的牌力，至少要思考一下是否要加注，所以对手有超强牌的概率不高。

❷ 如果对手有很弱的牌至少也会停顿一下，考虑跟注还是弃牌，然而对手很快跟注了，说明对手的牌力也不是非常弱。

通过上面的分析，对手很可能拿着一个顶对、中等对子或者听牌，没有纯诈唬的弱牌，也没有两对、三条这样的超强牌。

所以如果我们持有超对或者两对，可以轻松地价值下注几条街，并且很有信心自己就是最大的牌（在听牌没有中的情况下）。

当然，时间线索辅助读牌也只起辅助作用，对于高手以外的玩家非常有用，但是对于高手用处不是非常大，因为高手会迷惑我们。例如，我曾经就用暗三条快速跟注听牌多的牌面，让中等级别玩家吃了不少苦头。

一般来说，高手之间对抗通常会保持每个决策的时间类似，比如在翻牌圈的持续下注，无论是强牌、中等牌还是弱牌，一般是两秒或者三秒下注，下注量也是一定的，不会根据牌力而变化下注量。

8.2.3 下注量线索

我曾经碰到一个玩家，翻牌前如果拿到TT以下的对子就加注3BB，如果是JJ就是3.5BB，QQ~AA就是4BB，有一手牌这个玩家翻牌圈在枪口位置加注4BB，我用88跟注投机三条，在346的牌面对手持续下注，我直接丢了超对88，因为我知道对手一定是QQ、KK或者AA。

在对抗一般玩家时下注量线索也是非常有用的，毕竟玩家不太会隐藏自己的牌力信息，往往会通过下注量透露出来。但是高手之间对抗，下注量不会有太多信息，因为下注量都是固定的，不管是什么样的牌力，都不会改变下注量。改变下注量的动机不会是牌力大小，而是牌面的听牌多不多、筹码量如何、位置如何等与底牌无关的因素。

例1：在K83o的牌面，我们默认的下注量是3/4彩池，无论牌力如何都下注3/4。但是在K89两张相同花色的牌面，我们默认的下注量是一个彩池，无论我们的牌力是三条、两对、顶对、听牌还是纯诈唬都这样下注。这里变化下注量不是因为牌力，而是因为牌面。

例2：在枪口位置我们加注3.5BB，因为这个位置我们的起手牌15%的范围非常强所以加注大一点，至于我们是33也好，AA也罢，都加注3.5BB。在中间位置和关煞位置都加注3BB，但是在按钮位置加注2.5BB。在按钮位置加注2.5BB是因为我们在按钮位置偷盲的频率更高，偷盲的范围大概是50%，当然在按钮位置无论拿到AA、76s还是JTo，我们一律加注2.5BB，从单手牌的加注量中对手是无法看出我们的牌力大小的。我们改变加注量只是因为位置不一样。

例3：当对手在关煞位置加注3BB，我们的有效筹码量是100BB，我们在按钮位置会3bet到9BB，但是我们在小盲位置会3bet到10BB，这里只是因为位置不同，导致3bet的量不一样。因为当我们没有位置的时候，并不希望给对手太好的赔率跟注我们的3bet玩翻牌后。但当我们的有效筹码量为200BB时，我们在按钮位置的3bet量就变成了12BB，在小盲位置的3bet量变成了15BB。这里改变3bet量的原因是有效筹码量变了，我们并不希望给对手太好的赔率来跟注投机。如果我们依然3bet到9BB，那么对手可以100%跟注我们的3bet，我们的3bet就没有弃牌率可言了。

8.2.4 读人和读牌都是概率事件

读人、读牌是概率事件，我们会根据对手以往的历史判断出对手更偏向于某一倾向，然后采取克制这一倾向的打法，但是不一定100%成功，只是成功的概率更高。就像石头剪刀布的游戏中，对手采取“石头:剪刀:布=50%:25%:25%”的比例，那么对手明显偏向于石头，我们的克制策略就是多出布，少出其他两种。但是我们出布的时候也并非100%会胜出，毕竟对手只有50%的概率出石头。所以读人、读牌都是概率事件，只是我们的克制策略成功的概率比随机策略更高。所以即使我们采取克制对手的策略偶尔失败了，也不要气馁，我们要思考是我们读人、读牌出现错误了，还是只是概率问题。

8.2.5 大数据读牌法则

如果我们刚刚上桌，对所有玩家都一无所知，该如何决策？

曾经有这样一手简单的牌困扰我很长时间。

我在按钮位置拿着QhQc加注3BB。

小盲和大盲位置玩家跟注，翻牌为8s8h5d。

小盲位置玩家主动下注7BB，大盲位置玩家加注到21BB，这时候怎么办？我刚上桌，对于大小盲位置玩家并不了解，我思考了10秒，丢掉了QhQc。

当时的思考过程是：我们三个人都只有100BB的筹码深度，如果我在翻牌圈跟注了，那么彩池就达到60BB以上，转牌圈很容易有玩家全压，那么转牌圈的全压我们很难跟注。另外，我如果跟注了翻牌圈的21BB，小盲位置玩家甚至有可能接着从7BB加注到全压，那么我的21BB的跟注就会打水漂，毕竟如果小盲位置玩家全压，三条8的可能性非常大，而且有一个玩家在诈唬可以理解，但是两个玩家都在诈唬的可能性非常小，我觉得他们之中有牌的概率不低，所以选择弃掉QhQc的超对。

实际的结果是：

小盲位置玩家跟注，转牌是Ad。

小盲位置玩家过牌，大盲位置玩家过牌，河牌是8d。

小盲位置玩家下注21BB，大盲位置玩家跟注。小盲位置玩家底牌是As5c。大盲位置玩家底牌是9s9d。

看到他们的底牌时，我震惊了，毕竟在翻牌圈我丢了当时场上最大的牌，在翻牌圈我的胜率为69.88%，而且是不小的彩池，翻牌圈跟注绝对是盈利的。

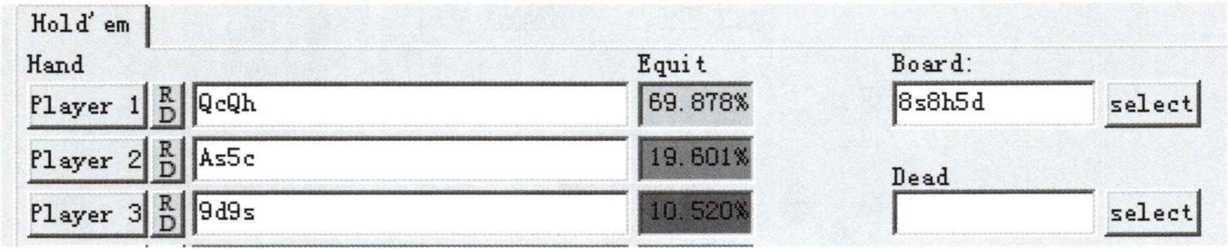

后来我一直在思考，翻牌圈出现了对子，面对不了解的小盲和大盲位置玩家这样的下注加注，我们如果有类似QQ这样的超对，该如何抉择才是长期+EV的呢？

我们都知道单个分子的运动是毫无规律可循的，但是一旦是大量分子就是有规律的运动。同样，单个牌局是无规律可循的，但是大量牌局就是有规律可循的。这里我们选择丢掉QQ是完全正确的决策，虽然从这一手牌来看在翻牌圈丢掉QQ相当于丢掉了最大的牌，好像是一个错误，但是从大数据的角度来看，假设在一亿手类似的局中，两个对手牌力同时都小于QQ的概率可能低于20%，80%以上的概率两个对手中有一个牌力会比我们强，而且我们的QQ面对这个更强的范围（三条8）胜率仅有8%，所以从长远角度来看，每次碰到这样的情况丢掉QQ都是正确的。

例4：如果一个玩家不小心看错了自己的底牌，在枪口位置拿着32o加注3BB，然后击中223的翻牌圈，因为对手是紧手玩家，对手在枪口位置的起手牌范围中没有任何2x，但是这手牌有。我们玩错了吗，没有！从大数据的角度来看，单单一手牌的盈利在上万手牌的输赢中只是一个非常非常小的数字，可以忽略不计。我们无法赢每一个彩池，只能赢大多数彩池。但是一旦能赢大多数彩池，那么就是职业玩家。

TIPS

当我们刚上桌或者和对手交手不多，还不太确定对手的手牌范围时，应采取大数据读牌法则，做大多数情况下+EV的决策。

8.2.6 玩家的下注模式

玩家对每一种牌力的牌都有一个下注模式，我们需要读到对手的下注模式，然后就能轻松读到对手的底牌范围。

有的玩家喜欢快玩强牌，一直下注下注下注，碰到对手下注就加注，对手没有下注，他就自己下注。有的玩家喜欢慢玩强牌，一直过牌想要引诱对手下注，对手下注他也只是跟注，直到河牌才会自己下半个彩池的注，有的甚至河牌圈继续过牌，准备过牌加注。在实战中我们会注意玩家眼中的强牌是什么，有的玩家会觉得顶对就是超强牌，愿意打全压，有的玩家则不会。

有的玩家处理顶对顶踢脚之类的中等偏强牌就是下注三条街，而有的玩家只会下注两条街，过牌一条街，还有的玩家会连续过牌跟注，不会自己下注。有的玩家乐意用顶对弱踢脚，或者中等对子这类中等偏弱的牌下注一条街，过牌两条街，有的玩家则喜欢主动下注拿到主动权，然后在某一条街过牌，有的玩家则喜欢被动跟注。有的玩家拿到听牌喜欢自己主动下注，有的喜欢过牌加注，有的喜欢过牌跟注两条街，看到河牌中了就主动下注，没中就过牌弃牌。

我们需要找出对手玩听牌的倾向，当在有听牌的牌面对手采取了类似行动，我们就知道对手很可能持有听牌，然后采取最克制听牌的策略。

对于弱牌的处理方式，玩家之间也有很大不同，“跟注站”类型玩家会用很弱的牌连续跟注多条街，所以我们会用顶对顶踢脚以及以上牌力的牌连续价值下注三条街；而老鼠类型玩家处理弱牌通常都是过牌弃牌，我们就可以几乎百分之百持续下注翻牌圈拿下大多数小型彩池；有的玩家甚至会用弱牌混合超强牌进行过牌加注，比如在Ks8c7s的牌面，这种类型的玩家会用As9c过牌加注，一旦转牌出现黑桃（10张）、6（3张）、T（3张）、A（3张），这个玩家就会用听牌或者顶对A在转牌圈继续下注。实际上，在翻牌圈As9c的“后门同花听牌+后门顺子听牌+高牌A”的过牌加注诈唬是非常有利可图的，特别是混合着超强牌范围如两对、三条，过牌加注非常有说服力，而且转牌能帮助他继续开枪的牌有19张，也就是说在翻牌圈过牌加注之后转牌还有38%的概率继续半诈唬。这种多条街的半诈唬配合超强牌的范围实际上是非常令人头疼的，对手很难知道是真的强牌还是多条街的半诈唬。

总结： *每个玩家处理各种牌力的牌都是有倾向性的，我们只要找到这种倾向性，那么当对手在几条街的动作符合他平时处理某一牌力的牌时，我们就能知道对手极有可能持有这种牌力的牌，然后轻松地制订克制对手的计划。*

8.2.7 特殊的倾向

在和玩家对抗的时候我们需要注意对手有哪些特殊的倾向，这些特殊的倾向往往就是战胜对手的突破口。

1. 翻牌前平跟（limp）

如果有玩家翻牌前不是加注开牌，而是平跟跛入，我们就需要观察他们平跟的范围以及计划，有的玩家会用“超强牌+投机牌”混合平跟，面对后面玩家的加注，他们会用这个混合范围再加注；有的玩家会用“中等牌+投机牌”混合平跟，面对后面玩家的加注，他们会用这个混合的范围跟注；有的玩家只会在大小盲对抗时在小盲位置平跟，其他位置都不平跟，而且平跟的范围中有平跟准备再加注、平跟准备跟注对手的加注、平跟准备弃牌的完备计划，这种玩家是高手。

2. 在翻牌圈面对持续下注弃牌和再加注的频率

我们要关注对手在翻牌圈面对我们的持续下注弃牌率，有的玩家面对持续下注弃牌过多，比如弃牌率高于80%，那么这类玩家比较紧、比较悲观，他们会丢掉一些边缘胜率的牌，比如小对子、低对、中等对子不好的踢脚、卡顺听牌、两张高牌等，只会用中等对子好踢脚、顶对、8个outs以上的听牌、两对、三条、顺子、同花、葫芦这种强牌继续。面对这种类型的玩家，我们会提高持续下注的频率而赢得大多数彩池，毕竟中强牌的概率低于20%，我们会赢下80%的彩池。如果对手面对持续下注弃牌率很低，那么我们会收紧翻牌前的起手牌，另外会减少持续下注频率，用强牌和听牌多持续下注，中等牌和弱牌过牌，纯打价值，不诈唬这样的对手。

此外，还要关注对手在翻牌圈面对持续下注过牌加注的意愿。有的玩家过牌加注翻牌圈的意愿特别高，会混合超强牌和纯诈唬形成两极分化的过牌加注范围，面对这类玩家，我们偶尔会用带阻挡超强牌的弱牌进行再加注，反诈唬。

比如，翻牌圈是：

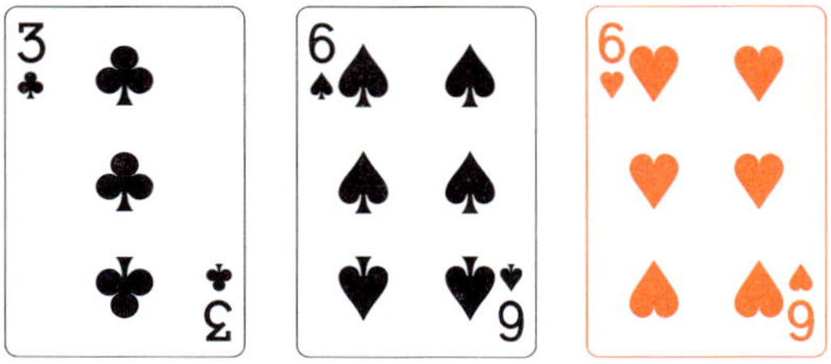

我们持有：

我们持续下注后被这样的对手加注，我们会用7c8h反加注。原因在于对手翻牌前玩带6的牌只有76s、86s、65s和A6，所以这里7c8h阻挡了一半的76s和86s（牌面中有6s和6h，对手只能有6c和6d，那么76s和86s中我们分别阻挡了梅花7和红心8，只剩下7d6d、8c6c和8d6d），我们阻挡了对手部分三条6的组合，加注对手会诈唬这样的牌面，我们的反加注会有不错的弃牌率，反加注不用很大，只用加注对手加注量的2.2倍足够，因为对手要么是超强牌要么是空气牌，如果对手是空气牌，我们反加注2.2倍一样会弃牌。

还有的玩家会用顶对好踢脚、听牌、超强牌混合范围过牌加注翻牌圈，面对这类玩家，我们会用顶对顶踢脚以上牌力的牌跟注他们的过牌加注，然后再根据转牌和河牌听牌是否击中，以及对手在转牌和河牌的动作，来决定是否跟注到底。

3. 转牌高牌牌面，对手是否会继续“开枪”

不同的玩家对于转牌的高牌认识不一样。有的玩家会用顶对继续下注转牌圈的高牌，比如在Kh8h6c的牌面，很多高级别玩家会用KQ、KJ继续下注转牌A，一来可以从对手的听牌、中等对子8、顶对弱踢脚继续获得价值，二来可以平衡自己在转牌圈的下注范围，这类玩家平时也会在转牌圈“开第二枪”诈唬，比如用红心同花听牌、79顺子听牌以及QJ、TJ这类卡顺听牌下注转牌A试图诈唬走对手的中等对子8、JJ、TT、99以及底对子6。

有的玩家的顶对K面对转牌A会100%过牌，这类玩家在中低级别比较常见，他们在转牌圈的下注范围是不平衡的，如果他们在转牌A下注，要么是超强牌，要么是诈唬。

4. 中等牌的处理方式

有的玩家会用中等牌力的牌下注三条街，但是每条街下注都比较小，比如1/3彩池的注。而有的玩家会选择下注一条街，然后过牌两条街准备抓诈唬。有的玩家会选择下注两条街，如果第三条街对手下注，他们就认定对手有更大的牌，然后弃牌。

中等牌力的牌，比如中等对子、顶对弱踢脚，每个玩家的处理方式不一样，我们要关注对手用中等牌价值下注几条街以及用中等牌抓诈唬的意愿。

5. 缠打的意愿

有的玩家翻牌前利用位置经常用不太好的牌跟注，计划着翻牌后找机会缠打。比如，我们在小盲位置加注，大盲位置玩家就用很广的范围跟注，如果我们在翻牌圈持续下注，他们基本都会跟注，我们在转牌圈一旦过牌，他们会100%下注，打走我们范围中的弱牌。他们在翻牌圈的跟注不是因为牌力有多强，而是准备在翻牌后缠打我们。如果他们将翻牌前的混合范围再加注、翻牌圈的混合范围加注、持续下注以及缠打结合起来，将是没位置玩家的噩梦，面对这种高手，我们应在小盲位置采取混合平跟策略，具体打法和思路见7.2节。

一般容易被缠打的位置是小盲和关煞位置，大盲位置和按钮位置属于有位置，可以在翻牌前用投机牌跟注，在翻牌后找机会缠打。因为我们中顶对或者顶对以上的牌力的概率不足20%，所以80%的情况下我们都难以处理转牌圈。

比较好的对抗喜欢缠打玩家的方法是：在转牌圈很高频率地继续“开第二枪”，或者在转牌圈用听牌选择过牌加注，或者在转牌圈用顶对或者以上牌力过牌跟注引诱诈唬。

6. 弱牌猛下注，强牌反而过牌

有的玩家很直接，强牌就猛下注，中等牌就过牌跟注，弱牌就过牌弃牌。有的玩家比较偏向于不说实话，强牌经常过牌过牌过牌引诱，中等牌和弱牌就下注下注下注。我们要分清他们的倾向，对于后者，我们会用顶对跟注跟注跟注，如果他们过牌，我们反而要多留一个心眼。

7. 抓诈唬倾向

有的玩家抓诈唬倾向特别高，翻牌前加注KQ被对手跟注，中了顶对K就过牌跟注三条街抓诈唬。在河牌圈有可以的牌，比如听牌成了、出现高牌A等都会忍不住过牌跟注抓诈唬。对于这种抓诈唬倾向特别高的玩家，当他们过牌的时候我们不能用太弱的牌随意下注，因为他们过牌的范围实际上偏强，而且跟注的倾向很高。而抓诈唬倾向很弱的玩家，过牌的范围又偏弱，所以当他们过牌的时候我们可以很轻松地下注2/3彩池，能拿下大多数彩池。

8. 玩听牌的倾向

不同的玩家玩听牌的倾向是不一样的，当然最合适的玩听牌的方法就是看到对手的范围偏弱就强玩听牌，下注甚至加注争取弃牌率，看到对手的范围偏强就过牌或者简单跟注对手争取最便宜看到下一张牌，等中了听牌就有了巨大的隐含赔率。

不过现实中很多玩家玩听牌的方式过于单一，要么一直被动过牌、跟注过牌、跟注追听牌；要么一直强玩，下注、加注、下注、加注。如果我们能知道对手玩听牌的倾向，就会非常容易克制他们。

9. 着重追求弃牌率

有的玩家会偏向于追求弃牌率，会在翻牌圈持续下注之后，在转牌圈以很高的频率继续下注“开第二枪”。或者在翻牌圈跟注对手的下注缠打，等到转牌圈对手过牌再下注打走对手。这两种是追求弃牌率的打法，着重于在有一定赢率（五五开、四六开、三七开）情况下打走对手不错的赢率。

10. 着重追求赢率

有的玩家会偏向于追求赢率，他们在翻牌前比较紧，中了牌之后倾向于价值下注或者过牌引诱诈唬。他们对抗跟注倾向高的玩家就用强牌一直下注追求价值，对抗追求弃牌率的玩家就用强牌和中等牌过牌跟注抓诈唬。

8.3 读取范围

读牌是读取范围而不是特定的某一手牌。

如果一个“疯鱼”已经连续全压20手牌了，我们刚好拿到TsTc很开心地跟注全压，“疯鱼”的底牌却是KhKd，我们输掉了这个全压。这手牌虽然输了，但是我们打得很好，为什么呢？从前面对手连续全压20手牌可以看出对手的全压范围近乎100%。而我们的TsTc面对100%范围的胜率为75%，所以我们跟注是正确的。

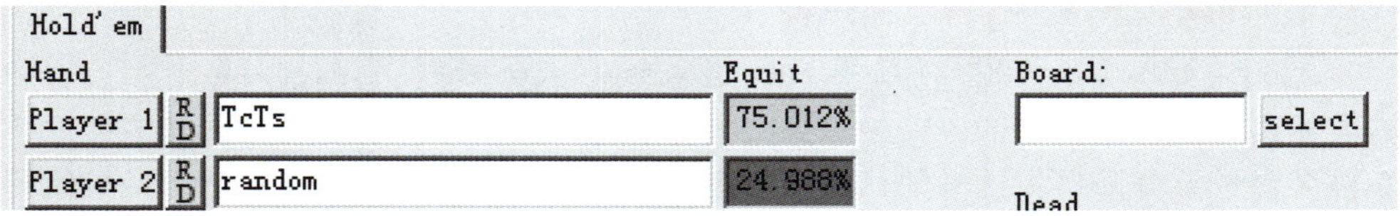

但是很多新手玩家会问：为什么会输，问题出在哪里？

其实很简单，我们读牌读取的是对手的手牌范围，而不是对手可能持有哪一手牌，除了极少数特殊情况，即使是顶级高手也无法精准读取对手持有哪一手牌，只能估计对手大概的手牌范围。对手100%的全压范围中有1 326种手牌组合（hand combo），其中TsTc害怕的只有JJ、QQ、KK和AA，而这几手牌的手牌组合只有4×6=24种，也就是说，面对“疯鱼”全压的1 326种手牌组合，只有24种我们处于劣势，其他1 302种处于优势或者均势，所以这里我们跟注全压是完全正确的，读牌也是正确的。只是对手比较走运，刚好拿到1 326种手牌组合中少数几手比我们强的牌而已，用扑克界的行话来说“对手恰好处于他的手牌范围的顶端（on the top of his range）而已”。

读牌看起来很难，实际上是有一些标准流程的，掌握了这个标准流程，就轻松多了。

1. 每个位置第一个加注进池的加注范围

我们在玩牌的时候要时刻关注对手的起手牌范围，其中最常见的就是所有人弃牌，对手在所在位置加注，英文称为raise first in，这个数据代表着对手在这个位置的松紧度。通常我们都会有个标准数据，如果对手超过这个标准数据，就是玩得过于松，如果低于标准数据就是玩得过于紧。

下面的表格就是在6人桌的高级别游戏中高手玩家在每个位置的松紧度数据。如果读牌时发现某个玩家在小盲位置偷盲特别少，比如在小盲位置加注的频率少于45%（如25%），那么对手在小盲位置就是偏紧，我们就不能随便再加注诈唬小盲位置玩家。如果小盲位置玩家偏松，在小盲位置加注偷盲频率超过60%，那么就可以很激进地再加注对手，比如用20%的范围再加注，同时用50%的范围跟注玩翻牌后。也就是说，我们总共会用70%的范围抵抗小盲位置玩家。

枪口位置	中间位置	关煞位置	按钮位置	小盲位置
20%~25%	15%~23%	30%~45%	40%~60%	45%~60%

TIPS

玩家在某一个位置加注的频率代表玩家玩多少牌，比如一个玩家在按钮位置加注的频率为60%，那么这个玩家就是用60%的牌偷盲。因为翻牌前发给100%的牌，用60%的牌加注，频率自然就是60%。频率等于范围。

通常来说，我们读牌就是读取对手在每个位置的加注频率，然后和表格中的标准数据做比较，所谓标准数据就是比较平均的数据。如果玩家的数据低于标准数据的最低值，那么玩家就过于紧，比如中间位置标准数据为15%~23%，如果某玩家在中间位置加注频率为10%，也就是说只玩10%的牌，那么这个玩家就是偏紧（越紧就代表对手起手牌的牌力越强，越偏向于高牌和对子，很少有同花连牌或者小牌），我们从他身上盈利的方式不是追求弃牌率，而是追求隐含赔率，用小对子和同花连牌投机，一旦中了大牌，对手很难弃牌，毕竟对手玩得紧，等待时间太长，好不容易等到一手漂亮的起手牌，是不愿意轻易弃牌的。但是如果对手在中间位置加注的范围为40%，远远超过中间位置允许的最大值23%，那么这里我们就可以追求弃牌率，可以频繁地再加注试探对手。假设对手面对再加注还不愿意弃牌，我们就用“强牌+中等偏强牌”再加注对手榨取更多价值；假设对手面对再加注弃牌很多，我们就用“强牌+诈唬牌”再加注对手追求弃牌率。

读取对手在每个位置起手牌范围的方法很简单，就是关注对手加注这个位置的频率，如果一个对手在小盲位置总是加注，我们在大盲位置也会注意到。另外，看对手每一次玩到河牌摊牌时的底牌，如果对手在小盲位置加注，我们抵抗了，玩到河牌摊牌对手秀出35o这样的纯垃圾牌，那么对手加注小盲位置的范围在90%以上，远远超过60%的上限。

TIPS

对于所有玩家来说，河牌圈摊牌时的底牌是读牌最重要的信息来源，即使我们没有参与这一手牌，当看到其他玩家之间对抗时的底牌，也能知道对手在这个位置的起手牌范围，知道对手处理这类牌力的方式，知道对手的玩家类型和倾向。所以即使我们没有参与彩池，也需要珍惜每一个摊牌，底牌的信息非常重要。高手之间对决时能不秀底牌就肯定不会秀底牌。所以能不秀底牌的时候永远不要主动秀底牌。

2. 对手在翻牌圈的范围构成

翻牌圈是翻牌前的延续，对手翻牌前的范围会在翻牌圈有一个新的分化，分为下注范围、过牌跟注范围、过牌加注范围、过牌弃牌范围。

比如，对手翻牌前在关煞位置如下图加注30%的牌，我们在按钮位置用AsJc跟注。

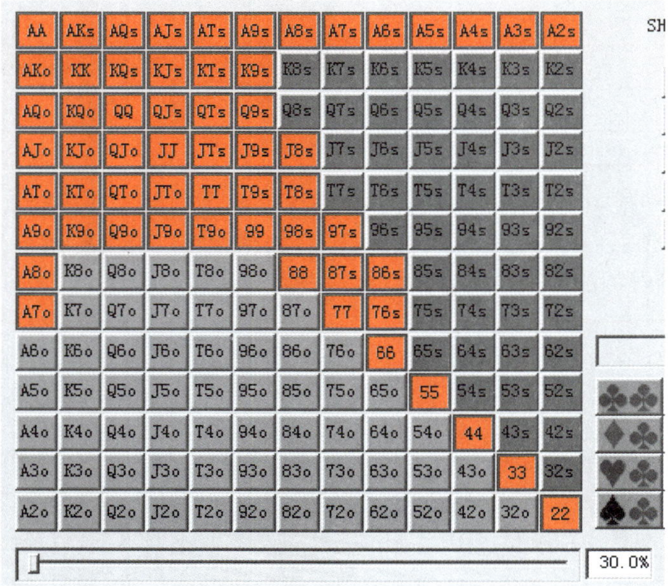

翻牌是Ah9c3c，对手翻牌前这30%的起手牌范围会分化为四个部分。

（1）下注范围

对手会在有同花听牌的牌面用所有顶对A下注，也会用小同花听牌下注。

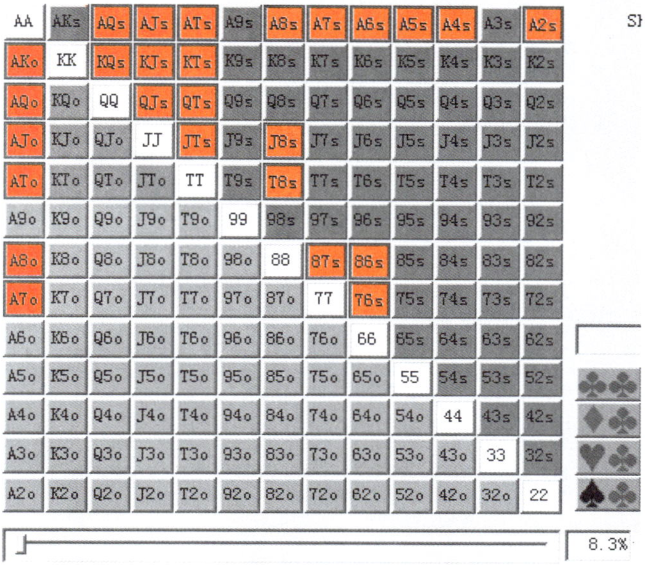

（2）过牌跟注范围

对手会用TT、JJ、QQ、KK以及中等对子9过牌跟注。

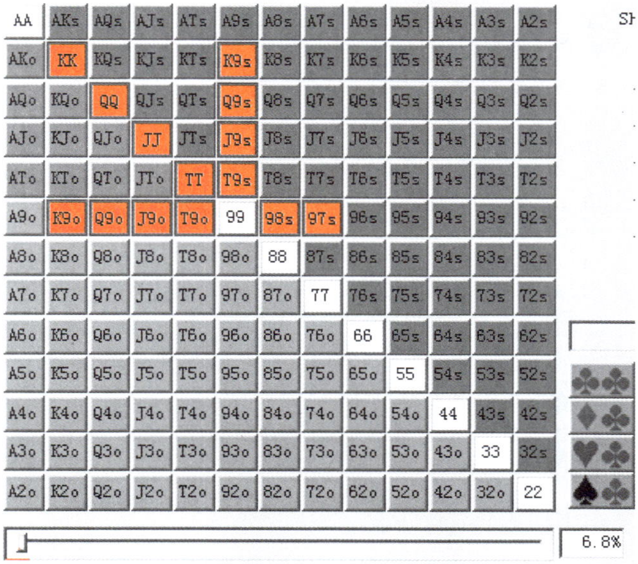

（3）过牌加注范围

对手会用三条、两对以及带A的同花听牌过牌加注。

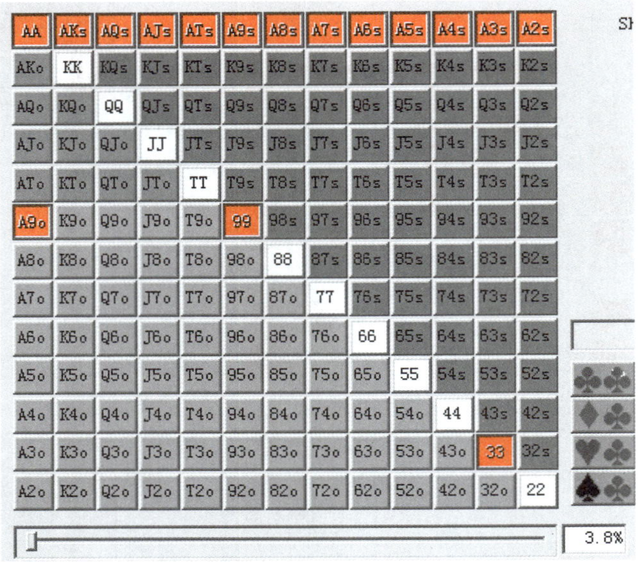

（4）过牌弃牌范围

对手会丢掉低于9的所有对子以及空气牌。

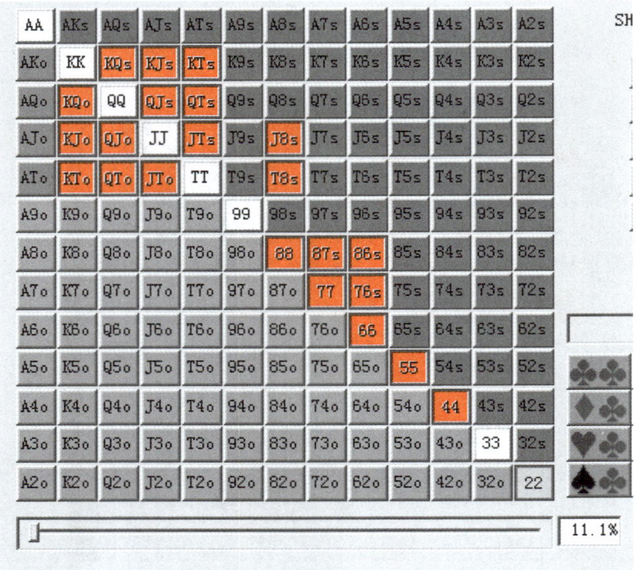

这四个分化范围加起来就等于翻牌前加注的30%的范围。

$$8.3\%+6.8\%+3.8\%+11.1\%=30\%$$

3. 对手在转牌圈的范围构成

假设对手在翻牌圈选择下注，我们用AsJc跟注。

那么，此时对手的范围构成就是翻牌圈的下注范围8.3%，为所有顶对A和小同花听牌。

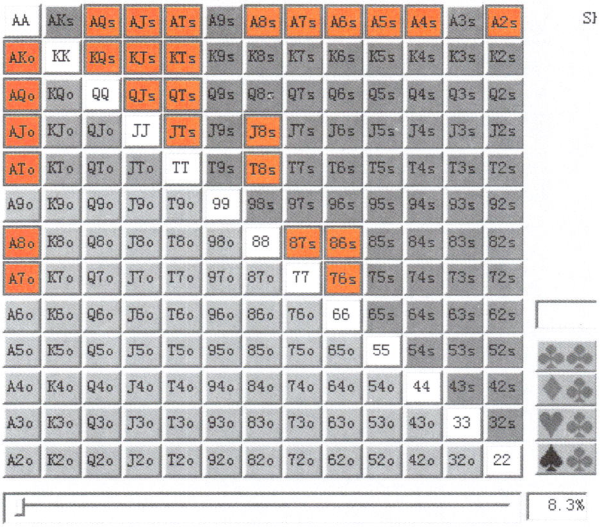

转牌发出一张3s，对手的范围又分化为继续下注范围、过牌跟注范围。

（1）继续下注范围

对手会用A好踢脚继续下注，比如AK、AQ、AJ以及AT。

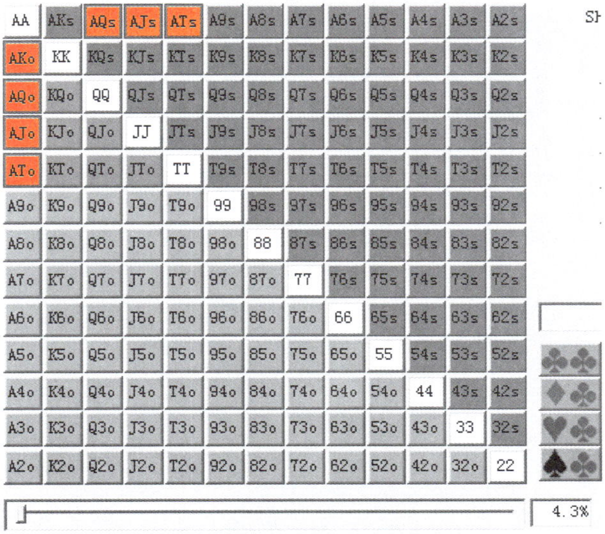

（2）过牌跟注范围

对手会用同花听牌、A弱踢脚过牌跟注。

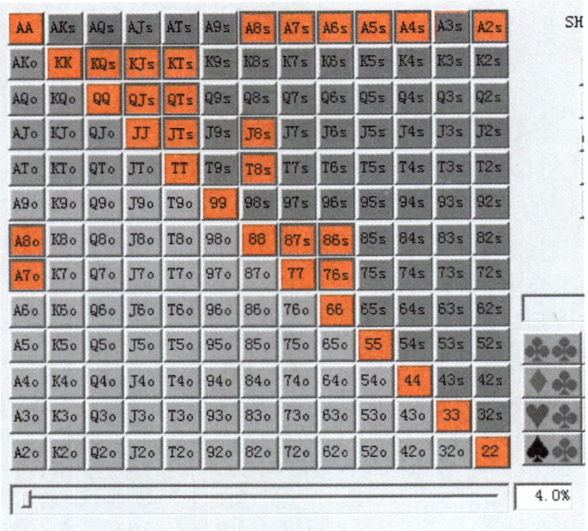

如果我们把这两个分化范围加起来就等于翻牌圈持续下注的8.3%的范围。

4.3%+4%=8.3%

4. 对手在河牌圈的范围构成

假设对手在转牌圈选择过牌跟注我们AsJc的下注，那么对手此时的手牌范围构成就是转牌圈的过牌跟注范围4%，为同花听牌和A弱踢脚。

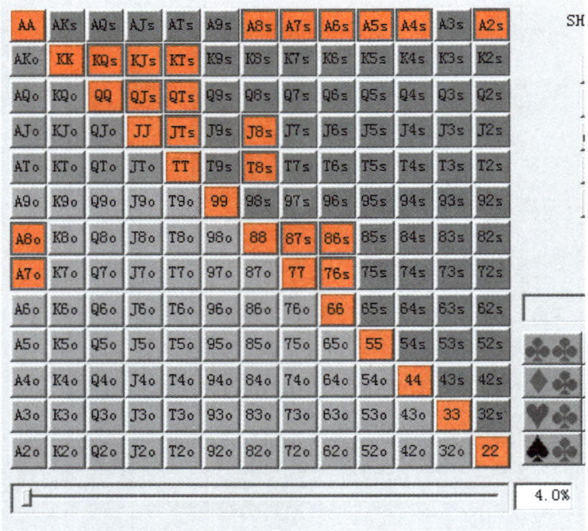

河牌发出5c，对手主动下注一个彩池。这时候对手转牌圈过牌跟注4%的范围，这个玩家很喜欢在河牌圈的同花听牌牌面发动诈唬，会用所有的同花价值下注，把所有的A弱踢脚转成诈唬，这时候对手的范围没有分化，而是100%用转牌的范围下

注一个彩池大小。我们该如何决策，跟注还是弃牌?

其实这是一个简单的数学问题，我们知道分别列出对手A弱踢脚的组合数和对手的小同花听牌的组合数，就可以轻松决定跟注还是弃牌。

对手下注一个彩池，也就是我们需要跟注一个彩池来博彩池的筹码和对手下注的筹码，那么就是1:2的赔率，我们3次只要赢一次就够了，所以只要A弱踢脚的组合数为同花听牌的数目的一半以上，我们就可以跟注抓诈唬了。

实际上，A弱踢脚的组合数如下图所示。

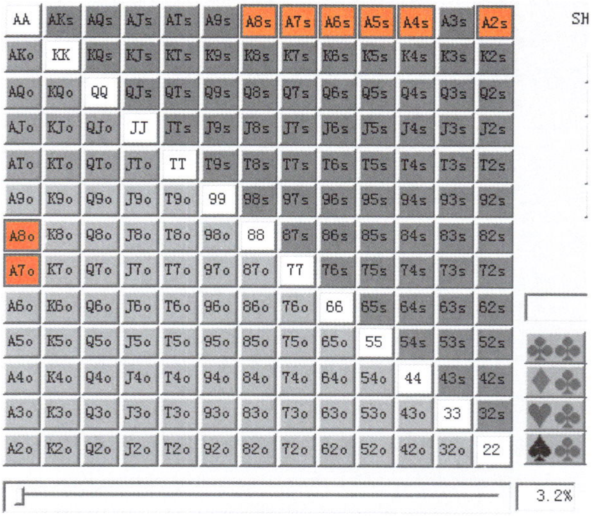

小同花听牌的组合数如下图所示。

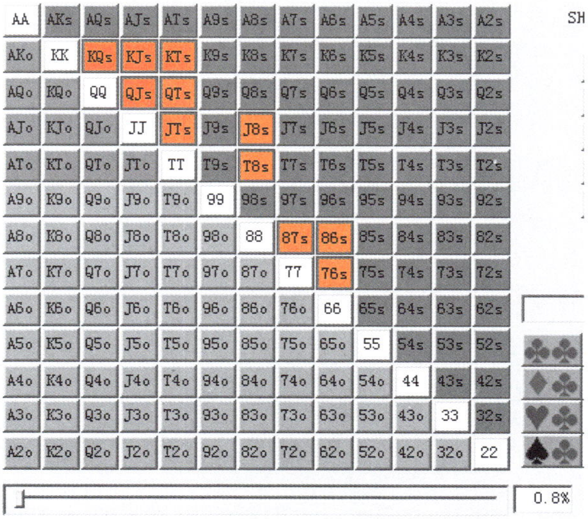

这里用%来代替组合数其实是一样的，100%的范围组合数为1 326，用3.2%乘以1 326可以得出A弱踢脚的组合数为42个，用0.8%乘以1326可以得出小同花听牌的组合数为10个。42大于10的一半，当然这里跟注抓诈唬是非常有利可图的。

整个读取范围的过程就是从起手牌范围开始，然后每条街跟注对手的倾向（对手每条街的范围分化构成），以及对手实际上做了什么动作，一条一条街逐步缩小对手的范围，到了河牌圈的决策就是一个简单的各种范围组合数，以及彩池赔率的数学问题。当然读取对手的倾向这一点是非常难的，如何才能知道对手在每条街的范围构成呢？这需要我们观察这个玩家和其他玩家对抗时秀出的每一手底牌，了解对手处理各种牌力的习惯、玩家的表情、对手的下注时间快慢、下注量大小、玩家的心理状态、玩家的特殊倾向等。所以玩一手漂亮的牌，通常都是需要综合很多信息，最终按照对手最有可能的倾向做出克制策略。

TIPS

很多时候玩家的范围都是不平衡的，我们需要找到这种不平衡，然后无风险赚取利润。比如一个玩家在转牌圈的理念是跟注转牌圈就要继续跟注河牌圈，要么不跟，要么跟到底，那么我们就能轻松在转牌圈发动诈唬。因为能连续跟注转牌圈和河牌圈的牌力都比较强，而强牌是有概率的，多数情况下对手都是没有强牌的，所以我们能100%诈唬转牌圈，然后不再诈唬河牌圈。这样我们能在转牌圈获得一次高的弃牌率，同时不再诈唬河牌圈，使得我们的利润很高，损失又可控。

比如，一个超级激进的玩家，在翻牌圈会有很高的频率下注，下注的范围很宽，会用所有强牌、所有对子、任何听牌、高牌下注翻牌圈。乍一看很难对付，对手的下注范围里强、中、弱的牌都有，但是实际上对手的弱点就在过牌范围，因为下注范围中包含了所有赢率20%以上的牌，那么对手过牌的范围就弱得出奇，我们可以100%偷得对手过牌的所有彩池，同时对手下注翻牌圈的时候，我们用顶对以及顶对以上的牌跟注或者加注就行。

记住：对手所有的不平衡范围，都是我们的利润点。

8.4 读牌思维的误区

很多人在读牌中分不清楚独立事件和因果事件，导致自己容易上高手的当。

1. 翻牌前和翻牌后是独立事件，要分开看

不要看到一个玩家翻牌前很疯，就觉得对手翻牌后一定也很疯，这是不对的。很多高手故意在翻牌前玩得很松很凶，但是翻牌后很紧，没有特别大的牌不玩大型彩池。如果因为他翻牌前的表现就觉得翻牌后一定在诈唬，那么很容易输大型彩池。

当然我们也可以利用这一点来击败中等水平玩家，如果我们翻牌前形象很疯，翻牌后就多薄的价值下注，利用对手抓诈唬的心理来击败对手。如果我们翻牌

前形象很紧，翻牌后就混合一些大型诈唬，利用对手认为我们有牌的心理来击退对手。

2. 翻牌前加注和再加注是不同性质的事件，要分开看

有的玩家翻牌前加注偷盲的范围很松，偷盲非常多，但是再加注别人非常紧。很多人看到对手在按钮位置和小盲位置偷盲很松，而后又被这个很松的玩家再加注之后认为对手一定没牌，这种思维本身就是错误的。翻牌前的加注和再加注是不同性质的事情，有的玩家确实加注很松，再加注也很松，但是有的玩家加注虽然松，一旦再加注都是有很大的牌。所以一定要将两者分开看。

3. 翻牌圈的持续下注和转牌圈的继续开火，要分开看

在翻牌圈有很多持续下注不代表转牌圈下注就一定没牌。有很多玩家在翻牌圈的下注频率的确很高，翻牌圈他们下注的范围实际上不太强，但是在转牌圈会放弃大部分弱牌，只用强牌下注。如果我们从对手翻牌圈持续下注频率高就推断对手转牌圈甚至河牌圈下注的范围弱，那么往往会错得很离谱。因为这三条街对手的倾向都是独立的，很多玩家翻牌圈很凶，但是转牌圈并不凶，当然也有很多玩家翻牌圈和转牌圈很凶，但是河牌圈不凶。我们要三条街分开看，玩家的倾向不一定是一致的，所以我们读牌和读人的过程要更加细致，不能过于粗线条。

8.5 读取心理

因为人不是机器，是有情绪的动物，我们需要不断评估对手的心理状态，找到对手的心理转折点来及时变换策略。

8.5.1 心理状态评估

随着牌局的进行，要不断评估对手的心理状态，关注导致对手心理产生质变的牌桌动态，当对手心理产生质变的时候要调整策略。

心理状态评估有如下几个方面。

1. 争斗心

当一个玩家争斗心不是特别强的时候，可以加大翻牌前加注的频率以及翻牌圈持续下注的频率，这样做能偷取很多小的彩池，毕竟他们不太想争，会送给我们很多小型彩池。

当一个玩家争斗心特别强的时候，我们要玩得更紧，同时适当提高抓诈唬的意愿，毕竟他们太想赢每一个彩池了，而从概率上来说形成强牌的概率就那么高，对手不可能每次都有牌，下注和加注的范围必然有很多诈唬和半诈唬存在。

2. 好奇心

当一个玩家好奇心特别强的时候，我们会多价值下注，少诈唬，毕竟他们想看到下一张牌，想看到他们是否能中听牌，想看到我们的底牌，所以不用诈唬，用顶对或者顶对以上的牌力，三条街下注就能最大化价值。

当一个玩家好奇心不太强的时候，我们会适当发动诈唬，毕竟他们更有意愿丢掉一些不太强但是有一定牌力的牌，比如底对子、卡顺听牌、两张高牌等。

3. 恐惧心

当一个玩家恐惧心特别强的时候，就会比较悲观，总是认为对手有牌，而丢掉自己有一定赢率的牌，在他们身上存在巨大的弃牌率，我们只需要多偷盲和持续下注翻牌圈就能拿下大多数彩池。

4. 心理质变

玩家的心理是随着牌桌动态而不断发生量变的，当量变积累到一定程度就会发生质变，或者发生突发事件导致对手的心理瞬间质变。我们要时刻关注牌桌动态，以及牌桌动态对对手的心理影响，当发生突发事件的时候要关注对手的心理是否发生了质变。当对手的心理发生质变的时候，对手的风格类型以及策略都会发生彻底的改变，我们也要相应地采取新的克制策略。

比如，当一个玩家在连续几手牌内被其他玩家再加注，这个玩家的心态就可能发生变化，会变得更加激进，面对再加注时容易采取激进的反加注策略。第一次被再加注时，这个玩家的心理可能没有什么变化，第二次被再加注就会有点不爽了，第三次被再加注就会火冒三丈，觉得所有人都在欺负他。

再比如，当一个玩家面对对手在河牌圈的全压而弃牌，此时对手秀出纯诈唬的底牌。这种事情容易成为心理质变的牌桌动态，直接导致这个玩家在下面十来手牌里非常情绪化、非常激进，试图挽回面子。当他们非常情绪化、非常激进的时候，也是他们倾向最明显的时候，毕竟一味的激进是非常容易对付的，扑克中任何明显的倾向都是可以利用的。

TIPS

❶ 心理从量变到质变的牌桌动态有：在盲注区连续被对手偷盲很多次、加注时被对手连续地再加注、翻牌圈持续下注连续被加注、连续被对手缠打、连续输掉翻牌前的优势全压、连续在河牌圈被对手反败为胜。

❷ 心理直接发生质变的牌桌动态有：在大彩池中被对手诈唬走并且被秀底牌、翻牌前AA全压输掉、抓诈唬时发现对手恰好有强一点点的牌、对手用不可思议的牌加注偷盲并赢得大型彩池（比如32o）。总之，感觉被耍了或者感觉不公平和不信邪，都会直接导致对手心理质变。

8.5.2 扑克心理画像

“心理画像”常用于侦破刑事案件，通过对现场物证以及犯罪规律的分析，估计罪犯大概的年龄、体型、受教育程度、生活状态以及某些性格特质等。这个描述人特质的过程就称为“心理画像”。在德州扑克中，我们也要努力给每一位对手进行“心理画像”，评估对手的经济状况、性格特质、打法倾向、玩德州扑克的目的（娱乐还是认真）等细节，这些细节将有利于我们预测对手可能的动作，然后针对对手可能的动作采取克制打法，就能让我们轻松盈利。

例1：

在50/100的德州扑克桌上我刚玩了不久，一个衣着时髦的男孩上来，耳朵上面配有耳环，手上拿着最新款的手机。

分析❶：基于目前的信息，我们可以分析出这个玩家经济状况不错，从着装以及手机上来看经济至少是中产阶层以上，耳朵配有耳环多半是性格比较任性或者说自我意识很强，爱争强好胜。当然，对方也可能是职业德州扑克玩家，目前职业德州扑克玩家偏年轻化，经济状况也会相对不错。

接着对方的女友来了，坐在对方的后面看男孩玩牌。第一手牌，男孩在枪口位置加注5BB，所有玩家都弃牌了。男孩回头把牌秀给女孩看，然后很开心地收下彩池中的盲注。

分析❷：目前可以很大概率排除男孩是职业德州扑克玩家的可能。首先，职业德州扑克玩家会很认真地对待德州扑克，在玩德州扑克的时候是在工作，不会带女孩一起，以免受到干扰。其次，职业德州扑克玩家不爱秀底牌给任何人看，底牌里面蕴含了所有思考的轨迹，秀底牌很容易让顶级玩家抓到思维轨迹，而这个玩家赢了一个小彩池之后秀底牌给别人看，也表明他多半不是职业玩家。既然不是职业玩家，那么就很可能是“鱼”（娱乐玩家），“鱼”也有很多种类型，根据这个玩家的打扮以及第一手牌就加注枪口位置，我们得出的结论是这个玩家多半是“疯鱼”。首先，玩家经济状况不错；其次，玩家带耳环说明比较自我，换句话说喜欢自己主宰自己的生活，控制欲不低，这类玩家一般偏向于进攻，所以“疯鱼”的可能性高；最后，玩家让女友坐在后面，还秀底牌给女友看，一般是为了炫耀，这类爱炫耀和显摆的玩家发动诈唬的概率比较高，毕竟诈唬成功是非常值得炫耀的。

这个玩家接下来几手牌都弃牌了，第五手牌在按钮位置再加注关煞位置玩家，关煞位置玩家反加注很大，几乎要全压了，这个玩家在按钮位置弃牌，并秀出底牌8s8d。这次他没有回头看女友，只是低头玩弄筹码。

分析❸：从这个玩家用对子8再加注的行为来看，这个玩家喜欢拥有主导权，可能不爱跟注，喜欢作为进攻方，所以用88再加注了关煞位置玩家，但是当关煞位置玩家要全压时，这个玩家又丢掉了88。这个丢掉88的动作说明这个玩家并不认为88是非常大的牌（也就是说没有疯到癫狂），也可能是这个玩家并不想在女友面前输掉全压（可能觉得输了全压没有面子）。这次这个玩家没有回头看女友，可能觉得有些没面子或者已经带有一点情绪了。

接着所有人弃牌到这个玩家，这个玩家在小盲位置加注5BB，我们在大盲位置拿到AsAd，根据之前的读牌读人，这里该如何决策？

分析❹：这个玩家上一手牌丢掉88，带有一点情绪，或许是觉得没有面子。这手牌加注小盲位置5BB也不一定代表有强牌，可能是诈唬偷盲，如果我们弃牌了，他很可能把垃圾牌秀给女友看，找回一点面子吧。所以我这里跟注是可以的，但是很小的再加注可能会更好，我们再加注到12BB。对于小盲位置玩家来说，只需要7BB就能跟注看一个24BB的彩池，再加上刚才的88本来没有面子，这次面对这么小的再加注再丢掉可能也会没面子。所以我们判断对手多半会跟注这个再加注或者反加注。但是如果我们来一个大型再加注，这个玩家可能不会全压，毕竟全压要是输了就很尴尬。

接着这个玩家在小盲位置反加注到30BB，手上还剩下120BB，我们这里该如何决策？

分析❺：这里我们要是反加注到全压，这个玩家还是有很大概率弃牌的，我们判断对手的反加注多半是情绪化的，能全压的牌很少，所以我们全压不是好的决策。我们选择跟注30BB，这样彩池中就有60BB，手上还剩下120BB，筹码彩池比SPR=2，翻牌后只要对手中了顶对或者有一个听牌都是很容易粘池的（所谓粘池就是中了一些牌之后就丢不掉了），而且对手即使没有中牌也会有很大的概率在翻牌圈发动全压诈唬，所以我们选择跟注对手30BB的反加注。

接着翻牌出现Qd6d5s，这个玩家在小盲位置下注50BB，我们该如何决策？

分析❻：翻牌是有很多听牌存在的，这个玩家下注量也很大，我们这里全压要比跟注好。第一，牌面听牌多，对手要有听牌肯定不会弃牌，对手要是顶对也会觉得我们有可能是听牌而跟注全压；第二，对手的下注量偏大，很像是粘池性的下注，就像是告诉我们“即使大盲全压，我也会跟注的”。所以这里我们为了价值最大化，选择全压。对手用KsQs跟注，转牌7s，河牌Jh。

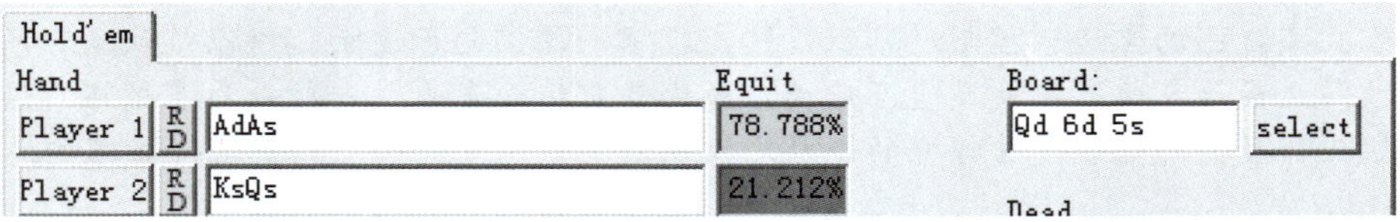

在这手牌中，我们通过心理分析和推理判断对手大概的范围以及可能的倾向，最终让我们将“AsAd vs KsQs”的优势胜率最大化，将彩池做到最大——全压。在胜率优势很大的情况下将彩池尽量做大永远都是正确的。整个过程中，读牌和读人显然发挥了很重要的作用。如果我们没有细致的读牌和读人过程，可能会跟注玩翻牌后只赢一个小彩池，或者翻牌前来个大的再加注让对手弃牌，而达不到全压。

我们要学会扑克心理画像，通过对手的穿着、打扮、言语、气质以及对手在牌局中的种种表现来分析对手的经济状况、扑克水平、性格、倾向等，这些信息将会对我们的决策起到关键性的作用。

8.6 读人和读牌番外篇

8.6.1 站在对手的角度

在读牌的过程中，我们常常要把自己放在对手的角度去思考，对手是怎么看待我们的？这个过程不能带有任何主观，如果对手是“跟注站”玩家，那么我们就以“跟注站”玩家常用的思维来思考，不要因为我们经常诈唬，就认定对手可能会发动诈唬。用猫的眼看猫，用花的眼去看花，不要考虑自己会怎么做，而是站在对手的角度，考虑以对手的水平和倾向会怎么做。不带有任何偏见地读对手的看法，而不是自己的看法。

【例8-6】NL1000，4人桌，1 000筹码量。

翻牌前我们在关煞位置用Ah8s加注25，按钮位置玩家跟注，大盲和小盲位置玩家弃牌。

翻牌（彩池65）：

我们下注50，按钮位置玩家跟注。

转牌（彩池165）：

我们继续下注110，按钮位置玩家继续跟注。

河牌（彩池385）：

❶ 如果对手是好奇心比较强的“跟注站”类型玩家，我们会在河牌圈下一个非常小的注，比如下注100，跟注站类型玩家会用所有的对子跟注我们。

❷ 如果对手是喜欢追听牌而且河牌圈会发动诈唬的玩家，我们会在河牌圈用顶对A过牌来引诱对手用破产的顺子听牌发动诈唬，我们过牌跟注抓诈唬就能利益最大化。

TIPS

面对河牌圈的A，我们是过牌引诱诈唬，还是下注很小引诱跟注，还是下注很大扮演诈唬？我们要站在对手的角度考虑，怎么看待我们的过牌，怎么看待我们的小注，怎么看待我们的大注。我们要从爱诈唬的玩家角度去考虑这个过牌，要从爱跟注的玩家角度去考虑这个小注，要从会思考的高手玩家角度去考虑这个大注。如果对手是爱诈唬的玩家，我们在河牌下大注，将会阻止对手发动诈唬，导致错过一次抓诈唬的利润。如果对手是“跟注站”，我们在河牌过牌，将会错过一个小注的价值。如果对手是会思考的高手玩家，我们在河牌圈过牌，也会错过一次扮演诈唬进行薄的价值下注的机会。

❸ 如果对手是非常聪明的高手，鉴于我们之前牌局中非常激进的形象，我们会在河牌圈用顶对A继续下很大的注，比如下注350。这样做是为了让对手觉得我们下注的范围两极分化，要么是超强牌（如三条、两对、顺子），要么是诈唬（如把小对子转成诈唬以及破产听牌诈唬）。对手会用7x、Qx、Ax、88、99、TT、JJ抓诈唬。实际上我们在进行薄的价值下注，利用对手抓诈唬的心理，让他抓到刚好比他大的牌。

8.6.2 相信自己的读牌

也许我们刚开始读人读牌都不是很准，经常会出现差错，但是一定要相信自己。只有相信自己，读人读牌才有用，即使刚开始准确度不高，但随着不断训练，准确度会越来越高。很多人玩牌的时候就是这样，“我知道在河牌圈对手很可能是诈唬，但是我还是弃牌吧。”如果当我们读到对手是诈唬的时候都不敢去跟注，那么读人读牌又有什么意义？我们并不怕读错，就怕不相信自己，因为读错了可以积累经验提升能力，但是不相信自己那么就没有了积累经验的过程，只会原地踏步。

只要相信自己，读不准没有关系，慢慢就会变准。不相信自己，那么永远也不会读得准。

Chapter 9

即扫即看

中小筹码和深筹码策略

KEY POINT

跑步有100米、400米、800米、马拉松等不同距离的比赛方式，每种方式所要求的技术不一样，短跑名将在长跑中不一定厉害，长跑名将在中跑中不一定厉害，短跑拼的是爆发力，长跑拼的是耐力。

同样，德州扑克也有不同筹码量打法，分为小筹码策略、中筹码策略、大筹码策略以及深筹码策略等，每一种策略打法是完全不同的，隔行如隔山，大多数玩家只擅长某一种筹码量的策略，对于其他筹码量的策略并不是非常精通，一般是大致了解，很多职业玩家也是一辈子研究一种策略，并一直玩下去，所以德州扑克界存在6种不同的职业玩家：职业小筹码玩家、职业中筹码玩家、职业大筹码玩家、职业深筹码玩家、职业SNG玩家和职业MTT玩家（后2种是比赛玩家，前4种是现金桌玩家）。

只有致力于成为顶尖的1%玩家才会深入地研究每一种筹码量的策略。

9.1 中筹码策略

中筹码策略指有效筹码在30~55BB的策略，其中优势最大的是35BB~45BB，当筹码高于60BB的时候，中筹码职业玩家会换一个桌子，重新买入40BB上桌，当筹码低于35BB的时候，中筹码玩家会把筹码量补充到40BB。

1. 中筹码策略的优势

（1）更小的筹码量，允许更频繁地进攻

【例9-1】NL1000，6人桌，有效筹码量400。

枪口位置筹码量为1 000的职业玩家加注到30，所有人弃牌到我们，我们在大盲位置持有6h6c。

我们该如何决策？跟注玩翻牌后还是再加注到90，或者再加注到更小的量，或者直接全压400?

枪口位置玩家是松凶玩家，枪口位置加注范围是15%，其中愿意翻牌前全压的范围为3%（JJ+、AK）。

❶ 我们可以跟注投机三条，毕竟只需要跟注2BB去看一个6.5BB的翻牌，而且翻牌圈中三条的概率为7.5分之一，也就是说每7.5次中一次三条，只要中的一次三条盈利超过前面6.5次没中三条的损失6.5×2=13BB就足够了。也就是说，中了三条平均赢的彩池超过13BB就可以了，考虑到对手枪口位置加注之后，任何翻牌圈都会持续下注2/3彩池，也就是6.5BB的翻牌圈持续下注6.5×66.7%=4.3BB，那么这个4.3BB持续下注加上翻牌前的4.5BB就已经有8.8BB的盈利，如果对手转牌圈或者河牌圈愿意付出更多，彩池就能轻松超过13BB，所以翻牌前跟注投机三条是+EV的，跟注是长期可以盈利的打法。

❷ 再加注到90是否+EV呢？从中筹码的角度看中筹码玩家3bet的量会比正常玩家小，这里如果需要3bet，3bet到80即可，不需要3bet到90或者100。90和100是100BB筹码量时常用的3bet量，原因是如果大筹码玩家（100BB）3bet量很小，比如80，那么对手能用很多牌进行+EV跟注，特别是对手有位置的情况下，跟注小的3bet对于100BB的筹码量来说非常具有翻牌后的操作空间以及隐含赔率。但是面对中筹码玩家，跟注投机是没有任何前途的，毕竟中筹码玩家筹码量很小，大多数没有中翻牌会弃牌给中筹码玩家，少数中了超强牌也赢不了中筹码玩家很多筹码，毕竟中筹码玩家没有多少筹码，没有什么可输的。

所以如果这里要3bet，3bet到80甚至75都是不错的，不管我们是AA还是诈唬，都是3bet到比较小的量，一般是对手加注量的2.5倍即可。

由于6h6c这手牌3bet之后，翻牌有13%的概率中坚果三条6，有87%的概率是三张高牌，对子6完全没有可操作空间。我们手上如果是As5s之类的Axs同花会比66 3bet好得多，首先Axs同花有张A的阻挡牌，能阻挡25%的AK和50%的AA组合，使得对手能反抗的概率下降了一点，其次，Axs翻牌后可操作空间更大，毕竟翻牌后的胜率比较平滑，中了底对子有25%的胜率，中了A很多时候都是领先的，如果翻牌后是同花听牌更是有50%左右的胜率。

❸ 翻牌前全压40BB是否+EV？这是一个纯数学问题，简单！

对手枪口位置加注范围为15%，其中3%的范围全压（JJ+、AK）、12%的范围弃牌，那么弃牌的概率为12/15=80%，对手跟注全压的概率为3/15=20%。跟注全压时，我们66的胜率为33.4%。

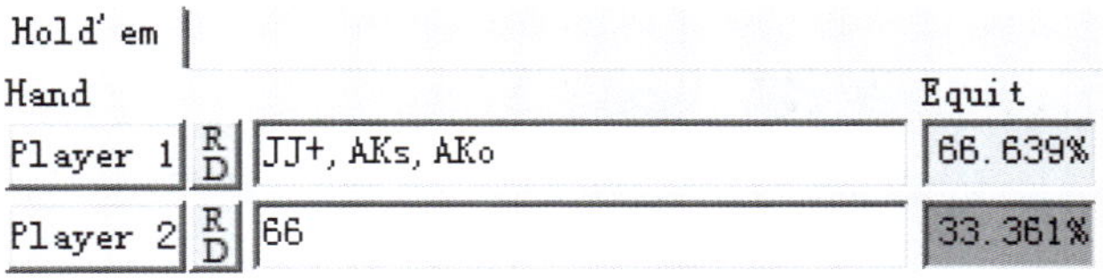

EV=0.8×4.5+0.2×（0.334×80.5−39）=3.6−2.4226=+1.18

公式解释：对手80%的概率会弃牌，我们获得彩池中4.5BB的死钱，20%的概率跟注我们40BB的全压，跟注之后彩池大小为80.5BB，其中我们依然有33.4%的胜率，也就是33.4%的股份，扣去翻牌前全压的风险投入39BB，就是对手跟注时我们的纯利润。

EV>0，说明这里全压40BB是有利可图的。如果我们是100BB的筹码量，就不能直接全压，EV（100BB）=0.8×4.5+0.2×（0.334×200.5−99）=−10，在100BB的筹码量下我们跟注打翻牌后会更好，这样隐含赔率比40BB的时候更高。

下面看看其他例子，一个按钮位置松凶玩家加注60%的范围偷盲，加注大小是3BB，如果遭遇40BB全压，会用7.2%的范围（AJ+、77+）跟注全压。那么，如果我们是大盲位置的中筹码职业玩家，用什么范围全压40BB呢？

对手弃牌的概率为52.8/60=88%，对手跟注的概率为7.2/60=12%，对手跟注之后假设我们的胜率为E，那么EV=0.88×4.5+0.12×（80.5×E−39）>0，E>7.5%，也就是说，只要面对7.2%的范围（77+、AJ+）胜率大于7.5%的牌都会全压。

德州扑克里翻牌前全压最差的牌是32o，但是“32o vs 7.2%的范围”胜率都大于7.5%，所以这里我们可以100%全压40BB，不用看牌，全压就是对的。

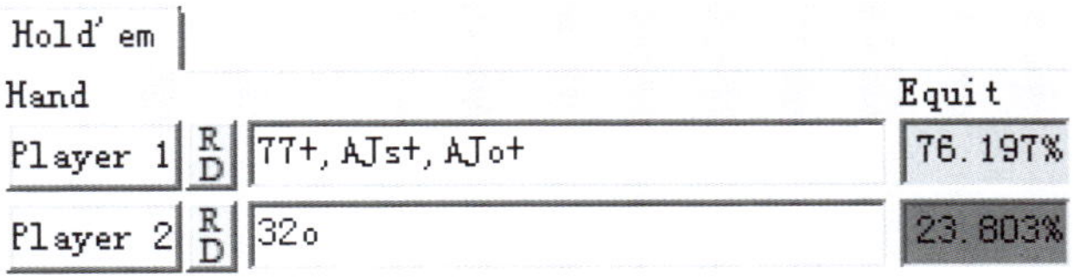

如果我们是按钮位置的大筹码玩家，该如何调整自己的偷盲范围和偷盲加注量呢？

面对很好的中筹码职业玩家，我们在按钮位置加注的量一定要小，这里我们加注2BB偷盲会更好，加注范围也要小，比如加注30%的范围偷盲，用10%的范围跟注全压。那么此时，大盲位置的中筹码玩家能用什么样的范围全压40BB呢？

EV=0.667×4.5+0.333×（80.5×E−39）>0，E>37.3%，也就是说，只要面对10%的跟注全压范围胜率高于37.3%，大盲位置的中筹码职业玩家就能全压40BB。

按钮位置玩家10%的跟注范围为44+、ATs+、AJo+、KQs、KQo，面对这个范围胜率高于37.3%的牌有66+、ATs+、AJo+、KQs，为9.2%的范围。

所以当我们缩小加注量同时减少偷盲范围，增加跟注全压范围，会使得大盲位置的中筹码职业玩家能全压的范围大大缩小。如果中筹码职业玩家没有调整自己的全压范围，依然用很广的范围全压的话，我们将会获益。

当然大部分大筹码玩家都不知道这里面的数学，所谓隔行如隔山，面对中筹码玩家的全压，大筹码玩家一般都会丢掉类似77之类的牌，在类似的情形中大筹码玩家会不断漏筹码，而自己却完全没有意识到其中的数学问题。当然40BB的筹码量允许我们进行更多的进攻，如果我们是100BB的时候，翻牌前拿着66直接全压是无法想象的错误，但是40BB的时候，全压却是+EV的。

（2）更小的筹码量，扑克变得更加简单

【例9-2】NL1000，6人桌，有效筹码量400。

按钮位置1 000筹码量的玩家加注30，小盲位置玩家弃牌，我们在大盲位置3bet到75，按钮位置玩家跟注。我们持有8s9s。

翻牌（彩池155）：

我们下注75，按钮位置玩家跟注。

转牌（彩池305）：

我们全压250，按钮位置玩家跟注。按钮位置玩家持有7c8c。

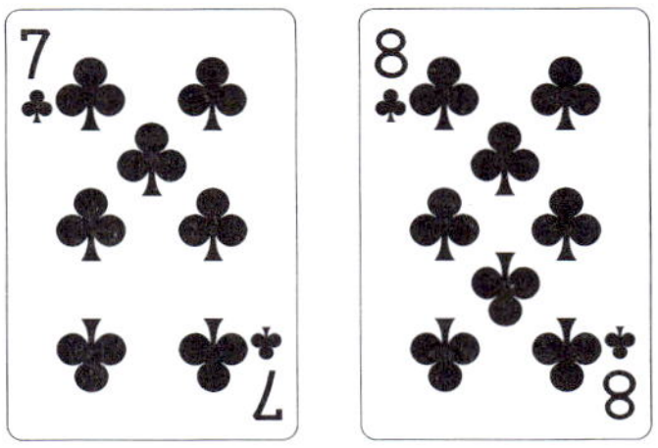

我们在翻牌圈中了顶对9，这个时候不会畏惧全压，原因是我们的筹码只有40BB，如果对手翻牌前有TT以上的对子，一般会跟我们翻牌前来个4bet或者全压，而不会跟注。所以我们根本不担心对手有超对，一旦翻牌圈中了顶对9，我们就知道自己很大概率是最大的牌，所以简单地下注全压就行。

如果我们是100BB的筹码量，翻牌圈的决策不会这么简单，因为翻牌前对手可能用TT、JJ跟注我们翻牌前的3bet，所以顶对9不一定是最强的。100BB的情况下，翻牌圈的决策更加复杂。

正是因为我们的筹码量只有40BB，能限制对手的范围，使得自己的决策更加简单。这也是为什么中筹码玩家喜欢用87s、97s、98s、86s再加注诈唬的原因，因为一旦中了顶对决策就非常简单。

（3）更小的筹码量，更加有创意的打法

【例9-3】NL1000，6人桌，有效筹码量400。

按钮位置1 000筹码量的玩家加注30，小盲位置玩家弃牌，我们在大盲位置3bet到75，按钮位置玩家跟注。我们持有As5s。

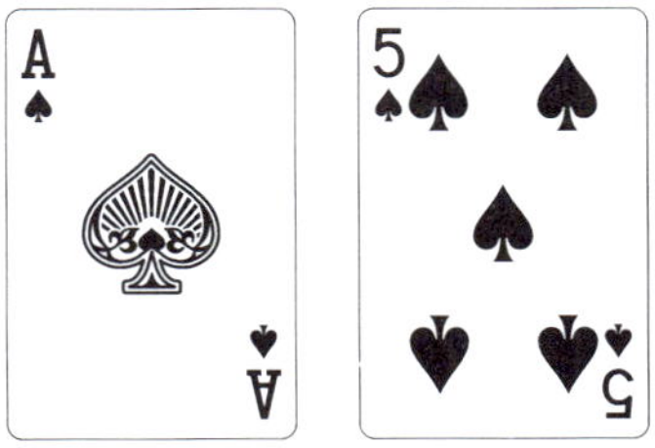

翻牌（彩池155）：

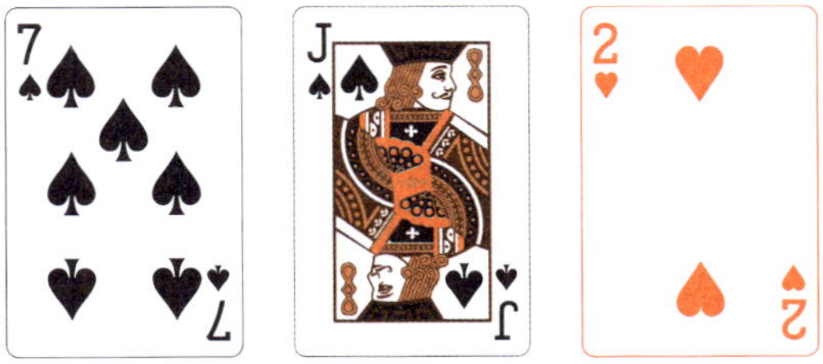

我们下注50，按钮位置玩家加注到130，我们全压325，按钮位置玩家用8s9s跟注。

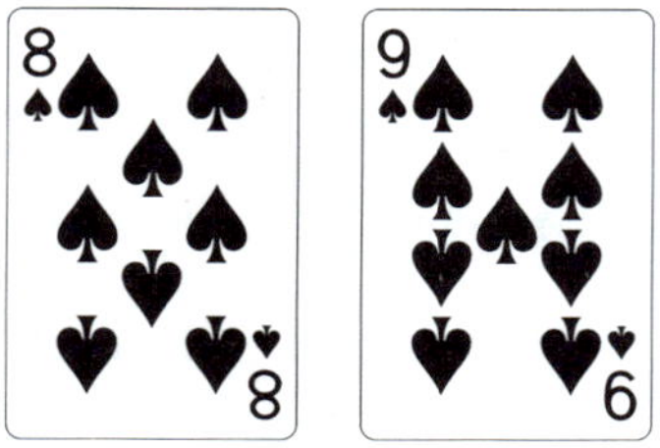

转牌（彩池805）：

河牌（彩池805）：

翻牌让我们有一个坚果同花听牌，无法弃牌了，我们想的是如何赢更多。一个很有创意的打法是下注1/3彩池，对手会用任何听牌或偶尔用诈唬牌加注我们，这样我们会将对手更多筹码套入，然后再全压。

这手牌中对手持有同花卡顺听牌，面对我们的坚果同花听牌，胜率只有33.5%。

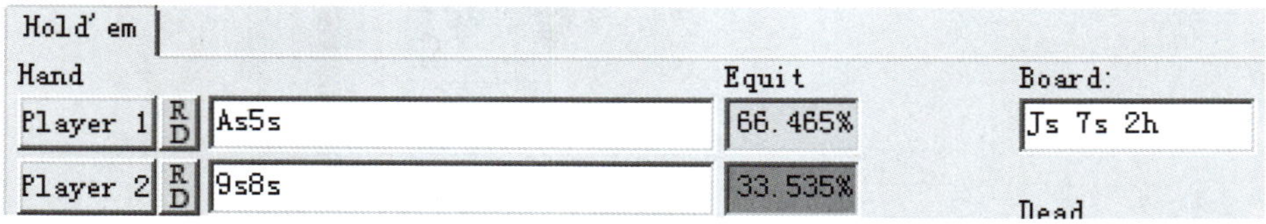

TIPS

为什么在中筹码的情况下，我们会用Axs和98s之类的牌3bet对手很小？原因是：

❶ 如果我们是AA、KK，也会这么3bet。

❷ 只要对手面对我们的3bet弃牌率高于60%，我们就有利可图。如果我们发现一个玩家面对3bet弃牌率高于60%，就可以频繁地3bet他而获益。

❸ 如果我们是A9s或者KJs则会跟注，而不是3bet，因为这类牌主宰对手踢脚的概率更高，所以跟注，翻牌后中了顶对就直接过牌最小加注翻牌圈，然后在转牌圈全压。

❹ 如果我们发现对手特别不爱弃牌给3bet，那么就不要使用两极分化的3bet范围，而使用纯价值的3bet范围（88+、KJ+、AT+）。

【例9-4】NL1000，6人桌，有效筹码量400。

小盲位置玩家加注20，我们在大盲位置跟注，我们持有5s6s。

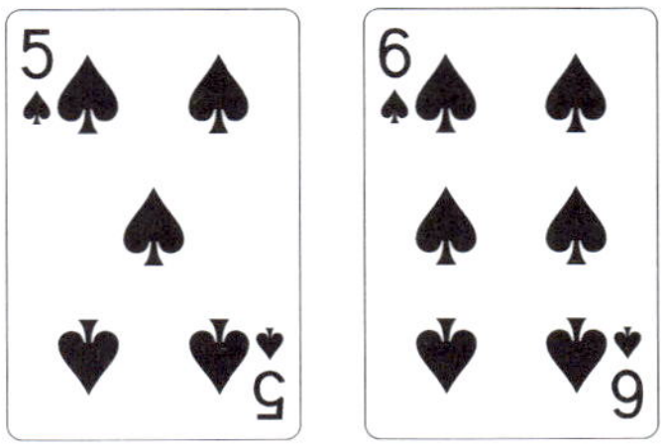

翻牌（彩池40）：

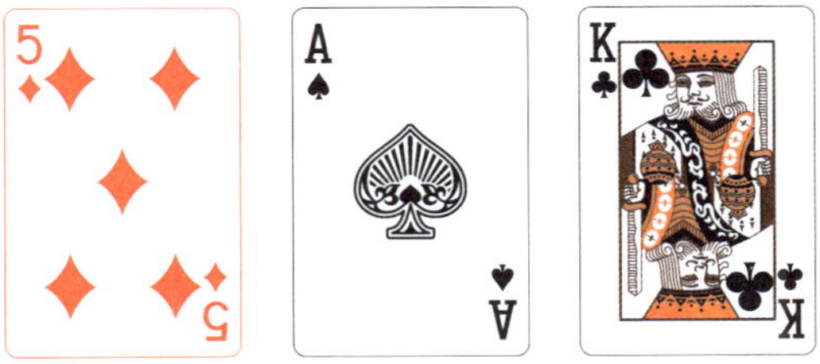

小盲位置玩家下注30，我们加注到75，小盲位置玩家跟注。

转牌（彩池190）：

小盲位置玩家过牌，我们跟着过牌。

河牌（彩池190）：

小盲位置玩家下注100，我们全压305，小盲位置玩家用AcJc跟注。

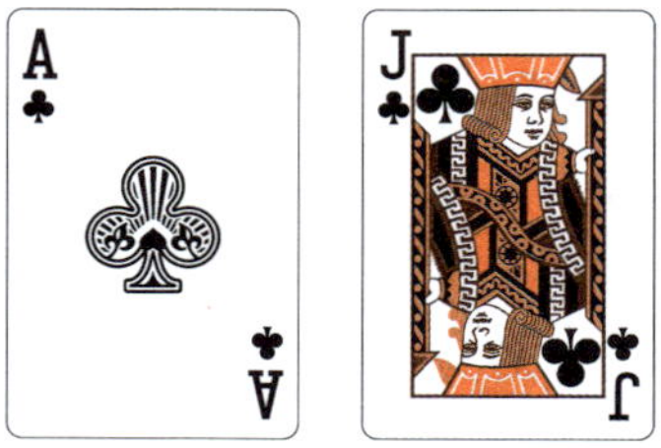

翻牌后我们只有一个底对子，对手持续下注，很多玩家会在这里跟注企图在后面几条街抓诈唬。但是这里作为中筹码玩家，进攻会更好，比起对手持续下注的30，我们加注到75，只是2.5倍，非常小的翻牌圈加注。

这个翻牌圈小的加注有几个好处：

❶ 我们能从对手的QT、QJ、TJ等顺子听牌中获得价值。

❷ 对手没有很强的牌是无法再加注的，因为我们的筹码量很小，如果对手再加注，我们是很容易全压的，对手知道这一点，我们在翻牌圈的小加注实际上在威胁对手“我们要全压”。

❸ 如果对手是Ax、Kx，因为我们翻牌圈的加注，对手在转牌圈多半会过牌给我们，而不会主动下注，让我们在获得主动权之后还看到了免费的转牌和河牌，如果转牌或河牌中了两对或三条，我们可以再获取价值。

这比跟注翻牌圈、跟注转牌圈要简单便宜得多，毕竟对手在转牌圈不会只下注55这么小，而且我们通过加注能知道对手的范围，比起在转牌圈毫无信息地抓诈唬来得更加精确。

40BB的筹码量允许我们这么打，如果我们是100BB，翻牌圈这么小的加注是没有道理的，对手很可能会再加注我们到280之类的量，就轮到对手威胁我们的筹码了。

（4）更小的筹码量，更加频繁地偷盲

【例9-5】NL1000，6人桌，有效筹码量400。

所有人弃牌到我们，我们在小盲位置拿着Ks6c加注2.5BB偷盲。

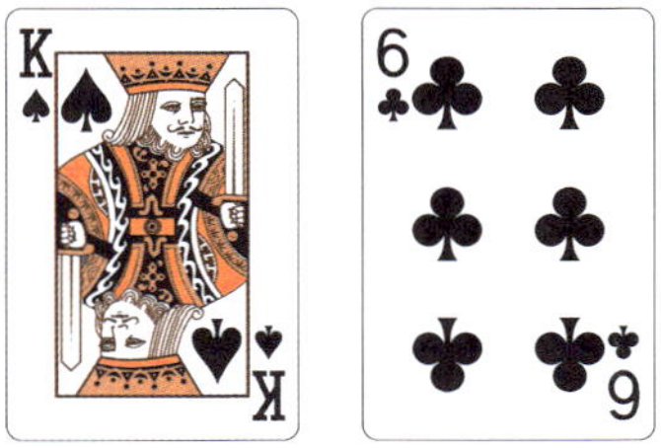

大盲位置玩家跟注。

翻牌（彩池50）：

我们下注35，大盲位置玩家跟注。

转牌（彩池120）：

我们继续下注60，大盲位置玩家跟注。

河牌（彩池360）：

我们过牌，大盲位置玩家全压280，我们跟注。大盲位置玩家的底牌是TsJs。

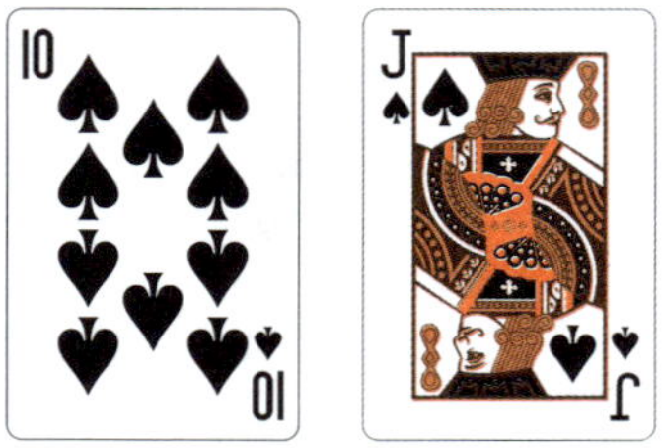

在河牌圈我们并不担心对手有更好的K，比如AK或KJ，原因很简单：

❶ 我们是中筹码玩家，毕竟筹码量太小，对手如果有AK翻牌前几乎会100%来3bet我们，跟注玩翻牌后没有多大隐含赔率，而且在筹码量比较小的情况下AK翻牌前全压是有利的，所以对手的AK更倾向于翻牌前3bet而不是跟注，特别是不会跟注中筹码玩家很广范围的偷盲。

❷ 对手如果有KJ两对，在翻牌圈多半会加注我们，毕竟牌面有很多同花和顺子听牌存在，而且我们筹码又那么少，对手没有潜在的慢玩做圈套的理由，毕竟即使中了圈套也赢不了多少，而且听牌那么多，直接加注翻牌圈会更好。

所以我们并不担心自己的踢脚有多差，中筹码的筹码量让对手也很难有好的踢脚。河牌来了一个A，这张A并没有改变牌面，我们考虑河牌是下注还是过牌，这里下注唯一能获得价值的就是对手的Jx可能会抓诈唬，但是如果我们过牌对手会用很多牌诈唬，比如Jx的破产听牌。

这里我们选择过牌，对手选择把中等对子J转成诈唬，我们轻松跟注，毕竟对手范围里面很少有A，也很少有5x，面对40BB玩家翻牌前玩5x并不是明智的选择，没有隐含赔率。由于筹码量比较小，我们能限制对手不少打法，也能确定对手不少范围，所以翻牌后打法更加简单，也就是说我们翻牌前可以用更多的牌偷盲，即使被跟注，也是比较容易玩的。但是如果是100BB的筹码量，情况就会复杂很多。

2. 中筹码策略的劣势

（1）筹码太小，不存在投机空间

【例9-6】NL1000，6人桌，有效筹码量400。

枪口位置筹码量为1 000的职业玩家加注到30，所有人弃牌，我们在按钮位置拿着6h6c。

我们是否可以跟注投机三条？这里是不能跟注投机三条的。

一般来说，中筹码玩家是不存在投机空间的，一来筹码量太小，即使7.5次中了一次三条，中的这次也赢不了多少筹码，没有太多隐含赔率。另外，如果我们跟注3BB，翻牌前我们已经投入筹码量的7.5%，而且不是一定能看到翻牌圈，毕竟后面大小盲位置玩家还没有行动，如果他们来一个squeeze再加注，我们就不得不弃牌了。

所以，最终权衡之后还是要弃掉66，跟注投机三条是行不通的。除非我们在大盲位置，后面没有玩家了，只需跟注2BB就结束翻牌前，不用担心被squeeze。这种情况是可以投机的，还有一种情况是前面已经有人加注，我们跟注的话，因为人多会导致彩池赔率更好。

其他情形都是直接弃掉小对子。

（2）筹码太小，难以从“鱼”身上最大化榨取价值

面对“鱼”的时候，当我们中了超强牌，而且“鱼”会全压，我们就会少赢很多，因为我们的筹码量比较小，即使碰到这样的好机会，也难以像深筹码玩家那样直接清空大筹码“鱼”，最多只能赢40BB。

3. 中筹码策略总结

❶ 如果我们在前面位置，则要弃掉22~55等小对子，不要加注，因为翻牌后并不好打，枪口位置只加注66以上的对子。

❷ 除非在大盲位置跟注2BB，或者是跟注多人彩池，其他情况不要用小对子跟注投机三条。有人加注，小对子一般弃掉就好。

❸ 面对加注偷盲很松（达到60%），但是跟注40BB全压范围只有10%的玩家，22~TT等中小对子翻牌前可以直接全压40BB。

❹ 翻牌前中筹码玩家应该3bet对手加注范围的1/3。比如一个玩家在某个位置加注30%的牌，那么中筹码玩家3bet的范围应该为10%；如果这个玩家特别喜欢跟注3bet，中筹码玩家就用“强牌+中强牌”范围3bet；如果这个玩家面对3bet弃牌较多，中筹码玩家就用两极分化的3bet范围，多加入一些Axs以及6、7、8、9同花连牌，另外3bet的量应为对手加注量的2.5倍。

❺ 翻牌前如果squeeze的话，就是纯价值squeeze，中筹码玩家不要进行诈唬性的squeeze，一般都是用超强牌或者中强牌squeeze，量也要偏小。比如一个玩家加注3BB，一个玩家跟注3BB，中筹码玩家只需要squeeze到9.5BB或者10BB就足够了。

❻ 中筹码玩家在按钮位置和小盲位置偷盲频率要很高，特别是当对手面对偷盲弃牌率高于70%的时候，我们会用80%左右的牌加注2.5BB偷盲，中筹码盈利有很大一部分来自于偷盲。但是在前面位置的时候，中筹码玩家要非常紧，一般只加注AJ+、KQ、66+，其他的牌都要弃掉，当盲注位置有“鱼”时，在枪口位置才能加注AT和KJ。

❼ 中筹码玩家很少跟注别人的加注，一般都是3bet或者弃牌比较多，像一些口袋对子66之类的牌跟注投机三条通常都是错误的，再比如一些类似KQ、AQ之类的

牌，中筹码玩家都会用来3bet，遭遇到4bet再弃牌，很少用来跟注，中筹码玩家更希望拿到主动权，毕竟主动权带来的翻牌前和翻牌后弃牌率是中筹码玩家盈利的主要来源之一。

❽ 中筹码玩家在3bet彩池中不需要考虑对手是否中了三条或者听牌，只要自己中了顶对或者顶对以上的牌力，就是坚果，直接下注、下注打完，不必担心三条、顺子、同花之类的牌。因为筹码太少，如果因为小概率事件而放弃价值下注，长期来说，会错过很多，这笔损失会很大。

❾ 中筹码玩家在大盲位置可以很凶地加注小盲位置玩家的持续下注，不需要加注很大，最小加注就行，特别是在某些容易错过小盲范围的翻牌圈，最小加注小盲位置的持续下注会让小盲位置玩家非常难打。另外，在大盲位置也要多缠打小盲位置玩家，当有两张高牌、顺子听牌、同花听牌或者后门听牌时都可以缠打小盲位置玩家，如果小盲位置玩家过牌转牌圈，大盲位置的中筹码玩家下一个70%彩池大小的注经常可以拿下彩池。

❿ 当中筹码玩家拿着AK、JJ的时候，倾向于翻牌前直接3bet筹码量的1/3，也就是15BB，然后任何翻牌圈全压，或者翻牌前直接全压。在没有位置的时候更应如此，3bet比较小的量会让AK、JJ在翻牌后面临很艰难的决策，特别是AK只有33%的概率击中翻牌圈，而JJ有50%的概率会在翻牌圈看到一张A、K或Q高牌。

记住：玩中筹码策略要精通数学，同时要比大筹码策略偷盲更多、3bet更多，更凶一些。

9.2 小筹码策略

小筹码策略指筹码量在12~28BB的策略，其中15~20BB筹码量的时候优势最大，所以小筹码玩家筹码低于12BB的时候就会补充筹码到20BB，当小筹码玩家筹码高于28BB的时候就会下桌换一个新的桌子重新买入20BB。

1. 小筹码策略的优势

（1）策略简单，寻找死钱然后抢死钱

【例9-7】NL1000，6人桌，有效筹码量200。

按钮位置筹码量为1 000的职业玩家加注到30，所有人弃牌到大盲位置的我们（筹码量为200），我们持有5c5h。

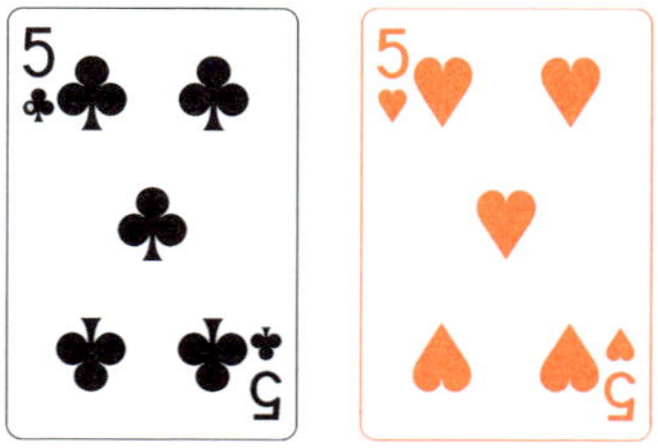

按钮位置玩家是松凶玩家，其在按钮位置加注偷盲范围是40%，其中愿意翻牌前全压20BB的范围为9%（66+、AJ+、KQ）。

我们该如何决策？跟注玩翻牌后，还是3bet到70，还是直接全压200？

❶ 跟注好不好？

如果跟注，翻牌后要是没有中三条就很难打，而中三条的概率只有13%，翻牌有87%的概率是两张或者三张高牌，我们只能过牌弃牌，没有任何可玩性。所以作为20BB的小筹码玩家跟注投机三条是不划算的，其中6.5次中不了三条损失6.5×2BB=13BB，第7.5次中了三条最多赢20BB，而且很多时候对手没有强牌，即使中了三条也赢不了20BB，导致这里跟注3BB投机三条是完全-EV的打法。

❷ 3bet到70好不好？

如果3bet到70，对手全压还好，反正翻牌前5c5h是要全压的。但是如果对手跟注，彩池中就有145，我们手上只剩下130，而大多数翻牌都是两张高牌或者三张高牌（大概87%的概率），我们就会非常难打，毕竟我们已经粘池了，但是翻牌是两张以上的高牌又对我们极为不利，全压不好，弃牌也不好，非常尴尬的筹码彩池比。

❸ 全压是否+EV？

全压是纯数学决策，计算一下便知道EV如何。

对手跟注全压的概率为9/40=22.5%，跟注之后我们依然有37.7%的胜率，也就是说，在全压彩池40.5BB中有37.7%的股份是我们的，扣掉翻牌前全压投入的19BB，剩下的就是盈利。

Hold'em

Hand		Equit
Player 1	66+, AJs+, KQs, AJo+, KQo	62.332%
Player 2	55	37.668%

对手面对全压弃牌率有31/40=77.5%，对手弃牌我们将获利4.5BB。

$$EV=0.225\times(40.5\times0.377-19)+0.775\times4.5=+2.65BB$$

我们全压，EV是2.65BB，每全压一次，都会盈利2.65个大盲。

TIPS

对手加注量大并不代表有强牌，而且对于小筹码策略来说，对手加注量越大，小筹码玩家越高兴，特别是用弱牌加注很大的对手，这些筹码就是死钱，对手的牌力并不能保护投入彩池中的筹码。比如，对手翻牌前加注4BB，加注范围为50%，跟注全压范围为10%，20BB筹码量的小筹码玩家能+EV地全压90%的牌（除了23o~2To、34o~37o以外所有牌）。

死钱也分两种，一种是激进死钱，一种是被动死钱。两种死钱的本质一样，对手的牌力并不足以保护彩池中的筹码，只是行为不一样而已，激进的玩家牌力弱而且不停下注向彩池投入死钱，而被动的玩家牌力弱就过牌弃牌，本质上一样。作为小筹码玩家就是要善于发现这些死钱，然后用数学上+EV的牌全压去博彩池中的死钱，对手弃牌，我们毫无风险拿下死钱，对手要是跟注，我们至少有50%的胜率。

（2）筹码量小，可以采取很多创意打法

【例9-8】NL1000，6人桌，有效筹码量200。

我们在中间位置持有AsKh，平跟进彩池，按钮位置玩家加注到3.5BB，小盲位置玩家弃牌，大盲位置玩家跟注3.5BB，我们全压20BB。

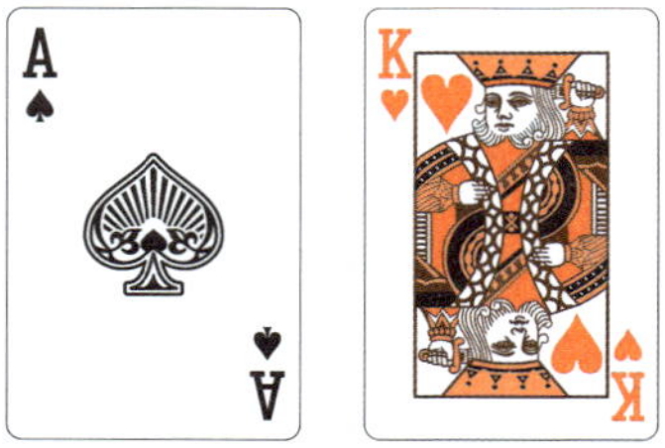

对于一般玩家来说，平跟进池是很麻烦的一件事，特别是当筹码量为100BB的时候，平跟进池经常会碰到后面玩家加注隔离，很难打。

对于小筹码策略来说却非常容易，毕竟筹码彩池比很小，后面有玩家加注，我们的AsKh都可以无脑全压，我们领先于对手的加注范围，同时彩池中已经有4BB以上的死钱，我们全压20BB去抢死钱绝对是+EV。

除了拿着AK我们会平跟再加注，TT、JJ、QQ以及少量的AA和KK也会在前面位置这么玩，尽量吸引更多死钱，然后全压。如果后面没有人加注，而且我们的AK在翻牌圈没有中牌，人少的时候可以在翻牌圈考虑假装AA和KK持续下注，人多的时候直接放弃，因为如果加注3BB，后面位置的小对子一样会跟注，翻牌圈没中牌，我们的AK一样难玩，平跟即使输掉也没有什么可惜。

【例9-9】NL1000，6人桌，有效筹码量200。

我们在小盲位置持有As5s，平跟进彩池，大盲位置玩家加注到3.5BB，我们全压20BB。

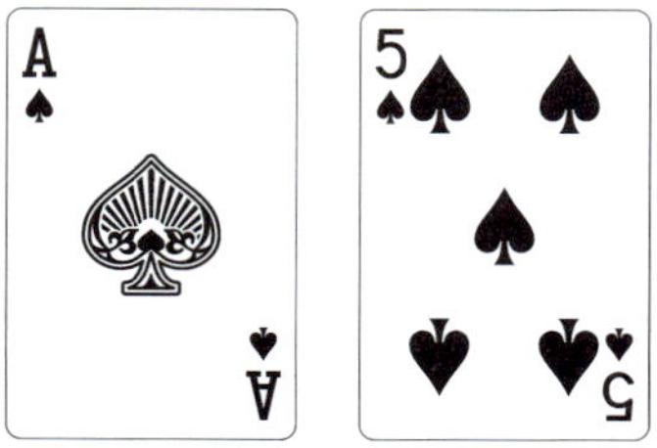

通常来说，小筹码玩家是不能很松地偷盲的，因为加注之后容易被对手全压，比如我们加注小盲2.5BB，对手很容易全压20BB，主动全压的玩家能争取不少弃牌率，所以我们如果加注偷盲，聪明的对手会用很多牌再加注全压，我们不得不丢掉很多偷盲的牌，损失2.5BB。但是如果我们在小盲位置平跟，对手很难诈唬式全压，毕竟彩池中只有2BB，对手不会拿很多牌全压20BB冒险去抢2BB，所以，我们平跟之后，对手只会加注，导致我们成为主动全压的玩家，这样会争取很多弃牌率。

所以在小盲位置，我们会混合很多"强牌+中等偏弱牌"，平跟然后加注全压，比如AA~TT、AK~AJ、A2s~A5s。类似22~66的小对子，在小盲位置翻牌前更倾向于直接全压20BB，当然也会混合一部分超强牌这么做。一些中等牌，类似KT~KQ、JT、JQ、A6~AT，在小盲位置我们会加注2.5BB，如果对手全压，视对手的全压范围再决定用哪些牌跟注全压。

（3）策略简单，初学者非常容易掌握

小筹码策略涉及数学很多，关于读牌、读人以及位置的运用很少，所以比较简单，也很容易上手，即使是新手玩家也不太会被高手利用。小筹码策略非常适合德州扑克新手玩家，可以作为德州扑克入门级技术训练帮助我们打好数学基础。

2. 小筹码策略的劣势

（1）筹码量太小，无法玩投机牌

比中筹码更极端的小筹码策略是不玩投机牌的，像同花连牌和小对子之类投机牌，小筹码玩家都是没有足够筹码去投机的，这类牌要么翻牌前弃掉，要么直接再加注对手全压，或者主动偷盲。小筹码策略不会用这些投机牌去跟注对手的加注，或者说小筹码玩家基本不跟注对手的加注，一般都是弃牌或者再加注全压，唯一的例外是偶尔用AA和KK跟注对手的加注，然后任何翻牌圈加注全压，其他牌都不会跟注对手的加注。

（2）筹码量太小，不能频繁偷盲

前面讲过，小筹码玩家是不能很松地偷盲的，一旦我们加注，对手的策略就很简单，弃牌或全压，如果对手全压，将从我们这里获得不少弃牌率，毕竟对手是主动全压的人。所以小筹码玩家即使偷盲也只加注中等牌力以上的牌。

如果还是不死心，想要偷盲，那么就在小盲位置加入平跟的范围，这个平跟的范围应该是"强牌+中等偏弱的牌"，很多牌都是准备平跟再加注全压的。这种平跟偷盲法使得对手难以直接全压，一旦对手加注3BB，我们就是那个主动全压的人，将获得弃牌率。

记住： *对于小筹码来说，主动全压要比跟注全压好，因为主动全压除了赢率之外，还有弃牌率。*

（3）筹码量太小，碰到"鱼"难以赢很多筹码

有时候看到"鱼"，我们也难以赢很多筹码，最多只能赢20BB，所谓"高风险高收益"，小筹码策略风险低，最多只能输20BB，但是收益也低，最多也只能赢20BB。

（4）小筹码策略全压很多，导致波动很大

小筹码策略全压很多，导致一天之内盈利结果波动非常大，有时能赢十几个买入，有时能输十几个买入，这种波动是很常见的，同时盈利率比较小，一般100手牌大概只能盈利1~3BB。

3. 中筹码策略和小筹码策略总结

（1）中小筹码策略全压比较多

因为全压多，波动比较大，所以中小筹码策略资金管理要更加保守，一般来说需要至少100个买入的资金才能安全地进行中小筹码策略。

（2）中小筹码策略偏重于翻牌前的数学运用

要想玩好中小筹码策略，必须多动手计算，光靠大脑是不够的，就像我们翻牌前用66全压40BB对于大多数大筹码玩家来说都是难以理解的，但是数学上确实是+EV的。

（3）中小筹码策略在读牌、读人方面要求没有深筹码策略高

如果要进行类似于围棋界的AlphaGo人机对弈，AlphaGo使用中小筹码策略将会毫无困难，但是要想模拟深筹码策略，我想类似AlphaGo的机器在未来几年内是无法战胜人类的，100BB策略有可能战胜人类，但是一旦进入200BB以上的深筹码策略，牌桌动态、读牌、读人等会发挥更重要的作用，那么计算机是难以模拟这些行为的。

9.3 深筹码策略

即扫即看

所谓“韩信将兵，多多益善”，对于技术好的玩家来说手上的筹码越多越好，所以技术好的玩家上桌通常都是尽量买入更多筹码，这样更有机会清空对手。

深筹码策略指的是筹码量在200BB以上的策略，当筹码深度越深，德州扑克就会变得越复杂，目前其实100BB以下筹码深度的德州扑克策略已经完全被开发透了，但是没有人敢说200BB以上的深筹码策略被解决了，因为深筹码策略是一种变化更多、考虑因素更多的扑克。

比如ABC有ABC、BAC、BCA、ACB、CAB、CBA共6种排列，而ABCD有24种排列，仅仅加入一个D，排列数却增加了3倍。德州扑克也一样，筹码增加到200BB以上的时候，打法的多样性也会极大地增加，考虑的因素、扑克难度也会增加，所以即使是高手，深筹码策略也是一种挑战。

1. 深筹码策略和大筹码策略的区别

TIPS

本书大多案例是讲解100BB筹码量的大筹码策略，所以本章不再单独介绍100BB玩法。

（1）除了坚果牌，其他牌都很难打

300BB的时候，我们即使在翻牌圈中了最小的暗三条，如果对手加注我们，我们再加注，对手全压，我们也极难决策。

但是100BB（大筹码）的时候我们不必考虑对手是大三条，即使对手是大三条，也属于“冤家牌”，谁都不会弃牌，也就是说，如果对手是小三条，我们是大三条，同样谁也不会弃牌。但是当筹码深度在300BB或者更多的时候，小三条碰到大三条就不再是“冤家牌”，很多玩家会有预谋地玩更大的对子而丢掉小对子，从而成为大三条的一方，当我们用小三条去全压，那么往往就是深筹码桌上的“鱼”。

同理，小顺子碰到最大的顺子、小同花碰到A同花，这些牌在深筹码之间对抗的时候都不再是“冤家牌”，很多时候都是预谋好的，好的玩家总是用大顺子或A同花一遍又一遍地清空差劲的深筹码玩家，差劲的深筹码玩家却一直抱怨自己运气差，总是碰到“冤家牌”。这些所谓差劲的深筹码玩家往往是100BB筹码深度的高手，但是一旦进入深筹码策略领域，就完全迷失了方向。

（2）深筹码策略中，位置比什么都重要

深筹码策略中，翻牌后的可操作性太大，因为筹码彩池比（SPR）很大很大，所以翻牌后可以进行很多动作，有位置的玩家总是能更好地读牌，同时更好地混合自己的范围，给对手压力，控制彩池大小。

筹码深度越深，做决策需要的信息就越重要，有位置的玩家有信息优势，所以位置在深筹码中要比底牌重要。另外筹码深度越深，能控制彩池大小的玩家越有优势，有位置的玩家有每条街最后一个结束行动的权力，也就是说，有位置的玩家如果不允许这条街就此结束就可以下注甚至加注做大彩池，想要将彩池控制在比较小的规模可以过牌，而没有位置的玩家没得选择，只能被动挨打。

在深筹码策略中，位置往往是致命的，下面用一个例子来说明。

【例9-10】NL1000，6人桌，有效筹码量2 000。

小盲位置玩家加注30，我们在大盲位置3bet到120，小盲位置玩家跟注。我们持有As4s。

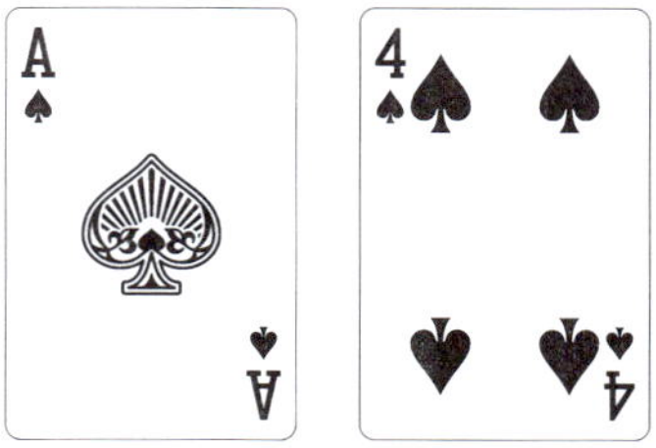

小盲位置玩家持有ThTc。

翻牌（彩池240）：

小盲位置玩家过牌，我们下注200，小盲位置玩家跟注。

转牌（彩池640）：

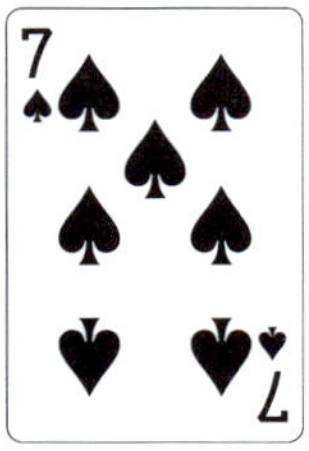

小盲位置玩家过牌，我们下注500，小盲位置玩家跟注。

河牌（彩池1640）：

小盲位置玩家过牌，我们全压1 180，小盲位置玩家跟注。

位置优势在深筹码中起决定性作用：

❶ 位置帮助我们可以用As4s这样的牌3bet对手，而且对手没有什么办法，毕竟对手并不想用TT这样的中等对子4bet，中等牌只能跟注3bet，用TT来4bet和诈唬没有任何区别，因为我们不会用低于TT的牌翻牌前全压。

❷ 位置帮助我们读牌，对手在翻牌圈和转牌圈听牌这么多的情况下依然只是跟注，说明对手的牌力不是特别强，特别是在翻牌圈，对手如果有三条的话多半会加注，所以我们在转牌圈才能继续“开第二枪”半诈唬。

❸ 位置帮助我们将彩池做大，本来准备诈唬走对手的顶对9x以及同花听牌，但是河牌我们中了三条4，就是一个简单的全压，对手的范围里面没有顺子，也没有葫芦，我们可以放心大胆地全压，读牌方面位置起了很大的作用。

如果到现在依然感受不到位置的强大，那么试想把我们和小盲位置玩家调换，我们在小盲位置持有As4s，对手在大盲位置持有ThTc。

❶ 我们能看到河牌吗？不一定，也许我们在翻牌圈就被对手打走了。

❷ 我们能读到对手的牌吗？也不一定，毕竟对手下注翻牌圈的范围里面有三条、两对这样的强牌，也有同花听牌、顺子听牌，也有顶对9x，甚至诈唬，单单从我们翻牌圈过牌，对手翻牌圈下注，是看不出对手牌力的。

❸ 即使我们翻牌圈跟注了，在转牌圈也过牌跟注了，河牌圈我们敢主动全压价值最大化吗？多半不敢，因为对手的范围中依然有很多葫芦和顺子存在，即使我们看到河牌4，也很可能会过牌河牌圈而错过榨取价值的机会，赢不了全压彩池。

综合来看，位置在深筹码游戏中确实是起决定性作用的。

（3）深筹码策略中可以给对手施压

在深筹码策略中，我们对抗比较保守的玩家时，可以三条街连续诈唬，达到给对手施压的目的，特别是当我们有阻挡牌的时候，这种压迫打法成功的概率极高。保守型的玩家对于全压会非常小心，没有坚果牌是不会跟注全压的。

【例9-11】NL1000，6人桌，有效筹码量2 000。

小盲位置玩家加注30，我们在大盲位置跟注。我们持有JsJc。

小盲位置玩家持有7h7d。

翻牌（彩池60）：

小盲位置玩家过牌，我们下注60，小盲位置玩家跟注。

河牌（彩池180）：

小盲位置玩家过牌，我们下注400，小盲位置玩家跟注。

河牌（彩池980）：

小盲位置玩家过牌，我们全压1 510，小盲位置玩家弃掉了三条7。

这手牌中我们通过对手在翻牌圈的过牌跟注可以读到对手的牌力并不是很强，如果对手有顺子的话，多半会主动下注，或者过牌加注，一定不会过牌跟注。所以位置帮我们读到对手的底牌不是特别强，应该属于中等牌，比如超对TT+，类似于87、97、8T、9T的“对子+顺子听牌”，偶尔会有两对因为害怕被加注而选择过牌跟注。

转牌是7，对手继续过牌，我们看到了对手的软弱，而且我们手上有最大顺子789TJ的两张阻挡牌Js和Jc，阻挡了一般的JT坚果顺子。所以我们超彩池下注转牌圈，对手依然跟注了。我们估计对手是一个小顺子9T，或者三条7，或者“两对+顺子听牌”，比如97之类。

河牌的K是一个空白牌，对手过牌，我们超彩池全压，对手很快就放弃了三条7。

即使对手是9T的顺子也是很难跟注河牌圈的超彩池全压，我觉得对手有60%的可能性在河牌圈弃掉顺子T9 876。

这手牌中，我们利用手上两张坚果阻挡牌，阻挡了一半的坚果牌，同时对手也是比较谨慎直接的玩家，基本可以排除对手有坚果牌，那么转牌圈和河牌圈的压迫打法，让对手放弃了几乎95%以上的手牌。当然位置在这个过程中起了决定性的作用。

（4）比起100BB，深筹码策略中3bet很容易被玩家跟注

❶ 由于筹码更多，翻牌前加注3BB被3bet到9BB或者10BB，在200BB以上的筹码量时跟注是很容易的。毕竟跟注之后，翻牌圈的筹码彩池比（SPR）大于10，翻牌后可操作性比较高，特别是有位置的时候，深筹码玩家特别喜欢跟注3bet，所以深筹码策略中不要轻易用垃圾牌3bet别人哦！

❷ 深筹码策略中，3bet别人的量也要更大，特别是没有位置的时候。比如筹码深度为200BB时，一个玩家加注3BB，我们有位置的时候3bet到12BB，没有位置的时候可能会3bet到15BB。深筹码策略中，我们坚决不能鼓励对手在有位置的情况下跟注我们的3bet，毕竟位置在深筹码对抗中是关键中的关键，不要轻易给有位置玩家太好的赔率跟注3bet。

❸ 深筹码策略中，4bet量也不能太小，太小也是容易被别人跟注的。100BB的时候我们4bet的量通常是对手3bet量的2倍，那是因为对手的决策经常是要么全压要么弃牌，但是进入深筹码状态，我们4bet对手的量一定是对手3bet的2.5倍或者更多（当然不能超过自己筹码的1/3，如果超过1/3就粘池了），不然对手会有好的赔率跟注4bet，翻牌后依然有很高的可操作性。

（5）比起大筹码策略，深筹码策略中的起手牌选择完全不同

深筹码策略中，Axs同花是极好的起手牌，相当于100BB的AA和KK，因为这些牌很容易成为坚果牌，一旦中了同花，对手的小同花是跑不掉的。

同样，大的同花连牌也是不错的起手牌，比如KQs、JQs、TJs，一旦成为顺子通常都是最大的顺子，经常能清空对手的顺子。但是需要注意的是，一旦成为同花，就需要特别小心。大对子也是不错的起手牌，经常能成为大三条主宰对手的小三条，清空对手的情况比较多。

2. 比较麻烦的起手牌

（1）小对子

我们在有位置的时候常常会用22~77的小对子3bet别人。原因是这样会降低筹码彩池比，当筹码彩池比很低的时候，我们手上的小三条就相当于100BB时跟注别人加注的小三条一样不考虑大三条的问题，还可以从对手手上抢来主动权而抢很多没有中三条的彩池。没有位置的时候，小对子通常都不得不在翻牌前弃掉。

（2）中等对子

我们情愿用中等对子跟注对手的加注，也不要3bet对手。原因是我们并不想打

走潜在的小对子，这样会失去清空小三条的机会，跟注将对手起手牌范围中的小对子保留到翻牌后，一旦中了顶三条，经常能清空对手的小三条。

（3）小同花连牌

一般这种牌弃掉比较好，或者3bet对手。跟注对手的加注不是特别好的打法，毕竟容易碰到JTs、Axs之类能成为大顺子或大同花的牌，我们54s之类的小同花连牌一旦成了小顺子、小同花就会很麻烦。

（4）非同花高牌

类似KsQc的非同花高牌在深筹码策略中价值不大。原因是这类牌基本靠中顶对赢彩池，而深筹码中顶对仅仅是抓诈唬的牌力而已。所以在前面位置一定要弃掉这些牌，虽然这些牌在100BB以下筹码量时属于中等牌力的起手牌，但是在深筹码中属于中等偏下牌力的起手牌。这种牌在后面位置或者小盲位置加注偷盲还是可以的，用来打大彩池就有点过头了。

（5）AKo

深筹码策略中AK并不是特别强的牌，一般我们不会用AKo来3bet对手，被跟注3bet的概率太高，AKo翻牌后成为强牌的概率太低，实力不如A5s。所以AKo一般只用来跟注对手的加注。AKo在3bet对手后，被跟注了不太好打，被4bet过牌更不好打，毕竟用AKo翻牌前打到全压就是纯诈唬了，对手真正愿意全压的牌只有KK和AA，其他都是诈唬。所以AKo不适合3bet，但是AKo适合4bet诈唬，原因是对手很少5bet全压诈唬。AKo有一张A和一张K的阻挡牌，能阻挡对手AA和KK的50%组合，所以用AKo来加注，被3bet之后再4bet回去是不错的。当然要知道这个4bet是诈唬性的4bet，如果对手5bet全压200BB以上的筹码量，我们一般都要弃掉AKo，除非认为对手是疯子。

（6）KK和QQ

我们会用KK来3bet别人，但是面对对手的4bet，我们只会跟注不会继续5bet全压。原因是如果我们全压，会打走对手4bet范围中所有比KK弱的牌，愿意全压的牌只剩下KK和AA，这样导致我们将自己隔离在对手AA、KK的范围内，不如跟注4bet将对手牌力保持在一个相对更弱的范围。我们用QQ只会跟注3bet，或者跟注别人的加注，很少去3bet别人，也不会去4bet别人。

3. 深筹码策略的优势

（1）筹码越深，技术优势越大

对于技术好的玩家来说，筹码就是武器。但是对于技术差的玩家来说，筹码就是累赘。好的玩家总是利用位置将技术优势最大化，赢取最多的筹码，而输最少的筹码。在深筹码策略中，技术和位置更加重要，发挥的空间也更大，玩家之间的差距也就更大。顶尖小筹码玩家和普通小筹码玩家的差距不是特别大，他们对抗时盈利的速度也不是特别快，但是顶尖深筹码玩家和普通深筹码玩家之间差距非常大，他们对抗时盈利速度是难以置信地快。所以越是顶尖玩家越是偏好买入更多筹码，将优势最大化。

（2）筹码越深，碰到“鱼”时，清空对手的概率越高

筹码越深，碰到“鱼”时就越有机会清空对手，但是如果只有很少的筹码量，看到“鱼”也只能赢一点点，筹码量不够，清空不了“鱼”

（3）筹码越深，技术好的玩家越能利用技术优势避免损失

深筹码策略中，技术好的玩家能将盈利最大化。同时技术好的玩家总是能读到对手的牌，能及时识别危险，从很多大彩池和“冤家牌”中脱身，利用技术优势进行风险控制。所以很深的筹码量在技术差的玩家手里是拖累，在技术好的玩家手里就成了武器。

4. 深筹码策略的劣势

（1）深筹码玩家必须擅长所有扑克策略

包括中小筹码策略、大筹码策略以及深筹码策略。

扑克的筹码是指有效筹码，也就是对抗双方筹码量较小一方的筹码，比如当我们持有300BB的深筹码，对手持有40BB的中筹码，对抗时，其实我们的有效筹码都是40BB，其余260BB的筹码并没有进入战斗，而是处于闲置状态。面对中筹码玩家的时候，我们采取的不再是深筹码策略，而是中筹码策略。所以深筹码策略的玩家必须精通所有筹码量的策略，技术水平要更高。

下表为各筹码量玩家之间对抗时使用的策略分布。

	小筹码	中筹码	大筹码	深筹码
小筹码	小筹码策略	小筹码策略	小筹码策略	小筹码策略
中筹码	小筹码策略	中筹码策略	中筹码策略	中筹码策略
大筹码	小筹码策略	中筹码策略	大筹码策略	大筹码策略
深筹码	小筹码策略	中筹码策略	大筹码策略	深筹码策略

（2）深筹码策略位置极其重要

如果后面的玩家是个松凶玩家，我们将不得不换一个桌子。

位置在深筹码策略中发挥着至关重要的作用，要比手牌优势、技术优势重要得多，所以当我们后面是一个技术非常好的松凶玩家，特别擅长利用位置给我们压力，那么最好是换一个桌子，即使我们技术不逊色于对手，也不可能在没有位置的情况下战胜对手。深筹码策略中，位置就是一切。放下自尊和骄傲，换一个桌子就好。

TIPS

深筹码策略非常复杂，依赖于位置和读牌、读人能力，如果类似AlphaGo的顶级人工智能想要在深筹码策略中战胜人类，至少目前是不可能，100BB以下的游戏还是极有可能战胜人类的。

Chapter 10

即扫即看

波动、心理以及生活

KEY POINT

德州扑克是心理、数学和逻辑三者的结合。玩家水平越高，心理在三者中的作用就越突出，在高手对决的时候心理决定成败。

10.1 德州扑克的数学波动——波动影响心理

德州扑克是一种高波动的游戏，波动远超正常人的想象，了解并接受这种高波动是所有玩家必须做的事情。知道什么时候自己玩得不好、什么时候自己玩得很好只是运气不好，分清楚两者是玩家提高自己技术和心理抗击打能力的关键。

1. 期望值和方差

德州扑克现金桌盈利率是指在无穷大的手数里，平均每一百手牌盈利多少个大盲注，也就是BB/100手。期望值EV是指扣去运气因素，长期玩下去，能盈利多少大盲。所以：

期望值EV=手数×盈利率

德州扑克的波动就是数学方差，方差越大，表明德州扑克的波动越大。打法越激进，方差越大；情绪化越多，方差也越大。

假设甲乙两个人比赛抛硬币，正面，甲赔乙1个筹码，反面，乙赔甲1个筹码。硬币出现正面和反面的概率各为50%，那么长期玩下去盈利率如何？

期望值=赢的多少×赢的概率+输的多少×输的概率
=1×50%+（-1）×50%=0

也就是说，长期玩抛硬币游戏，谁也无法盈利，但是短期玩的话波动会很大。

说不定连着抛出5个正面，甲输了5个筹码，概率=50%的5次方=3.125%，也说不定连着抛出5个反面，乙输了5个筹码，概率=50%的5次方=3.125%。

下表是德州扑克现金桌的盈利率。

	9人桌满筹码策略	6人桌满筹码策略	9人桌中小筹码策略
水平一般的玩家	2BB/100手	3BB/100手	1BB/100手
水平不错的玩家	3.5BB/100手	4.5BB/100手	2BB/100手
比较厉害的玩家	5BB/100手	6BB/100手	3BB/100手
	满筹码单挑	6人桌深筹码策略	现场职业玩家
水平一般的玩家	5BB/100手	5BB/100手	8BB/100手
水平不错的玩家	8BB/100手	8BB/100手	15BB/100手
比较厉害的玩家	12BB/100手	12BB/100手	20BB/100手

一般来说，现场比赛比网络比赛每百手牌盈利率高，因为现场娱乐玩家比较多，所以优势更大，但是现场无法多桌同时进行，发牌又慢，玩牌的手数比网络少很多，盈利率高但是手数少。

另外，人数越多的桌子盈利率越低，这个很容易理解，如果一个9人桌上面有一个娱乐玩家，那么8个职业玩家赢这一个娱乐玩家，平均每人1/8。但是如果一个6人桌上有一个娱乐玩家，那么5个职业玩家赢这一个娱乐玩家，平均每人1/5。单挑桌更明显。所以人数越多，盈利率越低。但是人数越少，游戏越难，单挑桌的难度远远大于6人桌和9人桌。

如果是中筹码或者小筹码策略，翻牌前全压比较多，赢的是小概率优势，而没有大筹码策略那样翻牌后的大全压，所以盈利率也相对低一点，但是好处是策略简单，可以同时开很多桌。

（1）一万手牌的计算结果。

下面我们借助www.pokerdope.com网站中的波动模拟计算工具，具体看一下德州扑克的波动到底有多大。

一个水平不错的网络6人桌玩家，假设盈利率是5BB/100手，那么打一万手牌，会有什么样的成绩呢?

计算了1 000次后，图中画出了比较有代表性的20次计算结果，包括最差成绩、最佳成绩、期望值EV成绩，以及其他中间17个成绩。

可以看到因为这个玩家是赢家，盈利率为5BB/100手，那么在一万手牌里期望值EV=492bb，也就是赢了约500BB，这是在运气不好不坏时候的结果。

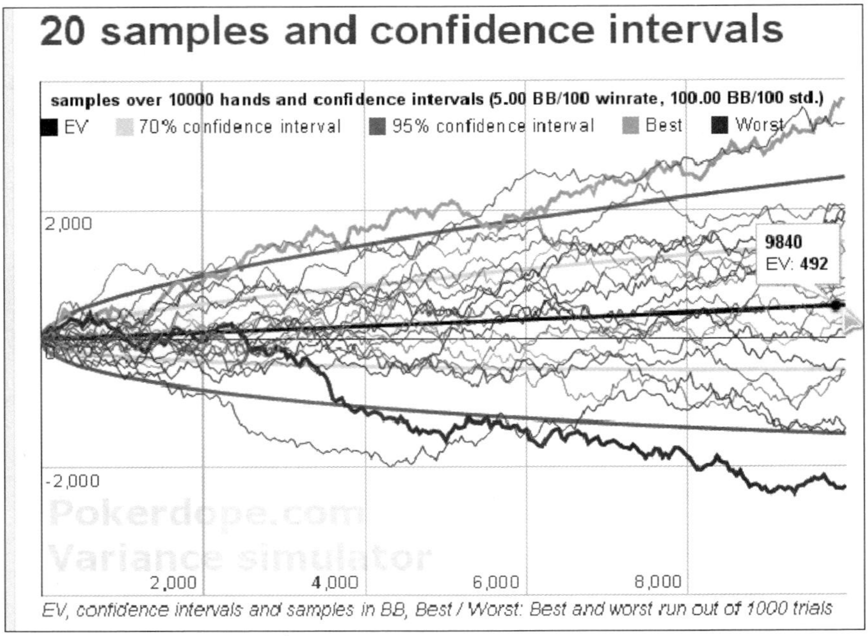

如果运气非常糟糕，结果就如图中最下面的深红色线的结果，大概会输掉2 300BB，偏离率=（−2 300−500）/500=−560%，也就是即使这个玩家是个不错的6人桌赢家，但是在一万手牌内波动会让他输掉2 300BB，而且这个还是假设玩家没有因为运气不佳而情绪化，如果算上情绪化，实际会比2 300还多。

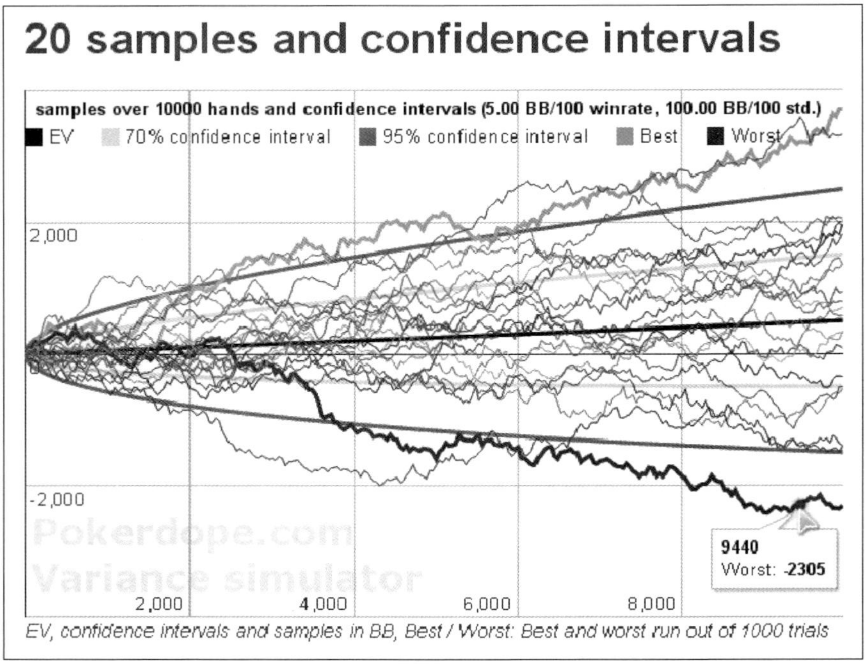

这个就是德州扑克真实的波动，即使是高手也会在短期内输掉很多，而且跟技术无关，只是单纯的德州扑克数学波动而已。

下面再看看一万手牌内，如果玩家运气很好，那么结果如何？下图可以看到运气最好时是最上面一根线，一万手牌内大概赢了3 700BB，而实际玩家的期望值只有500BB，结果大大偏离了期望值，偏离率=（3 700−500）/500=640%。这种情况下，玩家往往也会因为运气太好而情绪化，不是悲观情绪，而是过于乐观甚至奔放的情绪，这样会导致更多的追听牌，更凶的玩法，不在乎小的概率劣势，不在乎输小彩池，而导致实际盈利小于3 700BB。

记住不光运气不佳时候会情绪化，运气太好的时候也会情绪化，输了感觉不到痛。总之，一切让玩法偏离最佳的因素都会带来情绪化。

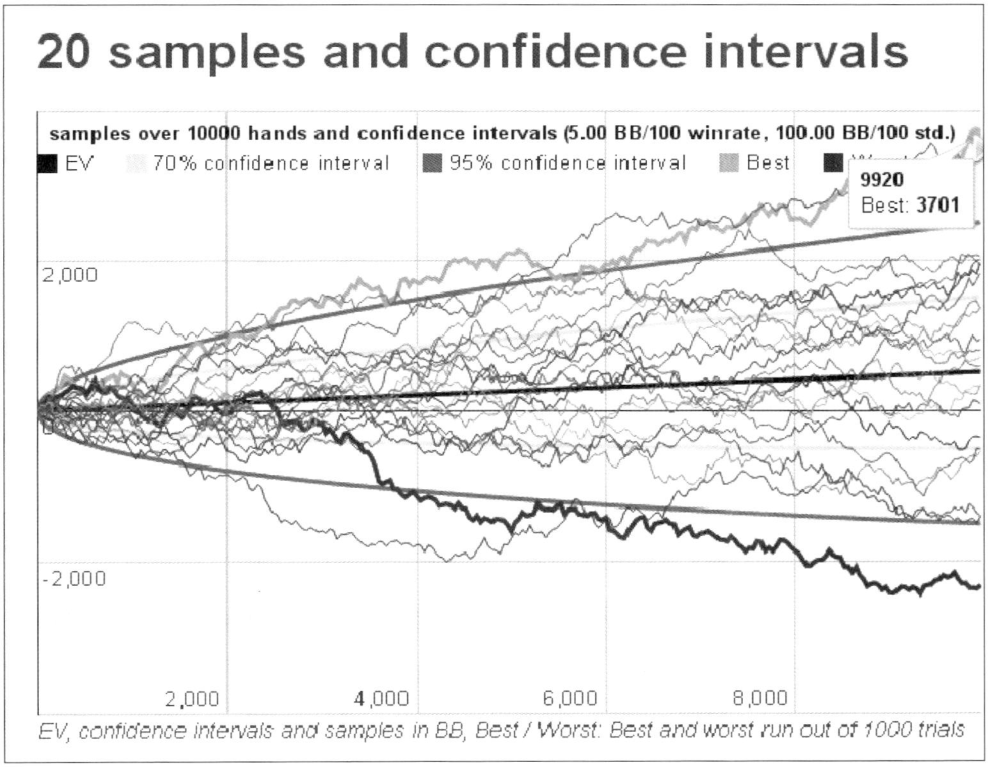

（2）一百万手牌的计算结果。

如果打一百万手牌，盈利率依然是5BB/100手，那么会有什么样的成绩呢？

下图中，一百万手牌后再测试1 000次，其中最差的红线开始盈利了，期望值是50 000BB，其实期望值就是手数×盈利率=一百万手×0.05BB/手=50000BB。

可以看到一百万手牌之后最差结果和最佳结果中间的间距变小，也就是玩得手牌越多，波动就被中和越多，结果就越接近期望值。

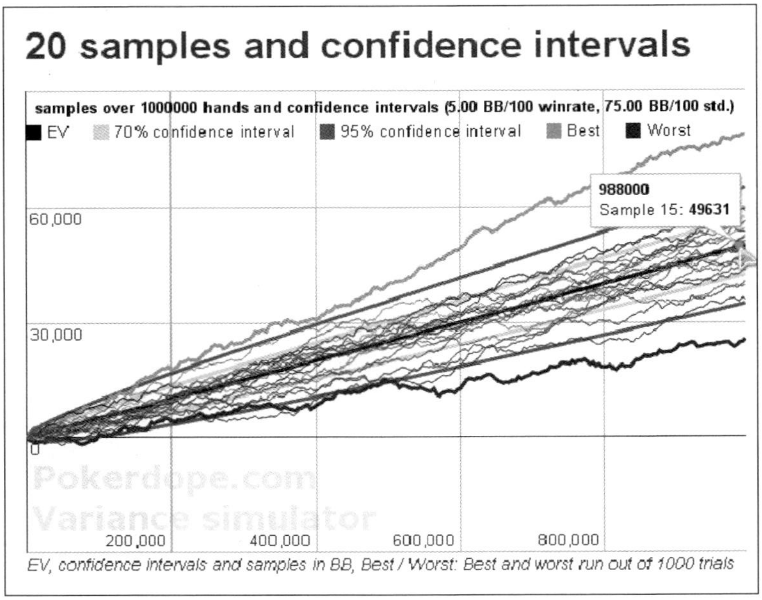

一百万手牌中最差的结果如下图所示。

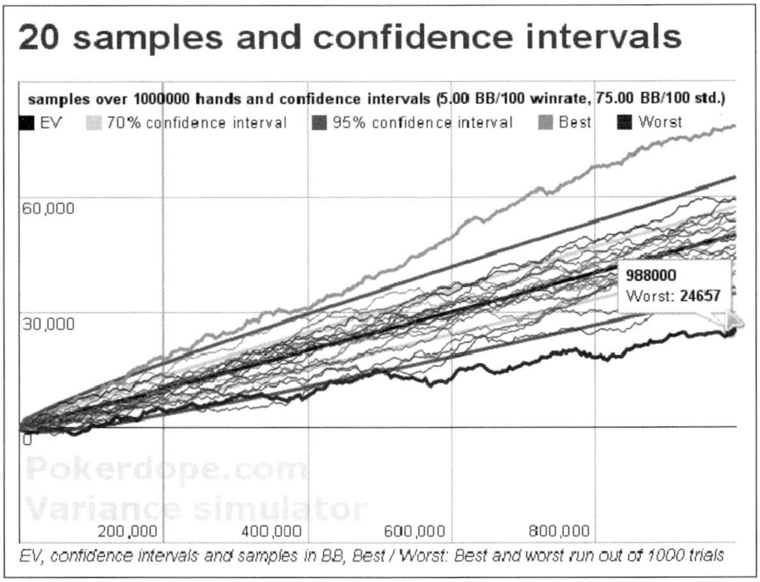

最差的情况下一百万手牌内也盈利了24 657BB，说明打得手数达到一百万手牌，即使运气最差的情况也是盈利的。和期望值50 000BB比较接近，而且比起一万手牌好多了，偏离率=（24 657−50 000）/50 000=−50.69%。

一百万手牌最差结果的偏离率（−50.69%）已经大大小于一万手牌最差结果的偏离率（−560%），说明手数越多，运气因素被中和得越多，结果越接近期望值。

一百万手牌最佳的结果如下图所示。

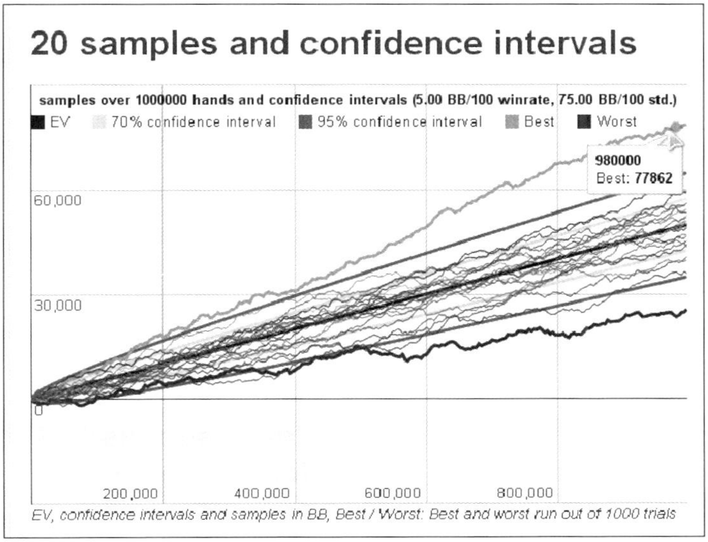

运气最佳的情况下，一百万手牌盈利了77 862BB，和期望值50 000BB比较接近，偏离率=（77862−50000）/50000=55.72%，比起一万手牌的最佳结果偏离率640%小很多。说明手数越多，运气因素被中和得越多，结果越接近期望值。

（3）十亿手牌的计算结果。

如果打十亿手牌，盈利率依然是5BB/100手，那么会有什么样的成绩呢？

下图中，十亿手牌之后最差、最佳结果与期望值接近重合，20条线接近于重合，说明手数越多，运气因素被中和得越多，结果越接近期望值。

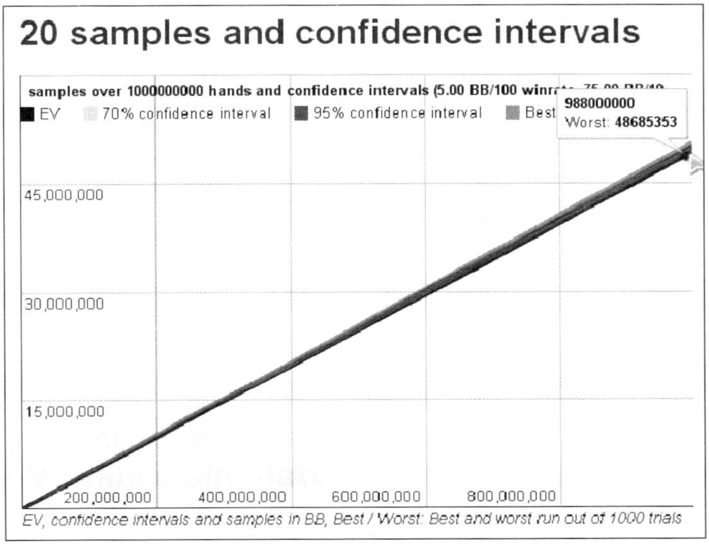

但是仔细想一下，我们的生命是有限的，精力也是有限的，一辈子的时间根本不可能玩得了十亿手牌。一个正常玩家一辈子最多只能玩一千万手牌，而一千万手牌依然是有波动的，所以扑克的波动依然无法避免。

另外，波动会让娱乐玩家持续参与这个游戏，因为娱乐玩家处于运气很好的时候偶尔会赢，所以他们才会积极参与，高手才会有利可图。如果是围棋那样的游戏，我想新手和娱乐玩家是不会愿意和世界级高手对抗的，明显毫无胜算，但是扑克因为波动的存在，所以娱乐玩家非常多，这也是高手盈利的来源。所以波动也是美好的。

（4）现场玩家的波动问题。

因为现场玩家受玩牌手数的限制，导致成绩和期望值偏离非常大，一个再好的现场玩家如果刚开始运气不佳，估计也会放弃游戏。

现场发牌速度很慢，一般一个小时能玩30手牌，即使最勤奋的玩家每天玩10个小时，一年玩350天，一年也不过玩30×10×350=105 000手牌。一般的现场玩家一年大概能玩两万手牌。

下面利用Pokerdope模拟计算一下一般现场玩家一年的最差和最佳成绩。

假设这个现场玩家水平非常不错，一百手牌能盈利15BB，那么两万手牌之后的结果如何?

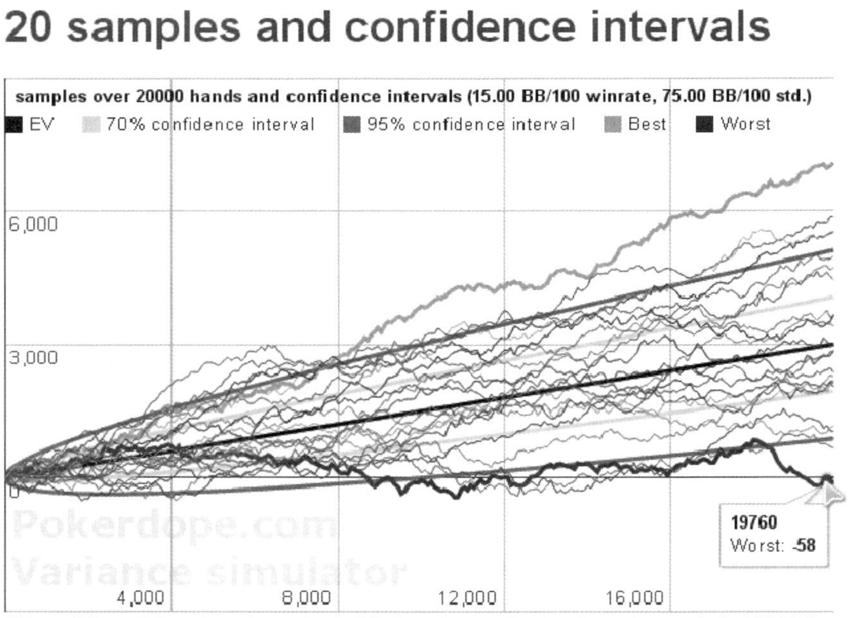

EV, confidence intervals and samples in BB, Best / Worst: Best and worst run out of 1000 trials

可以从上图看到两万手牌过后，这个水平非常不错的现场玩家依然可能输58BB，也就是说，即使水平不错，在运气最差的情况下，一年依然可能输，这样的玩家大部分会放弃德州扑克。所以现场玩家面对的波动问题更大，现场职业玩家一般来说都是刚开始玩牌时运气非常好，所以才能坚持下来，如果刚开始运气就不好，那么基本上会被打击自信心和积极性，最终放弃德州扑克。

2. 资金管理

德州扑克的波动确实非常大，即使玩一百万手牌也是有波动的，成绩最差的时候也会偏离期望值（-50.69%），如果在短期内（一万手牌）运气不佳，甚至会输2 300BB，也就是23个买入，而且这还没有考虑情绪化会导致实际数字高于23个买入，所以做好资金管理非常重要。在德州扑克里，至少要有30个买入。

3. 升级和降级

学会降级，如果在一个级别输了10个买入就要降级到更低一个级别，等达到更高级别30个买入再升级。

4. 情绪控制

控制情绪也是非常重要的，如果容易情绪化，那么在短期内（一万手牌）运气非常糟糕的情况下，加上情绪化，基本上会破产，输掉30个买入。玩牌的时候要尽量保持最佳状态，如果状态不佳，那么立刻停止是最佳选择。

5. 止损

设置一个每天的止损点，比如5个买入，当天达到这个止损点就立刻停止。设置止损点能让自己有效避免情绪化升级，尽量在运气差的时候少玩牌，在运气好的时候多玩牌。

判断一个玩家是不是好玩家，标准不是这个玩家玩法有多么高级，而且这个玩家能否做到不悲观、不乐观，也就是面对波动比较淡定，做好合理的资金管理，根据情况升级、降级，控制好情绪，能止损。做到以上几点的玩家成功只是时间问题。

再聪明的打法也只是小聪明，在大波动面前不堪一击，有大智慧才能抵御波动。

记住：*资金管理、情绪控制、止损和降级意识，这些比技术更重要。*

10.2 心理诡计

人们往往相信自己愿意相信的东西，就像看同一个事物，不同的人看法往往不同。对同一个人先说好话再说坏话，往往这个人会很愉快地接受好话，坏话基本过后就忘了。但是如果反过来先说坏话再说好话，往往这个人会很不爽，虽然是同样的话。在德州扑克里也是一样，人们总是相信自己愿意相信的，比如他们一旦认定某个玩家爱诈唬，就去抓诈唬，不管这个玩家是不是真的爱诈唬，或者只是在刻意营造爱诈唬的形象，其实这个玩家诈唬很少。他们不在乎事实，只在乎内心的感受，因为之前被这个玩家打走几次而变得非理性。

1. 善用心理偏差

在本书1.2节介绍心理的偏差内容中我们学习了心理会影响一个人对概率的判断。那么我们可以利用这种心理偏差战胜那些中级玩家。

我打败大部分中级玩家的秘诀其实很简单，就是利用一个小小的心理诡计。具体的策略是这样：

❶ 在刚上桌的时候，我会用15%~20%的牌再加注3bet诈唬一个中级玩家，这个3bet范围其实很广。

❷ 如果这个玩家4bet，我就丢掉诈唬牌。

❸ 如果这个玩家弃牌，那么在接下来的10手牌中，当我拿到JJ、QQ、KK、AA或AK时才会3bet这个对手，不会用任何牌诈唬对手。往往中级别对手面对我们10手牌中连续两次3bet，都会选择用很广的牌（比如A5s、KJo之类）4bet诈唬，面对我全压再弃牌，或者用66+对子、AQ和AK（6.5%的范围）打到全压。

❹ 如果接下来10手牌中没有运气拿到JJ、QQ、KK、AA或者AK（3%的范围）这样的强牌，那么我会等到第30手牌左右，继续3bet诈唬对手。因为第30手牌左右，玩家对第一次3bet的痛苦记忆不那么深刻了，会觉得我们3bet间隔大，多半确实是运气好拿到强牌了。那么第二次3bet诈唬的成功率会比较高。如果第二次3bet诈唬成功了，那么在接下来的50手牌里我不会做任何诈唬3bet，只会用强牌（3%）3bet，因为对手会因为痛苦的记忆而觉得我们诈唬的概率高，会选择4bet诈唬，或者用很广的牌（6.5%）全压。如果超过100手牌了，我们可以继续3bet诈唬，因为痛苦记忆已经远去。

当然这种策略是需要运气的，如果运气好，第一次3bet之后的10手牌就幸运地拿到JJ、QQ、KK、AA或AK（3%的起手牌范围），那么我们非常有可能会达成一个优势全压或者拿到一个4bet诈唬的注。

2. 过程推演

下面推演10手牌内真的拿到JJ、QQ、KK、AA或AK的过程。

❶ 我们和对手都是100BB的筹码深度，翻牌前对手加注3BB，我们3bet到9BB，对手4bet到26BB，我们全压100BB。

❷ 如果对手是4bet诈唬，那么对手会弃牌，我们没有风险拿下27.5BB，即对手4bet的26BB以及大小盲注的1.5BB，即使是3%的起手牌范围，无风险拿下这么多盲注也是非常开心的。

❸ 如果对手和我们全压6.5%的牌，那么我们的胜率有60.5%。全压之后我们的净利润是：最终彩池中我们的股份有201.5BB×60.5%=121.9BB，减去自身的100BB筹码，净利润是21.9BB。

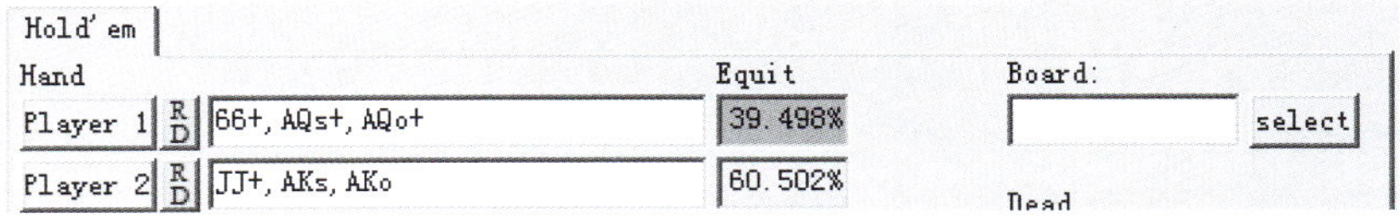

全压创造21.9BB的利润虽然比起无风险拿下27.5BB差了一点，但是拿到3%的起手牌能创造21.9BB的利润也是非常不错的。如果每次拿到3%范围的牌都能创造20BB以上的利润，那确实是非常恐怖的盈利速度。100手牌中，平均下来有三次拿到3%的牌，每次创造20BB利润，三次就是60BB，其他的中等牌22~TT、A9o+、A2s+以及同花连牌和JTo以上的高牌偷盲以及翻牌后创造的利润可以抵消100手牌里的盲注损失16.6×1.5BB=24.9BB（如果是6人桌，100次里有16.6圈，每圈有一次大盲和小盲1.5BB损失），那么我们的盈率就可以达到恐怖的60BB/100手。要知道在6人桌的游戏中，顶级玩家平均盈率也很难超过10BB/100手。

3. 其他策略

在对抗中级玩家时，不光有上面介绍的利用心理偏差3bet策略，也有其他策略。

（1）按钮和小盲位置偷盲策略

上桌之后第一次在按钮位置和小盲位置，我们要闭上眼睛加注3BB偷盲，不管拿到什么牌都这么做。

理由：

❶ 在一个不认识我们的桌子上，刚上桌要建立一个凶的形象，后面会好打很多，尽量让别人去适应我们的打法，尽量牵着别人的鼻子走。这样做有很多好处，最重要的好处是具有先手优势，可以让别人被动地适应我们，那么我们就处在暗处，对手处在明处，我们只需要保持清醒。对手的动作我们看在眼里，而且我们会不断读取对手的心态变化以及这种变化带来的影响，而我们时刻调整自己诈唬和强牌的比例，对手越是情绪化，我们越是减少诈唬，增加强牌的比例。

❷ 如果在短期内拿到强牌，我们依然会加注偷盲，让对手情绪化而选择跟我们打大彩池。如果短期内没有拿到强牌，那么要隔一段时间就偷盲强化对手内心的印象，使得我们真正拿到强牌的时候能得到更高的支付概率。

（2）“大盲位置 vs 小盲位置”的3bet策略

刚上桌的时候，“我们在大盲位置 vs 小盲位置玩家”第一次加注3BB，我们也会闭上眼睛再加注到9BB，而不管拿到什么牌。

理由：

❶ 从小盲位置玩家的角度来看，大盲位置玩家刚上桌，还不太了解，多半不会莽撞地4bet诈唬，选择弃牌和跟注的可能性会更高。通过对手的弃牌，我们能毫无风险拿下1.5BB的大小盲注以及对手加注2.5BB的筹码，而我们的风险不过是8BB。只要对手弃牌的概率高于66.7%（虽然3bet到9BB，但是翻牌前强制投了1BB

大盲注，所以额外付出的风险是8BB，用8BB去搏4BB，需要的成功率是2/3），我们的3bet诈唬就有利可图。在首次交锋的时候，对手不了解我们的情况下，弃牌超过66.7%的概率是可靠的。

❷ 即使对手真的拿到强牌或者选择4bet诈唬，我们面对4bet弃牌，损失也是非常小的，8BB而已。而这8BB的注为我们营造了一个凶的形象，让对手在接下来的100手牌里（假设我们在这个桌子上的游戏手牌数超过100手）在小盲位置选择比平常更紧的范围、更低的频率加注。100手牌里有16.6次大小盲，对手只要减少5次小盲位置加注，把大小盲让给我们，那么5×1.5BB=7.5BB都可以弥补第一次3bet付出的8BB。从某种意义上来说，第一次闭上眼3bet所用的8BB其实是免费的，因为即使失败了，后面的大小盲战争中对手收紧范围，让给我们的大小盲也足以弥补第一次闭眼3bet的8BB损失。

❸ 如果在短期内拿到强牌，我们会继续3bet小盲位置玩家，让对手情绪化而选择跟我们打大彩池。如果短期内没有拿到强牌，那么隔一段时间3bet诈唬小盲位置玩家一下，强化对手内心的印象，使得我们真正拿到强牌的时候得到更高的支付概率。

（3）加注翻牌圈的策略

第一次和中级玩家交锋时，我们跟注对手加注之后，在翻牌圈可以用很高的频率半诈唬加注对手的持续下注。比如，我们拿到卡顺听牌、两张高牌+后面同花听牌、底对这样的中等偏弱牌，都可以加注对手的持续下注。

理由：

❶ 对手不太了解我们，所以翻牌圈持续下注的频率会很高，大部分时候是没有强牌的，所以我们第一次加注持续下注的时候，往往让对手偏弱的持续下注范围很难堪，而且对手由于不了解我们，预计我们诈唬的频率不会太高，所以第一次加注翻牌圈持续下注成功率会比正常情况下高很多。即使没有成功，我们依然有概率在转牌圈击中强牌而反败为胜，毕竟我们是在半诈唬，而非纯诈唬。当然，如果我们是顶对、两对、三条、中等对子等牌，第一次交战的时候，最好不要加注，这时三条、两对往往不会得到支付，因为在不了解的情况下对手多半会因为谨慎而弃牌；顶对和中等对子第一次加注对手就玩过度了，如果被对手再加注或者跟注会很难打。

❷ 如果短期内拿到强牌，我们会继续加注对手在翻牌圈的持续下注，让对手情绪化而选择跟我们打大彩池。如果短期内没有拿到强牌，那么隔一段时间就加注半诈唬对手翻牌圈的持续下注，强化对手内心的印象，使得我们真正拿到强牌的时候得到更高的支付概率。

10.3 公平

每个玩家心里总有一个对公平的判断，在自己领先的情况下输掉就是不公平，而这种不公平的感觉往往会让玩家失去理智。

回到刚才的例子，我们3bet对手之后，第10手牌幸运地拿到AA，同一个对手加注3BB，我们再次3bet这个对手到9BB，对手4bet到26BB，一切都按照剧情发展，我们压住内心的激动选择了全压100BB，对手拿着TT跟注了全压。

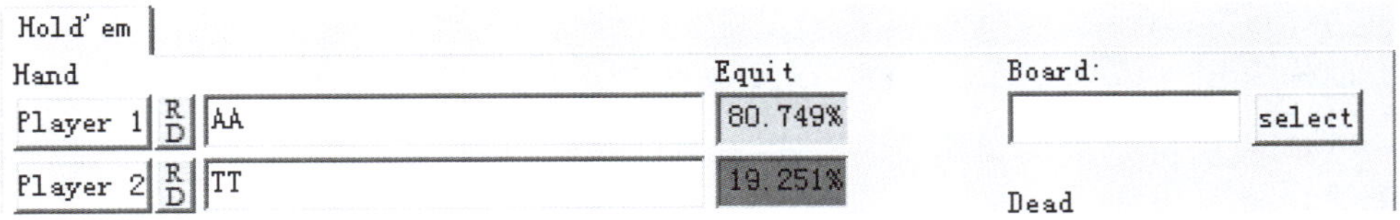

可以看到“AA vs TT”胜率高达80.75%，此时我们内心有点小激动，也有点沾沾自喜，毕竟对手掉入了我们的圈套。

但是这次发牌的结果让我们大跌眼镜，对手居然赢了！

我们拿着：

对手拿着：

发牌：

是不是觉得有点不公平？我们的打法完全正确，得到的结果却是失望。

是的，这就是扑克！

最头疼的还不是出现一次这样的badbeat（被对手的运气打败），而是一天之内碰到6次这样的badbeat，是不是觉得不公平到爆炸？

是的，这才是扑克!

扑克的利润不是一次兑现的，而是在长期数百万手牌中累积兑现的，短期内可能打得很好，但是短期内连续不兑现。这会让人有不公平的感觉，而且非常强烈。此时输掉这一手AA之后，最好的应对办法是离开这个桌子。

❶ 我们会觉得不公平而带有情绪，使得之后的玩法失去章法，再也没有策略了。

❷ 对手赢了全压之后会变得谨慎，知道我们是好的玩家，不会再次中同一个计谋，所以我们的策略成功率会降低。而对手赢了全压之后心情很好往往会打得更好。

❸ 在这个桌子上我们之前营造的形象全无，是时候换一个桌子重新营造形象重新计划了。

我对抗badbeat的方法是反复在内心默念EV，就是不看这手牌的单一结果，而是看这手牌的期望值（EV），比如AA和TT全压，EV=201.5BB×80.75%-100BB=62.71BB。我们知道100BB的时候每全压一次“AA vs TT”，我们的期望值是+62.71BB，也就是平均赢62.71个大盲。但是这种利润不是每次都兑现，而是19.25%的时候我们会输100BB，80.75%的时候我们会多赢38.79BB（赢全压的时候拿下101.5BB，超过了期望值62.71BB，多赢了101.5BB-62.71BB=38.79BB）。我们每次赢全压时多赢的38.79BB累积起来就抵消了19.25%时候输全压的累积亏损。但是扑克的这种波动支付方式会让大多数玩家抓狂。

假设扑克不存在波动支付，每次全压结果就是支付期望值，比如“AA vs TT”每次都支付162.71BB给AA，支付38.79BB给TT。那么扑克就不存在“鱼”了，扑克变得和围棋一样，高手和菜鸟对抗，菜鸟的胜率几乎为0。但是扑克里菜鸟往往会因为badbeat高手而得到快乐，使得这个游戏长久不衰，这才是高手盈利的来源。

不管喜不喜欢波动，都得接受波动，这就是扑克的本质!

波动带来了“鱼”，也带来了高手心理的煎熬。只有战胜这种煎熬，才能成为合格的扑克高手。而现实中，我身边很多高手都因为连续badbeat而放弃了这个游戏，剩下的高手都是看淡短期的乐天派。

如果换了一个桌子依然出现badbeat，那么就要停止今天的游戏，明天再玩。因为重复被badbeat往往会让我们带有情绪或者怀疑自己的运气，使得我们成为那个被心理影响判断的家伙，也会让我们的打法失去预谋性，变得毫无章法可言。

不如退一步海阔天空。

最重要的一点是：不要失去自信。

10.4 不战而屈人之兵

拳王泰森总结其拳击生涯的时候说过：“有些家伙，在比赛开始之前，我眼睛和他对视，看到他眼神里的躲闪和恐惧，我就知道这场比赛我赢了。”在扑克的高手对决中也是这样，一旦失去自信，或者对对手怀有恐惧的心理，那么胜负就已经定了。

之所以在上一节里我们说连续被badbeat之后最好选择休息，退一步海阔天空，最重要的原因是不能失去自信。作为一个扑克玩家，一旦失去自信，开始怀疑自己的水平或者运气，那么他就成了“菜鸟”。

原因很简单，扑克是一个“胜率+弃牌率”的游戏，如果因为怀疑自己或者畏惧对手而让自己的打法变得畏手畏脚，那么将会弃牌过多，让对手对抗时利用我们的弃牌率，而且打法保守之后，自己也很少去争取对手的弃牌率，最终的结果一定是输。如果想要赢，胜率和弃牌率缺一不可。

TIPS

德州扑克里很少有十零开这样的情况，不管是翻牌前还是翻牌后通常都是五五开、四六开、三七开，能让对手放弃超过30%的胜率是非常成功的。比如，彩池里有10，我们下注10，我们顶对和对手同花听牌的胜率是64:36，对手如果弃牌，就是放弃36%的彩池股份，毕竟彩池里的10中有36%是属于对手同花听牌的股份，也就是把3.6拱手让给我们。弃牌率让我们盈利3.6。即使对手没有弃牌，我们依然有64%的胜率，完全不虚。

如果我们失去了自信，开始怀疑自己的水平、打法或者运气，那么我们的打法会偏离正常打法，这样会导致我们弃牌过多，而让对手太容易实现赢率。

心理诡计以及预谋性的激进打法都是在营造自己凶的形象，这样会有三个结果：

❶ 对手因为畏惧我们而过多弃牌，我们赚取弃牌率。

❷ 对手会过度反抗我们而错误地判断我们的牌力，选择弱牌跟我们打全压，让我们的胜率得到最大化的支付。

❸ 很尴尬，我们策略失败或者因为对手运气很好，每次这么做对手都有牌，或者是其他原因。在这个桌子上我们的形象营造失败，那么换个桌子吧，我们营造形象输掉的不会很多，因为都是试探性3bet、偷盲以及翻牌圈加注，没有全压，所以损失不大。换个桌子重新营造形象就行了。

营造形象就是为了不战而屈人之兵。要么让对手畏惧我们，利用对手过高的弃牌率而盈利；要么让对手愤怒地反抗，用过弱的牌和我们打大彩池，利用对手过低的胜率而盈利。总之，激进的形象让对手产生过于明显的倾向（畏惧——高弃牌率倾向，愤怒——低胜率倾向），我们就可以轻松采取克制对手的方法。

10.5 心理舒适区域

每个人都有自己的心理舒适区域，就像每个人都需要一个家一样，在外面拼搏了一天，回到家就有了安全感和舒适感，达到一个心理舒适的区域。德州扑克里也有心理舒适区域，作为有野心的玩家需要不断挑战自己的心理舒适区域，不断提高自己的极限，最后达到一览众山小的境界。同时，大部分的减压方式都是用心理舒适区域内的东西去中和压力。

我的建议：在德州扑克中（或者工作中）不断突破心理舒适区域，在生活中呆在舒适区域来减少压力。

在玩儿德州扑克时，一开始我们拿着AA和KK翻牌前全压时心理是舒适的，就算拿到AK也会手足无措，毕竟我们觉得AK很难玩，无法驾驭。但是随着技术的进步，会慢慢习惯AK，甚至爱上拿到AK的感觉，毕竟我们的AK开始盈利了，而且盈利不少，慢慢地我们开始玩AQ了，这样不断突破自己的心理舒适区域（现实生活中很多人称之为突破极限），最后我们甚至玩A2这样的牌依然可以盈利。要想在德州扑克中（或者工作中）做出一番成绩，不断突破舒适区域（突破自己的极限）是第一要义，并且把刚刚突破的区域也变成新的舒适区域，比如，开始我们不喜欢玩AK，但是经过不断训练，玩好AK之后，AK就进入我们的舒适区域了，以后拿到AK我们都会很高兴。所以从某种意义上来说，舒适区域是不断变化的，不断挑战自己的玩家，舒适区域会变得越来越广。

下图是一个顶级玩家在关煞位置各起手牌（所有人弃牌到关煞位置，关煞位置第一个加注开牌）的EV值，红色部分代表在关煞位置玩这手牌是能盈利的，白色部分代表在关煞位置玩这手牌是亏损的。这个范围是43%，也就是说，顶级玩家在关煞位置玩43%的牌依然可以盈利。

AA +2.80	AKs +1.72	AQs +1.31	AJs +0.94	ATs +0.67	A9s +0.46	A8s +0.41	A7s +0.39	A6s +0.37	A5s +0.42	A4s +0.38	A3s +0.35	A2s +0.32
AKo +1.63	KK +2.19	KQs +0.57	KJs +0.48	KTs +0.44	K9s +0.32	K8s +0.24	K7s +0.23	K6s +0.22	K5s +0.21	K4s +0.17	K3s +0.14	K2s +0.11
AQo +1.20	KQo +0.41	QQ +1.73	QJs +0.40	QTs +0.36	Q9s +0.24	Q8s +0.16	Q7s +0.09	Q6s +0.09	Q5s +0.08	Q4s +0.04	Q3s +0.00	Q2s -0.02
AJo +0.81	KJo +0.31	QJo +0.23	JJ +1.34	JTs +0.31	J9s +0.20	J8s +0.12	J7s +0.05	J6s -0.02	J5s -0.02	J4s -0.06	J3s -0.10	J2s -0.13
ATo +0.51	KTo +0.27	QTo +0.19	JTo +0.14	TT +1.03	T9s +0.21	T8s +0.12	T7s +0.05	T6s -0.01	T5s -0.09	T4s -0.11	T3s -0.15	T2s -0.17
A9o +0.29	K9o +0.14	Q9o +0.06	J9o +0.02	T9o +0.03	99 +0.69	98s +0.10	97s +0.04	96s -0.02	95s -0.09	94s -0.19	93s -0.21	92s -0.24
A8o +0.23	K8o +0.05	Q8o -0.03	J8o -0.07	T8o -0.07	98o -0.09	88 +0.50	87s +0.04	86s -0.01	85s -0.08	84s -0.18	83s -0.28	82s -0.28
A7o +0.21	K7o +0.04	Q7o -0.10	J7o -0.15	T7o -0.14	97o -0.15	87o -0.15	77 +0.42	76s +0.01	75s -0.05	74s -0.15	73s -0.24	72s -0.33
A6o +0.19	K6o +0.04	Q6o -0.10	J6o -0.21	T6o -0.21	96o -0.22	86o -0.21	76o -0.18	66 +0.39	65s +0.00	64s -0.09	63s -0.19	62s -0.27
A5o +0.25	K5o +0.02	Q5o -0.12	J5o -0.22	T5o -0.28	95o -0.29	85o -0.28	75o -0.25	65o -0.19	55 +0.36	54s -0.03	53s -0.13	52s -0.21
A4o +0.21	K4o -0.02	Q4o -0.15	J4o -0.26	T4o -0.31	94o -0.39	84o -0.38	74o -0.35	64o -0.29	54o -0.23	44 +0.28	43s -0.17	42s -0.25
A3o +0.17	K3o -0.06	Q3o -0.19	J3o -0.30	T3o -0.35	93o -0.41	83o -0.48	73o -0.45	63o -0.39	53o -0.33	43o -0.37	33 +0.22	32s -0.29
A2o +0.15	K2o -0.09	Q2o -0.22	J2o -0.32	T2o -0.38	92o -0.44	82o -0.49	72o -0.54	62o -0.48	52o -0.42	42o -0.46	32o -0.50	22 +0.17

43%的舒适区域

下图是这个顶级玩家在中级玩家水平时关煞位置的起手牌EV值，红色部分为34%的手牌，说明这个玩家之前只能玩34%的牌盈利。

AA +2.77	AKs +1.67	AQs +1.26	AJs +0.88	ATs +0.60	A9s +0.39	A8s +0.34	A7s +0.32	A6s +0.29	A5s +0.35	A4s +0.31	A3s +0.28	A2s +0.25
AKo +1.59	KK +2.15	KQs +0.51	KJs +0.41	KTs +0.37	K9s +0.25	K8s +0.17	K7s +0.16	K6s +0.15	K5s +0.13	K4s +0.10	K3s +0.06	K2s +0.03
AQo +1.15	KQo +0.34	QQ +1.69	QJs +0.32	QTs +0.29	Q9s +0.17	Q8s +0.08	Q7s +0.01	Q6s +0.02	Q5s +0.00	Q4s -0.04	Q3s -0.08	Q2s -0.11
AJo +0.75	KJo +0.23	QJo +0.15	JJ +1.28	JTs +0.24	J9s +0.12	J8s +0.04	J7s -0.03	J6s -0.10	J5s -0.10	J4s -0.14	J3s -0.18	J2s -0.21
ATo +0.45	KTo +0.19	QTo +0.11	JTo +0.07	TT +0.97	T9s +0.13	T8s +0.04	T7s -0.03	T6s -0.10	T5s -0.17	T4s -0.19	T3s -0.23	T2s -0.26
A9o +0.22	K9o +0.06	Q9o -0.02	J9o -0.06	T9o -0.05	99 +0.62	98s +0.02	97s -0.04	96s -0.10	95s -0.17	94s -0.27	93s -0.29	92s -0.32
A8o +0.16	K8o -0.03	Q8o -0.11	J8o -0.15	T8o -0.15	98o -0.17	88 +0.43	87s -0.04	86s -0.09	85s -0.17	84s -0.27	83s -0.36	82s -0.37
A7o +0.14	K7o -0.04	Q7o -0.18	J7o -0.23	T7o -0.23	97o -0.24	87o -0.23	77 +0.35	76s -0.07	75s -0.14	74s -0.23	73s -0.33	72s -0.42
A6o +0.11	K6o -0.04	Q6o -0.18	J6o -0.30	T6o -0.21	96o -0.22	86o -0.21	76o -0.18	66 +0.39	65s +0.00	64s -0.09	63s -0.19	62s -0.27
A5o +0.17	K5o -0.06	Q5o -0.20	J5o -0.30	T5o -0.37	95o -0.38	85o -0.37	75o -0.34	65o -0.28	55 +0.28	54s -0.12	53s -0.21	52s -0.30
A4o +0.13	K4o -0.10	Q4o -0.24	J4o -0.34	T4o -0.40	94o -0.48	84o -0.47	74o -0.44	64o -0.38	54o -0.31	44 +0.21	43s -0.25	42s -0.34
A3o +0.10	K3o -0.14	Q3o -0.28	J3o -0.38	T3o -0.44	93o -0.50	83o -0.57	73o -0.54	63o -0.48	53o -0.41	43o -0.46	33 +0.14	32s -0.38
A2o +0.07	K2o -0.17	Q2o -0.31	J2o -0.41	T2o -0.47	92o -0.53	82o -0.58	72o -0.63	62o -0.57	52o -0.51	42o -0.55	32o -0.59	22 +0.09

34%的舒适区域

为什么最后能达到43%的牌盈利呢？因为这个玩家不断挑战自己的舒适区域，除了这34%的牌以外，这个玩家还额外挑战了15%的范围。也就是说，这个玩家反复尝试在关煞位置玩49%的牌，最终发现只能拓展到43%，另外6%是怎么挑战都无法盈利的。比起之前的34%的+EV范围，现在这个玩家在关煞位置能多玩9%的牌，这些牌包括Q3s~Q5s、78s~7Js、76s、65s、K5o~K8o、9To~9Qo，额外的6%无论怎么挑战都是亏损，说明关煞位置达到43%已经是极限了。

当然每个位置都是有极限的。比如，无论玩家多么厉害，也无法在枪口位置玩100%的牌盈利，6人桌枪口位置的极限+EV范围是20%~28%。

下表列出了6人桌各个位置的极限+EV范围。

枪口位置	中间位置	关煞位置	按钮位置	小盲位置
17%~28%	19%~23%	30%~45%	49%~100%	45%~100%

从表格中可以看出，当我们相对于桌上的玩家技术优势大的时候，极限+EV范围会是最大值，比如中间位置，我们的极限+EV范围是23%；当我们相对于桌上的玩家技术优势小的时候，极限+EV范围会是最小值，就会是GTO值19%。但是如果其他玩家技术很差，我们有很大技术优势的时候，就可以玩得比GTO值19%松很多，比如23%。但是高于23%之后，由于胜率太低，技术已经无法弥补了，所以就不能玩

高于23%的牌。

从表格中我们还可以看出一些有趣的东西，比如，在按钮位置和小盲位置可以有100%极限+EV的可能，也就是当大小盲位置玩家面对偷盲弃牌率特别高，比如90%以上时，我们可以100%加注偷盲，90%概率偷盲获得的1.5BB足够抵消对手10%抵抗概率所损失的。另外，中间位置的极限+EV范围要比枪口位置小，这个在第7章“非常规打法理论”中就有详细的讲解。

初级玩家或者进阶玩家一定要参考这个表格不断突破自己的舒适区域，比如目前在按钮位置加注范围只有25%，那么离按钮位置极限+EV的最小值有24%的差距，能提高的空间很大，所以要尝试加注25%~49%中间的34%的牌，多玩多积累经验最终会让这24%的牌成为舒适区域内的牌。当然这个按钮位置49%的极限+EV是相对于对手没有技术优势时的极限，也就是GTO值。如果相对于大小盲位置玩家有技术优势，需要突破更多极限，达到50%甚至80%也是可以的，最终这个50%甚至80%的范围也会进入我们的心理舒适区域，而且我们有信心能盈利。

这个表格的意义在于让所有玩家知道顶级玩家的极限在哪里，有一个努力的目标，有的玩家在按钮位置达到30%的加注范围就沾沾自喜了，毕竟曾经自己只能达到25%，已经进步了5%，很有成就感，以为这就是极限，实际上按钮位置30%远远不是极限，如果从一开始就知道顶级玩家在按钮位置的极限+EV范围是49%~100%，这个玩家肯定不会在达到30%的时候就沾沾自喜。

突破心理舒适区域是很困难的事情，不管在德州扑克中也好，在工作中也好，突破自己以往的心理舒适区域都会带来压力，有了压力就必须要在其他方面减压。

比如在工作中突破自己，下班之后就需要一些心理舒适区域内的东西来减压或者来弥补，比如有些人下班后会去咖啡馆，有人会去酒吧，有人会去钓鱼，有人会去打游戏，等等。因为这些方式都是自己熟悉的没有任何压力的心理舒适区域，在进行这些活动的时候内心的压力得到了释放。

在德州扑克中要不断挑战自己的心理舒适区域，在生活中尽量呆在自己的心理舒适区域来减压。比如，一个安静舒适的家庭环境，玩家更能挑战自己，而一个自己都觉得很差的环境中玩家是很难挑战自己的。

所以当自己心烦意乱或者刚刚吵完架或者自己感觉到饥饿和困倦时，最好不要玩德州扑克，也不要进行任何具有挑战性的事情，毕竟这时候我们的身心已经处于舒适区域以外了，再去挑战舒适区域以外的事情就显得不明智了。这样很容易将自己的信心完全击溃，等过段时间生活状态恢复正常时，自己已经无法再玩儿德州扑克了，毕竟没有信心再去挑战了。

我身边也有不少这样的例子，曾经很厉害的玩家最终放弃了德州扑克，就是因为内心被击溃了，自信心完全丧失，兴趣也完全丧失了。一旦兴趣和信心丧失了，德州扑克便不再有趣，虽然自己曾经在德州扑克上面十分优秀，但是放弃也是自然而然的事情。

10.6 扑克IQ和扑克EQ

就像每个人都有IQ和EQ一样，作为扑克操作者，也是有扑克IQ和扑克EQ的。现实生活中IQ和EQ高的人，在扑克操作中IQ和EQ不一定高。比如《雨人》中达斯汀·霍夫曼扮演的雷蒙在其他人眼中是低IQ，在某些方面却有正常人不具备的惊人天赋，在这些领域他的IQ非常高。在德州扑克中也一样，很多平时看起来不起眼的人却在德州扑克里具有超高的扑克IQ，很多创造性打法让人惊叹不已，而这些创造性打法背后的数学逻辑是实实在在+EV的。当然生活中的EQ和扑克EQ也是有区别的，生活中看起来温文尔雅的人在扑克桌上也许会非常抓狂，而生活中EQ低的人可能在扑克桌上EQ非常高。

1. 扑克IQ

扑克IQ是天生的吗？确实是有天赋存在的，有些玩家是天生禀赋惊人，刚刚接触德州扑克的时候仅凭直觉就知道高手玩法背后的逻辑，然后和高手过招仅仅几万手牌之后就成了高手，十万后手牌之后就能成为顶级高手。

扑克IQ可以训练吗？答案是可以的。

大部分玩家可以通过不断学习和训练达到中等级别水平，这种水平能战胜世界上95%的玩家。但是想要成为5%的顶尖玩家，甚至1%的最顶尖玩家，确实需要天赋，这个必须承认。如果一个玩家很努力训练自己都不能战胜顶级玩家，那么最好还是放弃，毕竟天赋是天花板，也就是自己扑克IQ的极限，如果一个玩家的扑克天赋不足，无论怎么努力都是很难突破天花板的。

对于大部分玩家来说达到中级就可以，没有必要硬着头皮去挑战顶级玩家，如果挑战一段时间无法战胜，放弃挑战是明智的选择。

毕竟不是每个围棋玩家都是吴清源，也不是每个扑克玩家都是斯杜恩戈。尝试过就够了，挑战失败也没关系，毕竟每个人都有长处，也许你的天赋在其他方面。

2. 扑克EQ

如果扑克IQ是能帮你拿下彩池的保证，那么扑克EQ就是帮你持续玩下去的保证。光有扑克IQ是不行的，有些很有天赋很聪明的玩家最终还是失败，不是打得不好，而是由于资金管理太过于激进、没有设置止损、情绪化严重等原因造成的。

扑克IQ是一些小聪明，也就是战术，而扑克EQ就是大局观，也就是战略，如果仅仅只是战术成功，而战略失败，那么往往会导致赢了几手牌，但是输了整个比赛。

（1）扑克EQ——控制能控制的东西

在扑克里，很多东西我们是无法控制的，比如发牌、短期的波动，这些只能听天由命，但是我们能通过选择桌子来选择对手，控制自己的资金，控制情绪，控制止损，控制每一条街的决策。在扑克里，我们要控制能控制的东西，尽量做到最好，对于我们不能控制的发牌、运气以及短期输赢应该抛在脑外，虽然有短期波动，但是我们能做到长期+EV。

（2）扑克EQ——不要有任何心理预期，做好面对所有结果的心理准备

有这样一手牌我一直记忆犹新，在Q77的翻牌圈，我持有QQ的最大葫芦下注，对手加注全压，我秒跟注，转牌是7，河牌也是7，最终对手的A7777战胜了我的Q7777，当时我整个人像被一辆火车碾压过一样，感觉很不可思议。毕竟我的“QQ vs AK”在Q77的翻牌圈有99.3%的胜率，对手的AK只有0.7%的胜率。

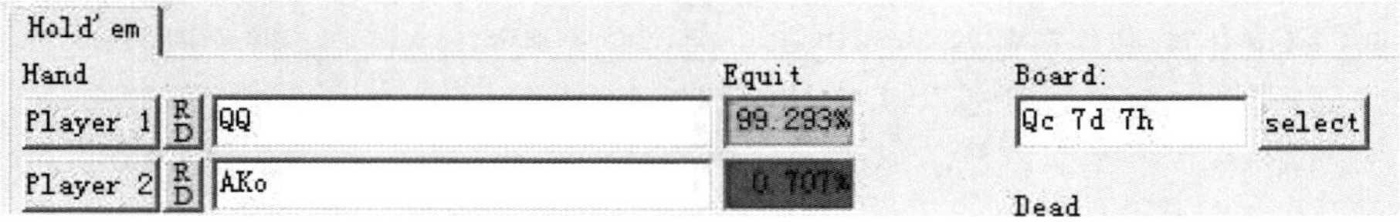

但是从这手牌的数学来说，对手依然有千分之七的机会赢，也就是说1 000次中能赢7次，既然有概率赢，那么这0.7%的概率发生的时候为什么要感觉到惊讶，甚至愤怒呢？

原因是我们全压的时候是带有心理预期的，预料自己的最大葫芦能100%赢，同时也没有做好面对所有结果的心理准备。当结果不如意时，我们会感到惊讶，实际上对手只是兑现了数学上0.7%的概率而已，没有必要感觉到不公平或者情绪化，控制我们能控制的——更好的决策和情绪管理，对于短期波动这种我们无法控制的东西，无视就好。

（3）扑克EQ——仔细选择牌桌

德州扑克就是找“鱼”的游戏，找比我们差的玩家永远是胜利的不二法则。即使有野心、有动力挑战更高级别，也需要在有“鱼”的桌子上挑战，不要单独面对满桌都是比我们强的玩家，那样只会让我们成为任人宰割的“鱼”。

很多玩家自尊心或自负心很强，觉得自己要挑战更厉害的玩家，但是每个顶级玩家的扑克技术进步永远都是踩在“鱼”的肩膀上进行的，虽然也和其他顶级玩家对抗，但是都是在有顶级玩家也有“鱼”的桌子上对抗，而不是找顶级玩家单挑。“鱼”为我们提供了可以挑战高级别的资金，让我们有容错的可能，如果挑战高级别失败，没关系，降级再跟“鱼”玩累积资金，再次挑战高级别。如果没有“鱼”提供源源不断的资金，那么独自去挑战高级别失败的可能性太高。

（4）扑克EQ——波动和EV的关系

波动是代表短期盈利曲线上下震动的振幅，EV是长期的盈利期望值，为整个盈利曲线的斜率。对于打法凶的玩家，波动自然也大，但是波动大不代表盈利差。

比如，我们用A5s来3bet对手，对手4bet过来，经过计算5bet全压诈唬的EV=+3、跟注的EV=+1、弃牌的EV=0，松凶玩家选择5bet全压诈唬能盈利+3，紧凶玩家多半选择跟注盈利+1，喜欢弃牌的玩家选择弃牌，盈利0。

从打法的波动性来看，弃牌玩家的打法波动性最小，因为资金投入更少，只是损失3bet的9BB而已；对于紧凶的跟注玩家来说波动性会大一点，毕竟跟注打翻牌后了，可能是一个很大的彩池，但是EV是正的，跟注还是能盈利1BB；对于松凶的5bet玩家来

说波动性最大，毕竟全压了，而全压经常是输一个赢一个的，资金波动会比较大。

下面两个曲线能直观说明波动（振幅）和期望值（斜率）的关系。

上图为一个谨慎玩家的曲线，横坐标为所玩的手数，纵坐标为赢得的盲注数，可以看到这个玩家最大的振幅并不大，一般倾向于谨慎的弃牌打法，全压比较少，波动较小，但是不代表波动小的打法就一定+EV，最终的结果显示这个玩家可能是输家。

上图是一个松凶玩家的曲线，横坐标为所玩的手数，纵坐标为赢得的盲注数，可以看到这个玩家最大的振幅很大，打法非常激进，全压比较多，波动较大，但是不代表波动大的打法就一定-EV，最终的结果显示，这个玩家可能是赢家。

如果单单谈短期的波动谁最大，当然是松凶玩家最大。但是如果谈长期下来谁盈利最多，当然也是松凶玩家。波动和期望值是两个不同的概念，分别对应了曲线的振幅和斜率，我们要分清楚，做好资金管理，然后选择期望值最大的打法，尽管波动大一点，我们也乐于接受。

10.7 状态偏离

状态偏离的英文是tilt，很多人认为是指情绪化，其实不是。只要是偏离最佳状态（A game状态）就是on tilt，比如我们赢了很多，开始有点自满，喜欢追听牌或者玩得过于凶，这种玩法是偏离我们最佳状态的，这个就是典型的状态偏离，但是我们没有情绪化。

我们在玩扑克的时候要不断评估自己的状态，如果发现自己处于状态偏离，就要立刻敦促自己回归正常的A game状态，如果发现回归不了，就停止游戏。

当然tilt是有物理指标的，比如我们会自言自语，或者体温上升、面红耳赤，或者做决策过于快速等，要有意识地去关注这些物理指标，当出现这些物理指标的时候，就知道tilt发生了，要么赶紧恢复状态，要么赶紧停止游戏。

如果想要成为顶级玩家，控制自己的情绪以及如何尽量保持A game状态是非常关键的。很多玩家A game状态很厉害，同时C game状态也很糟糕，类似于考试最佳状态能考100分，最差状态只能考60分，总体来说平均分就一定不够理想。但是如果能做到A game和C game状态的分数很接近，同时A game概率更高，C game概率很低，那么平均分肯定会非常高，也就是技术水平处于非常稳定的状态。

本书作为高级策略，传授了很多高级思维和打法，提高的是最佳状态时的水平上限（A game状态水平上限），但是如果C game很糟糕，经常情绪化，情绪化时容易胡来，那么依然无法成为顶级玩家，比起提高A game水平上限来说，很多中等水平的玩家提高C game需要付出的努力更少，但是获得的综合收益可能更高。

如何提高A game时间，减少偏离时间呢？

1. 分时段玩牌

我们不会连续玩牌七八个小时，而是分几个时段，每个时段只用一个小时到一个半小时。这样分时段玩牌的好处是能更加集中精力，深入思考牌局，毕竟人的精力是很难长时间集中的。

2. 保持生理和心理状态良好

玩牌之前要保持饮食、睡眠、心理状态良好，不要在饥饿、困倦或者喝酒之后玩牌，这些都会导致我们偏离A game状态，无法发挥100%的实力。

3. 让未来有更大概率保持最佳状态

保持良好的人际关系，搭配营养均衡的饮食和适当的体力运动，能保证我们的心理和生理在未来一段时间处于健康状态，这样会让我们未来有更大的概率处于A game状态。

4. 是时候停止游戏了

如果发现自己偏离了A game状态，而且又无法在短时间恢复，那么是时候离开桌子停止游戏了。尽量避免自己的C game是每个玩家都需要做的，平时学那么多都是提高自己的上限，但是自己的下限也同样重要，提高自己的下限往往收益会更高，毕竟从60分提高到80分比从98分提高到100分要简单得多。

10.8 目标设定

百米赛跑是体力竞技，扑克是脑力竞技，参与竞技的玩家都希望成为高手，导致竞争非常激烈，也会有很大的压力。要想从很多优秀的玩家中脱颖而出，我们需要不断上升，这个过程就需要科学地设定目标，而不是像无头苍蝇一般四处乱窜。

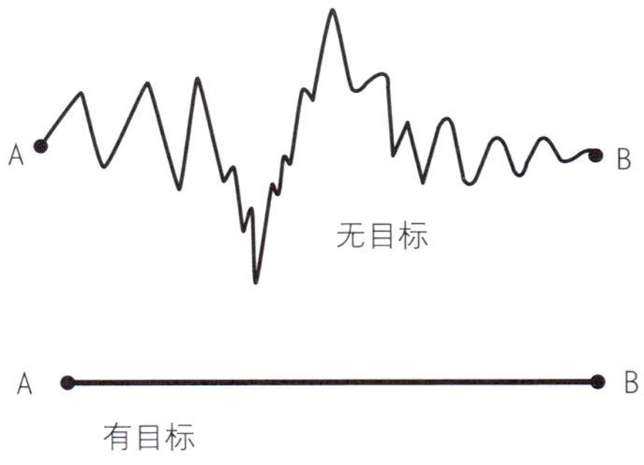

设定扑克目标有7个原则。

1. 简单

目标越简单越好，如果把目标设置为今天游戏中我们要进行155次诈唬和268次价值下注，这个就过于复杂，甚至会导致我们分心。但是如果设置为今天玩3 000手牌，就是很简单明了的目标。

2. 明确

扑克目标一定是明确的，不能设置为今天我要玩好，今天我不能情绪化，这个目标就不够明确，或者说不够量化，太过于抽象的目标往往没有任何限制力，和没有设置目标是一样的效果，因为我们也没有太把它当回事儿。

3. 可以被测量

目标需要量化，比如我们设置今天玩3 000手牌，我们就可以利用软件记录手牌数，轻松直观地看到我们今天玩了多少手牌。量化和可被测量的目标有一个好处是当目标达成的时候，我们会感觉到愉悦，如果无法被测量，自己都不知道目标什么时候会达成。

4. 有点挑战

没有挑战性的目标等同于没有目标，比如，我设定今天玩一手牌，这个太容易达成了，和没有设定目标一样，即使达成了也没有任何成就感。

5. 可实现

目标要可实现，如果太过于梦幻，根本无法实现，也等同于没有设定目标。比如，我的目标是今天一天完成一百万手牌，这个是绝对不可能实现的，即使24小时的每一分每一秒都在玩牌，而且同时开24桌，也是无法在24小时内完成一百万手牌的。

6. 带有时间限制

目标需要有时间限制，一方面会激励自己向目标前进，另一方面也会有紧迫感和挑战感，如果没有时间限制，就会失去紧迫感和挑战感，也等同于没有目标。比如，我们的目标是完成一百万手牌，但是没有设定时间，反正一辈子长着呢，以后有的是时间。

7. 可被努力控制

有些人喜欢把自己无法控制的东西设定成目标，这些目标也没有意义，很多时候甚至起负面作用。比如，一个玩家设定自己的扑克目标是这个月赢50个买入，但是实际上每个月赢多少买入是自己无法控制的，因为扑克的波动太大，短期的盈利更多是被波动决定的，自己的扑克水平只能影响短期盈利，但不能起决定作用。因此短期盈利多少是不受我们控制的，如果我们很努力去达成这个目标，但是最终因为运气等因素没有达成，这样甚至会让我们感觉到努力没有被承认，从而产生挫败感。

下面列举一些比较好的目标设定。

❶ 当我们发现自己容易偷懒，需要限制自己的懒惰，设定一个让自己更加勤奋的目标。

比如：到这个月底完成10万手牌。

❷ 当我们发现自己容易情绪化，C game状态很糟糕，设定一个改善自己C game的目标。

比如：上周我情绪化了3次，这周一定要比上周少一次。

❸ 当我们发现自己一味玩牌而忽视了学习新知识，设定一个强迫自己学习的目标。

比如：每天抽1个小时看这本高级教程。

总之，设定目标是需要有针对性的，一般是针对自己最弱的一项然后有意识地去提高，最终我们会成为顶尖的1%。

10.9 常见的扑克心理

1. 结算心理

类似于股市里很多人明明亏损严重但是不愿意割肉卖掉股票，或者电信诈骗案件中当事人心里明明已经开始怀疑是否被骗子骗了，但是为了拿回之前的钱，依然会按照骗子的要求转账。扑克中一些人损失了很多但是就是不愿意离开桌子来结束今天的游戏。

其实这都是一种心理在作祟，这就是结算心理。

因为人们认为只要不卖掉股票依然有机会赢回来，只要没有下桌子输赢还没有完全定音，只要没有停止，就还没有达到最终的结算。

但是，这种结算心理是非常愚蠢的，止损才是最正确的做法。

一直无法下桌最重要的原因是不甘心承认今天的亏损，实际上这样做只会让亏损更多，毕竟此时处于C game状态，能盈利的话就是见鬼了。

2. 破窗心理

当一个玩家刚刚开始扑克游戏的时候都会很认真地对待，但是当连续输掉全压之后，就容易产生破窗心理，也就是不在乎亏损了。

所谓“虱多不痒，债多不愁”就是这种心理的真实写照，可能这个人刚开始不是这样的人，但是慢慢突破了心理底线之后，就容易产生破窗心理，从而不再在乎亏损了。

有时候当一个玩家连续输掉全压或者大彩池，不管是因为玩得不好还是运气不好，这个时候是最容易产生破窗心理的，这时候可能会做很多平时在他自己看来都是很荒唐的事情，比如用口袋对子3翻牌前全压100BB，100BB筹码量时顶对直接和对手打到全压，用纯诈唬牌下注翻牌圈和转牌圈、秒全压河牌圈。

我们要时刻关注自己的心理，不管是今天运气不好或者是自己玩得不好，反正今天亏损比较多，那么在破窗心理来临之前尽快结束今天的游戏是最佳选择。同时我们需要关注其他人的心理，当其他人连续输了几个大型彩池，接着对手和我们对抗的时候在河牌圈很快地全压，我们可以用顶对跟注抓诈唬，因为对手此时处于破窗心理的概率很高。这个很快地全压代表对手没有太多思考，更可能是情绪的冲动宣泄，所以我们会加大自己抓诈唬的频率。

3. 击溃心理

如果我们对抗的是技术好的玩家，我们的技术优势很小，很难直接从对手手上赢得筹码，这时就需要从心理方面寻找突破口。在心理方面击溃对手，让对手产生状态偏离，这样对手就不再处于A game状态，我们的技术优势就会更大，盈利速度就会加快很多。

比如电影《赌王之王》（*Rounders*）里，迈克尔和KGB对抗是没有任何技术优势的，之所以最终能打败KGB，转折点是迈克尔一手牌中丢掉了两对这样的超强牌，同时秀了底牌给KGB看，而KGB刚好有坚果牌，这手牌给KGB很大的心理冲击。从这手牌开始，KGB的心态就发生了微妙的变化，接着迈克尔一直过牌过牌过牌的打法又激怒了KGB，让KGB彻底情绪化了，在最后一手牌中KGB利用河牌的恐吓牌A进行全压诈唬的时候，迈克尔用慢玩的顺子清空了KGB。从技术方面讲，迈克尔面对KGB是没有任何技术优势的，却赢在击溃了KGB的心理上，使对手产生了状态偏离，从而进入C game状态。

不管多么厉害的对手一旦处于C game状态就非常容易对付了。

在德州扑克中，一些大的弃牌和一个大的抓诈唬都非常容易击溃对手的心理，比如翻牌前丢掉KK而对手恰好是AA，这对对手产生很大的心理冲击，这样的心理冲击对于娱乐玩家的影响不大，但是对技术越好的对手冲击力度越强，因为一般来说技术越好的玩家越自负，当感到自己被碾压的时候，心理的冲击会非常大。同样，大型抓诈唬也是击溃这些优秀玩家的法宝，当我们用底对子在对手河牌全压时抓到了诈唬，对手内心一般都是崩溃的，接下来的牌局中对手极有可能处于情绪化状态。

Chapter 11

即扫即看

德州扑克锦标赛的秘密

KEY POINT

如果说德州扑克现金桌游戏是长跑，那么德州扑克锦标赛就是跨栏，看起来类似的两种游戏玩法和逻辑是完全不同的，隔行如隔山。

本章用到的术语：chip（筹码）、blind（盲注）、ante（底注）、money（现金或者奖金）、MTT（Multi Table Tournament，多桌锦标赛）。

11.1 德州扑克锦标赛中决策的依据

1. 奖金分布对策略的影响

下面以一个买入费为$100、500人参加的多桌锦标赛为例，起始筹码为chip5000，每15分钟涨一次盲注。表中列出了比赛的奖金分布。

名次	奖金分布	奖金占总奖池的比例
1	$15000	30%
2	$7500	15%
3	$5000	10%
4	$4000	8%
5	$3750	7.5%
6	$2500	5%
7	$1750	3.5%
8	$1100	2.2%
9	$750	1.5%
10～15	$500	1%
16～21	$400	0.6%
22～29	$200	0.4%
30～50	$100	0.2%

如果这是现金桌，那么每个人用$100买入而获得5 000筹码（chip5000，简写为c5000)，每一个筹码相当于$0.02/c（$100/c5000）现金，5 000筹码相当于现金$100。最后一个人赢了所有的筹码c2500000（500人×5 000起始筹码），那么最后一个人赢得的现金是c2500000×($0.02/c)=$50000。但是从锦标赛的角度考虑，第1名的奖金为总彩池的30%，而并非现金桌的100%，第2～50名都有不同百分比的奖金。那么我们可以很容易得出结论，随着比赛进行，玩家手里的单位筹码价值是下降的。

如果我们把比赛筹码用chip表示，现金用$表示，那么比赛一开始第一手的时候，$100买入c5000，每个筹码变现的话相当于$0.02/c（$100/c5000）。但是比赛到最后一手牌的时候，冠军玩家获得所有筹码chip2500000，但是此时只有$15000，每个筹码变现的话相当于$0.006/c（$15000/c2500000）。可以看到比赛开始的时候，每个筹码相当于$0.02，而比赛结束时，每个筹码相当于$0.006，比赛结束的筹码价值只有比赛开始的30%（$0.006为$0.02的30%）。

所以比赛前期阶段（100BB+筹码深度阶段）筹码价值比较可贵，打法和现金桌类似（毕竟这时每个筹码价值接近$0.02）。实际上在比赛前期，打法比现金桌更为谨慎，原因是比赛出局就没得玩了，而现金桌可以重新买入。前期彩池里面死钱不多，同时对手强硬地全压拼五五开胜率的时候，我们一般都要弃牌，因为此时冒着出局的风险去赢一点筹码是非常不理智的。比赛拼的不是chipEV，而是$EV。

比如，比赛第一阶段盲注10/20，我们和大盲位置“疯鱼”玩家都有5 000筹码，这时我们在小盲位置拿着QcQs加注c60，大盲位置“疯鱼”玩家给我们秀出他的AhKd然后全压c5000，我们要跟注还是弃牌？

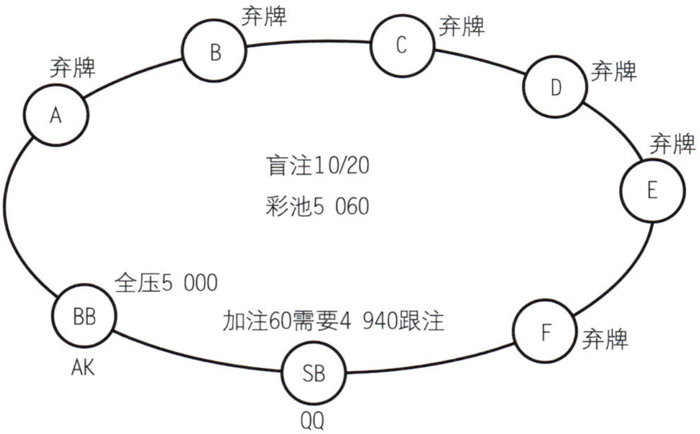

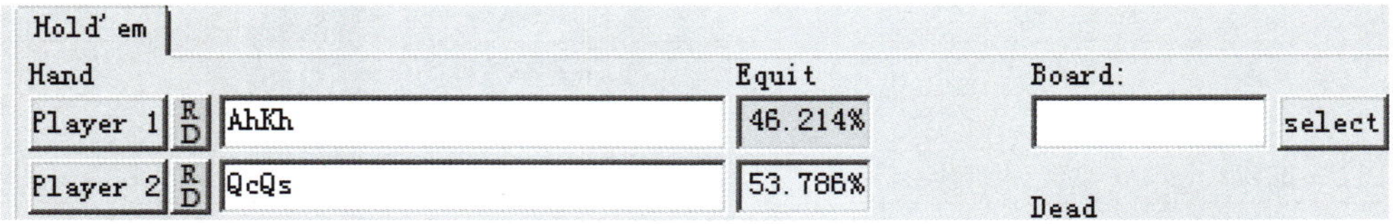

此时QcQs全压，胜率是占优势的，为53.786%。

❶ 如果我们弃牌，剩下筹码为c4940。因为已经投入彩池的筹码属于死钱，不

再属于我们，在考虑跟注还是弃牌决策的时候，弃牌不再额外投入，就是0损失。所以弃牌的chipEV=0，$EV=0。

❷ 如果我们跟注，剩下筹码为chipEV=c10000×53.786%-c4940=+c438.6。但是从筹码变现成现金的$EV来分析，跟注的话，我们有46.214%的概率损失4 940筹码，即损失4 940×0.02=$98.8。另外我们有53.786%的概率赢得5 060筹码，成为10 000筹码，但是筹码越深，玩家手里的单位筹码价值越下降。此时我们并没有赢得$100，假设此时的单位筹码价值为$0.018（单位筹码价值因为前期人多时候比较难算，大概在$0.02～$0.015之间。此时估计为$0.018），那么此时我们手里chip10000的价值是c10000×($0.18/c)=$180，即53.786%跟注的时候赢$80。那么跟注时：

$$\$EV=\$80\times 53.786\%-\$98.8\times 46.214\%=-\$2.63$$

可以看到跟注的$EV是负值，所以这时要弃掉QcQs，即使知道我们有优势胜率和+chipEV，但是由于$EV是负值，做决策的最终决定因素是$EV，弃牌是明智的。

如果是现金桌游戏，此时$EV就是chipEV=+c438.6，优势胜率秒跟注。

锦标赛里面就是因为chip和money两者并不统一，随着chip深度越深，其对应的money价值是下降的，所以和现金桌打法会非常不同。

TIPS

比赛前期我们会玩得更谨慎，彩池里面死钱不多的情况下，除非认为自己是坚果牌或者接近坚果牌才会去全压。

2. 盲注结构增长对打法的影响

下表列出了盲注结构分布。

每15分钟涨一次盲注	盲注（blind）	底注（ante）
1	10/20	0
2	20/40	0
3	30/60	0
4	50/100	0
5	100/200	40
6	150/300	60
7	200/400	80
8	300/600	120
9	500/1000	200
10	750/1500	300
11	1000/2000	400
12	1500/3000	600
13	2000/4000	800
14	3000/6000	1200
15	5000/10000	2000

可以看到每15分钟涨一次盲注，其中前1个小时（1～4阶段）是没有底注的，筹码也会比较深（5 000起始筹码在第一阶段10/20的时候有250BB的筹码深度）。随着盲注增加，第5阶段开始加入了底注（ante），也就是每个人都必须投入40的底注，外加大小盲注位置各投入100和200，彩池中的死钱比较多，40×9+100+200=660（9人桌，每个人投入40的底注）。另外随着盲注的增加，筹码深度会逐渐下降，比如5 000起始筹码在500/1 000（200底注）的时候筹码深度只有10BB，彩池里面随着盲注增加，被淘汰的人越来越多，筹码的价值就会下降（此时会低于$0.02，高于$0.006）。在比赛只剩下三个人的时候，如果三个人的筹码量分别为：我们有c50万，“疯鱼”有c100万，另一个玩家为c100万，此时我们在小盲位置拿着QcQs加注c100000（盲注为20000/40000，底注为c8000），大盲位置“疯鱼”玩家给我们秀出了他的底牌AhKd，然后全压c500000，我们要跟注还是弃牌?

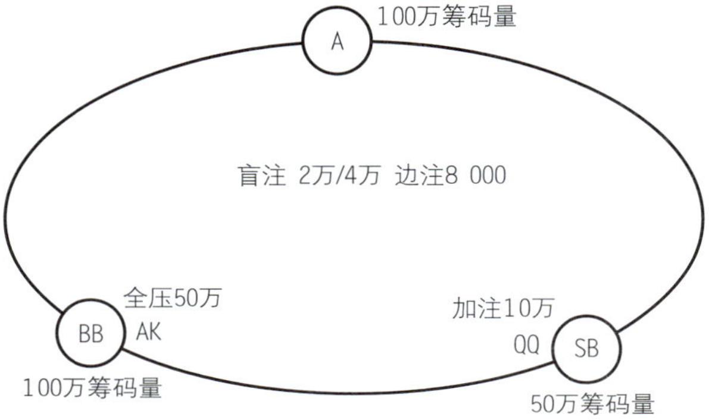

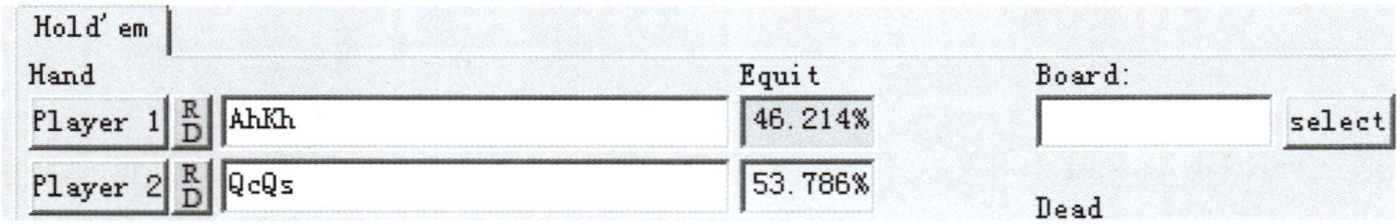

此时QcQs跟注全压，胜率是占优势的，为53.786%。

❶ 如果弃牌，剩下筹码为392 000，损失108 000筹码（加注量100 000和底注8 000）。

因为已经投入彩池的筹码属于死钱，不再属于我们，在考虑跟注还是弃牌决策的时候，弃牌不再额外投入，就是0损失。

所以弃牌的chipEV=0，弃掉的$EV=0。

❷ 如果跟注，剩下筹码为chipEV=（c500000+按钮位置底注c8000）×53.786%−c392000×46.214%=+c92073。

从筹码变现成现金的$EV来分析，我们有46.214%的概率损失c392000，此时c392000筹码的价值为$4312。计算方法：剩下前三名奖金之和（$15000+$7500+$5000）=$27500，而三个人总筹码为250万，每个chip对应的现金价值为$27500/c2500000=$0.011/c，损失的c392000相当于$4312，即392000×0.011。

另外我们有53.786%赢得500 000+8 000筹码，成为1 008 000筹码，剩下前三名奖金之和（$15000+$7500+$5000）=$27500，而三个人总筹码为250万，每个chip对应的现金价值为$27500/c2500000=$0.011/c，那么此时我们手里1 008 000筹码的价值是$11088，即1008000×0.011。53.786%跟注的时候赢的筹码价值为$6776（跟注赢了之后总筹码价值$11088减去跟注之前c468000总价值468000×0.011=$4312，等于$6776）。

那么跟注的话：

$$EV=$6776×53.786%-$4312×46.214%=+$1651$$

因此，这里要跟注。

TIPS

比赛后期我们会玩得更激进一些，随着筹码量减少全压会更多。

3. 筹码分布对打法的影响

在比赛只剩下三个人的时候，如果三个人的筹码量分别为：我们有c100万，“疯鱼”有c100万，另一个玩家有c50万。此时我们在小盲位置拿着QcQs加注c100000（盲注为20000/40000，底注为c8000），大盲位置“疯鱼”玩家给我们秀出他的底牌AhKd，然后全压c1000000，我们要跟注还是弃牌？

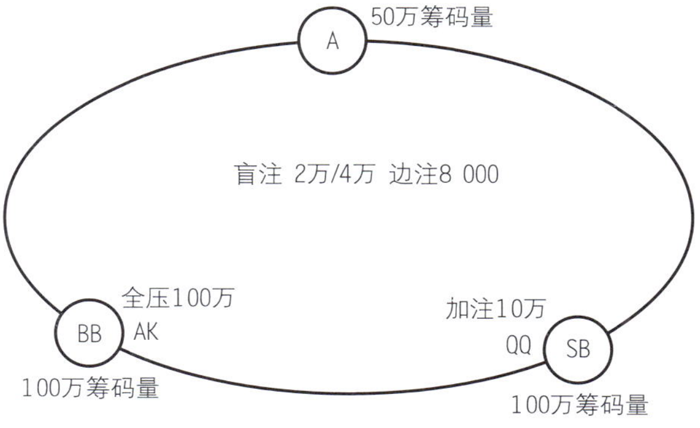

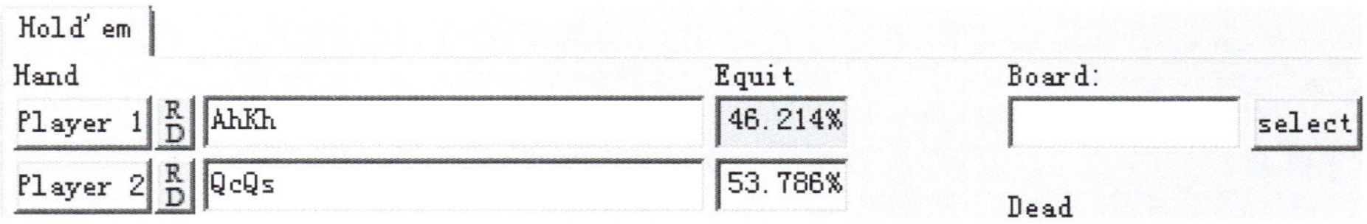

此时QcQs跟注全压，胜率是占优势的，为53.786%。

❶ 如果弃牌，剩下筹码为892 000。

因为已经投入彩池的筹码属于死钱，不再属于我们，在考虑跟注还是弃牌决策的时候，弃牌不再额外投入，就是0损失。

所以弃牌的chipEV=0，弃牌的$EV=0。

❷ 如果跟注，剩下筹码为chipEV=（c1000000+按钮位置底注c8000）×53.786%−c892000×46.214%=+c129934。

但是从筹码变成现金的$EV来分析，我们有46.214%的概率损失c892000，此时筹码可以兑现的现金为剩下前三名奖金之和（$15000+$7500+$5000）=$27500，而三个人总筹码为250万，每个chip对应的现金价值为$27500/c2500000=$0.011/c，损失的c892000相当于$9812，即892000×0.011。

另外我们有53.786%的概率赢得1 000 000+8 000筹码，成为2 008 000筹码，淘汰了第三名，此时筹码可以兑现的现金为剩下前两名奖金之和（$15000+$7500）=$22500，而两人总筹码为250万，每个chip对应的现金价值为$22500/c2500000=$0.009/c，那么此时我们手里的2 008 000筹码价值是$18072，即2008000×0.009。

注意：这里$18072是不合理的，因为最高奖金为$15000，也就说无论有多少筹码，兑换成现金的极限是$15000，所以这里c2008000的筹码价值应该是$15000（其实应该小于$15000，毕竟已经弃牌的50万筹码量玩家面对我们的2 008 000筹码量还是有概率获得第一名的。所以2 008 000筹码量的真实价值应该小于$15000，这里为了计算方便，就用$15000）。

53.786%跟注的时候赢利为$5188（跟注赢了之后筹码总价值$15000减去跟注之前c892000总价值$9812，等于$5188）。

那么跟注的话：

$EV=$5188×53.786%−$9812×46.214%=−$1744

尽管我们有QcQs，尽管我们具有胜率优势，这里我们还是要弃牌。

由上面的分析可以看到，当我们筹码分布为100万、100万、50万，筹码100万的“疯鱼”全压AhKh，我们100万的筹码QcQs要弃牌；当我们筹码分布为50万、100万、100万，筹码100万的“疯鱼”全压AhKh，我们50万的筹码QcQs要跟注。

原因何在？筹码分布使然！

TIPS

筹码分布对锦标赛决策影响很大，上桌后的首要事情就是观察每一位玩家的筹码量。

4. 锦标赛和现金桌的区别

（1）锦标赛是关乎“生存”的游戏，“活着”才是王道

在锦标赛游戏里，“活着”才是王道。比赛前期，深筹码的时候为了生存，我们不轻易全压和打大型彩池。比赛后期，浅筹码的时候为了生存，我们会频繁全压。锦标赛追求的是$EV而不是chipEV，而现金桌chipEV=$EV。用通俗的话来讲，

锦标赛追求的是筹码兑换的名次（奖金），而现金桌筹码就是现金。

（2）锦标赛里筹码的价值是递减的

手上筹码越多，单位筹码的价值越下降。比赛第一手牌单位筹码价值最大，比赛最后一手牌单位筹码价值最小。

（3）锦标赛里不是完全追求筹码EV的，而是追求$EV

锦标赛里有时我们会放弃优势胜率，因为+chipEV而-$EV。因为比赛的最终目的不是为了赢得筹码，而是为了赢得奖金。比赛是为了最后的胜利，而不是眼前的蝇头小利，像“见小利而忘命，干大事而惜身”的玩家活该被淘汰（就是比赛前期该玩得谨慎的时候为了彩池一点点死钱去拼五五开全压，而比赛后期该去拼命的时候却玩得很紧。）

5. 独立筹码理论（ICM）

锦标赛和现金桌的本质区别是筹码和现金的兑换比，在比赛中单位筹码的价值随着筹码变多而下降，而现金桌里筹码就是现金，兑换率是固定不变的。所以在锦标赛里很多时候我们明明跟注是能赢得筹码的（+chipEV），但是由于跟注是（-$EV）我们也不得不弃牌。

为了便于区分chipEV和$EV，职业玩家们发明了独立筹码理论（Independent Chip Model，ICM）。

ICM是用来计算锦标赛中不同筹码量的$价值的一种数学模型。在比赛中奖金的分布和桌上所有玩家的筹码分布对ICM影响是巨大的。

举一个简单的例子，在一个买入为$10的10人参加的double or noting（翻倍或者出局）的单桌锦标赛中，奖金的分布是前5名每个人各$20，第6~10名淘汰出局。在比赛还剩下6个人的时候，筹码分布为A（35BB）、B（25BB）、C（18BB）、D（13BB）、E（5BB）、F（2BB），桌上总筹码量为100BB。

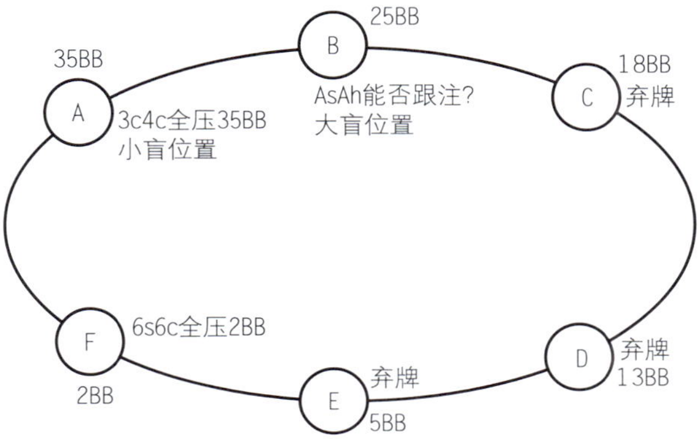

这时候，最小筹码玩家F（2BB）秀出底牌6c6s然后全压，小盲位置玩家A（35BB）秀出底牌3c4c并全压，大盲注位置的我们拿着AsAh（25BB）能否跟注？

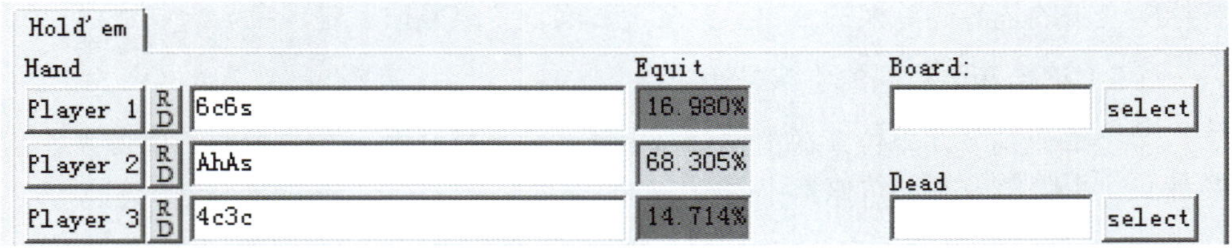

❶ 如果我们弃牌，chipEV=0，$EV=0。

❷ 如果我们跟注，三人彩池我们有68.305%的概率赢，赢得25BB+2BB=27BB。

小筹码F赢了对我们影响不大，只有2BB，我们害怕的就是大筹码A在边池（side pot）清空我们。所以输的时候，不用考虑小筹码胜率，相当于我们和大筹码A单挑，大筹码A面对我们有19.626%的概率赢。

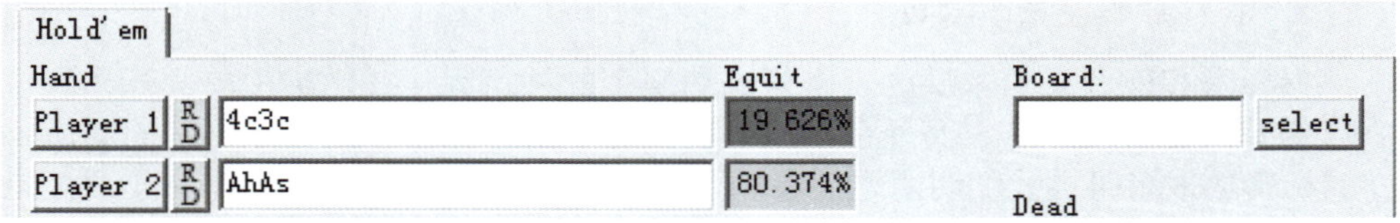

$$chipEV=27BB\times68.305\% -24BB\times19.626\%=+13.73BB$$

跟注之前我们剩下的24BB兑现成现金的价值是24BB×（100BB/$100）=$24，实际上这么计算是错误的，因为$24已经超过兑换的极限$20（奖金最多的才$20，兑换的现金不可能超过最高奖金）。所以这里24BB的价值差不多是$20。

跟注时，如果我们赢了，会有52BB筹码，由于有兑换极限的存在，此时52BB筹码量的价值只能是最高奖金$20。那么赢得的利润为，跟注赢了最终50BB筹码的价值减去跟注之前24BB筹码的价值，即$20-$20=0。

也就是说，我们跟注有68.305%的概率赢，但是没有获得利润。跟注有19.626%概率输，损失24BB，相当于$20。

$$\$EV=0\times68.305\%-\$20\times19.626\%=-\$3.9252$$

也就是说，跟注是+chipEV，但是-$EV，所以即使看到对手的底牌是3s4s和6c6s这么弱的牌，我们的口袋对A也是要弃牌的。

如果不用数学的语言，单纯用兵法谋略的语言来讲更容易理解：看筹码分布，我们很容易知道玩家E和F筹码很小，很快就要出局了，我们是第二大筹码，可以有很多时间去等待，不用做任何事情，一直弃牌等待E和F其中一个出局，就可以获得$20的奖金。但是要知道，如果我们跟注输了，我们就出局了，白白损失$20的奖金。如果我们赢了，我们筹码翻倍了，但是奖金没有翻倍，依然还是$20。就如曹操评价袁绍“干大事而惜身，见小利而忘命”，这时候的筹码就是小利，而奖金才是真正的大事，如果这时候为了小利而全压，赢得的是筹码，输掉的却是真金白银。此时“坐山观虎斗”才是最佳的选择。当然如果玩家A水平更高，可以和我们合纵连横建立暂时盟友关系，合作“干掉”小筹码F而分得奖金。因为此时玩家A和我们有着共同的利益——踢出第六人，而获得$20奖金。比起两人单挑彩池，三人彩池中玩家F赢得概率更低。

三人彩池小筹码F的6s6c的胜率为16.980%。

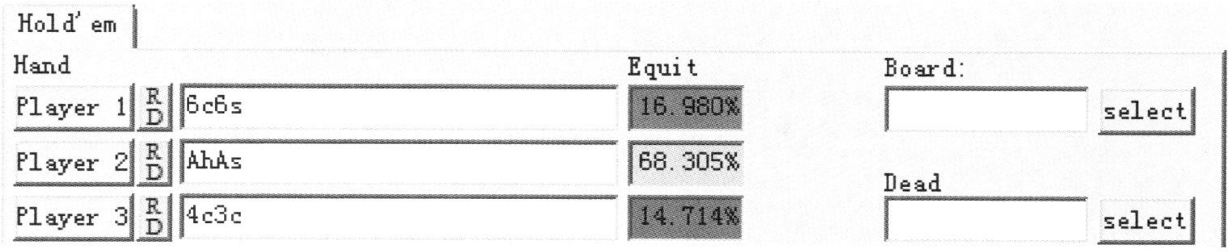

如果玩家A傻乎乎地全压迫使我们不得不丢掉AhAs的话，小筹码F的6s6c的胜率为82.227%。

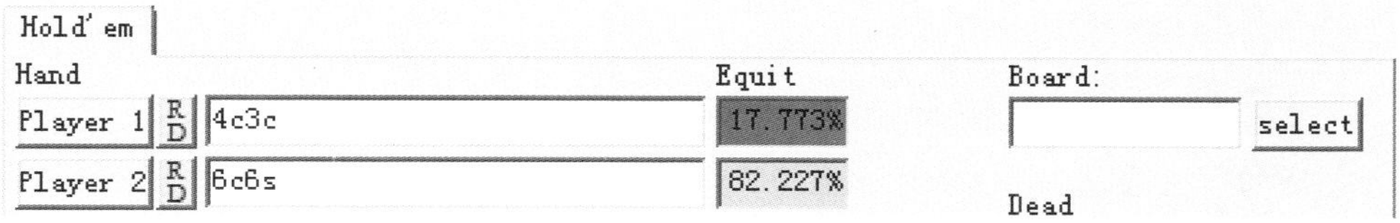

这时候A跟注2BB，引诱我们也跟注，形成三人彩池，然后两个人默契地一直过牌三条街到底，那么小筹码F能实现的胜率为最低理论值16.980%。

我不止一次看到小盲位置玩家全压，迫使我们弃牌。小盲位置玩家全压提高了小筹码生存的概率，让除小筹码以外的5个人获得奖金的概率下降。

我也不止一次看到小盲位置玩家确实是跟注了2BB，让我们也跟进来，形成三人彩池，但是当翻牌出现Kc3s4s的时候，小盲位置玩家还是忍不住全压，我们也只能忍痛弃掉AhAs。

可以从下图看出，翻牌出现Kc3s4s，三人彩池中小筹码的6c6s胜率为12.071%。

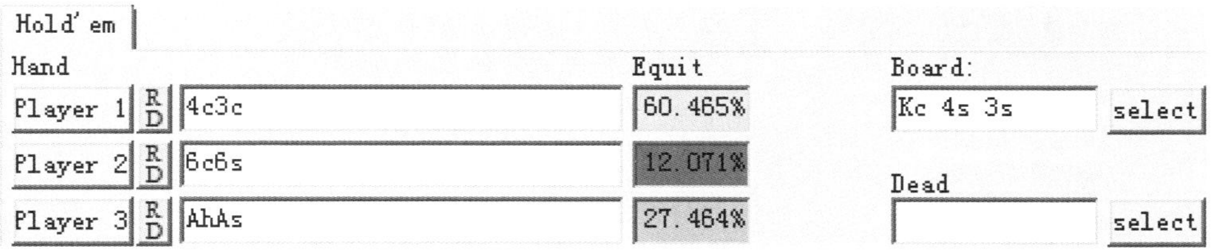

但是如果玩家A全压，我们弃牌。可以从下图看出，翻牌出现Kc3s4s，我们弃牌之后，两人单挑彩池，小筹码的6c6s胜率为31.919%，胜率足足提高了19.848%！

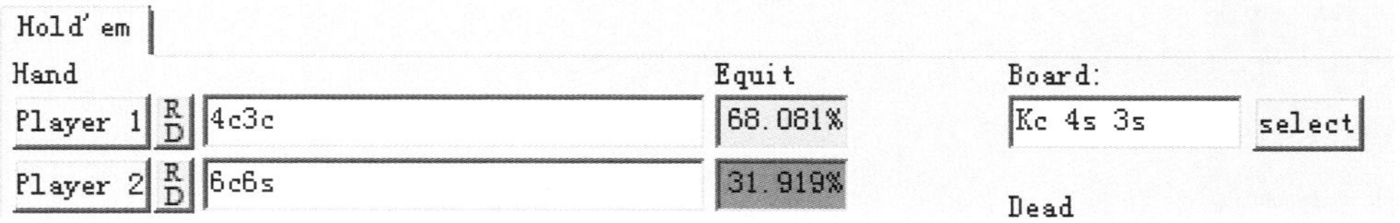

最佳打法是无论什么样的翻牌、转牌和河牌，两个人一直过牌到底，就能让小筹码F的胜率达到理论的最小值，也就是让小筹码F的出局概率最高。玩家A的翻牌全压就相当于结盟的时候起内讧，当然共同的“敌人”就获益了。

ICM告诉我们，在锦标赛中后期的进攻性才是最重要的，如果我们有大筹码，即使持有垃圾牌，也能让中间筹码量的玩家丢掉更好的牌。基于奖金结构，很多中间筹码量的玩家因为桌上有很多小筹码量玩家存在，而不能冒着出局的风险去跟大筹码玩家直接全压对抗，极端的时候，即使拿着AA面对翻牌前大筹码玩家的全压也是要弃牌的。

不战而屈人之兵，这就是锦标赛的魅力。现金桌是不存在这种现象的。

我们如何去发掘这些不战而屈人之兵的情形呢?

很简单，计算对手决策的ICM。如果对手大部分手牌对抗都是-$EV的，我们就可以一直加注加注加注了。

当然手动计算比较麻烦，现在计算ICM的网站以及软件很多，如ICMIZER。

比如： 盲注为250/500，底注为50，三人彩池。筹码分布为小盲位置玩家有8BB，按钮位置大筹码玩家有15BB，大盲位置玩家有8BB。奖金分布为第一名：第二名：第三名=3：2：1。

ICMIZER软件计算之后，显示按钮位置能全压的+EV范围为45.7%，其中每个手牌全压的EV值都有显示，红色部分是+EV全压，灰色部分是-EV全压。

ICMIZER软件计算之后，小盲位置玩家+EV的跟注范围是5.7%，为99+、ATs+、AQo+（99+表示99～AA。ATs+表示ATs+以上的A同花，也就是ATs、AJs、AQs、AKs。AQo表示AQo以上的A非同花，也就是AQo和AKo）。

小盲位置玩家弃牌之后，大盲位置玩家+EV的跟注范围是11%，为66+、A7s+、A9o+、KJs+。

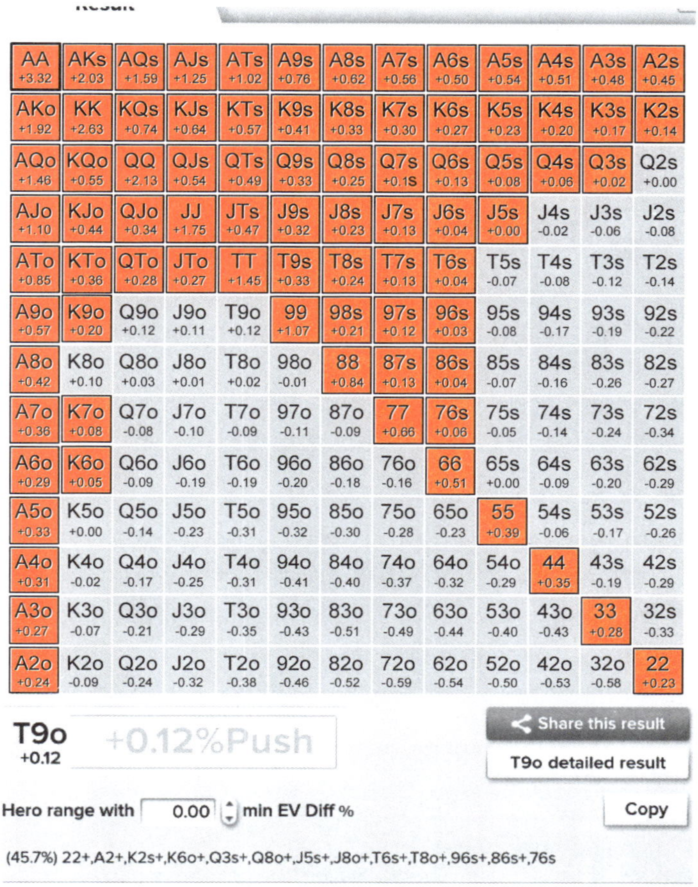

AA +3.32	AKs +2.03	AQs +1.59	AJs +1.25	ATs +1.02	A9s +0.76	A8s +0.62	A7s +0.56	A6s +0.50	A5s +0.54	A4s +0.51	A3s +0.48	A2s +0.45
AKo +1.92	KK +2.63	KQs +0.74	KJs +0.64	KTs +0.57	K9s +0.41	K8s +0.33	K7s +0.30	K6s +0.27	K5s +0.23	K4s +0.20	K3s +0.17	K2s +0.14
AQo +1.46	KQo +0.55	QQ +2.13	QJs +0.54	QTs +0.49	Q9s +0.33	Q8s +0.25	Q7s +0.15	Q6s +0.13	Q5s +0.08	Q4s +0.06	Q3s +0.02	Q2s +0.00
AJo +1.10	KJo +0.44	QJo +0.34	JJ +1.75	JTs +0.47	J9s +0.32	J8s +0.23	J7s +0.13	J6s +0.04	J5s +0.00	J4s -0.02	J3s -0.06	J2s -0.08
ATo +0.85	KTo +0.36	QTo +0.28	JTo +0.27	TT +1.45	T9s +0.33	T8s +0.24	T7s +0.13	T6s +0.04	T5s -0.07	T4s -0.08	T3s -0.12	T2s -0.14
A9o +0.57	K9o +0.20	Q9o +0.12	J9o +0.11	T9o +0.12	99 +1.07	98s +0.21	97s +0.12	96s +0.03	95s -0.08	94s -0.17	93s -0.19	92s -0.22
A8o +0.42	K8o +0.10	Q8o +0.03	J8o +0.01	T8o +0.02	98o -0.01	88 +0.84	87s +0.13	86s +0.04	85s -0.07	84s -0.16	83s -0.26	82s -0.27
A7o +0.36	K7o +0.08	Q7o -0.08	J7o -0.10	T7o -0.09	97o -0.11	87o -0.09	77 +0.66	76s +0.06	75s -0.05	74s -0.14	73s -0.24	72s -0.34
A6o +0.29	K6o +0.05	Q6o -0.09	J6o -0.19	T6o -0.19	96o -0.20	86o -0.18	76o -0.16	66 +0.51	65s +0.00	64s -0.09	63s -0.20	62s -0.29
A5o +0.33	K5o +0.00	Q5o -0.14	J5o -0.23	T5o -0.31	95o -0.32	85o -0.30	75o -0.28	65o -0.23	55 +0.39	54s -0.06	53s -0.17	52s -0.26
A4o +0.31	K4o -0.02	Q4o -0.17	J4o -0.25	T4o -0.31	94o -0.41	84o -0.40	74o -0.37	64o -0.32	54o -0.29	44 +0.35	43s -0.19	42s -0.29
A3o +0.27	K3o -0.07	Q3o -0.21	J3o -0.29	T3o -0.35	93o -0.43	83o -0.51	73o -0.49	63o -0.44	53o -0.40	43o -0.43	33 +0.28	32s -0.33
A2o +0.24	K2o -0.09	Q2o -0.24	J2o -0.32	T2o -0.38	92o -0.46	82o -0.52	72o -0.59	62o -0.54	52o -0.50	42o -0.53	32o -0.58	22 +0.23

如果我们是按钮位置玩家，按照ICM来决策的话，我们会全压45.7%。

如果我们是小盲位置玩家，当按钮位置玩家全压时，按照ICM来决策的话，我们在小盲位置会用5.7%的范围跟注。

如果我们是大盲位置玩家，当按钮位置玩家全压同时小盲位置玩家弃牌时，按照ICM来决策的话，我们在大盲位置会用11%的范围跟注。

锦标赛高手都是按照ICM来玩的，当然他们也会调整，因为ICM是死的，在ICMIZER计算的决策里面把所有人当成理性人（理性人的意思是全部决策都是按照ICM来），但是实际中对手不会时刻按照ICM来玩，甚至有的人根本不懂什么叫ICM。所以我们实际决策时，ICM只是参考，还要做很多调整。

TIPS

和经济学理论中假设所有人都是理性人类似，ICM中也假设所有人都是理性人，实际上并不是。

ICM在实际决策中有如下几种情况需要调整：

（1）玩家相对于ICM玩法的松紧度

比如，当大小盲位置玩家都很紧的时候（跟注范围远小于5.7%和11%的时候），在按钮位置的我们会用更广的范围全压，比如60%。

（2）牌桌动态

比如，一个玩家刚刚输掉一个大彩池，看上去很情绪化，这时他在按钮位置全压16BB，小盲位置玩家弃牌，我们在大盲位置跟注的范围实际上要远远高于11%，可能达到20%。对手偏离ICM玩法越厉害，我们越需要做出相应的调整。

再比如，我们加注一次被3bet，过了一会又加注又被3bet，连续被3bet了四五次，明显桌上玩家在针对我们，此时我们被3bet之后4bet的范围会比ICM给出的正常4bet范围宽。因为考虑到牌桌动态，我们要保护自己的强硬形象，不能一直弃牌，否则将毫无机会赢得比赛，这时候我们会全压EV=0甚至稍微-EV的牌。

（3）弃牌之后的手牌机会

比如，我们在枪口位置有6BB，ICM会给出一个6BB全压的+EV范围，但是这个范围没有考虑到如果我们弃牌，下一手牌就要投入盲注。所以实际的全压范围要比ICM给出的范围更松一些，比如ICM告诉我们枪口位置6BB全压15%的牌，而考虑到如果这一手牌弃牌，下一手牌盲注就到我们了，实际中我们可能会全压20%的牌。

（4）考虑未来EV

比如，盲注为250/500，底注为50，三人彩池。筹码分布为我们在小盲位置有8BB，按钮位置大筹码玩家有15BB，大盲位置玩家有8BB。

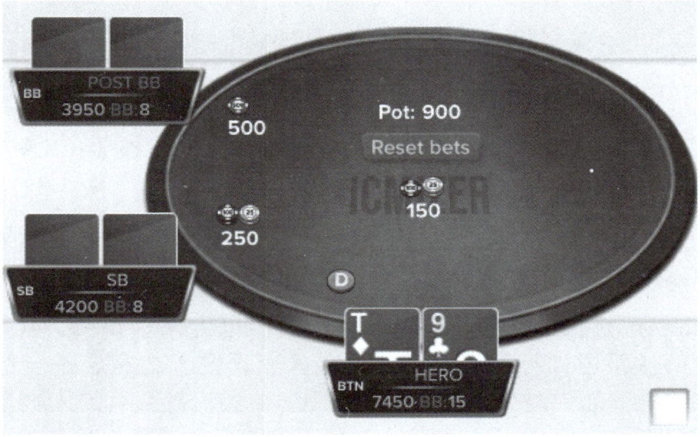

按钮位置玩家完全按照ICM打法全压45.7%的牌，根据ICM打法，我们在小盲位置跟注的范围为5.7%（99+、ATs+、AQo+）。

如果我们拿到88是否弃牌？

❶ 因为99跟注是+EV，88跟注的EV小于0，但是接近于0。如果我们的88弃牌，下一手牌我们的筹码为7BB（BTN位置），小盲位置玩家筹码量为7BB，大盲位置玩

家筹码量为16BB。

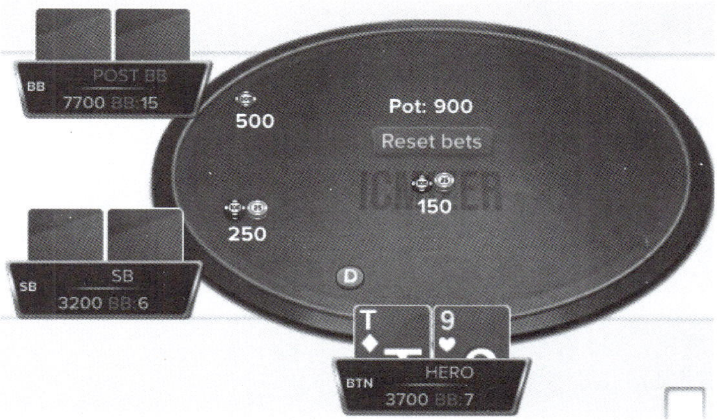

此时的ICM打法如下表所示。

位置	范围	具体牌型
按钮位置玩家全压范围	41.5%	22+、A2+、K2s+、K9o+、Q4s+、Q9o+、J7s+、J9o+、T7s+、T9o+、96s+、86s+、76s、65s
小盲位置玩家跟注全压范围	8.3%	88+、A9s+、ATo+
小盲位置玩家弃牌后，大盲位置玩家跟注全压范围	18%	44+、A3s+、A7o+、KTs+、KJo+、QJs

从上表可以看出，如果我们在小盲位置把88弃掉的话，下一手牌我们在按钮位置7.5BB的筹码量可以全压的+EV范围是41.5%。88跟注全压EV=0，也就是说弃牌和跟注都不输不赢，可以弃牌也可以跟注。

❷ 如果我们跟注全压，并且幸运地赢了全压，下一手牌我们的筹码量为16BB（BTN位置），小盲位置玩家筹码量为6BB，大盲位置玩家筹码量为7BB。

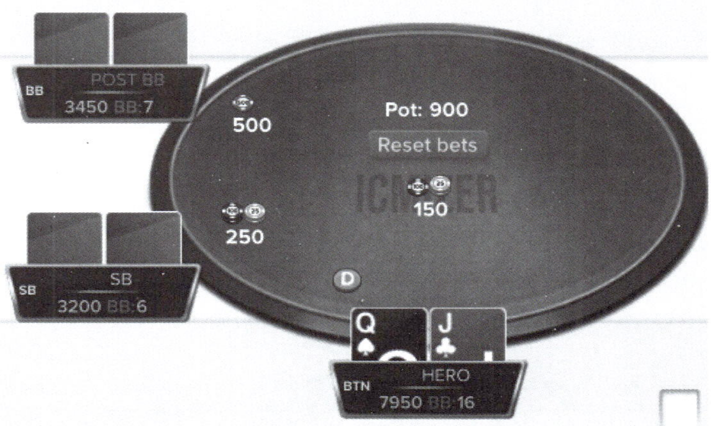

此时的ICM打法如下表所示。

位置	范围	具体牌型
按钮位置玩家全压范围	57.5%	22+、A2+、K2+、Q2s+、Q6o+、J2s+、J8o+、T4s+、T8o+、95s+、97o+、85s+、87o、75s+、64s+、54s
小盲位置玩家跟注全压范围	7.1%	88+、ATs+、AJo+
小盲位置玩家弃牌后，大盲位置玩家跟注全压范围	13%	66+、A7s+、A8o+、KTs+、KQo

从上表可以看出，如果我们在小盲位置用88跟注的话，虽然EV=0，但是下一手牌我们在按钮位置17BB的筹码量可以全压的+EV范围是57.5%，比我们弃牌之后能+EV全压范围41.5%要宽很多。

如果考虑到下一手牌的EV会增加，且能+EV全压的牌更多，那么跟注全压是正确的。虽然88的弃牌EV接近于0，按钮位置玩家16BB全压也是正确的，毕竟ICM打法没有考虑到未来的EV。

11.2 锦标赛的前期策略——小球派打法

比赛前期盲注比较小，桌上的平均筹码量为60BB以上的时候，我们会应用小球派打法。目前，世界上最顶尖的MTT玩家如Phil Ivey、Daniel Negreanu等人都是小球派风格。

小球派具体玩法：在比赛前期筹码很深的时候，用投机牌尽量小型加注或者跟注对手的小型加注投机，多玩翻牌后，多玩小彩池，除非自己拿着坚果牌才全压。

1. 小球派风格的突出优点

（1）降低比赛波动

小球派玩法是以最小的风险让自己的筹码稳定增长的方式。小球派风格玩家很少全压，多数情况是玩小彩池，所以比赛的波动相对小很多。

举个简单的例子，一位不是小球派风格的玩家而是硬汉风格的玩家（不放过任何五五开以上全压），一场MTT下来全压可能有20次，如果每次都拿着AA和对手3%的范围（JJ+、AK）全压，其胜率为83.43%。

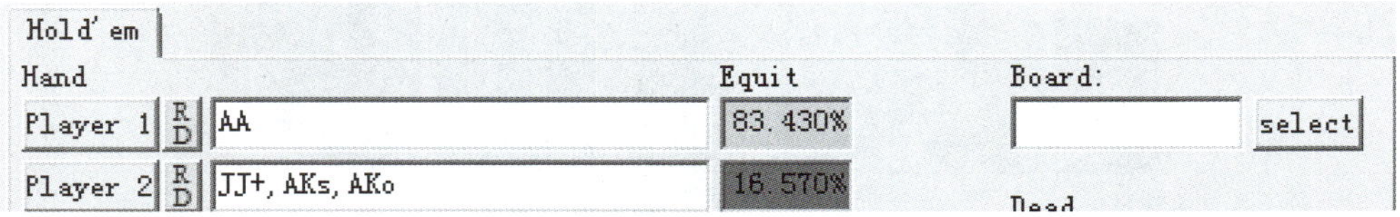

这位玩家如果想要赢得冠军就得赢20次全压，其中任何一次和其他大筹码玩家全压输了就出局了。那么20次全压全部赢的概率是多少呢？83.43%的20次方，约为

2.67%，概率是非常低的。

现实中我们不可能每次都是优势胜率全压，很多情况下和对手都是五五开或四六开，甚至处于劣势。假设我们全压的平均胜率为65%，那么20次全压全部赢的概率有多高呢？65%的20次方，约为0.0181%，低到令人发指！

所以很多现金桌高手，在参加锦标赛之后长时间都打不出成绩。原因就是现金桌打法，只要是+chipEV就可以全压，哪怕只是五五开或者四六开，也是要全压的。如果现金桌高手打锦标赛时依然用这种高波动的打法，赢得冠军的概率就会低很多。

而小球派风格是尽量少全压，多参与小彩池，不是坚果牌不全压，降低了筹码的大型波动，以最小的风险让自己的筹码稳定增长。

（2）能充分发挥翻牌后的技术优势

高手的技术比其他玩家好很多，这种技术多半体现在翻牌后，毕竟翻牌前按照ICM玩就很简单，但是翻牌后的状态很复杂。小球派风格就是尽可能便宜地跟进牌局看翻牌，然后在翻牌后利用技术优势去收集一个又一个小彩池。

（3）玩家在小彩池的时候更容易失去兴趣

彩池越大，玩家斗争得越凶，一般玩家不会轻易把大型彩池拱手让人，所以赢得大型彩池很不容易。而小彩池中，很多玩家会觉得彩池很小而不在意，斗志没有那么高，常常会送出很多无风险的小彩池。这些无风险的小彩池单个看起来不多，但是如果频繁参与这样的彩池，累积起来是非常多的。所以在现场锦标赛中，好的玩家面前往往有高高的一大堆小额筹码，就是因为收集这些小彩池得到的。

宏观来看，比如参加一场500人的MTT锦标赛，假设500人不存在技术差距，所有人技术水平都一样，那么获得冠军的概率是1/500。

如果不存在波动的话，也就是方差为0的时候，每玩500场比赛就能获得一次冠军。但是考虑到波动的存在，打法越是强硬，全压越是频繁，那么波动就会越大。可能5亿场比赛里，只有100万次是冠军。但是波动会让短期结果偏离期望值，比如运气最差的时候前一万场比赛一场冠军都没有，运气最好的时候前一万场比赛获得100次冠军。而从期望值EV来说，一万场比赛中获得冠军的次数EV=10 000/500=20次。

小球派风格就是让这种波动和方差更小，结果更偏向于平均每500场获得1次冠军，即让短期波动更小，结果更接近期望值。比如小球派玩家运气最差的时候前一万场比赛获得10场冠军，运气最好的时候前一万场比赛获得30次冠军，结果更加接近期望值20。

另外，小球派风格更能充分发挥高手的翻牌后技术优势，由于技术优势存在，往往赢得冠军的概率会大大提高，从1/500提高到1/50，那么比赛的成绩波动会更小。所以目前世界上顶尖的锦标赛玩家全部都是小球派风格。

2. 小球派的具体玩法

小球派玩法在比赛前中期所有人筹码都大于60BB的时候特别有效。

小球派起手牌：所有同花连牌、Axs、Kxs、所有对子、大的高牌。

除非拿到AA，翻牌前尽量不要再加注别人或者跟注别人的再加注，通常跟注别人的小加注看翻牌圈，或者自己加注，翻牌前将彩池控制在比较小的规模。

❶ 在翻牌圈击中超强牌的时候（两对以上的强牌），就下注三条街获得价值。

❷ 翻牌圈没有击中牌的时候，对手对彩池明显不感兴趣（准备过牌）的时候，就下注1/2～3/4彩池拿下彩池。如果对手跟注了，就不要再诈唬了。

❸ 击中顶对的时候，根据对手的激进度、彩池中人数多少以及对手对彩池感兴趣的程度，选择过牌或者下注一条街，然后过牌转牌圈和河牌圈控制彩池的规模。对手越凶，我们越要过牌控制彩池，毕竟我们不能在深筹码时用顶对打大彩池。对手越是对彩池不感兴趣，我们越要下注拿下彩池，以免让对手看到免费牌而在转牌圈和河牌圈击中强牌。当然彩池里面人数越多，我们越不能价值下注或者诈唬，一来被对手再加注的可能性比较高，而顶对经不起再加注，二来人数多的时候，诈唬成功的概率也会更低。

❹ 中了一个中小对子或者同花听牌、顺子听牌之类的中等牌，对手对彩池明显不感兴趣（准备过牌弃牌）的时候，下注1/2～3/4彩池来拿下彩池。如果对手很凶很容易过牌加注，或者彩池里人很多的时候，最好过牌以图便宜看到转牌和河牌，如果击中两对、三条或者顺子同花之类的强牌再放大彩池。

3. 小球派风格玩家在翻牌后全压的标准

❶ 没同花和顺子可能性的牌面，击中顶两对或三条可以全压。

❷ 有同花和顺子可能性的牌面，击中同花或顺子才可以全压。

❸ 有葫芦可能性的牌面，只有自己是葫芦才能全压，如果只是顺子或者同花是不能轻易全压的。

总体来说，小球派风格参与彩池频率比较高，但是一旦涉及全压，都会比正常情况下更加谨慎。因为桌上其他玩家往往会认为小球派玩家过于松，而不相信小球派玩家的全压，所以当小球派玩家准备全压的时候一般都是有坚果牌或者接近于坚果牌。像顶对顶踢脚、超对这样的牌在翻牌后都是不能用来全压或玩大型彩池的。

小球派风格玩家往往利用自己“松”的形象，造成别的玩家不相信他们的全压，而输给小球派玩家很多大型彩池。

【例11-1】小球派玩家在中间位置加注7s8s，被按钮位置玩家再加注，小球派玩家弃牌。接着下一手牌小球派玩家在关煞位置加注Ah5h，被按钮位置玩家再加注，小球派玩家再次弃牌。接着小球派玩家拿着AhAs在按钮位置加注，大盲位置玩家用AcKc再加注，小球派玩家选择4bet，大盲位置玩家考虑半天觉得小球派玩家玩得很“松凶”，多半是没有牌的，就选择全压AcKc，结果却发现撞上AhAs。大盲位置玩家开始抱怨：“真倒霉，为什么他玩这么松，加注每一手牌，等到我再加注的时候却偏偏拿着AA？”其实这个玩家没有明白一点，小球派玩家的加注和再加注是完全不同的两个范围，加注确实很松，但是一旦再加注准备全压就是一定坚果。也就是说，不是坚果牌，不会全压。小打小闹可以，但是一旦涉及大型彩池，小球派玩家往往拿着很大的牌，而此时其他玩家因为小球牌玩家加注松的特点不相信小球派玩家的再加注，或者翻牌后是大型彩池的时候，其他玩家也不相信小球派玩家的全压。

11.3 锦标赛的中期策略——偷盲与反偷盲

彩池中出现底注（ante），锦标赛就进入中期了。此时偷盲变得有利可图，我们在后面位置可以更松地加注。

在盲注10/20的时候，我们在按钮位置基本不会加注Q2o这样的牌，因为彩池里面的死钱不多，只有30，在比赛前期我们的筹码量往往都是100BB以上，不能为了1.5BB而加注Q2o这样的弱牌，如果因为起手牌太弱在翻牌后输掉一个大型彩池就得不偿失了，比如翻牌是QQ5，对手是AQ，而我们是Q2。

但是，在盲注100/200、底注40的时候，所有人弃牌到我们的按钮位置，我们一定要加注Q2o这样的牌。盲注100/200的时候，桌上的平均筹码都不太高（低于40BB），这样彩池里的盲注死钱对每个人来说都很重要。另外，桌上有9个玩家，每个玩家的底注是40，加上大小盲注300，彩池里面总共660的死钱，如果我们翻牌前加注2.5BB（500筹码）偷盲，需要的最低成功率为500/(660+500)=43.1%。也就是说，大小盲注综合抵抗范围为43.1%以上（考虑到跟注抵抗会让我们实现部分胜率，实际的抵抗范围要大于43.1%），我们的2.5BB加注偷盲才是-EV。

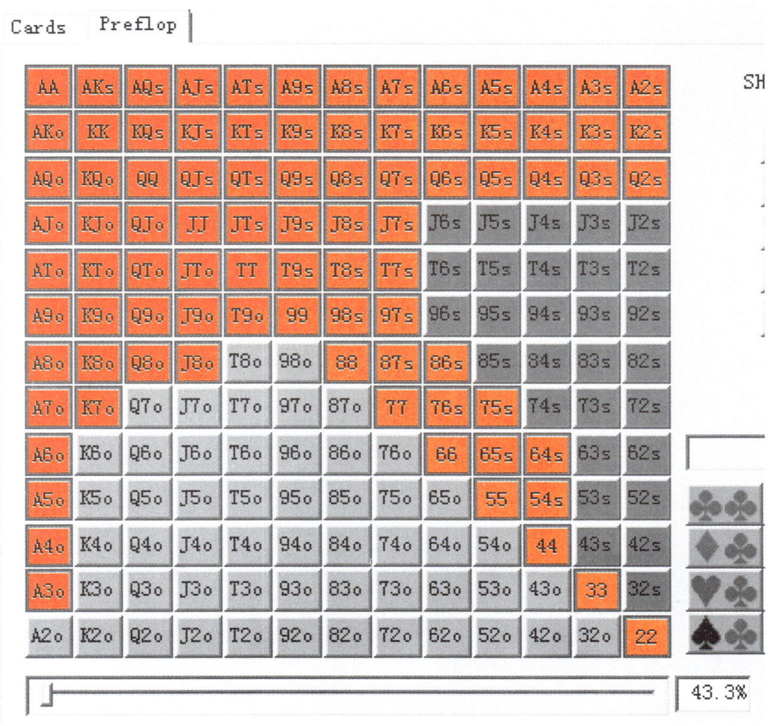

43.1%为上图红色部分的范围，是一个非常非常松的范围，一般来说玩家在盲注位置抵抗的范围没有这么宽，所以我们在按钮位置加注2.5BB是非常有利可图的。

随着盲注不断上涨，桌上的平均筹码量都会变小（按照多少大盲计算），彩池里面的盲注和底注死钱对每一个人来说都至关重要。这时候要格外重视偷盲和反偷盲。

下面介绍比赛中后期不同筹码的打法。

1. 25BB+筹码量

尽量对中间筹码量的玩家偷盲（比如15BB+），而避免对1～6BB的超级小筹码玩家偷盲。小筹码玩家往往会孤注一掷，全压范围也很宽。但是中间筹码量的玩家，一方面因为筹码量能够承担盲注损失，另一方面考虑到很多小筹码玩家的存在，中间筹码量玩家不想此刻就出局。

在比赛中期有底注（ante）存在的时候，加注2.5BB偷盲是非常有利可图的，彩池中已经有1.5BB+9×0.1BB=2.4BB（一般ante为0.1BB），我们用2.5BB去搏2.4BB，需要的最低成功率为2.5/(2.5+2.4)=51%。也就是说，对手反抗再加注的概率要大于51%，我们的加注才是-EV的，但是51%是个非常非常松的范围，现实中玩家再加注的范围不可能这么宽。另外，我们频繁加注偷盲会营造一个松的形象，如果此时运气好，拿到5.1%的大牌（AQ+、99+），对手和我们全压，我们经常能得到支付，但是如果我们太紧，形象太好，对手不会轻易和我们全压，即使我们偶尔拿到大牌也只能收下盲注。

所以，在比赛中后期偷盲至关重要。

下表是比赛有底注时我们在各个位置加注2.5BB偷盲，剩下的对手全压反偷盲的范围。（这个全压让我们偷盲的EV=0）

我们偷盲的位置	后面还没行动的玩家全压反偷盲范围（使我们偷盲的EV=0）
小盲位置	50%（22+、A2s+、A2o+、K2s+、K5o+、Q2s+、Q7o+、J4s+、J7o+、T6s+、T8o+、96s+、98o+、86s+、76s、65s）
按钮位置	29%（22+、A2s+、A2o+、K9s+、KTo+、Q9s+、QTo+、J9s+、JTo+、T9s、98s）
关煞位置	20.5%（22+、A2s+、A7o+、KTs+、KJo+、QTs+、QTo+、JTs、JTo）
中间+2位置	16%（55+、A6s+、A8o+、KJs+、KJo+、QJs、QJo）
中间+1位置	13%（55+、A7s+、ATo+、KJs+、KJo+、QJs）
中间位置	11%（55+、ATs+、KJs+、ATo+、KQo）
枪口+1位置	9.5%（88+、ATs+、KJs+、ATo+、KQo）
枪口位置	8.5%（88+、ATs+、KQs+、AJo+、KQo）

从上表可以看出，只有当后面没有行动的玩家再加注全压反偷盲的范围大于表格第二列给出的范围，我们在这个位置加注偷盲才是-EV的。比如，我们在小盲位置加注2.5BB偷盲时，大盲位置玩家全压反偷的范围要高于50%，我们的加注偷盲才

是-EV的，实际上大部分大盲玩家都做不到50%的全压反偷频率，所以当我们在小盲位置的时候偷盲会非常频繁。

2. 12～25BB筹码量

12～25BB的筹码量是标准的反偷盲全压筹码量，我们往往不会很松地加注偷盲（如果因为偷盲失败，而筹码量掉到10BB以下就失去了反偷盲的能力），但是会更多地全压反偷盲。

全压反偷盲是积累筹码非常快的方式，成功一次，筹码会增加6.3BB（假设玩家加注量为3BB，彩池中有3.3BB盲注和底注），而偷盲每次只能累积3.3BB。反偷盲累积的筹码几乎是偷盲累积筹码的两倍。但是全压反偷盲也是有筹码量限制的，最佳的全压反偷盲筹码量为12～25BB。

如果筹码量太大则风险太大，这时候通常都是3bet诈唬，面对4bet全压再弃牌，而不会直接3bet全压。比如当我们筹码为40BB的时候，另一个40BB玩家加注3BB偷盲，我们如果用不太好的牌3bet到40BB全压，那么为了6.3BB而冒着40BB的风险，显然是非常不明智的。这时候3bet诈唬到8.5BB，如果对手全压再弃牌会更好。

同理，如果筹码量低于10BB，全压反偷盲往往会失败。比如大筹码玩家加注3BB偷盲，我们用8BB全压，而大筹码玩家只需要额外投入5BB就能博16BB（如果算上盲注和底注会更多），大筹码玩家最低胜率需要5/16=31.25%。假设我们的反偷盲范围为20%的牌，那么什么范围面对20%的范围有31.25%以上的胜率呢？

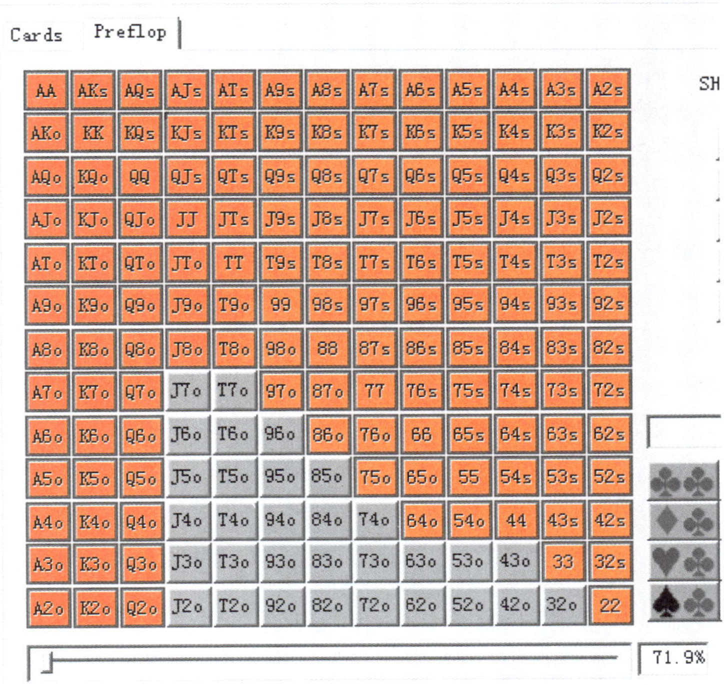

上图为大筹码玩家加注3BB偷盲，被8BB玩家用20%的起手牌范围全压之后，能跟注的范围为71.9%，也就是说，大筹码玩家任何加注偷盲的牌都会跟注8BBb全压而反偷盲。（一般来说，翻牌前赔率达到3：1的时候几乎任何牌都要跟注全压）。

为了保持12BB～20BB的筹码反偷盲威慑力，我们不要很松地加注偷盲，因为此时损失的每一个盲注对我们来说都是很重要的，一旦不慎掉到10BB以下的筹码量，将失去反偷盲全压的威慑力，会进入非常艰难的境地。

【例11-2】一个40BB的大筹码玩家在按钮位置加注3BB偷盲，这个大筹码玩家偷盲非常频繁，我们在小盲位置筹码量为20BB，拿着A3s，此时是很好的再加注全压反偷盲的时机，他要跟注我们的全压需要额外付出17BB，需要的最低胜率为17/(20+20+1)=41.46%，因为我们形象紧（12～20BB筹码的时候我们偷盲很少，弃牌比较多），大筹码玩家偷盲频繁，起手牌范围肯定很松，而且对于大筹码玩家来说，损失20BB对他们的筹码伤害还是不小的，掉到20BB中筹码行列导致后面无法频繁加注偷盲，所以大筹码玩家多半会选择弃牌。即使他们这时候恰好是10%的起手牌范围跟注，我们的A3s面对10%的范围也有35.5%的胜率。如果成功翻倍我们就变成了大筹码，就可以频繁偷盲啦！

下面介绍各个位置和筹码量的反偷盲打法。

（1）对抗前面位置紧手玩家的加注，全压反偷盲的打法

紧手玩家翻牌前加注2.5BB的起手牌范围为10.1%。

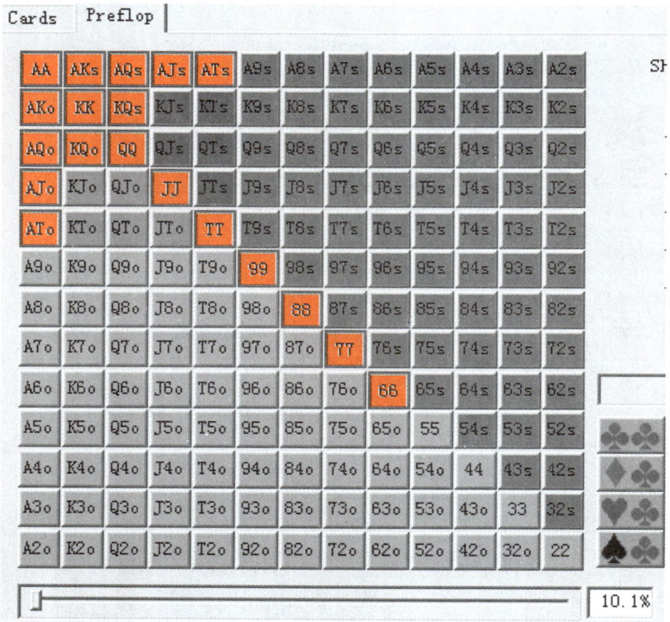

下表是我们后面还有7个玩家没有行动的时候，面对紧手玩家，我们各个筹码量全压反偷盲的+EV范围。

我们全压反偷盲的筹码量	紧手玩家用10.1%的范围加注2.5BB偷盲
全压反偷盲筹码量为15BB	紧手玩家的跟注全压范围为7.8%（77+、ATs+、KQs、AJo+） 后面没有行动玩家的冷跟注全压范围为5.4%（99+、AJs+、AQo+） 我们有利可图的全压范围为4.1%（TT+、AK+）
全压反偷盲筹码量为20BB	紧手玩家的跟注全压范围为5.9%（88+、AJs+、AQo+） 后面没有行动玩家的冷跟注全压范围为5.1%（99+、AQs+、AKo） 我们有利可图的全压范围为4.1%（TT+、AK+）
全压反偷盲筹码量为25BB	紧手玩家的跟注全压范围为4.2%（99+、AQs+、AKo+） 后面没有行动玩家的冷跟注全压范围为4.1%（TT+、AK+） 我们有利可图的全压范围为3.6%（JJ+、AK+）

TIPS

表格第二列给出了偷盲玩家跟注全压的范围，以及后面没有行动玩家突然冷跟注全压的范围，这两个范围都是经验假设，现实中玩家不同会有所不同。如果玩家跟注全压范围比这个假设范围更松，那么相应的我们能反偷盲全压的范围就要比表格中给出的范围更紧。我们在后面位置或者盲注位置的时候全压范围比给出的范围要更松一点，因为后面没有行动的玩家越少，我们全压被跟注的概率越低，当然全压范围就会更松一点。

（2）在大小盲位置面对正常玩家加注的全压反偷盲打法

正常玩家翻牌前加注2.5BB的起手牌范围为19.5%。

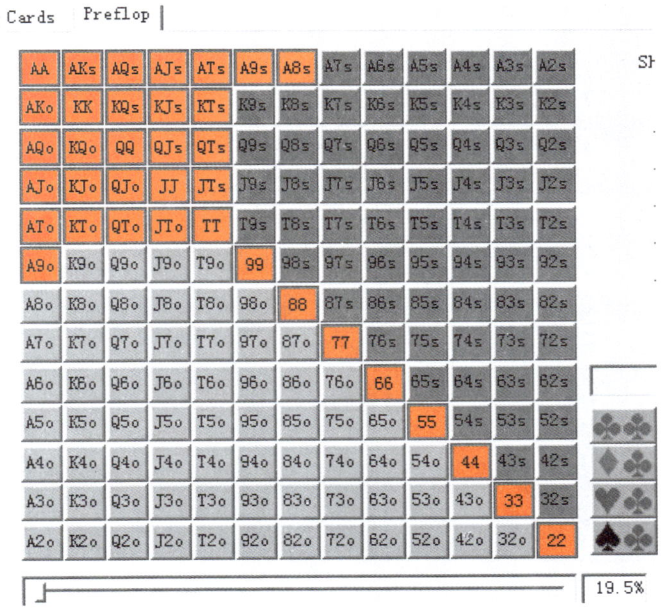

下表是我们在盲注位置面对正常玩家的时候，各个筹码量全压反偷盲的+EV范围。

我们全压反偷盲的筹码量	正常玩家起手牌范围为19.5%
全压反偷盲筹码量为15BB	正常玩家的跟注全压范围为13%（55+、A9s+、KTs、QTs、ATo+、KJo+） 后面没有行动玩家的冷跟注全压范围为4.1%（TT+、AK+） 我们有利可图的全压范围为13.7%（22+、A8s+、KJs、A9o+、KQo）
全压反偷盲筹码量为20BB	正常玩家的跟注全压范围为8.3%（66+、ATs+、KQs、AJo+） 后面没有行动玩家的冷跟注全压范围为4.1%（TT+、AK+） 我们有利可图的全压范围为11.2%（55+、ATs+、KTs+、QTs+、JTs、AJo+）
全压反偷盲筹码量为25BB	正常玩家的跟注全压范围为7.8%（77+、ATs+、KQs、AJo+） 后面没有行动玩家的冷跟注全压范围为4.1%（TT+、AK+） 我们有利可图的全压范围为8.3（66+、ATs+、KQs、AJo+）

TIPS

我们在大盲位置最后一个行动，后面没有玩家可能冷跟注全压，我们全压的范围比其他位置要松一点点。如果我们不在大盲位置，而是其他位置，那么后面没有行动玩家越多，我们全压反偷盲的范围会越紧。

（3）我们在前面位置面对松手玩家加注的全压反偷盲打法

松手玩家翻牌前加注2.5BB的起手牌范围为31.5%。

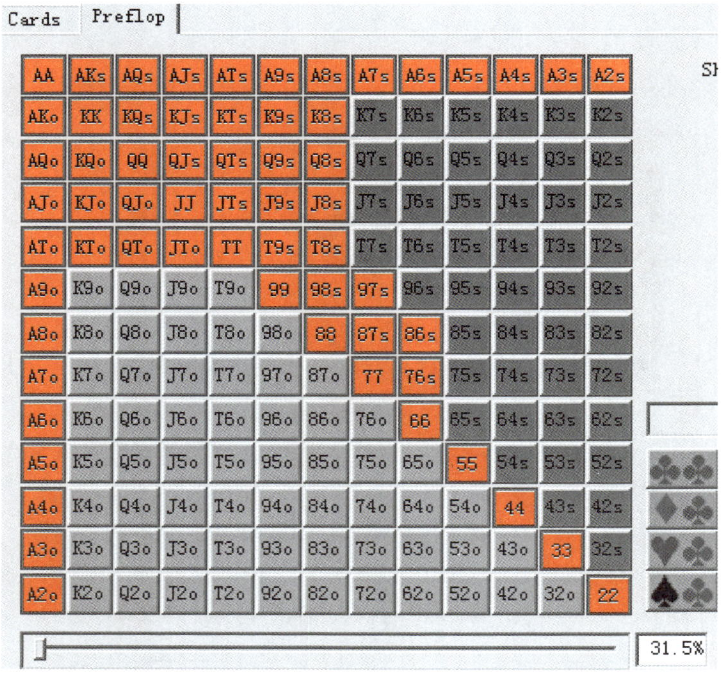

下表是我们后面还有7位玩家没有行动的时候，面对松手玩家我们各个筹码量全压反偷盲的+EV范围。

我们全压反偷盲的筹码量	松手玩家起手牌范围为31.5%
全压反偷盲筹码量为15BB	松手玩家的跟注全压范围为18.3%（22+、A2s+、KTs+、QTs+、A9o+、KTo+） 后面没有行动玩家的冷跟注全压范围为5.9%（88+、AJs+、AQo+） 我们有利可图的全压范围为11%（55+、ATs+、KQs、ATo+、KQo）
全压反偷盲筹码量为20BB	松手玩家的跟注全压范围为13.5%（22+、A8s+、KQs+、A9o+、KQo） 后面没有行动玩家的冷跟注全压范围为4.1%（TT+、AK+） 我们有利可图的全压范围为9.8%（22+、ATs+、AJo+）
全压反偷盲筹码量为25BB	松手玩家的跟注全压范围为7.8%（77+、ATs+、KQs、AJo+） 后面没有行动玩家的冷跟注全压范围为4.1%（TT+、AK+） 我们有利可图的全压范围为8%（44+、AJs+、KQs、AQo+）

TIPS

我们在后面位置或者盲注位置全压的范围比给出的范围要更松一点，因为后面没有行动的玩家越少，我们全压被跟注的概率越低，我们全压的范围就可以更松一点。

（4）我们在大盲位置面对松手玩家全压反偷盲打法

松手玩家翻牌前加注2.5BB的起手牌范围为31.5%。

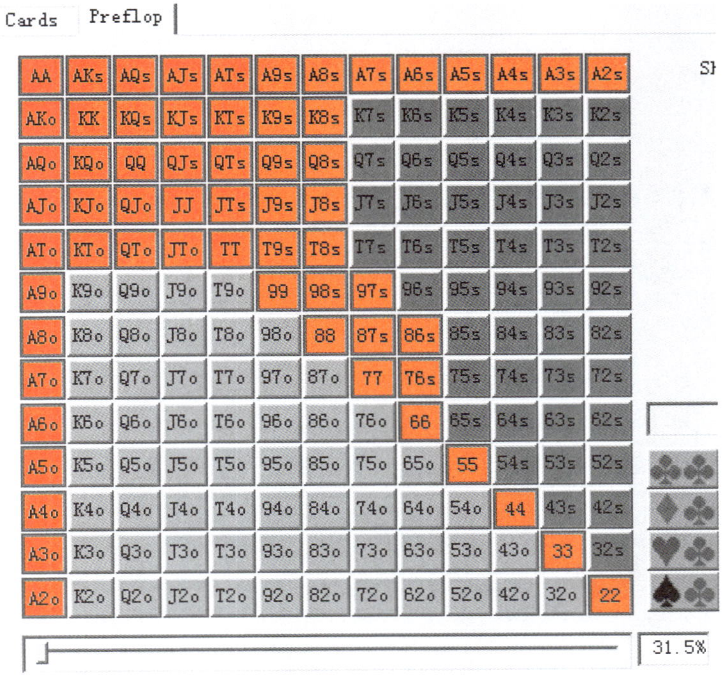

下表是我们后面还有7位玩家没有行动的时候，面对松手玩家我们各个筹码量全压反偷盲的+EV范围。

我们全压反偷盲的筹码量	松手玩家起手牌范围为31.5%
全压反偷盲筹码量为15BB	松手玩家的跟注全压范围为18.3%（22+、A2s+、KTs+、QTs+、A9o+、KTo+） 我们有利可图的全压范围为25.2%（22+、A2s+、K9s+、KTo+、QTs+、A2o+、KQo）
全压反偷盲筹码量为20BB	松手玩家的跟注全压范围为13.5%（22+、A8s+、KQs+、A9o+、KQo） 我们有利可图的全压范围为18.6%（22+、A2s+、A8o+、 KQo、KJo以及任何两张大于T的同花高牌）
全压反偷盲筹码量为25BB	松手玩家的跟注全压范围为11%（55+、ATs+、KQs、ATo+、KQo） 我们有利可图的全压范围为15.8%（44+、A2s+、KQo、A9o+以及任何两张大于T的同花高牌）

（5）我们在大盲位置面对“疯子”玩家全压反偷盲打法

“疯子”玩家翻牌前加注2.5BB的起手牌范围为56.6%。

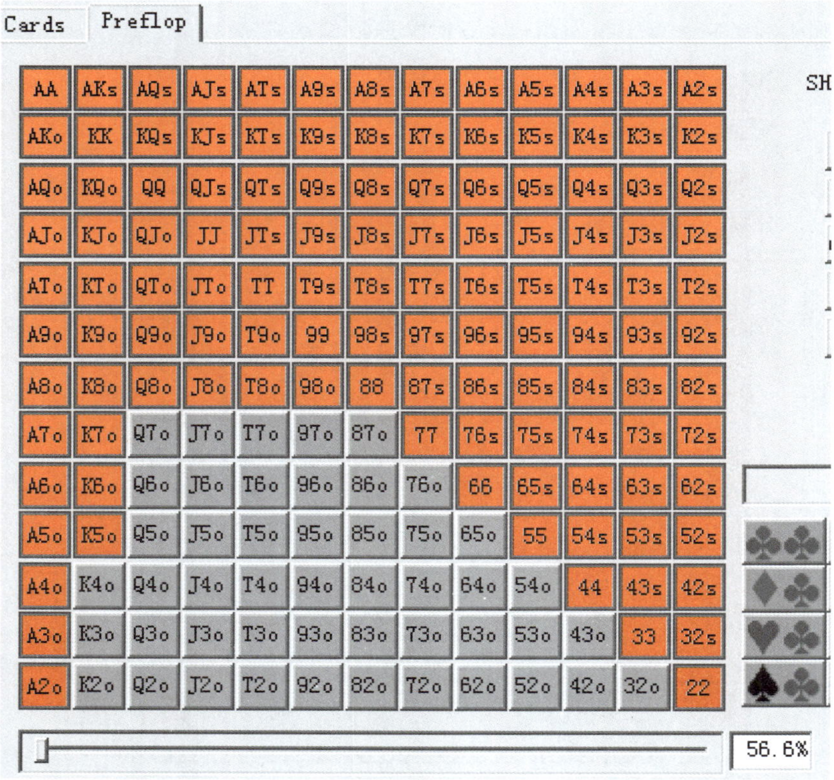

下表是我们在盲注位置面对“疯子”玩家的时候，各个筹码量全压反偷盲的+EV范围。

我们全压反偷盲的筹码量	“疯子”玩家起手牌范围为56.6%
全压反偷盲筹码量为15BB	“疯子”玩家的跟注全压范围为38.2%（22+、A2s+、K4s+、Q7s+、J7s+、97s+、86s+、76s、A2o+、K8o+、Q9o+、J9o+、T9o） 我们有利可图的全压范围为40%
我们的全压反偷筹码量为20BB	“疯子”玩家的跟注全压范围为27%（22+、A2s+、K9s+、QTs+、JTs、A2o+、KTo+、QTo） 我们有利可图的全压范围为50%
全压反偷筹码量为25BB	“疯子”玩家的跟注全压范围为17%（44+、A2s+、KTs+、QJs、A8o+、KJo+） 我们有利可图的全压范围为80%（除了最差的两张非同花的小牌以外的所有牌）

TIPS

有趣的是，“疯子”玩家加注偷盲的时候，随着我们的筹码量从15BB到25BB，我们全压反偷盲的范围逐渐变广，25BB的时候甚至达到86.4%的惊人数字。所以面对松的玩家全压反偷盲非常有效。在我们准备加注偷盲之前，一定要看看后面还没有行动的玩家中有多少12～25BB的标准反偷盲玩家，以及他们反偷盲的意愿，后面标准反偷盲筹码量玩家越多、他们越凶，我们就越要收紧偷盲的起手牌范围。在一个满是标准反偷盲筹码量玩家的桌上，而且都很凶的时候，我们只能等一手好牌加注然后跟注全压了。

3. 7～11BB筹码量

在筹码量只有7～11BB时，我们要找机会全压，一直等只会被盲注耗死。如果我们在小盲位置，则全压30%～60%的牌；如果我们在按钮位置，则全压30%～40%的牌；如果我们在中间位置，则全压15%～25%的牌；如果我们在枪口位置，则全压10%～15%的牌。如果有很松的玩家加注偷盲，那么他们加注偷盲的起手牌范围是什么，我们全压的起手牌范围就是什么，此时我们很乐意五五开搏一搏。如果赢了就进入标准反偷盲筹码量，会更加容易累积筹码而赢得高名次。如果输了也没什么，总比一直弃牌被盲注耗死强。

4. 1～6BB筹码量

在筹码只有1～6BB时，只有一种动作，那就是全压。如果有人在我们前面加注，我们拿到20%以上的牌肯定要全压。如果所有人弃牌到我们，根据后面玩家人数的多少，我们会全压20%～50%的牌（枪口位置全压20%，小盲位置全压50%）。

另外，我们还要看机会成本，如果我们在大盲位置拿着边缘牌，比如J9o，中间位置玩家加注2.5BB偷盲，此时我们只有6BB，J9o属于20%左右的牌，在跟注的边缘。但是考虑到我们弃牌之后能得到7次免费看牌的机会（下一次盲注到我们需要7手牌），我们这里选择弃掉边缘牌。当然如果只有3BB以下的筹码量，无论任何牌我们都是要全压的，闭上眼全压吧，弃牌是没有前途的，已经在彩池里投入了30%以上的筹码，此时任何牌都是有赔率全压的。

TIPS

如果想成为顶尖的锦标赛高手，建议用“盲打”的方法多练习。所谓“盲打”，就是当比赛进入中期偷盲和反偷盲的阶段，不看底牌只根据场上的情况加注偷盲，再加注反偷盲以及弃牌。场上的情况包括场上玩家的筹码分布、我们的位置、各个玩家的松紧度以及倾向。如果准备反偷盲，那么需要考察加注者的偷盲范围是什么以及跟注全压范围又是什么；如果准备偷盲，那么需要考虑后面没有行动玩家跟注偷盲和反偷盲的范围是什么、比赛是否进入泡沫期以及此刻的奖金分布对玩家跟注范围的影响。“盲打”的时候考虑的不是自己的牌，而是纯打弃牌率，也就是打对手的倾向和频率，以及此刻奖金分布和筹码分布对对手决策的影响。总之，“盲打”是非常困难的，但是想要成为真正的顶尖锦标赛高手，最快的成长方式就是练习“盲打”，找到一切与手牌无关的+EV情形。如果“盲打”都能盈利，那么再看底牌打会很有优势。

11.4 锦标赛的泡沫期策略——眼里没有泡沫

泡沫期也称为Bubble Time，是指只淘汰几个人就可以获得奖金，或者只淘汰几个人就能进入最终桌。比如，奖金分布是前50人有奖，比赛还剩下51～55人，那么此时就属于泡沫期，如果在泡沫期出局，那么快要到手的奖金就会成为泡影。同样，最终桌（Final Table）的奖金跳跃度是最大的，在比赛只剩下10～13人的时候，如果出局就会失去进入9人最终桌而争夺第一名的可能，另外还会损失很多奖金（因为第9名和第10～13名奖金跳跃幅度比较大）。

在钱圈泡沫期以及最终桌泡沫期，很多中间筹码量的玩家不愿意冒险，他们此时会玩得很紧，没有坚果牌基本不会全压。所以，当我们是大筹码的时候，在泡沫期无情地对每一个中间筹码量玩家偷盲吧！

很多高手在泡沫期会对每一手牌偷盲，也就是连着七八次加注2.5BB偷盲，就是看准了此刻玩家们都很紧，这时候甚至一些小筹码玩家都很紧，中间筹码量玩家就更紧了。所以泡沫期基本是大筹码玩家的盛宴，无情地偷盲吧，七八次偷盲成功可是20BB的筹码累积。泡沫期是大筹码玩家扩大优势的最佳时期，一定要把握机会。

另外，由于奖金跳跃性分布不同，单桌锦标赛和人数众多的MTT比赛泡沫期打法完全不一样。

下表是9人SNG（Sit and Go，坐满即玩的单桌锦标赛）比赛和500人MTT比赛泡沫期奖金分布对比。

SNG	MTT
第1名奖金50%	前3名奖金10%～30%
第2名奖金30%	第10～15名奖金1%
第3名奖金20%	第50名奖金0.2%
第4～9名奖金为0	第50名以下没有奖金

从上面表格可以看出，MTT进入泡沫期，奖金不过是总奖池的0.2%，大概两个买入费左右的奖金。相对于MTT前3名奖金的10%～30%来说，不过九牛一毛。所以在MTT比赛的泡沫期，真正的高手即使是中间筹码也不会太紧，因为争夺前3名才是真正的目标，而不是钱圈或者进入最终桌。在MTT泡沫期一旦有机会获得大量筹码，而且胜率有优势，就一定要上，即使对方是大筹码玩家，我们也不会害怕泡沫期出局。一旦赢得大型彩池成为大筹码，那么就有更大的空间发挥技术优势，有更大可能获得前3名了。

11.5 锦标赛的最终桌策略

进入比赛的最终桌意味着有很大概率获得很好的名次和高额的奖金，第一名、第二名、第三名分别占总奖池的30%、15%、10%，相对于买入费来说这是非常高额的回报。第一名的$15000为买入费$100的150倍！

下表是各名次奖金分布及所占比例。

名次	奖金分布	奖金占总奖池的比例
1	$15000	30%
2	$7500	15%
3	$5000	10%
4	$4000	8%
5	$3750	7.5%
6	$2500	5%
7	$1750	3.5%
8	$1100	2.2%
9	$750	1.5%

通常来说，进入最终桌之前的泡沫期，大家会玩得很松很凶，加注偷盲的牌通常不太好。原因有两个：第一，泡沫期为5～6人的少人桌（有两桌），比正常的9人桌少了3～4人，这种少人桌打法松凶很多，毕竟玩家少，起手牌质量可以降低；第二，很多高手在泡沫期会抓紧时间针对中间筹码量的玩家偷盲，所以在泡沫期会玩得特别松凶，但是进入最终桌，重新回到9人桌，这时候要适当玩得紧一点，毕竟泡沫期已经过去，不能再随意偷盲压制泡沫期的中间筹码量玩家。另外，9人满员桌人数很多，起手牌的质量要提高。通常，我们不会轻易玩一手牌，一旦选择玩都会玩得非常激进。

另外，上桌之后要观察桌子上每一位玩家的筹码量分布，如果我们处于中间筹码量，就不能轻易挑战最大筹码量玩家，毕竟这时候我们要是很松地拼五五开或者四六开，是有概率出局的，而第9名的奖金太少，我们没有必要这时候拼命，毕竟还有很多筹码极少的玩家，适当等他们出局，我们的名次就自然提升，奖金也会自然提升。有时候什么都不做，往往是最好的选择。当然，如果我们确实拿到TT～AA

这样的超强牌，还是可以和大筹码的松凶玩家拼全压的，AK这样的牌我觉得还是丢了的好，全压的优势不大，通常都是和对手五五开或者四六开，最多三七开，平均来讲AK的胜率为60%左右。以这样胜率的牌冒着第9名出局的风险去和大筹码拼命是不值得的。毕竟只要等等，筹码最少的两个玩家立马就会出局，我们至少获得第7名，而第7名的奖金是第9名奖金的2.3倍。

如果我们是桌上筹码最少的两个玩家之一，我们就不能死等好牌了，觉得机会差不多就全压吧，一般五五开都是能接受的，毕竟第1名奖金和第8名奖金一个天上一个地下，与其“猥琐”地一直弃牌等一个玩家出局被盲注耗死，还不如拼一拼。问问自己参加MTT比赛的初衷是什么，难道只是为了第8名而参加比赛的吗？弃牌最多只能获得第8名，奖金只是比拼命之后输了获得第9名多了一点点而已，但是如果拼命之后赢了全压，最终获得了第1名，那么以最终结果来说，是完全值得的。所以作为桌上筹码量最少的两个玩家之一，找机会全压吧，只要是五五开或以上的机会都是可以全压的，不能像中间筹码量玩家那样，即使AK都要丢，如果小筹码玩家拿到AK可以闭上眼全压，AK是我们当前能看到的最好的牌，不全压一搏，太没天理了！

如果我们是桌上筹码量最大的玩家，那么就可以较松地对中间筹码量的玩家偷盲，因为从ICM来说，他们能反抗的牌非常非常少，毕竟这时候他们拼命是非常不明智的，他们只需要等待最少的筹码量出局之后再拼命，就能获得奖金的提升。所以通常来说，筹码量最大的玩家优势最大，因为他们能一直剥削中间筹码量的玩家，他们偷盲的时候只需担心筹码量最少的玩家的全压范围，能和这个范围五五开或者四六开就行，40%的胜率都是可以接受的。在比赛中，筹码就是力量。对于中间筹码量玩家来说，有时候弃牌是不得不做的事情，退一步海阔天空，弃牌给自己一个机会，也给对手一个机会，即使拿着AK，当最大筹码量玩家全压时候，也得丢掉。对于最小筹码的玩家来说，有时候为了“活着”必须拼命，等只有“死路”一条，拼赢一次之后成为中间筹码量玩家就可以再等等了。

我的看法：大筹码量玩家“收租金”，中间筹码量玩家“混养老金”，最小筹码量玩家“拼命”。当然过程是动态的，当小筹码量玩家拼命之后成功翻倍成为中间筹码量玩家，这时候就可以玩得很紧了，毕竟等待其他玩家出局就能提升名次和奖金，混混养老金挺好；当大筹码量玩家偷盲几次和最小筹码量玩家全压都输掉了，筹码量降到中间筹码量的时候，也可以适当紧一点，已经没资格继续收租金了；当中间筹码量玩家恰好拿到一手好牌翻倍成为大筹码量的时候，就可以开始收租金啦！

另外，在最终桌上要注意的一点是，观察每个玩家的倾向以及他们玩比赛的目标，有的玩家就是为了混更好的名次，我们可以多偷他们的盲注；有的玩家不懂得ICM，即使中间筹码量也很拼命，这时候我们就不能很松地去收他们的租金，毕竟他们是“二愣子”，我们紧一点，拿到好牌再跟他们全压。

总之，在比赛中要时刻关注桌上的筹码量分布，以及每个玩家当前的心态，然后采取最佳的提升名次的方式进行游戏（注意：提升名次，而不是提升筹码量）。

Chapter 12

习题和解答

习题1

前面位置一个筹码量为100BB的玩家用AsKd加注3BB，我们的筹码量为100BB，持有KcKs再加注到9BB，后面位置一个疯子玩家用8h7h全压100BB。AsKd跟注全压对我们有利还是弃牌对我们有利？

解答

判断AsKd弃牌还是跟注对我们更有利，要分别计算出AsKd弃牌时我们的EV和AsKd跟注时我们的EV。哪种情况下EV值大，哪种情况就对我们更有利。

当持有AsKd的玩家弃牌时，“KcKs vs 8h7h”有77.4%的胜率，全压彩池为203BB，那么我们的KcKs在203BB中的股份是203×77.4%=157.1BB。

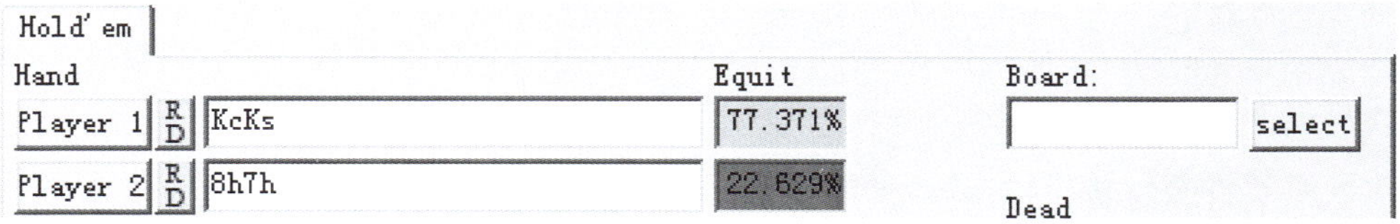

当持有AsKd的玩家跟注时，KcKs在三人全压中拥有49.3%的胜率，三人全压彩池为300BB，那么我们的KcKs在300BB中的股份是300×49.3%=147.9BB。

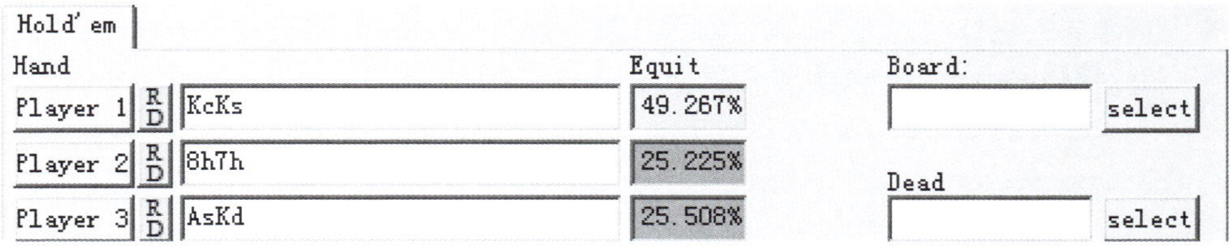

可以看出，三人全压时，我们的EV只赚了47.9BB，而两人全压时我们的EV赚了57.1BB，显然持有AsKd的玩家弃牌对我们更有利。

TIPS

出这一题的动机是想告诉大家，玩牌不要凭感觉，一定要亲自动手去计算，因为感觉往往是错误的，如果从来都没有计算过，完全凭感觉那么错误总会一次又一次地重复。数学不会骗人。

习题2

彩池中有50BB，我们手上有150BB，对手手上也有150BB，河牌圈对手过牌给我们，我们持有底对子，考虑了一下我们决定把底对子转成诈唬，于是下注40BB，对手考虑了很久，几乎要耗完时间用中等对子跟注抓了我们的诈唬。那么，我们在河牌圈的诈唬是不是很差劲？明明持有底对子对手过牌给我们，我们跟着过牌便宜摊牌就好了，诈唬反而多输了40BB。

解答

这个诈唬不仅不差劲，而且是很成功的诈唬。原因在于我们向50BB的彩池中下注40BB进行诈唬，这个诈唬所需要的最低成功率为40/90=44.44%，也就是平均每100次中我们成功44.44次就是有利可图的。

而这手牌中对手在河牌圈面对我们40BB的下注纠结了很久，耗完所有时间，最终决定跟注抓诈唬。可以从这个纠结很久和耗完所有时间看出，对手跟注和弃牌的决定很接近，几乎是五五开，不然对手不会纠结那么久，也就是说，这里我们诈唬成功率为50%，虽然对手最后选择了跟注，但是这个诈唬依然是有利可图的。下次碰到这种情况，我们依然会下注40BB诈唬。

从长远眼光看，100次中对手会跟注50次，弃牌50次，我们诈唬40BB需要的成功率为44.44%。不用担心诈唬会被抓，诈唬被抓是很正常的，不应该感到尴尬，应该关心的是数学上有多大概率被抓，对手只要弃牌概率大于我们诈唬所需要的最低成功率，我们的诈唬就是有利可图的，诈唬并不需要100%的成功率。如果我们的诈唬需要的最低成功率为50%，对手只要弃牌51%，跟注49%，我们的诈唬依然是+EV的，依然会非常开心地发动诈唬。

TIPS

出这一题的动机是想告诉大家，诈唬即使被抓也不代表就是失败的，诈唬并不需要每次都奏效，只要对手弃牌的概率超过诈唬所需要的最低成功率，就是成功的。

习题3

NL1000，6人桌，2 000筹码量。

所有人弃牌到我们，我们拿着Ks7h在按钮位置加注30，大盲位置玩家跟注。

翻牌（彩池65）：

大盲位置玩家过牌跟注我们在翻牌圈的50下注。

转牌（彩池165）：

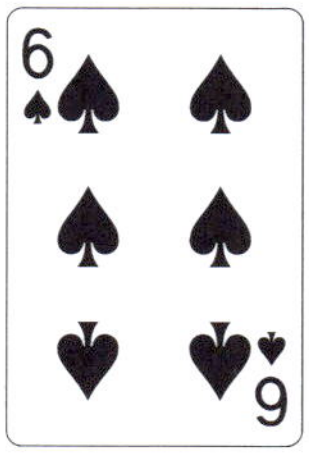

大盲位置玩家主动下注160，我们用两对跟注。

河牌（彩池485）：

大盲位置玩家下注到500，剩下1 260筹码。

此时我们在按钮位置持有K7两对，还剩下1 760筹码，我们该弃牌、跟注还是全压？

解答

在一般的中低级别里，河牌是一个很简单的弃牌，在高级别里K7两对在河牌是简单的加注全压诈唬。

原因在于：大盲位置玩家的范围里有很多同花成牌存在，在河牌圈大盲位置玩家下注500，几乎是一个满彩池，表现的牌力是同花、葫芦或者诈唬，绝对不是顶对这样的中等牌力。其中诈唬也是比较少的，偶尔会有带一张黑桃A+顺子听牌的诈唬，比如As8d、As4d等。

仔细分析大盲位置玩家的范围极有可能是同花成牌，毕竟翻牌圈过牌跟注，转牌来了同花反而主动打，河牌来了一个满彩池下注。

在中低级别游戏里，玩家很难丢掉同花，特别是“鱼”，很可能会跟注，所以只能老老实实弃牌。但是在高级别里，分析对手很难用同花跟注我们河牌的全压，特别是小同花，不光要担心我们持有葫芦还担心我们持有大同花。而且我们的转牌跟注很像是两对或者三条这样的牌。对手在河牌跟注我们全压的牌大部分为葫芦和少量A高同花和K高同花。而当我们持有K7两对的时候，我们阻挡了KK555、77755、KKK55这样的葫芦，对手手上葫芦牌力只有四条5这一个组合。所以我们河牌全压是非常有利可图的，对手跟注我们的可能性很小，而且我们能合理代表葫芦的范围。毕竟转牌跟注里面有56两对、57两对、三条5、三条7存在。

这手牌利用了扑克里面的阻挡效应，我们的K7两对阻挡了对手三条K、三条7，同时降低了对手有K5的可能性，由于我们占用了Ks，所以对手K5只能从Kd、Kh以及Kc中选，降低了1/3的K5组合。我们的K7阻挡了对手很多葫芦的可能性，也就是说，当我们手上持有K7两对的时候，我们知道对手持有葫芦的概率很低，所以河牌才能发动全压诈唬。

TIPS

出这一题的动机在于测试大家的阻挡牌意识，有时候我们的底牌能阻挡对手大部分能跟注全压的范围，我们就可以全压诈唬。有时候我们的底牌阻挡了对手大部分诈唬的范围，我们就不能抓诈唬，因为对手诈唬的范围很小。扑克不是单纯比牌力大小，其中的斗智斗勇才是最有趣的。

习题4

我们持有33，对手持有AA，我们和对手在翻牌圈同时击中三条的概率为多少?

解答

所有对子在翻牌圈击中三条的概率为13.3%，也就是说平均7.5个翻牌能中1个三条。我们的33和对手的AA在翻牌圈同时击中三条的概率为13.3%×13.3%=1.78%，也就是平均100个翻牌有1.78个会出现“大三条 vs 小三条”这种情况。

TIPS

出这一题的动机在于测试大家的概率常识。

习题5

德州扑克的本质是什么？

解答

❶ 选择起手牌，一旦起手牌选定，我们的起手牌面对对手的起手牌的胜率就是确定的数字。

❷ 控制胜率实现率。虽然起手牌胜率是确定的，但是由于德州扑克有四条街，对手有可能在任何一条街弃牌，而放弃他的胜率。所以，我们可以通过降低对手底牌的胜率实现率来增加我们的优势。

❸ 彩池大小的控制。除了起手牌的选择和胜率实现率的控制，我们还可以控制彩池大小，尽可能在胜率优势时候放大彩池，在胜率劣势时缩小彩池。

德州扑克里所有的技术都是从这三点寻找突破口，计算复杂的翻牌前数学是为了更好地选择翻牌前的起手牌；在有位置时多玩牌也是为了有更多机会发动诈唬，以及更加方便地控制彩池大小。总之，德州扑克的一切技术都是围绕这三点进行的。

TIPS

出这一题的动机在于重申德州扑克最核心的三点，我们所学的一切都是为了将这三点做得更好。

习题6

所有人弃牌到我们，如果我们在小盲位置平跟80%的牌，面对大盲位置玩家40%的过牌范围、60%的加注范围和2.5BB的加注量，我们应该在这80%的平跟范围中如何选取limp 3bet范围、limp call范围以及limp fold范围？如果对手过牌，在翻牌后我们该如何游戏这80%的平跟范围？

解答

我们在小盲位置平跟80%的牌，丢掉20%最差的牌。这80%的牌如下图所示。

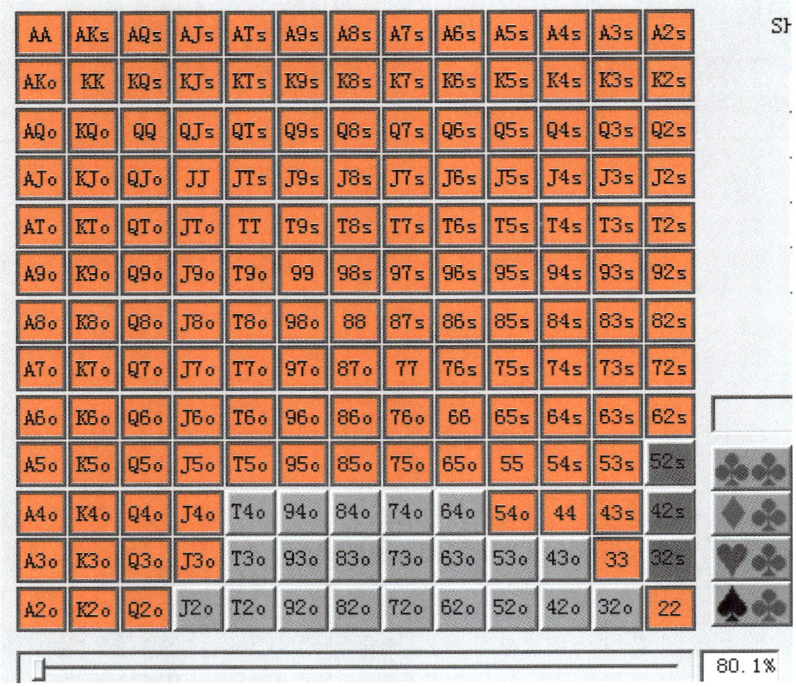

大盲位置玩家加注的范围为60%，如下图所示。

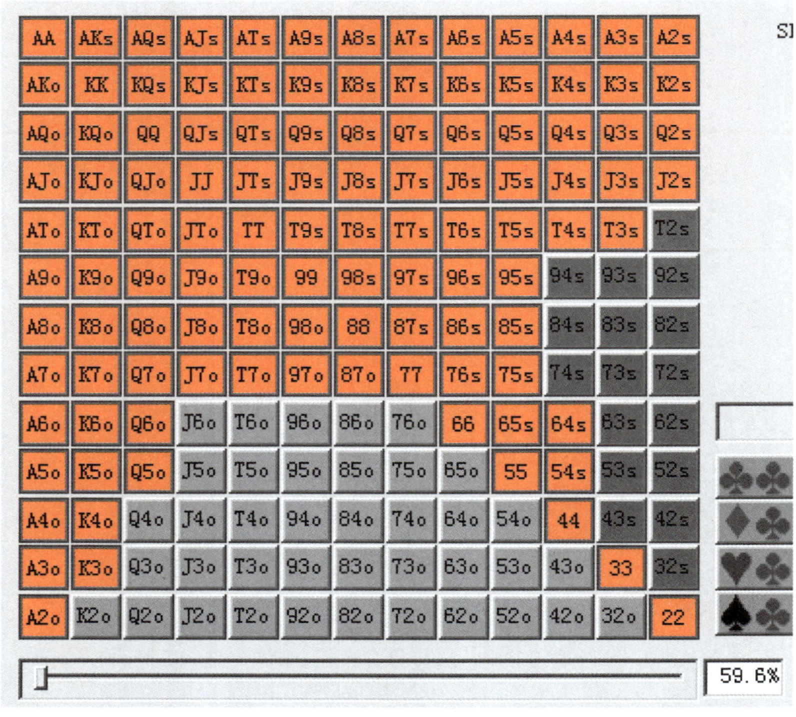

按照面对加注时我们有1/3的3bet范围的规律，这里需要3bet的范围为0.33×60%=20%，其中一半为强牌一半为诈唬。

10%的强牌为limp 3bet价值范围，如下图所示。

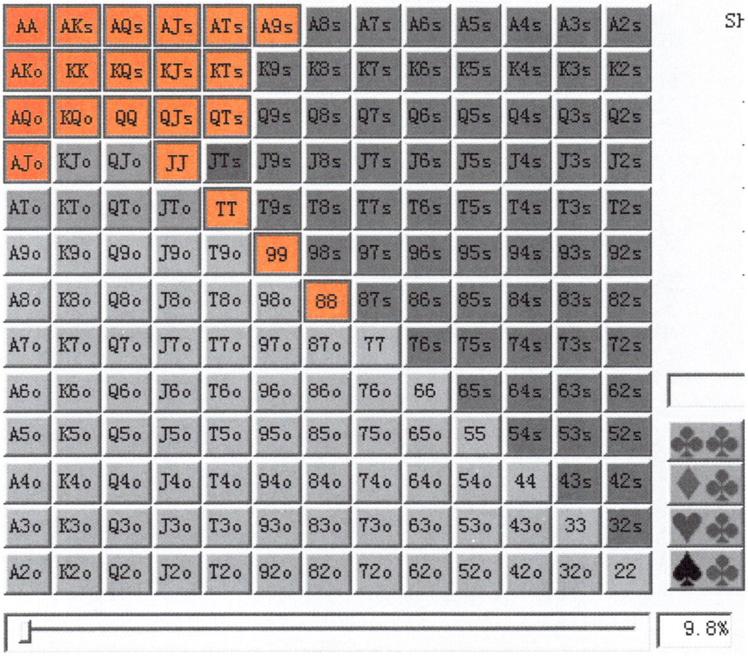

10%的牌为limp 3bet诈唬范围，需要我们在limp call范围的最底端选取10%最差的牌来3bet诈唬。

所以，我们要先算出limp call范围才行，根据数学赔率，我们平跟之后面对2.5BB加注量，需要额外跟注1.5BB看一个5BB的彩池，也就是说，我们所需要的赔率为1.5/5=30%，只要我们底牌的可实现胜率E×R>30%，就可以limp call抵抗了。

实际上，即使是我们80%平跟范围中最差的牌（54o）面对大盲位置玩家60%的加注范围胜率都有35.1%，比赔率30%要好。而且当大家的范围很广，一个平跟80%的翻牌，一个加注60%，胜率实现率R实际上接近于100%。所以这里对这个玩家2.5BB的60%加注范围和40%过牌范围，我们是不会limp fold的，也就是说，我们要么limp call，要么limp 3bet。

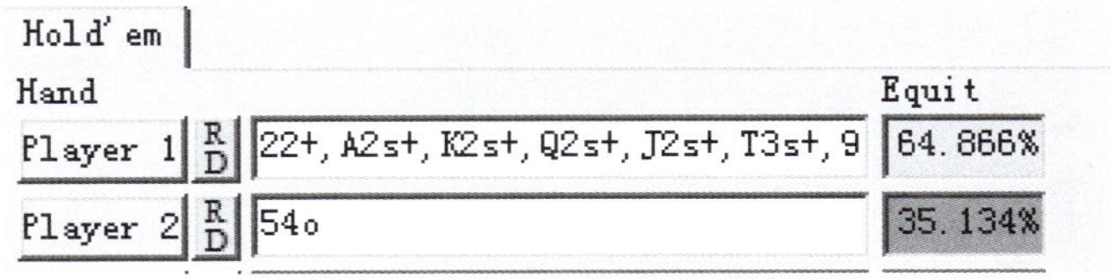

所以，我们的limp 3bet诈唬范围要在80%的平跟起手牌范围中选取最差的10%。

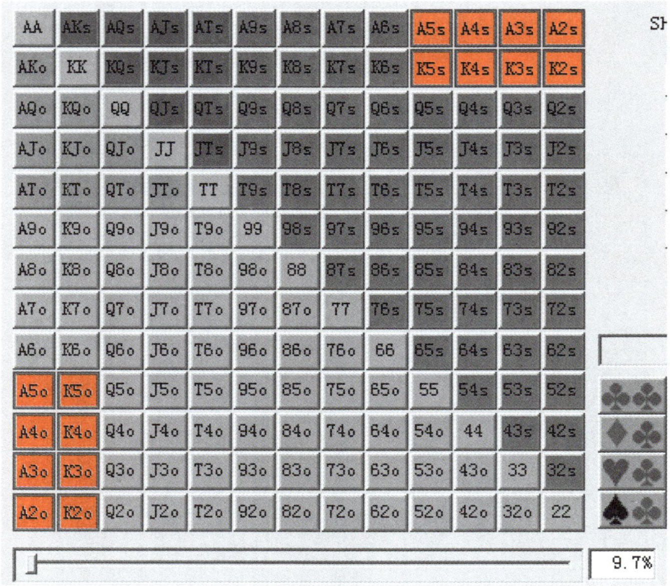

选取这个诈唬范围的好处是Ax和Kx有阻挡牌A和K，能阻挡对手4bet范围中的AK、KK、AA。另外，即使面对口袋对子或者QJ之类的对手跟注3bet的牌，Ax、Kx也有大于30%的胜率，翻牌后依然有可操作性，比54o之类的牌好操作很多。

所以，我们在小盲位置抵抗范围为20%的牌limp 3bet、60%的牌limp call、0%的牌limp fold。

其中，limp 3bet范围约为19.5%。

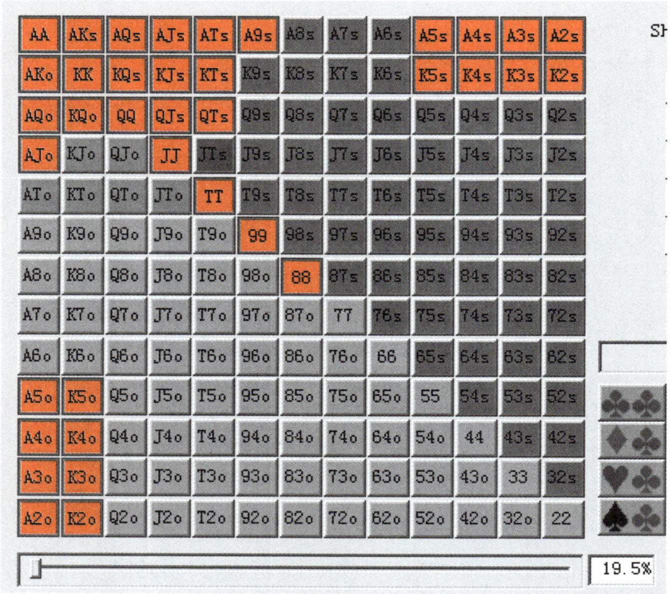

limp call的范围约为80%-19.5%=60.5%。

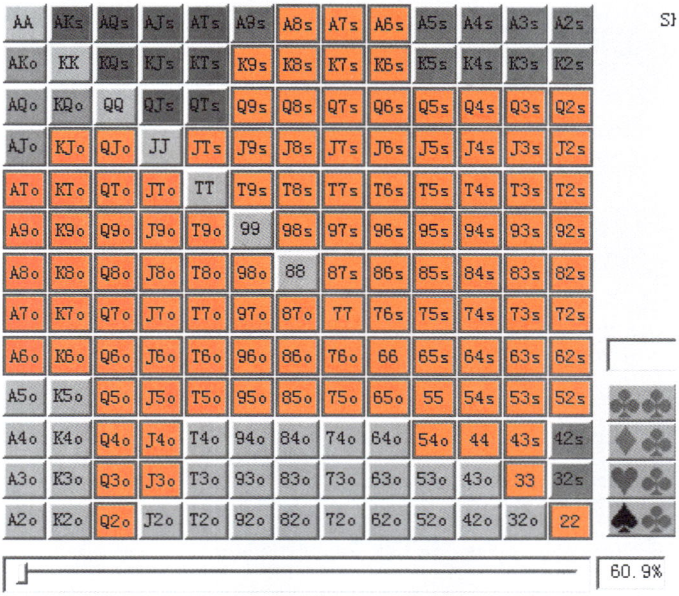

> **TIPS**
> 出这一题的动机在于测试大家对扑克数学的理解以及对小盲位置平跟策略的理解，这题难度非常高，如果能自己解出，说明扑克水平已经达到了中等级别以上了。

习题7

一个松凶玩家（筹码量为100BB）在按钮位置加注2.5BB偷盲的概率为60%，我们在大盲位置只有30BB的筹码量，如果我们全压，松凶玩家跟注的范围为55+、ATs+、KJs+、AJo+，那么我们能+EV的全压范围是多少?

解答

松凶玩家加注偷盲的范围为60%，跟注范围为55+、ATs+、KJs+、AJo+，也就是说9%的跟注范围。松凶玩家面对我们30BB的全压，弃牌概率为51/60=85%，跟注概率为15%。

如果我们全压：

❶ 85%的概率按钮位置玩家弃牌，我们将获得2.5+1.5=4BB。

❷ 15%的概率按钮位置玩家跟注，假设“我们全压的范围 vs 9%的跟注范围”

胜率为X，那么按钮位置玩家跟注之后

$$EV（跟注）=60.5X-29$$

公式解释：60.5BB为跟注全压之后的彩池，包括我们的筹码量30BB，按钮位置玩家跟注筹码量30BB以及小盲位置玩家的0.5BB。我们的胜率为X，那么$60.5X$为我们最终的股份，减去起始筹码量29BB（已经投入的1BB大盲不属于我们）即为我们的EV（跟注）。

$$EV（总）=0.85\times4+0.15\times（60.5X-29）>0，则X>10.5\%$$

也就是说，只要面对9%的范围（55+、ATs+、KJs+、AJo+），胜率大于10.5%的牌都是可以用来全压的。而翻牌前胜率最差的牌“32o vs 9%的范围”胜率也大于10.5%，说明这里我们可以全压任何牌，也就是100%的全压反偷范围。

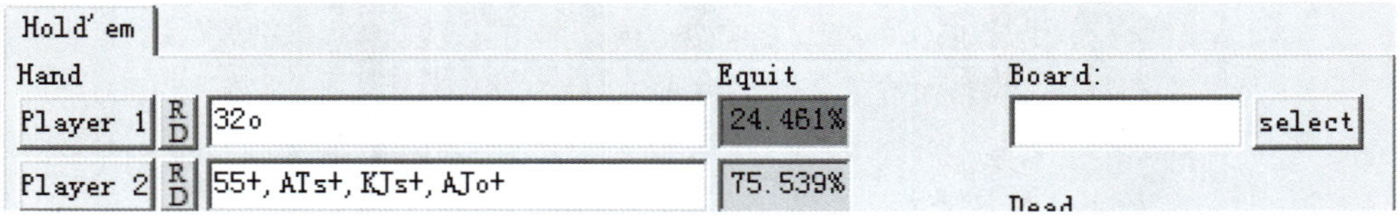

TIPS

出这一题的动机在于揭示大家的感觉和常识离真实的+EV打法有多远，往往我们认为显而易见的打法实际离真实的+EV打法相差十万八千里，所以一定不要偷懒，多计算，才会知道以前不知道的东西。这里我们能100%全压反偷的原因在于按钮位置松凶玩家跟注全压的范围9%过于窄，如果按钮位置玩家跟注17%的范围，我们能+EV全压的范围为36%；如果按钮位置玩家跟注25%的范围，我们能+EV全压的范围为20%。

习题8

为什么所有高手都特别重视位置，位置在德州扑克中的优势体现在哪些方面？

解答

（1）有利于读牌

有位置的玩家每条街最后一个行动，总是能看到所有玩家行动后再做出决策，这样获得的信息更多，能做出好决策的概率更高，能通过更准确的诈唬降低对手胜率的实现率，增加自己的胜率实现率。

（2）有利于放大和控制彩池大小

有位置的玩家每条街最后一个行动，别人无法控制彩池的大小，因为有位置的玩家有最后一个下注的权力。

习题9

翻牌前跟注别人加注的理由有哪些?

解答

1. 中等级别玩家

❶ 小对子跟注别人的加注是为了投机三条，每7.5次中1次三条赢一个大型彩池。

❷ 超强牌AA和KK跟注别人的加注是为了引诱后面激进的玩家再加注，我们再反加注直到全压。

❸ 大的高牌比如KQ、AQ、AJ跟注别人的加注是为了主宰对手的踢脚，对手加注的范围一旦比我们跟注的范围差，那么击中顶对时，对手很容易有一个很差的踢脚，我们能赢一个中型彩池。

❹ 在有位置的情况下用Axs以及同花连牌跟注是因为我们觉得对手翻牌后很直接，我们能读到对手的底牌，所以可以用这些比较弱的牌跟注翻牌前，很多时候我们不需要中牌都能通过缠打、诈唬等方式赢下彩池，还有些时候我们能中超强牌而赢大型彩池。

❺ 盲注区对抗的时候，我们跟注是为了抵抗对手的偷盲，因为我们认为我们目前的底牌足够抵抗对手的偷盲频率。

2. 高级别玩家

翻牌前跟注别人的加注，要么是因为我们底牌的可实现胜率E×R大于50%，要么是因为我们能赢大彩池输小彩池。

比如我们用小对子跟注别人翻牌前的跟注，虽然我们会输大部分彩池，但7.5次中能赢1次大型彩池足够抵御前面没有中三条而输的小型彩池。用Axs以及同花连牌跟注对手的加注，也是因为我们认为有位置优势、技术优势，所以R值更高，对手的胜率不会完全实现，另外，我们有位置可以赢大彩池输小彩池，虽然我们的胜率E肯定低于50%，处于劣势，但是依然可以跟注。我们用KQ、AQ、AJ之类的高牌跟注是为了主宰踢脚，其实也是因为我们的胜率E大于50%，如果对手加注AT、A9、KJ、QJ之类的牌，我们的KQ、AQ、AJ明显胜率更高。如果在盲注区，因为已经投了1.5BB的大小盲注，所以大盲位置面对1.5BB偷盲，E×R>33%就可以玩了。

TIPS

出这一题的动机在于测试大家对于扑克本质的理解，中级别玩家的答案比较容易理解、比较直观，但都是说到了点没有说到面，如果大家的答案是类似于中等级别玩家的答案，那么说明大家还没有完全理解德州扑克的本质。

习题10

我们拿着AK或AQ在枪口位置加注，被按钮位置玩家跟注，在类似K85r这样的翻牌圈，我们下注，对手跟注，转牌圈我们继续下注，对手继续跟注，河牌圈我们过牌，对手下很大注，我们该怎么办？或者我们转牌圈过牌跟注、河牌圈过牌，对手又下很大注，我们该怎么办？感觉AK和AQ在枪口位置加注之后，很容易赢小彩池输大彩池。如何处理这种情况？

解答

不同玩家策略不同，因此我们先要确定对手的倾向。

❶ 如果对手是“跟注站”类型的玩家，我们会价值下注三条街，如果河牌圈对手加注全压我们的下注，我们再弃牌。因为对抗“跟注站”类型的玩家，最大化地榨取价值是核心，他们会用很多顶对弱踢脚、中等对子跟注三条街。但是一旦他们在河牌加注全压，一般都是有三条、两对之类的超强牌，很少是诈唬，所以面对他们河牌的加注全压我们弃牌就好。

❷ 如果对手是很紧而被动的玩家，我们在河牌圈过牌，对手下注，我们就可以丢掉AK了。因为他们不会用比AK更差的牌价值下注，也不会诈唬。

❸ 如果对手是喜欢薄价值下注的玩家，高级别游戏里这种玩家特别多，那么我们AK就过牌跟注三条街。因为他们认为我们过牌翻牌圈的牌力是顶对弱踢脚、QQ以下对子等，所以他们会用KJ、KQ价值下注三条街。就让他们替我们价值下注好了，如果我们主动下注三条街他们只会跟注两条街，但是如果我们一直过牌跟注就可以获得三条街的价值。

❹ 如果对手是喜欢缠打的松凶玩家，我们就下注翻牌圈，转牌圈过牌跟注或者过牌加注，如果转牌牌面听牌多，我们就过牌加注，如果没有听牌存在，我们就过牌跟注，河牌圈也是过牌跟注。因为这类玩家有诈唬牌的概率高于强牌的概率，所以这么打会更具优势。

❺ 如果对手是喜欢投机三条的玩家，那么我们会过牌翻牌圈，引诱诈唬或者引诱对手在转牌圈跟注。因为如果对手是77之类的对子，没有中三条，我们下注对手一般都会弃牌，但是如果我们过牌，对手有时候会下注一条街诈唬，我们可以获得一条街的价值。或者对手也跟着过牌翻牌圈，但是转牌圈就会跟注我们了。因为对手投机三条的牌只有两个outs，所以我们过牌翻牌圈给一张免费牌的风险不大。

总之，在没有位置的情况下玩好AK和AQ这类牌是个系统的工程，需要知道对手的倾向以及对手翻牌前跟注的底气，是纯投机三条？还是同花连牌、Axs跟注企图在翻牌后缠打我们？还是“跟注站”式的A8o、Kto、QJo翻牌前跟注？

只要知道对手的倾向和对手为什么翻牌前跟注，就很容易制订一个+EV的游戏计划。

TIPS

出这一题的动机在于测试大家对于游戏计划的理解，玩任何牌之前就已经有明确的游戏计划，要知道对手的倾向、对手跟注的原因，以及对手手牌范围中不平衡的地方，然后制订一个克制对手的+EV计划。

习题11

翻牌前再加注的动机有哪些?

解答

❶ 为了获得价值。比如AA和KK再加注就是为了让对手投入更多筹码进彩池。

❷ 为了获得主动权。比如用KQs之类的牌再加注，并不是因为我们的牌有多强，而是因为我们想获得主动权。

❸ 为了诈唬，也就是平衡范围。如果我们用AA和KK再加注对手，也要偶尔诈唬一下对手，不然对手很容易知道我们的再加注里面全部都是强牌，所以我们会用小同花连牌以及Axs同花等牌偶尔来一个诈唬再加注。

❹ 为了隔离“鱼”。当我们的牌力还行但不是特别强时，依然再加注“鱼”的原因是我们想和“鱼”单挑，并不想跟注引诱后面玩家都跟注而形成多人彩池。

❺ 促使对手情绪化。对于那些容易上头的玩家，我们会控制再加注的节奏来让对手情绪化，比如我们再加注诈唬对手一次之后，如果紧接着几手牌来了超强牌，我们就再一次再加注对手，容易情绪化的对手就会输给我们全压。如果紧接着的几手牌没有强牌，我们就再等机会塑造形象。

TIPS

出这一题的动机在于测试大家对于再加注的理解，在再加注之前一定要想好为什么要再加注，才会游刃有余。

习题12

一个桌子上有6个位置，其中五号位置是空缺的，按照顺时针方向，一号位置玩家有105BB（紧凶风格），二号位置玩家有200BB（松凶风格），三号位置玩家有70BB（被动的“跟注站”风格），四号位置玩家有100BB（松凶风格），六号位置玩家有100BB（超紧风格）。如果此时我们要坐上五号位置，请问：买入多少筹码、采取什么样的策略优势最大（25BB的小筹码策略、40BB的中筹码策略、100BB的大筹码策略还是200BB的深筹码策略）？

解答

这里我们选择25BB上桌的小筹码策略是最佳玩法。因为三号位置玩家是“跟注站”，那么四号位置玩家会很频繁地隔离三号位置玩家或者跟注三号位置玩家玩翻牌后，我们25BB上桌之后可以用很多牌再加注全压四号位置玩家的隔离，比如用任何Axs、任何对子、KQ以上的高牌都可以加注全压四号位置玩家的隔离，每成功一次就可以获得6~7BB的收益，即使被跟注我们至少也有45%以上的胜率。

如果三号位置的“跟注站”玩家筹码量高于100BB，比如很深的200BB以上，我们这里买入200BB优势会更大。因为我们对于三号位置玩家有位置，可以经常和三号位置玩家交手，那么获得三号位置玩家筹码的概率很高。

这里由于三号位置玩家的筹码量并不深，所以我们采取25BB的小筹码策略。

TIPS

出这一题的动机在于提醒大家要理解各种筹码量的不同策略，提前预估牌桌可能的动态，选择一个合适的筹码量上桌，采取最有优势的策略。

习题13

为什么在单桌锦标赛的泡沫期作为筹码中间位置的我们会玩得很紧，但是在人数很多的多桌锦标赛的泡沫期作为筹码中间位置的我们不会玩得太紧?

解答

因为单桌锦标赛进入钱圈就有很大的收益，比如9人锦标赛，第一、二、三名的奖金分布是50%:30%:20%，作为中间筹码量是可以稳稳进入钱圈拿到20%的保底收入的，如果玩得松在泡沫期出局了，长期下来损失的这20%的保底收益会严重损害单桌锦标赛职业玩家的收入。说白了，就是单桌锦标赛即使是第三名（20%）的奖金也不少，作为中间筹码量犯不着在这时候出局，毕竟等一等就能获得至少20%的奖金。但是人数很多的多桌锦标赛，比如500人参加的比赛中，进入钱圈的奖金只有总奖池的0.2%，而前三名的奖金是10%~30%，钱圈的奖金相对于前三名的奖金来说微不足道，而且参加500人的锦标赛不是为了进钱圈，而是为了前三名，不然去玩单桌锦标赛好了。所以在单桌锦标赛的泡沫期作为筹码中间位置的我们会玩得很紧，但是在人数很多的多桌锦标赛的泡沫期作为筹码中间位置的我们不会玩得太紧。

TIPS

出这一题的动机在于提醒大家要了解锦标赛的奖金分布方式，以及我们目前的筹码量对我们策略的影响。

习题14

当我们碰到下风期，连续输掉翻牌前的优势全压，对手连续在河牌圈反败为胜怎么办?

解答

下风期的时候应该停止游戏，一来这时候我们带有情绪，打法会偏离最佳策略，二来容易越级，三来容易失去自信，不怕一时的挫折，就怕失去站起来的勇气。下风期的时候保持一个良好的心态和对自己技术的自信，等下风期过去了，就可以继续愉快地玩耍了。

TIPS

出这一题的动机在于告诫大家在下风期的时候不要上头，下风期不可怕，但是下风期带来的情绪化越级，甚至失去自信是最可怕的。

习题15

NL1000，2人桌，有效筹码量1 000。

按钮位置职业玩家加注到30，我们在大盲位置用QcTh跟注。

翻牌（彩池60）：

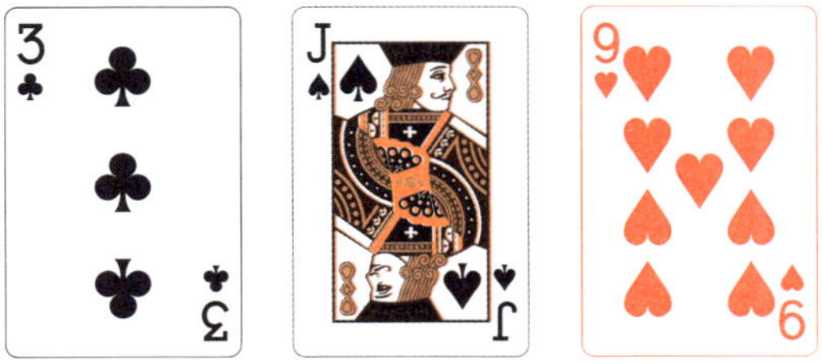

我们过牌，按钮位置玩家下注50，我们跟注。

转牌（彩池160）：

我们主动下注转牌圈140，对手弃牌。

转牌圈我们主动下注140的理由是什么?

解答

通常来说，如果转牌圈发出公共对子或者连牌都对盲注抵抗者更加有利，原因是盲注区的跟注抵抗者通常范围比较中间，不是特别强的牌，也不是特别弱的牌，所以他们的范围会趋向于一些中等偏大的高牌或者连牌，类似于QTo、JTo、A8o、98s、9Ts之类的中间牌，没有AK和AA这么强的牌，当然也没有32o这么弱的牌。所以当盲注区的抵抗者在翻牌圈过牌跟注的时候，他们的范围通常是击中了对子或者有一个听牌，如果转牌发出公共对子将会增加对子的牌力，或者转牌发出连牌，比如这个例子中如果转牌发出T，也会非常有利于盲注区的抵抗者，因为翻牌前跟注抵抗的范围就是“高牌+连牌”比较多，所以这里我们可以100%在J、T、9、8、Q的转牌圈主动下注。即使我们的底牌不一定真的击中了这个转牌，但是我们的整个跟注抵抗的范围击中了，对手就会处于猜测和迷茫之中。

TIPS

出这一题的动机在于测试大家对于盲注区起手牌范围和牌面匹配度的理解，很多时候我们的整个范围击中了某一张转牌的概率很高，但是实际底牌没有击中，我们依然可以很有说服力地下注诈唬。

附录 A

德州扑克术语

A

Ace in the hole： 底牌中有一张A。

Act： 行动，做决策。It's my turn to act.（该我行动了。）

Action： 有两种意思，①other players wait for your action（该你决策了）；②the fishy table is full of action（激烈的充满行动的牌桌）。

Action card： 容易带来大行动的牌。比如，翻牌是As5c6s，转牌是7d，A玩家7s8s同花听牌，B玩家Ac5d两对，河牌来一个5s让A玩家成了同花的同时又让B玩家成了葫芦。

Active player： 活跃的玩家。这种玩家参与彩池频率很高，全压、加注、下注、跟注行动特别多，又称比较跳的玩家。

Add on： 在可以重买的多桌锦标赛（rebuy MTT）里，重买阶段即将结束时最后一次可以一次性购入的筹码。

Advertising： 和Telegram是一个意思，是说一个玩家太容易暴露自己的牌力，就像做广告一样。比如，He is a weak player, always advertising what he have.（他是一个很菜的玩家，总是暴露自己的牌力。）

Agreessive： 激进的，凶的。喜欢下注、加注的玩家就是agreesive player。

Agreession factor： 激进度。

Air： 空气牌，也就是诈唬。

All in： 全压。

Ante： 比赛的边注。比如50/100大小盲注，还有每人15的边注。

Any two card： 也就是任何两张牌，说明底牌无所谓。比如，I can play the button with any two card.（我能在按钮位置玩任何两张牌。）有时候一些欧美玩家也会简称Any two card为ATC。

B

Backdoor： 后门。指后门听牌。比如，我们持有KhQc，翻牌圈有两张红心，我们就有红心的后门同花听牌，如果转牌来了一张红心，我们就有一个K高的同花听牌了。

Backraise： 反加注。比如，一个玩家之前跟注，后面有人加注了，这个玩家再加注，就叫反加注，也可以叫Reraise。

Badbeat： 倒霉地被小概率事件击败。比如，我们拿着AA和对手的AK全压，有90%的胜率，对手却赢了。

Balance： 平衡。我们常常会说balance your betting range（平衡你的下注范围），可以是强牌、诈唬、半诈唬的组合。

Bankroll： 资金量。就是计划用来玩牌的资金总量。

Bankroll management： 资金管理。比如30个买入原则是一种资金管理方式。

Behind： ①手牌落后。比如，My AK is behind here（这里我的AK是落后的）。②还有多少筹码。比如，I bet 1000, and have 3000 chips behind（我们下注1 000筹码，手上还剩3 000筹码。）

Bet： 下注。

Betting structure： 下注规则。比如，无限德州扑克是No limit的betting structure，还有pot limit的下注规则。

Big blind： 大盲注，也可以指大盲位置或者大盲位置玩家。

Big full： big full house的简称，在一手牌中有多种葫芦的可能性，大葫芦称为big full，小葫芦称为under full 。

Big stack： 指相对于桌子上其他玩家来说筹码量很多，深筹码量。与big stack对应的是小筹码short stack。

Blank： 空白牌，对牌局没有影响的牌。比如，我们拿着AA，对手拿着KK，翻牌是QJT，转牌来了一个2，这个2对AA、KK两者的牌力没有产生影响，就成为空白牌或者无关紧要的牌。

Bleed： 直意是流血，是指玩家情绪化或者打得很差，一直在送筹码。

Blind： 盲注。大小盲注就是big blind 和small blind。还有一种意思就是闭着眼，比如，I shove the next hand in blind（我下一手牌不看底牌，闭上眼全压），这个in blind和in the dark是一个意思。

Blind defense： 保卫盲注。比如，按钮位置玩牌偷盲太多，必须要保卫我们的盲注（defense my blind）。

Blind steal： 偷盲。指玩家的牌不是很好，但是依然加注，企图拿下大小盲注。

Blind off： 指在锦标赛中，一个玩家筹码太少，盲注很大，很容易被盲注耗完。You just have 5BB, easy to get blinded off.（你只有5个大盲的筹码量，很容易被盲注耗死。）

Blocker： 阻挡牌。比如，我们手上的AK阻挡了一半对手有AA和KK的概率，我们的A和K就是阻挡牌。

Blocking bet： 阻挡下注。比如，一个玩家牌力不是很强，而且没有位置，他不想过牌跟很大的注，所以索性自己下一个稍微小一点的注，希望别人不要加注。

Bluff： 诈唬。没有牌依然通过下注或者加注迫使对手弃牌而赢得彩池。

Bluff catcher： 抓诈唬用的牌。比如，我们只有一个顶对或者中等对子，对手河牌全压表示他中了超强牌或者是诈唬，这时候我们的顶对或者中等对子就是抓诈唬牌，牌力远落后于对手表现的强牌，但是领先于对手用来诈唬的牌。

Bluff inducing： 引诱诈唬。比如，一个玩家特别喜欢诈唬，我们拿着强牌一直过牌希望能引诱对手诈唬。

Board： 公共牌面。比如，我们持有AK，其他玩家看不到，只有我们知道，但是牌桌上还有翻牌569、转牌8和河牌6，那么这5张牌是公共牌面。

Boat： 也称为full house，也就是葫芦的意思。比如，我们的底牌是AA，牌面是A88，我们就持有AAA88的boat 或者full house。

Bottom end： 底端。常常指底端顺子。比如，牌面是456，有顶端顺子78，也有底端顺子23。顶端顺子称为top end，底端顺子称为bottom end。

Bottom pair： 底对。比如，牌面是A83，如果持有34，就是持有底端对子3。对应的是top pair（顶对），还有top set（顶三条）、bottom set（底三条）。

Bounty： 赏金。有一些MTT比赛是赏金比赛（Bounty MTT），如果在比赛中淘汰其他玩家就能获得赏金，比如买入为100的比赛，有50进入奖池，还有50作为赏金，某玩家只要赢了这个玩家全压而把这个玩家踢出局，这个玩家的50赏金就会被某玩家获得，bounty是现金，而不是筹码。

Break： 中场休息。We will have a 5 mins break.（我们将会有5分钟的休息时间。）

Brick： 和blank是一个意思，空白牌，无关紧要的牌。

Broadway： 高牌。通常我们认为10、J、Q、K、A为人字牌或者高牌。

Bubble： 锦标赛的泡沫期。比如，比赛前10名有奖金，目前剩下11人，就是泡沫期，目前出局的人就是Bubble out，在泡沫期出局就没有获得奖金的可能。

Bully： 牌桌上欺负他人的霸主。指一个玩家筹码很深，不停地下注、加注，迫使胆小玩家弃牌。我们称这个玩家为table bully，也称为table captain。

Busted： ①破产听牌（busted draw），到了河牌没有中的听牌。②玩家在锦标赛中出局了，称为bust out。

Button： 按钮位置，也可指按钮位置玩家。I open raise the button with 22.（我在按钮位置加注22开牌。）

Buy in： 买入。比如，我们输了多少个buy in。

Buy short： 上桌的时候买入可允许的最小筹码。比如，一般桌子是40~250BB上桌，我们买入40BB上桌，就是buy short。

Buy the botton： 在加利福利亚等一些地方可以允许刚刚上桌的新玩家投入1.5BB来买一次按钮位置，只要你愿意付出1.5BB，这局牌中发牌员会发牌给你。在大多数地方都是不允许买按钮位置的。

Buy the pot： 在一个多人彩池里，其他人好像都对彩池不感兴趣一直过牌，这时候我们没有牌，但是可以下注来偷彩池，就叫buy the pot。

C

Call： 跟注。

Call the clock： 申请计时。指在德州扑克游戏中一个玩家思考时间太长会影响牌局，所以一般规定一个决策最多思考2分钟，有的地方是3分钟。如果一个玩家思考时间太长，其他玩家可以申请计时。

Calling station： 跟注站。指一个玩家特别爱跟注，用很多牌一直跟注，就叫跟注站。

Cap： 上限。有一种游戏形式是Cap形式，比如1/2的游戏，桌子玩家有200筹码，但是桌子规定Cap是40，也就是在一手牌中一个玩家最多只能投入40筹码，不能超出，虽然我们有200筹码，但是在一局游戏中最多只能全压40筹码。

Cap game： 有上限游戏。

Cash game： 现金桌游戏，对应的是比赛tournament。现金桌游戏筹码就是钱，比赛里桌上的筹码只是筹码而已，只有获得名次才能按照名次分得奖金。

Cash player： 现金桌玩家。

Cashing： 比赛时候进入钱圈就是Cashing了。

Catch up： 指现在落后，但是追上了。比如，顺子听牌有8个outs可以Catch up。

Chase： 追。指一个玩家跟别人的注，只是为了看下一张牌。

Check： 过牌。

Check raise： 过牌加注。

Chip：筹码。

Chip dumping：捣腾筹码。指一个玩家故意输筹码给另一个玩家，捣腾筹码是作弊行为。

Chip leader：比赛中筹码最大的玩家就是chip leader。比如，I am the chip leader of my table.（我所在的桌上我的筹码是最多的。）

Chip up：指在比赛中通过赢很多小彩池，让筹码量稳定增长。

Chop：平分。比如，一手牌中两个玩家牌力一样，各赢一半彩池，我们称为chop pot。另外，在现场游戏里，小盲玩家也会问大盲玩家how about chopping the blinds.（咱们不玩盲注之间对抗，咱们分了大小盲吧，你拿大盲，我拿小盲。）

Closed：行动结束。比如，按钮位置玩家加注，小盲位置玩家弃牌，大盲位置玩家如果跟注，就close action了。如果是小盲位置玩家跟注，就没有结束这条街，因为后面还有大盲位置玩家没有行动。

Coffee housing：也称为speech play，指一个玩家参与了彩池，而且说了关于自己底牌的话来误导其他玩家读牌。

Coin flip：和race一个意思，指抛硬币。比如，我们赢了一个AK和QQ全压的coin flop。

Cold call：冷跟注。比如，一个玩家加注，后面有玩家跟注，就叫做冷跟注。

Cold deck：冷酷无情的牌面。比如，一个玩家拿着三条，另外一个玩家拿着卡顺听牌，河牌发出了卡顺。对于拿着三条的玩家来说，真是一个cold deck啊。

Combo：底牌组合。比如，有6个AA的combo。

Combo draw：组合听牌。比如，同花+两端顺子听牌、对子+同花听牌都属于组合听牌。

Come bet：半诈唬下注。指一个玩家持有听牌下注，提前做大彩池，以防止后面击中了听牌只能赢一个小彩池。

Complete hand：成牌，和made hand一个意思，与之对应的是busted draw（破产听牌）。

Complete small blind：小盲位置平跟进池。比如，我们在小盲位置补0.5BB参与彩池就叫complete small blind。

Connectors：连牌。比如78o、QJo都是连牌。

Continuation bet：持续下注。翻牌前主动加注的玩家在翻牌前再次下注，就叫持续下注。

Cooler：冤家牌。比如，我们翻牌前拿着AA，对手拿到KK，全压了，就叫冤家牌，谁也逃不掉。

Crying call： 指极不情愿但还是跟注了。一般是一个玩家认为自己可能落后了，依然不情愿地跟注。

Cutoff： 关煞位置，简称CO。按钮位置的前面一个位置是关煞位置。

D

Dark： 不看底牌闭着眼。比如，shove in the dark（没有看自己底牌就翻牌前全压了）。

Dead card： 被排除的牌。比如，一个玩家弃牌的时候不小心翻开了底牌，所有人都看到了，这个被翻开的牌就是dead card，我们在计算outs的时候肯定不能计算这种dead card了。

Dead hand： 废牌。一般指看了其他人的牌或者不遵守规则，导致自己这局牌不能参与彩池了。

Dead man's hand： 美国俗语，指黑色A8两对，即AsAc、8s8c。由一个故事延伸而来。

Dead money： 死钱。指彩池中已经投入的筹码，投入筹码的玩家牌力很弱，明显无法保护自己的筹码。死钱包括被动死钱和主动死钱。比如，翻牌前的盲注就是被动死钱，也有一些玩家喜欢诈唬，牌力很弱，但是愿意往彩池里面投入筹码，这个死钱就是主动死钱。

Deal： ①发牌（Deal a card）。②做交易（make a deal）。比如，锦标赛最后3名争夺时，3人协商平分奖金。

Deal twice： 发两次。比如，我们AA和对手KK在翻牌前全压，我们协商发两次，第一次A2386，第二次QJT92，我们和对手各赢一次，平分彩池。

Deep stack： 深筹码。在现金桌上指200BB以上的筹码量。在比赛桌里相对于同桌其他玩家筹码很大就可以称为深筹码，如果对手只有10BB的话，40BB也可以是深筹码。

Defense： 防守。比如，defense blind在盲注位置抵抗偷盲。Defense against a bluff.（做出一个跟注或者加注来对抗对手可能的诈唬。）

Deuce： 2。口袋对2可以称为pocket deuces或者duck（鸭子）。

Dominated hand： 被主宰的牌。比如，踢脚被主宰，“A6 vs AK”时，A6就是被dominated hand。也有听牌被主宰，“As5s vs 3s4s”在两个黑桃的牌面，3s4s的小同花听牌是被主宰的听牌，也称为dominated draw。

Donk bet： 反主动下注。指一个没有位置的玩家翻牌前跟注别人的加注，翻牌圈或者转牌圈没等别人下注，自己反主动下注了。

Donkey： 和fish一个意思，很“鱼”的玩家。

Double up：筹码翻倍。指赢了一个全压，筹码翻倍了。

Downswing：下风期，运气很糟糕的一段时间。与之对应的是upswing，运气很好的时候。

Draw：听牌。

Drawing dead：听死了，指没有outs了。比如，一个玩家在A88的牌面持有AA，已经成了葫芦。另外一个玩家在听同花听牌，这个听同花听牌的玩家就drawing dead了，即使中了同花还是会输。

Drawing thin：听牌很难中。比如，一个玩家持有两个outs的听牌，就是Drawing thin了。

Drop：同fold，弃牌的意思。Drop off my AA.（丢掉我的AA。）

Dry board：听牌很少的牌面。比如，Ad8s3c的牌面就是dry board，而7s8s9h的牌面就是wet board，有很多听牌存在。

E

Early position：前面位置。6人桌上枪口位置（UTG）和UTG+1位置是前面位置。9人桌上枪口位置以及后面三个位置都是前面位置。

Equity：胜率。比如“AKo vs QQ”有43.2%的equity。

Expectation，expected value（EV）：期望值。关于期望值的论述详见3.4节。

Exposed card：暴露的牌。玩家或者发牌员不小心露出的牌，就叫exposed card。

F

Family pot：所有玩家都参与的彩池，比如9人桌上的9人彩池。

Fast：快玩。Play a hand fast指的是通过下注、加注等激进行为快速解决战斗。

Favorite：领先。比如，我们的手牌领先于对手，我们就说our hand is in favorite。与之对应的是underdog（落后）。

Final table：最终桌。多桌锦标赛MTT里面剩下9人进入最终桌，有时候也可能是10人最终桌。

First position：枪口位置，under the gun，简写为UTG。

Fish：鱼，指比较弱的玩家，和donkey是一个意思。

Flash：同exposed，指发牌过程中不小心让一个玩家看到一张牌了，那么这张牌应该让所有玩家都看到，然后放在一边。

Flat call：同smooth call，指一个玩家可以加注，也可以跟注，这个玩家选择了跟注。

Float：缠打。在前面的街跟注，期望在后面的街发动诈唬偷取彩池。

Flop：翻牌圈。

Flush：同花。凑成5张同样花色的就是同花，比如我们手上有两张红心，公共牌面发出三张红心，就成了同花。或者手上有一张红心，公共牌面发出四张红心，也凑成同花了（仅限德州扑克，在奥马哈里必须使用两张底牌，所以奥马哈里这种牌不是同花，但是德州扑克里可以只用一张底牌）。

Fold：弃牌。

Fold equity：弃牌率，有多大概率迫使对手弃牌。

Four of a kind：四条。比如，我们持有AA，flop是AA8，我们就凑成了四条A，四条也称为quads。

Free card：免费牌。比如，我们是听牌，对手过牌，我们也过牌，就免费看到下一张牌了。

Freeroll：免费比赛。比如，我们有7s8s，对手有7h8h，翻牌是6s9sTc，我们和对手都有顺子6789T，但是我们同时还有同花听牌，此时对手和我们全压，就是一个freeroll全压了。

Freezeout：不可重买筹码的比赛，输了就出局。

Full house，full boat：葫芦。比如，我们持有AA，牌面是A88，我们就组成AAA88的葫芦。

Full ring：满员桌，9人桌。对应的是6-max的6人桌，heads up的单挑桌。

G

Gap hand：隔张。比如，7s9s就是同花隔张。gap hand有中间隔一张的one gap hand，还有中间隔两张的two gap hand，比如9s6s。

Get away：也叫laydown，指正确地丢掉很大的牌。比如，在河牌读到对手是葫芦，就神奇地丢掉了同花。

Going south：指玩牌的时候偷偷把桌上自己的筹码放进口袋，一般见于一些玩家不善于玩深筹码的游戏，这种做法是违反规定的。要么离开桌子半小时再上桌，或者换个桌子才能重新买入，中途不能偷桌上的筹码。注意：going south是非常侮辱人的话，没有证据的时候不要轻易说别人going south。

Grinder：刷钱者。指一个玩家战胜了某一个级别，就一直在这个级别刷钱，不升级。

Gut shot draw：卡顺听牌，或者叫内听顺子听牌。

H

Hand：手牌。玩家手上的两张底牌。

Hand history：手牌历史。指一个玩家以往玩牌的数据和倾向。通常我们做决策的时候都会回忆对手的hand history作为决策参考。

Heads up：单挑。一对一的游戏。

Hero call：抓诈唬。通常指用不太好的牌跟注抓对手的河牌诈唬。Make a hero call。

High card hand：没有凑成对子以上的牌力，到了河牌还是两张单牌，就成为高牌。

Hijack seat：指关煞位置的前一个位置。翻牌前的顺序是枪口位置、中间位置、Hijack位置、关煞位置、按钮位置、小盲位置、大盲位置。

Hole card：底牌。

Home game：家庭游戏。指和亲人朋友在家里玩扑克。

I

Implied odds：隐含赔率，指如果中了会赢对手很多很多筹码。比如，一个玩家加注AA，我们持有33跟注，此时33是有隐含赔率的，只要中了三条3，就能从AA手上赢很多筹码。

Improve：牌力得到提升。

Inside straight：卡顺。

In position：有位置。在翻牌后总是后行动的玩家就是有位置的玩家。对应的是out of position（没有位置）。

Insurance：保险。一般指和对手全压之后，防止出现小概率事件而买保险。

In the money：在锦标赛中进入钱圈。

Isolation：指加注孤立另一个玩家，make isolation raise to head up with a fish.（隔离加注一条“鱼”，让他和我单挑。）

J

Juice：也叫rake，抽水。

Junk：垃圾牌。

K

Kicker：踢脚。

L

Lag：指松凶风格，loose aggressive的简写。

Last to act：最后一个行动。

Laydown：也叫hero fold，指弃掉很大的牌。

Lead：也叫donk bet，反主动下注。

Level：①锦标赛的盲注结构，blinds level；②思维层次，level 2 thinking。

Light：指玩不太好的牌。比如，call light（很松的跟注），3bet light（很松的再加注）。

Limp：平跟进池，也叫跛入。

Limp rerasie：平跟进池，被别人加注了，然后再加注回去。

Live game：现场德州扑克，与之对应的是online game。

Lock up：暂时保留桌子。比如，一个玩家离开上厕所了，可以申请暂时保留位置，桌上的筹码锁定之后，一会再来玩。

Loose：松，也就是玩过多的牌，包括弱牌。

M

Made hand：成牌。

Maniac：疯子，超级激进的玩家。

Match the pot：下注一个彩池的量。

Micro limit：微额级别。指玩很小级别的游戏。

Middle pair：中等对子。

Middle position：中间位置。

Move in：指全压。

Multi table tournament：也称为MTT，多桌锦标赛，一般指30人以上参与的比赛。

Muck：河牌摊牌时对手先秀了底牌，我们知道自己输了，但是没有给对手看底牌，而是默默地丢了。与muck对应的就是showdown，秀底牌。

Multi way pot：多人彩池。

N

Nit：紧弱玩家。指一个玩家不愿冒风险，总是等大牌和对手对抗。

No limit：无限注。

Nothing：指玩家牌很弱，只要有对子就能赢。河牌摊牌的时候对手说nothing，我们有对子就可以摊开底牌赢下彩池。

Nut hand（nuts）：目前能组成的最大的牌。比如，在5566A的牌面，66组成四条6就是nuts，如果此时我们有66，就持有nuts。

O

Offsuit：非同花。两张底牌的花色不同，一般在底牌后面加一个小写的o代表非同花，比如87o指87非同花，87s指87同花。

Open：开牌，第一个下注。Open limp（所有人弃牌到我们，我们第一个平跟进池），Open raise（所有人弃牌到我们，我们第一个加注进池）。

Open ended straight draw：两端顺子听牌，比如87在562的牌面有两端顺子听牌。

Outs：出牌。

Out of position：没有位置。

Overbet：超彩池下注，下注量超过目前彩池大小。

Overcall：前面有人call，这时候我们跟着call，就叫overcall。

Overcard：高牌。比如我们持有JJ，翻牌发出A，这个A就是overcard，超过我们对子的高牌。

Overpair：超对。比顶对还大的对子。比如翻牌是982，我们持有KK，就是超对。

P

Paint： 人头牌，指J、Q、K。

Pair： 对子。

Passive： 被动的。比如，passive player（被动玩家），下注、加注频率很低，跟注频率高。

Pay off： 支付，指在河牌跟注看对手的底牌。

Play the board： 指做决策的依据不是自己的底牌，而是公共牌面。比如，觉得对手击中这个牌面的概率很低，所以下注了，就叫play the board。

Pocket pair： 口袋对子，指底牌为对子。

Poker face： 扑克脸，指从脸上看不出什么东西来。扑克玩家都善于隐藏自己的内心，在诈唬的时候都是一副poker face。

Position： 位置。

Position bet： 玩家下注的原因是因为自己的位置好。

Post blind： 投盲注。

Pot： 彩池。

Pot committed： 粘池了，指一个玩家投入彩池的筹码过多，导致自己无法弃牌了。

Pot odds： 彩池赔率。

Preflop： 翻牌前。

Protect： 保护。Protect my hand from bluff.（保护我们的牌不被诈唬走。）

Push： 和shove、allin一个意思，全压。

Put on： 认为对手持有什么牌。比如，I put you on AK, so I fold.（我觉得你有AK，所以我弃牌了。）

Q

Quads： 四条，也叫four of a kind。

R

Rabbit hunt： 也叫fox hunt，指牌局结束之后，多发一张公共牌。比如对手下注，我们同花听牌弃牌了，但是可以要求发牌员发一张牌看看中没中同花，这个规则只在少数地方允许。

Race：与coin flop一样，表示五五开或者四六开的抛硬币全压。

Rag：低牌，没有价值的牌。比如A rag就是像A5这样的，一张A带一张小牌。

Railbird：没有参与牌局的旁观者。

Rainbow：彩虹牌面，一般代表翻牌圈三张牌花色不一样。比如flop A56r，这个小写的r就代表彩虹牌面。

Raise：加注。

Rake：也叫juice，抽水。

Rackback：返水。

Range of hands：手牌范围。比如3%的range是JJ、QQ、KK、AA以及AK。

Rebuy：重新买入。

Redraw：反听牌。比如，同花听牌面对三条，同花听牌即使在转牌圈中了同花，三条依然有葫芦的redraw。

Represent：表现自己的牌力。指玩家自己通过下注、加注、过牌等动作向别人表达他有什么牌。比如，河牌一般玩家过牌加注全压了，He represent the nuts or bluff.（代表他有坚果牌或者诈唬。）。

Reraise：再加注。

Ring game：9人桌。

River：河牌圈。

Rock：很紧的玩家，岩石类型的玩家。

Rounder：职业高额桌玩家，通常四处寻找高额牌局。

Royal flush：皇家同花顺。AKQJT的同花顺子。

Run it twice：发两次牌。比如，我们AA和对手KK全压，协商好run it twice，就是发两次牌。比如第一次是A8962，第二次是K5687，那么我们各赢一次，平分彩池。一般一些玩家为了减少波动，会选择发两次牌。

Runner runner：也叫后门听牌。比如拿着KhQc，翻牌是Jh5h3c，这时候就有K高的后门同花听牌（backdoor flush draw或者runner runner flush draw）。

Rush：指趁运气好，多参与彩池。有些玩家会有打rush的倾向，比如连着赢了几个大彩池之后，会玩得松，趁热打铁。

S

Satellite：卫星赛，一般指打门票的比赛。比如，一个比赛买入费1 000，有10人参加买入100的卫星赛，这个10人的卫星赛赢家就获得一张1 000买入费比赛的门票。

Scare card：恐吓牌。比如，翻牌是3张小牌，转牌来了一张A，这个A的高牌就是恐吓牌，超越了顶对，很多玩家会利用scare card发动诈唬。

Second pair：第二大的对子。比如，翻牌是KQ7，持有QJ的玩家就有second pair。

Semi bluff：半诈唬。指用听牌下注半诈唬，诈唬走对手很好，即使诈唬不走依然还有胜率。

Set：暗三条。22在翻牌是A25的牌面就是Set 2。对应明三条trips，比如A7在779的牌面就是明三条trips 7。

Shark：鲨鱼，在扑克里面指高手。

Short stack：小筹码玩家，指筹码量很小的玩家。比如，现金桌10~30BB玩家是Short stack玩家，30~60BB为中筹码玩家，60~150BB为大筹码玩家，150BB+为深筹码玩家。

Shorthanded：非满员桌。满员桌一般为9人或10人，Shorthanded是指低于9人的牌局。

Showdown：摊牌。

Side game：边赛。指大型MTT锦标赛开始的时候，旁边还有一些现金桌比赛。MTT被淘汰的玩家一般会玩玩边赛打发时间。

Side pot：边池。指3个玩家全压，其中有一个小筹码，比如100BB、80BB、20BB，主池main pot是包括小筹码在内的3人彩池，共60BB，边池是80BB玩家扣掉20BB主池投入（剩余60BB）和100BB玩家的60BB之和，即边池为120BB。

Sit and go：有时候也写作sit&go，坐满即玩锦标赛。比如，9人sit&go只要凑满9人比赛就开始。

Slow play：慢玩。比如拿着超强牌一直过牌。

Slow roll：在河牌圈拿着坚果牌装着思考，迟迟不跟注摊牌来戏弄别人。注意：slow roll是非常恶劣的行为，切勿尝试。比如，河牌成了四条，对手下注全压，我们思考2分钟，然后跟注，就叫slow roll。

Small blind：小盲，小盲位置或小盲玩家。

Smooth call：也叫flat call，跟注。

Snap call：秒跟注。指很快速就跟注了。

Splash the pot： 往彩池中随意丢筹码。这是非常不礼貌的行为。比如，对手下注，我们跟注，我们把跟注的筹码随便往彩池里面乱丢，导致发牌员无法清点彩池中的筹码数量。

Split the pot： 和chop一样，代表分彩池。

Squeeze play： 压缩打法。指一个玩家加注，后面有一个玩家跟注，后面又有一个玩家再加注，像弹簧一样压缩。squeeze打法是非常强的，会给其他玩家很大压力。

Stack： 筹码量。有时候对手会问How much stack do you have?（你还有多少筹码？）

Stakes： 级别。High stakes poker（高额级别），Middle stakes poker（中额级别），Small stakes poker（小额级别），Micro stakes poker（微额级别）。

Staking： 资助，投资。比如，He staking me to play WSOP.（他投资我打WSOP比赛。），很多高买入比赛都有staking的例子，有人出技术，有人出资金，赢了协商分奖金。

Starting hand： 起手牌。

Steal： 偷，指通过诈唬或者半诈唬拿下彩池。steal pot（偷彩池），steal blinds（偷盲注）。

Steam： 情绪化，愤怒，和tilt意思差不多。He is steaming after losing a shove.（他输了一个全压之后情绪很激动。）

Stop and go： 跟注之后再反主动下注。比如，一个玩家加注，我们跟注，在翻牌圈自己反主动下注，就叫stop and go。

Straddle： 加码。比如，发牌前大小盲共投入1.5BB，我们在枪口位置加码，也投入1.5BB，这样我们翻牌前最后一个行动。通常在桌上有深筹码“鱼”，大家筹码都很深的时候，想要玩更大的彩池，可以straddle加码，straddle之后彩池会变大很多。straddle在美国比较常见，也常见于澳门牌局。

Straight： 顺子。

Straight flush： 同花顺。

Street： 街。包括preflop（翻牌前）、flop（翻牌圈）、turn（转牌圈）、river（河牌圈）。

Suck out： 走运。比如，一个玩家翻牌前22和另一个玩家AA全压，22却幸运地赢下全压，就称22玩家是suck out了。

Suited： 同花色。比如87s，后面的小写s代表87是同花色，对应的87o中的小写o是offsuit的简写，代表非同花。

Suited connectors： 同花连牌。比如87s、65s、JTs都是同花而且连在一起的牌。

T

TAG：紧凶风格，Tight Aggressive的简写。

Tank：读秒。比如，这个玩家在河牌面对我们的全压，tank tank很久终于跟注了。

Tell：破绽。timing tell指从玩家做决策的时间中让我们看出了他的牌力。还有表情tell、肢体语言tell等。

Texture：牌面结构。比如，dry board texture（干燥牌面）。

Three bet：也写作3bet，再加注。比如，一个玩家跛入算1bet，加注算2bet，再加注算3bet。

Three of a kind：三条。包括明三条（trips）和暗三条（set）。

Tight：紧，指玩家只玩很少的牌。

Tilt：情绪化。

Top kicker：顶踢脚。比如，AK在Kxx的牌面中，对子K带有A，A是最大踢脚。

Top pair：顶对。比如，翻牌是QJ8，我们持有AQ，就有顶对Q，此时KK、AA是超对，Jx是中等对子，8x是底对。

Top two：顶两对。比如，翻牌是QJ8，我们持有QJ就是top two pair。

Trap：慢玩做圈套，和slow play是一个意思。持有超强牌，却一直过牌，慢玩做圈套。

Trey：3点的牌。口袋对3可以称作pocket treys。

Turbo：快速桌。在比赛中每个级别之间盲注增加时间很短，盲注增长很快。在现金桌表示思考时间很短，每个决策不能考虑太长时间。

Turn：转牌圈。

U

Under the gun：枪口位置，也称为UTG。

Underdog：胜率劣势。

Upswing：上风期，指运气很好的时候。

V

Value bet：价值下注。指我们知道自己是领先的，而且希望对手落后的牌能跟注我们，就叫价值下注。

Variance：波动。

VPIP：主动意愿往彩池里投钱的概率，英文Voluntary Put Money In Pot的简写。VPIP用来衡量一个玩家翻牌前的松紧度。比如，VPIP 50的玩家就是翻牌前玩50%的牌。当然当有人跛入，大盲位置过牌就不算入VPIP，毕竟不是自愿投钱进池。

W

Walk：所有人弃牌，大小盲注被大盲收下。

Weak ace：弱A，指A弱踢脚，比如A2o就是weak ace。

Weak player：很弱的玩家，即“鱼”。

Wet board：与dry board相反，指很多听牌的牌面。比如，789两红心的牌面，有很多同花听牌和顺子听牌。

附录 B

基本胜率常识

1. 持有Ax到河牌圈摊牌时成为最好牌的概率

持有底牌	单挑彩池	3人彩池	4人彩池	5人彩池	6人彩池	7人彩池	8人彩池	9人彩池
AA	85.3%	73.4%	63.9%	55.9%	49.2%	43.6%	38.8%	34.7%
AKs	67.0%	50.7%	41.4%	35.4%	31.1%	27.7%	25.0%	22.7%
AKo	65.4%	48.2%	38.6%	32.4%	27.9%	24.4%	21.6%	19.2%
AQs	66.1%	49.4%	39.9%	33.7%	29.4%	26.0%	23.3%	21.1%
AQo	64.5%	46.8%	36.9%	30.4%	25.9%	22.5%	19.7%	17.5%
AJs	65.4%	48.2%	38.5%	32.2%	27.8%	24.5%	22.0%	19.9%
AJo	63.6%	45.6%	35.4%	28.9%	24.4%	21.0%	18.3%	16.1%
ATs	64.7%	47.1%	37.2%	31.0%	26.7%	23.5%	21.0%	18.9%
ATo	62.9%	44.4%	34.1%	27.6%	23.1%	19.8%	17.2%	15.1%
A9s	63.0%	44.8%	34.6%	28.4%	24.2%	21.1%	18.8%	16.9%
A9o	60.9%	41.8%	31.2%	24.7%	20.3%	17.1%	14.7%	12.8%
A8s	62.1%	43.7%	33.6%	27.4%	23.3%	20.3%	18.0%	16.2%
A8o	60.1%	40.8%	30.1%	23.7%	19.4%	16.2%	13.9%	12.0%
A7s	61.1%	42.6%	32.6%	26.5%	22.5%	19.6%	17.4%	15.7%
A7o	59.1%	39.4%	28.9%	22.6%	18.4%	15.4%	13.2%	11.4%
A6s	60.0%	41.3%	31.4%	25.6%	21.7%	19.0%	16.9%	15.3%
A6o	57.8%	38.0%	27.6%	21.5%	17.5%	14.7%	12.6%	10.9%
A5s	59.9%	41.4%	31.8%	26.0%	22.2%	19.6%	17.5%	15.9%
A5o	57.7%	38.2%	27.9%	22.0%	18.0%	15.2%	13.1%	11.5%
A4s	58.9%	40.4%	30.9%	25.3%	21.6%	19.0%	17.0%	15.5%
A4o	56.4%	36.9%	26.9%	21.1%	17.3%	14.7%	12.6%	11.0%
A3s	58.0%	39.4%	30.0%	24.6%	21.0%	18.5%	16.6%	15.1%
A3o	55.6%	35.9%	26.1%	20.4%	16.7%	14.2%	12.2%	10.7%
A2s	57.0%	38.5%	29.2%	23.9%	20.4%	18.0%	16.1%	14.6%
A2o	54.6%	35.0%	25.2%	19.6%	16.1%	13.6%	11.7%	10.2%

（1）从上面的表格可以看出，AA在单挑的时候很强，胜率高达85.3%，但是在多人彩池的表现不是特别出色，比如9人彩池，AA在河牌圈摊牌时只有34.7%的胜率。所以持有AA通常需要再加注争取单挑彩池。

（2）列出表格的目的不是让大家去记忆各种胜率，而是大致了解各种底牌在多人彩池和单挑彩池的胜率差异。即使花时间去记住胜率，收益也很低，我们只需要对比胜率的差异，比如AA在单挑和9人彩池胜率差异很大，就会知道持有AA时，应该多单挑，少玩多人彩池。

（3）从表中可以看到9人彩池中，A2s胜率为14.6%，大于A3o～A9o的胜率，多人彩池里同花比非同花好很多。毕竟多人彩池里赢得彩池的通常都是两对以上的牌力，而同花或者顺子成为最大牌的可能性更高，多人彩池中顶对的价值不大。所以9人彩池这种人数比较多的彩池，同花要比踢脚更重要。但是在单挑彩池中，毕竟赢下彩池多数只是一个对子，这时候踢脚的价值就尤为重要了。

（4）从表中可以看到9人彩池中，A5o胜率为11.5%，要大于A6o的10.9%，因为A5o有成为顺子A2345的可能性。多人彩池中，成为顺子或者同花这类强牌拿下彩池的概率更高。

（5）从表中可以看到9人彩池中，从AQo（17.5%）到AJo（16.1%）再到ATo（15.1%）胜率基本是线性下降的，但是从ATo（15.1%）到A9o（12.8%）胜率就有一个比较大的跳跃，然后从A9o（12.8%）一直到A6o（10.9%）胜率基本也是线性下降的。原因在于ATo、AJo、AQo有可能成为顺子TJQKA，而A9o～A6o没有靠两张底牌成为顺子的可能，A2o～A5o又有可能成为顺子。

（6）多人彩池里坚果显得尤为重要。有投机属性成为顺子同花的这类牌在多人彩池里表现会比较好，而单个对子或者投机对子的高牌在多人彩池里表现比较差，毕竟没有坚果投机性。所以非同花的高牌和大对子一般希望单挑，在翻牌前再加注争取单挑会更有优势。

2. 持有Kx到河牌圈摊牌时成为最好牌的概率

持有底牌	单挑彩池	3人彩池	4人彩池	5人彩池	6人彩池	7人彩池	8人彩池	9人彩池
KK	82.4%	68.9%	58.2%	49.8%	43.0%	37.5%	32.9%	29.2%
KQs	63.4%	47.1%	38.2%	32.5%	28.3%	25.1%	22.5%	20.4%
KQo	61.4%	44.4%	35.2%	29.3%	25.1%	21.8%	19.1%	16.9%
KJs	62.6%	45.9%	36.8%	31.1%	26.9%	23.8%	21.3%	19.3%
KJo	60.6%	43.1%	33.6%	27.6%	23.5%	20.2%	17.7%	15.6%
KTs	61.9%	44.9%	35.7%	29.9%	25.8%	22.8%	20.4%	18.5%
KTo	59.9%	42.0%	32.5%	26.5%	22.3%	19.2%	16.7%	14.7%
K9s	60.0%	42.4%	32.9%	27.2%	23.2%	20.3%	18.1%	16.3%
K9o	58.0%	39.5%	29.6%	23.6%	19.5%	16.5%	14.1%	12.3%
K8s	58.5%	40.2%	30.8%	25.1%	21.3%	18.6%	16.5%	14.8%
K8o	56.3%	37.2%	27.3%	21.4%	17.4%	14.6%	12.5%	10.8%
K7s	57.8%	39.4%	30.1%	24.5%	20.8%	18.1%	16.0%	14.5%
K7o	55.4%	36.1%	26.3%	20.5%	16.7%	13.9%	11.8%	10.2%

续表

持有底牌	单挑彩池	3人彩池	4人彩池	5人彩池	6人彩池	7人彩池	8人彩池	9人彩池
K6s	56.8%	38.4%	29.1%	23.7%	20.1%	17.5%	15.6%	14.0%
K6o	54.3%	35.0%	25.3%	19.7%	16.0%	13.3%	11.3%	9.8%
K5s	55.8%	37.4%	28.2%	23.0%	19.5%	17.0%	15.2%	13.7%
K5o	53.3%	34.0%	24.5%	19.0%	15.4%	12.9%	11.0%	9.5%
K4s	54.7%	36.4%	27.4%	22.3%	19.0%	16.6%	14.8%	13.4%
K4o	52.1%	32.8%	23.4%	18.1%	14.7%	12.3%	10.5%	9.1%
K3s	53.8%	35.5%	26.7%	21.7%	18.4%	16.2%	14.5%	13.1%
K3o	51.2%	31.9%	22.7%	17.6%	14.2%	11.9%	10.2%	8.9%
K2s	52.9%	34.6%	26.0%	21.2%	18.1%	15.9%	14.3%	13.0%
K2o	50.2%	30.9%	21.8%	16.9%	13.7%	11.5%	9.8%	8.6%

3. 持有Qx到河牌圈摊牌时成为最好牌的概率

持有底牌	单挑彩池	3人彩池	4人彩池	5人彩池	6人彩池	7人彩池	8人彩池	9人彩池
QQ	79.9%	64.9%	53.5%	44.7%	37.9%	32.5%	28.3%	24.9%
QJs	60.3%	44.1%	35.6%	30.1%	26.1%	23.0%	20.7%	18.7%
QJo	58.2%	41.4%	32.6%	26.9%	22.9%	19.8%	17.3%	15.3%
QTs	59.5%	43.1%	34.6%	29.1%	25.2%	22.3%	19.9%	18.1%
QTo	57.4%	40.2%	31.3%	25.7%	21.6%	18.6%	16.3%	14.4%
Q9s	57.9%	40.7%	31.9%	26.4%	22.5%	19.7%	17.6%	15.9%
Q9o	55.5%	37.6%	28.5%	22.9%	19.0%	16.1%	13.8%	12.1%
Q8s	56.2%	38.6%	29.7%	24.4%	20.7%	18.0%	16.0%	14.4%
Q8o	53.8%	35.4%	26.2%	20.6%	16.9%	14.1%	12.1%	10.5%
Q7s	54.5%	36.7%	27.9%	22.7%	19.2%	16.7%	14.8%	13.3%
Q7o	51.9%	33.2%	24.0%	18.6%	15.1%	12.5%	10.6%	9.2%
Q6s	53.8%	35.8%	27.1%	21.9%	18.5%	16.1%	14.3%	12.9%
Q6o	51.1%	32.3%	23.2%	17.9%	14.4%	12.0%	10.1%	8.8%
Q5s	52.9%	34.9%	26.3%	21.4%	18.1%	15.8%	14.1%	12.7%
Q5o	50.2%	31.3%	22.3%	17.3%	13.9%	11.6%	9.8%	8.5%
Q4s	51.7%	33.9%	25.5%	20.7%	17.6%	15.4%	13.7%	12.4%
Q4o	49.0%	30.2%	21.4%	16.4%	13.3%	11.0%	9.4%	8.1%
Q3s	50.7%	33.0%	24.7%	20.1%	17.0%	14.9%	13.3%	12.1%
Q3o	47.9%	29.2%	20.7%	15.9%	12.8%	10.7%	9.1%	7.9%
Q2s	49.9%	32.2%	24.0%	19.5%	16.6%	14.6%	13.1%	11.9%
Q2o	47.0%	28.4%	19.9%	15.3%	12.3%	10.3%	8.8%	7.7%

4. 持有Jx到河牌圈摊牌时成为最好牌的概率

持有底牌	单挑彩池	3人彩池	4人彩池	5人彩池	6人彩池	7人彩池	8人彩池	9人彩池
JJ	77.5%	61.2%	49.2%	40.3%	33.6%	28.5%	24.6%	21.6%
JTs	57.5%	41.9%	33.8%	28.5%	24.7%	21.9%	19.7%	17.9%
JTo	55.4%	39.0%	30.7%	25.3%	21.5%	18.6%	16.3%	14.5%
J9s	55.8%	39.6%	31.3%	26.1%	22.4%	19.7%	17.6%	15.9%
J9o	53.4%	36.5%	27.9%	22.5%	18.7%	15.9%	13.8%	12.1%
J8s	54.2%	37.5%	29.1%	24.0%	20.5%	17.9%	15.9%	14.4%
J8o	51.7%	34.2%	25.6%	20.4%	16.8%	14.1%	12.2%	10.7%
J7s	52.4%	35.4%	27.1%	22.2%	18.9%	16.4%	14.6%	13.2%
J7o	49.9%	32.1%	23.5%	18.3%	14.9%	12.4%	10.6%	9.2%
J6s	50.8%	33.6%	25.4%	20.6%	17.4%	15.2%	13.5%	12.1%
J6o	47.9%	29.8%	21.4%	16.5%	13.2%	11.0%	9.3%	8.0%
J5s	50.0%	32.8%	24.7%	20.0%	17.0%	14.7%	13.1%	11.8%
J5o	47.1%	29.1%	20.7%	15.9%	12.8%	10.6%	8.9%	7.7%
J4s	49.0%	31.8%	24.0%	19.4%	16.4%	14.3%	12.8%	11.5%
J4o	46.1%	28.1%	19.9%	15.3%	12.3%	10.2%	8.6%	7.5%
J3s	47.9%	30.9%	23.2%	18.8%	16.0%	14.0%	12.5%	11.3%
J3o	45.0%	27.1%	19.1%	14.6%	11.7%	9.8%	8.3%	7.2%
J2s	47.1%	30.1%	22.6%	18.3%	15.6%	13.7%	12.2%	11.1%
J2o	44.0%	26.2%	18.4%	14.1%	11.3%	9.4%	8.0%	7.0%

5. 持有Tx到河牌圈摊牌时成为最好牌的概率

持有底牌	单挑彩池	3人彩池	4人彩池	5人彩池	6人彩池	7人彩池	8人彩池	9人彩池
TT	75.1%	57.7%	45.2%	36.4%	30.0%	25.3%	21.8%	19.2%
T9s	54.3%	38.9%	31.0%	26.0%	22.5%	19.8%	17.8%	16.2%
T9o	51.7%	35.7%	27.7%	22.5%	18.9%	16.2%	14.1%	12.6%
T8s	52.6%	36.9%	29.0%	24.0%	20.6%	18.1%	16.2%	14.8%
T8o	50.0%	33.6%	25.4%	20.4%	16.9%	14.4%	12.5%	11.0%
T7s	51.0%	34.9%	27.0%	22.2%	19.0%	16.6%	14.8%	13.5%
T7o	48.2%	31.4%	23.4%	18.4%	15.1%	12.8%	11.0%	9.7%
T6s	49.2%	32.8%	25.1%	20.5%	17.4%	15.2%	13.6%	12.3%
T6o	46.3%	29.2%	21.2%	16.5%	13.4%	11.2%	9.5%	8.3%
T5s	47.2%	30.8%	23.3%	18.9%	16.0%	13.9%	12.4%	11.2%
T5o	44.2%	27.1%	19.3%	14.8%	11.9%	9.9%	8.4%	7.2%
T4s	46.4%	30.1%	22.7%	18.4%	15.6%	13.6%	12.1%	11.0%
T4o	43.4%	26.4%	18.7%	14.3%	11.5%	9.5%	8.1%	7.0%
T3s	45.5%	29.3%	22.0%	17.8%	15.1%	13.2%	11.8%	10.7%
T3o	42.4%	25.5%	18.0%	13.7%	11.0%	9.1%	7.8%	6.8%
T2s	44.7%	28.5%	21.4%	17.4%	14.8%	13.0%	11.6%	10.5%
T2o	41.5%	24.7%	17.3%	13.2%	10.6%	8.8%	7.5%	6.6%

6. 持有9x到河牌圈摊牌时成为最好牌的概率

持有底牌	单挑彩池	3人彩池	4人彩池	5人彩池	6人彩池	7人彩池	8人彩池	9人彩池
99	72.1%	53.5%	41.1%	32.6%	26.6%	22.4%	19.4%	17.2%
98s	51.1%	36.0%	28.5%	23.6%	20.2%	17.8%	15.9%	14.5%
98o	48.4%	32.9%	25.1%	20.1%	16.6%	14.2%	12.3%	10.9%
97s	49.5%	34.2%	26.8%	22.1%	18.9%	16.6%	14.9%	13.6%
97o	46.7%	30.9%	23.1%	18.4%	15.1%	12.8%	11.1%	9.8%
96s	47.7%	32.3%	24.9%	20.4%	17.4%	15.3%	13.7%	12.4%
96o	44.9%	28.8%	21.2%	16.6%	13.5%	11.4%	9.8%	8.7%
95s	45.9%	30.4%	23.2%	18.8%	16.0%	13.9%	12.4%	11.3%
95o	42.9%	26.7%	19.2%	14.8%	12.0%	10.0%	8.5%	7.4%
94s	43.8%	28.4%	21.3%	17.3%	14.6%	12.7%	11.3%	10.3%
94o	40.7%	24.6%	17.3%	13.2%	10.5%	8.7%	7.3%	6.4%
93s	43.2%	27.8%	20.8%	16.8%	14.3%	12.5%	11.1%	10.1%
93o	39.9%	23.9%	16.7%	12.7%	10.1%	8.3%	7.1%	6.1%
92s	42.3%	27.0%	20.2%	16.4%	13.9%	12.2%	10.9%	9.9%
92o	38.9%	22.9%	16.0%	12.1%	9.6%	8.0%	6.8%	5.9%

TIPS

❶ 从表中可以看到9人彩池里，98s胜率为14.5%。，要大于A9o的12.8%。但是在单挑彩池里98s胜率为51.1%，要小于A9o的60.9%。所以多人彩池里连牌和同花比高牌踢脚更重要。但是在单挑彩池里，高牌踢脚比连牌和同花更加重要。

❷ 从表中可以看到9人彩池里，98o胜率为10.9%，比起95o的7.4%要整整大3.5%，其中98o和95o之间隔了97o和96o。而同样为中间隔两个牌的A9o的12.8%，比A6o的10.9%仅仅多了1.9%。A9o和A6o因为没有成为顺子的可能性，造成1.9%胜率差异仅仅来自于踢脚大小差异。而98o和95o这类牌靠中单个对子在9人彩池里赢的可能性几乎为0，它们赢9人彩池只能靠两对、三条和顺子，因为它们成为两对、三条的概率都一样，最终决定胜率差异的是顺子。这个3.5%的巨大胜率差异来自于二者成为顺子可能性的巨大差异。虽然98o和95o都是连牌，但是98o成为顺子的可能性要远远大于95o，记住连牌要比隔一张连牌要好很多（98o>97o），要比隔两张连牌好太多(98o>>96o)，要比隔三张连牌好太多太多（98o>>>95o）。毕竟98o能成为的顺子有56789、6789T、789TJ、89TJQ四种，而97o能成为的顺子有56789、6789T、789TJ三种，而96o能成为的顺子有56789、6789T两种，而95o能成为的顺子只有56789一种。

7. 持有8x到河牌圈摊牌时成为最好牌的概率

持有底牌	单挑彩池	3人彩池	4人彩池	5人彩池	6人彩池	7人彩池	8人彩池	9人彩池
88	69.1%	49.9%	37.5%	29.4%	24.0%	20.3%	17.7%	15.8%
87s	48.2%	33.9%	26.6%	22.0%	18.9%	16.7%	15.0%	13.7%
87o	45.5%	30.6%	23.2%	18.5%	15.4%	13.1%	11.5%	10.3%
86s	46.5%	32.0%	25.0%	20.6%	17.6%	15.6%	14.1%	12.9%
86o	43.6%	28.6%	21.3%	16.9%	13.9%	11.8%	10.4%	9.2%
85s	44.8%	30.2%	23.2%	19.1%	16.3%	14.3%	12.9%	11.8%
85o	41.7%	26.5%	19.4%	15.2%	12.4%	10.5%	9.1%	8.1%
84s	42.7%	28.1%	21.4%	17.4%	14.8%	13.0%	11.7%	10.6%
84o	39.6%	24.4%	17.5%	13.4%	10.8%	9.0%	7.8%	6.8%
83s	40.8%	26.3%	19.8%	16.0%	13.6%	11.9%	10.7%	9.7%
83o	37.5%	22.4%	15.7%	11.9%	9.5%	7.9%	6.7%	5.8%
82s	40.3%	25.8%	19.4%	15.7%	13.3%	11.7%	10.5%	9.6%
82o	36.8%	21.7%	15.1%	11.4%	9.1%	7.5%	6.4%	5.6%

8. 持有7x到河牌圈摊牌时成为最好牌的概率

持有底牌	单挑彩池	3人彩池	4人彩池	5人彩池	6人彩池	7人彩池	8人彩池	9人彩池
77	66.2%	46.4%	34.4%	26.8%	21.9%	18.6%	16.4%	14.8%
76s	45.7%	32.0%	25.1%	20.8%	18.0%	15.9%	14.4%	13.2%
76o	42.7%	28.5%	21.5%	17.1%	14.2%	12.2%	10.8%	9.6%
75s	43.8%	30.1%	23.4%	19.4%	16.7%	14.8%	13.4%	12.3%
75o	40.8%	26.5%	19.7%	15.5%	12.8%	11.0%	9.7%	8.7%
74s	41.8%	28.2%	21.7%	17.9%	15.3%	13.5%	12.2%	11.2%
74o	38.6%	24.5%	17.9%	13.9%	11.4%	9.7%	8.5%	7.6%
73s	40.0%	26.3%	20.0%	16.4%	14.0%	12.3%	11.1%	10.1%
73o	36.6%	22.4%	16.0%	12.3%	9.9%	8.4%	7.2%	6.4%
72s	38.1%	24.5%	18.4%	15.0%	12.8%	11.2%	10.1%	9.2%
72o	34.6%	20.4%	14.2%	10.7%	8.6%	7.2%	6.1%	5.4%

9. 持有6x到河牌圈摊牌时成为最好牌的概率

持有底牌	单挑彩池	3人彩池	4人彩池	5人彩池	6人彩池	7人彩池	8人彩池	9人彩池
66	63.3%	43.2%	31.5%	24.5%	20.1%	17.3%	15.4%	14.0%
65s	43.2%	30.2%	23.7%	19.7%	17.0%	15.2%	13.8%	12.7%
65o	40.1%	26.7%	20.0%	15.9%	13.3%	11.5%	10.2%	9.2%
64s	41.4%	28.5%	22.1%	18.4%	15.9%	14.2%	12.9%	11.9%
64o	38.0%	24.7%	18.2%	14.4%	12.0%	10.3%	9.2%	8.3%
63s	39.4%	26.5%	20.4%	16.8%	14.5%	12.9%	11.7%	10.8%
63o	35.9%	22.7%	16.4%	12.8%	10.6%	9.1%	8.0%	7.2%
62s	37.5%	24.8%	18.8%	15.4%	13.3%	11.8%	10.7%	9.8%
62o	34.0%	20.7%	14.6%	11.2%	9.1%	7.8%	6.8%	6.0%

10. 持有5x到河牌圈摊牌时成为最好牌的概率

持有底牌	单挑彩池	3人彩池	4人彩池	5人彩池	6人彩池	7人彩池	8人彩池	9人彩池
55	60.3%	40.1%	28.8%	22.4%	18.5%	16.0%	14.4%	13.2%
54s	41.1%	28.8%	22.6%	18.9%	16.5%	14.8%	13.5%	12.5%
54o	37.9%	25.2%	18.8%	15.0%	12.6%	11.0%	9.8%	8.9%
53s	39.3%	27.1%	21.1%	17.5%	15.2%	13.7%	12.5%	11.6%
53o	35.8%	23.3%	17.1%	13.6%	11.4%	9.9%	8.8%	8.0%
52s	37.5%	25.3%	19.5%	16.1%	14.0%	12.5%	11.4%	10.6%
52o	33.9%	21.3%	15.3%	12.0%	10.0%	8.6%	7.6%	6.8%

11. 持有4x到河牌圈摊牌时成为最好牌的概率

持有底牌	单挑彩池	3人彩池	4人彩池	5人彩池	6人彩池	7人彩池	8人彩池	9人彩池
44	57.0%	36.8%	26.3%	20.6%	17.3%	15.2%	13.9%	12.9%
43s	38.0%	26.2%	20.3%	16.9%	14.7%	13.1%	12.0%	11.1%
43o	34.4%	22.3%	16.3%	12.8%	10.7%	9.3%	8.3%	7.5%
42s	36.3%	24.6%	18.8%	15.7%	13.7%	12.3%	11.2%	10.4%
42o	32.5%	20.5%	14.7%	11.5%	9.5%	8.3%	7.3%	6.6%

12. 持有3x到河牌圈摊牌时成为最好牌的概率

持有底牌	单挑彩池	3人彩池	4人彩池	5人彩池	6人彩池	7人彩池	8人彩池	9人彩池
33	53.7%	33.5%	23.9%	19.0%	16.2%	14.6%	13.5%	12.6%
32s	35.1%	23.6%	18.0%	14.9%	13.0%	11.7%	10.7%	9.9%
32o	31.2%	19.5%	13.9%	10.8%	8.9%	7.7%	6.8%	6.1%

TIPS

从表中可以看到9人彩池，32o胜率仅为6.1%，而98o为10.9%，因为32o能成为的顺子只有A2345一种，而98o能成为的顺子有四种。得出结论：低端和高端形成顺子的可能性都很低，中间的最好。比如高端方面，AT～AK只能形成TJQKA一种顺子，KQ能形成TJQKA和9TJQK两种顺子，QJ能形成TJQKA、9TJQK、89TJQ三种顺子。同样，低端方面A2、32成顺子的可能性很低，都只有A2345一种，34有A2345和23456两种，45有A23456、23456、34567和45678四种。所以从投机属性来说，54s~JTs最好，其他的连牌投机属性较低，中间隔张也会大大降低投机性。

13. 持有22到河牌圈摊牌时成为最好牌的概率

持有底牌	单挑彩池	3人彩池	4人彩池	5人彩池	6人彩池	7人彩池	8人彩池	9人彩池
22	50.3%	30.7%	22.0%	17.8%	15.5%	14.2%	13.3%	12.5%

14. 起手牌的概率

持有底牌	概率
Ax	15.08%
口袋对子	5.9%
AA	0.4545%
AKs和AKo	1.21%
两张相同花色牌	23.3%

TIPS

❶ 如果你和对手筹码都很少，只有10个盲注或者更少，拿到Ax的时候应该全压，毕竟拿到Ax的概率只有15.08%，考虑到彩池里有1.5BB的大小盲死钱，全压任何Ax都是+EV的。

❷ 翻牌前拿到AA的概率是0.4545%，平均每220次能拿到1次。同样，其他对子也是一样，比如拿到KK的概率也是0.4545%，拿到22的概率也是0.4545%。所以翻牌前拿到口袋对子的概率是0.4545%×13=5.9%。

❸ 翻牌前拿到QQ、KK、AA或者AK的概率为2.6%。翻牌前拿到JJ、QQ、KK、AA和AK的概率为3%。翻牌前拿到TT~AA、AQ和AK的概率为4.7%。翻牌前拿到88~AA、KQ、AJ~AK的概率为8%。这些都是我们的最强起手牌范围。

❹ 翻牌前拿到两张同花底牌的概率为23.3%，概率不低，所以很多新手只要两张底牌是同花就觉得不错，这样的想法是极其错误的，比如72s这种牌其实是垃圾牌。同花只能锦上添花，不能起决定作用。单挑的时候同花牌仅比非同花牌多2.5%～3%的胜率。

番外篇

扑克随想

KEY POINT

学完这么多有难度的德州扑克知识，是时候回到我们当初的起点，拷问自己的初心。德州扑克的本质是什么？我们为什么要玩扑克？我们的技术极限在哪里？

1. 极限在哪里

每个人都喜欢呆在心理舒适区域，因为这样会感到安全、舒服、自在，没有任何危机感和警觉感，就像忙完一天的学习和工作回到家，吃顿晚餐，洗个热水澡，再美美地睡一觉，所有的疲劳和不安都会褪去。因为家是我们的心理舒适区域，这里没有任何挑战和威胁，我们在家里会感到安全和自在。

但是德州扑克实质上是一种和围棋类似的竞技体育，和我们同台竞技的都是来自世界各地的高手。有野心的新晋新星，会去挑战老牌的德州扑克高手，老牌的德州扑克高手，每天都要面对来自全世界新星的挑战。

高级别德州扑克界从来都不是风平浪静的，能长时间呆在顶端的玩家极少，金字塔尖的玩家换了一代又一代。特别是2003年扑克业余爱好者Chris Moneymaker击败扑克顶尖高手Sammy Farha获得WSOP冠军，开始了所谓的“扑克大爆炸时期”。

网络扑克开始流行，德州扑克爱好者人数呈几何级数增长。网络扑克可以同时开24桌，使得年轻一代玩家能够在一年内完成老一辈玩家一辈子才能完成的手数，同时专业的扑克数据分析软件如Holdem Manager、Poker Tracker、CardrunnersEV、Pioslover等开始流行，这些年轻的有野心的德州扑克玩家利用专业的扑克数据分析软件详细分析自己的几百万手牌，彻底分析出了德州扑克与数学相关的一切，使得这些新生代的玩家成为真正的“扑克老手”，比老一辈玩家更老，因为比起老一辈玩家，年轻一代经历的扑克手数更多，再加上扑克分析软件的详细检讨和反思，年轻一代对扑克的理解实际上要比老玩家深得多。

可以说年轻一代玩家已经完全解决了一百个大盲以内德州扑克游戏的所有理论和数学问题，用“完全破解”这样的字眼也毫不夸张。2017年来自卡内基梅隆大学的目前世界排名第一的德州扑克人工智能Libratus，已经在少量手牌交战中战胜了四位人类高手。类似于AlphaGo这样的人工智能在一百个大盲领域战胜顶级德州扑克玩家的新闻以后会层出不穷，毕竟一百个大盲领域的德州扑克所有理论和数据被年轻玩家“完全破解”了，只要把玩法写进计算机程序，其实是不难战胜顶级人类玩家的，毕竟计算机没有心理波动，没有情绪化，没有B game和C game问题，也没有被读人的问题，计算机毫无表情，这就是计算机相对于人类高手的优势（技术和人类高手一样，计算机只是在心理方面占有巨大优势）。

但是，作为中等水平以上的玩家想要成为顶级玩家也是非常困难的，毕竟想要成为顶级玩家，就必须打败目前的顶级玩家，想要在这种高智商人群之间的对抗中胜出是非常困难的，每天都要进步，每天都要突破自己的心理舒适区域。如果顶级玩家在按钮位置能很舒适地游戏49%的牌，我们只能很舒适地游戏40%的牌，那么还有9%的牌需要去适应，而刚开始玩这些很烂的牌会让我们没有自信，也没有安全感，因为这9%的烂牌是在目前的心理舒适区域之外的，游戏它们会让我们感觉到自己的能力受到了挑战，但是要想成为顶级玩家，就必须不断突破自己的心理舒适区域，不断提高自己，甚至超越以往的顶级玩家，这一点是很难做到的，毕竟不是所有人都喜欢每天沉浸在压力与挑战之中。

我们的扑克极限在哪里？也许自己也不知道。但是想要提高自己，就需要离开心理舒适区域。

2. 知难而退

不是每个人都能成为爱因斯坦，也不是每个人都能成为德州扑克顶级玩家，每个人都有不同的扑克IQ和扑克EQ，只有天生扑克IQ和扑克EQ高的玩家才有可能成为顶级玩家。大多数人可以通过不断学习、不断训练成为中等水平以上的玩家，想要成为顶级玩家，天赋是最重要的。如果尝试了很久都无法成为顶尖，也没有关系，接受自己，因为虽然我们的扑克上限无法提高了，但是扑克下限依然可以提高。

不要把所有注意力都放在扑克上限上，对于大多数玩家来说提高自己的C game收益要比提高自己的A game收益高很多。比如，考试中我们无论怎么努力都最多拿98分，那么98分就是我们的上限，毕竟我们天赋不够。但是我们最差的时候只能拿80分，这是一个非常差劲的下限。如果我们把所有注意力都放在最顶尖的扑克技术上，努力提高自己的扑克上限，而忽视扑克下限，那么最终也会因为天赋限制导致自己最多拿98分，最差的时候依然是80分，这是很糟糕的状态，毕竟我们的时间和努力都白费了。如果我们能把时间放在提高自己的下限上，比如，把80分的成绩下限提高到95分，那么我们也会接近于顶级玩家，毕竟95~98分的上下限是非常令人惊艳的。

对于大多数人来说，在多番尝试之后还是无法成为顶级玩家时，应退而求其次，提高自己的下限才是收益最大化的决策。不要总把眼睛盯着最顶尖的技术，而忽视了自己很明显的C game漏洞。

3. “弃牌率+赢率”的游戏

在中低级别游戏中，价值下注要比诈唬能发挥更重要的作用，而在高级别游戏中，诈唬要比价值下注能发挥更重要的作用。

在高级别游戏中，迫使对手放弃自己该有的赢率或者说股份，是最主要的盈利来源。这里不只是诈唬，而是让对手放弃自己的股份，这个股份常常是60%、50%、40%甚至30%，比较接近半诈唬。真正的纯诈唬是我们的胜率为0，对手有100%胜率，也就是对手的股份是100%，我们强制下注让对手弃牌放弃彩池。

在德州扑克中，我们想要赢有两种方式：第一种是迫使对手放弃彩池中属于他的股份；第二种是对手不放弃的话，我们就用高股份（大于60%）的牌玩大彩池。前者接近半诈唬，后者接近价值下注，结合起来就是“弃牌率+赢率”的游戏。如果对手不愿意弃牌，我们就将赢率最大化，如果对手愿意弃牌，我们就追求弃牌率。高水平德州扑克游戏中纯诈唬是很少很少的，我也不建议纯诈唬对手，一般建议半诈唬，如果半诈唬失败，在后面的街依然可能反败为胜，纯诈唬就是比较绝望的计划，如果诈唬失败，就只能继续诈唬下注，没有任何后续的组合计划。

德州扑克是“弃牌率+赢率”的游戏，不管任何情况，我们都要考虑加注追求弃牌率。很多玩家在决策时都会问，这里是跟注还是弃牌？甚至都没有考虑过加注，这是很明显的思维漏洞。比如，在河牌圈我们非常肯定对手在薄的价值下注或者诈唬，而我们只有一个中等对子，考虑跟注还是弃牌实际上不如加注，加注可以打走诈唬和大部分薄的价值下注。永远都不要忘了弃牌率这一点，有时候虽然我们感觉情况不妙，但是一旦加注，可能会柳暗花明又一村。

4. 博弈的弱点

德州扑克的本质就是博弈，在博弈中任何一方只要有被预测的倾向，那么他就是被动的。比如，在恋爱时，往往先追求的一方会比较被动，大多数时候都需要迁就被追求者，要细心照顾被追求者的心理和情绪，因为在恋爱这场博弈中，先追求的一方底牌已经非常明显了——我是爱你的，倾向也非常明显——请你接受我。高超的博弈者总是会避免任何倾向，这样才能占尽优势。

德州扑克也是一样，任何特定的倾向都会被对手利用，比如，我们特别钟爱在河牌圈抓诈唬，对手就会在河牌圈多做价值下注，少诈唬，甚至不诈唬。也不要限定自己为某一风格玩家，比如，有的玩家认定自己为松凶风格，然后一味玩得松、玩得凶，不管上了什么桌上就是松凶，其实这也是确定性倾向，会在博弈中被对手利用。

最完美的玩家是“水”，没有任何风格，可以时而汹涌澎湃，时而溪水潺潺，时而狂风暴雨，时而风平浪静，也没有任何形状，放在任何容器内就有任何形状，在任何牌桌上就有任何风格。在都是“疯鱼”和松凶玩家的桌子上，可以是紧而“跟注站”风格，克制全桌，在都是“跟注站”玩家的桌子上，可以毫不诈唬，坚决价值下注。上桌时没有任何风格完全采取GTO玩法，确定其他人的风格之后，采取能克制对方的风格，就像水一样，没有形状，时而柔弱，时而刚强。

在任何博弈中，我们都不能有太明显的倾向，就像《孙子兵法》里说："疾如风，徐如林，侵掠如火，不动如山"。过于刚则容易折断，过于柔则容易倒下，没有风格的风格才是最好的风格，能够采取任何动作的倾向就是最好的倾向。

5. 懒惰的玩法

德州扑克中我们经常会碰到自己采取懒惰打法的时候，此时我们做决策的依据仅仅是"这样做更简单"，而且怎么说也不算一个很大的错误，即使损失一定的EV，也只是一点点，不会很多。比如，在100BB的盲注对抗中，我们在小盲位置加注3BB，大盲位置玩家跟注，翻牌圈是Ks2d2h，我们下注3BB，大盲位置玩家加注到10BB，我们再加注到22BB，大盲位置玩家再加注到45BB，我们看看手上的KhKd选择全压。KK的全压就是典型的懒惰玩法，因为对手范围中的三条肯定会玩到全压，无论是我们跟注还是再加注全压，结果都是一样。但是对手的范围中确实存在很少很少的诈唬，即使是1%，我们也应该在这里跟注，给对手机会把这1%的诈唬继续在转牌圈全压，而不是现在主动全压迫使对手丢掉这1%的诈唬。虽然损失的EV不多，但是这里的全压确实是懒惰打法。

另外还有翻牌前我们用KK再加注枪口位置玩家，枪口位置玩家4bet过来，我们这里经常会采取全压的懒惰打法。当然，如果对手是AA、KK就不会改变牌局的结果。但是如果对手是Ax、Kx等利用阻挡牌诈唬，我们如果用KK跟注也会给对手机会继续诈唬。而我们用KK来5bet全压的话，会潜在地打走AK以及JJ。毕竟对手也知道我们的5bet范围很强。所以，总体来说这里用KK来5bet全压也是懒惰打法，也会损失掉一些EV。

有时候我们很容易陷入懒惰打法，毕竟这样做更简单，不用去思考后面几条街出现的情况以及小概率意外，简单粗暴的全压谁不愿意？但是为了最大化EV，我们还是需要放弃懒惰打法，做一个内心强大的玩家，去面对不管是一帆风顺还是颠沛流离的种种局面。

6. What's Poker?

扑克就是最大化利润、最小化损失。我们要在不同的下注量X，和对手不同跟注频率$Y\%$之间做出利润最大化的选择，当X乘以$Y\%$最大的时候，也是我们最大化榨取价值的时候。比如，我们下注100对手跟注的频率为50%，下注200对手跟注的频率为32%，下注150对手跟注的频率为40%，那么我们应该下注200，因为$200\times0.32=64$，比100×0.5以及150×0.4更大。同时，如果我们的胜率有较大优势时（60%以上的胜率），要尽量做大彩池，比如翻牌前用3%的牌价值再加注，翻牌后用顶对顶踢脚在有听牌的牌面价值下注多条街，毕竟我们有更大的概率赢得彩池，也就是利润最大化。

为了损失最小化，我们也会放弃我们范围中胜率最低的部分，来将损失降到最低。比如当我们翻牌前用22跟注对手，没有中三条的时候，我们就弃牌。再比如，为什么我们在枪口位置不能玩72o？如果在6人桌里其他5个玩家的起手牌都是30%，72o其实是有11%的胜率的。但是因为72o实在太弱了，11%的胜率并不能完全地实现，所以我们会丢掉72o。同理，在翻牌后我们也会丢掉范围中的最弱的部分，原因也是最弱的部分实际胜率无法完全实现，导致真实的可实现胜率比计算软件上的数字更低，所以我们要丢掉最弱的部分。即使是诈唬，也要用中等偏弱的部分和带有阻挡牌的部分来诈唬。